国史论衡系列

中国经世史

邝士元 著

上海三联书店

图书在版编目（CIP）数据

中国经世史 / 邝士元著 . —上海：上海三联书店，2013.8

ISBN 978-7-5426-4259-2

Ⅰ . ①中… Ⅱ . ①邝… Ⅲ . ①经世致用 – 研究 – 中国 Ⅳ . ① B2

中国版本图书馆 CIP 数据核字（2013）第 139135 号

中国经世史

著　　者 / 邝士元

责任编辑 / 陈启甸　王倩怡

装帧设计 / 棱角工作室

监　　制 / 研　发

出版发行 / 上海三联书店

　　　　　（201199）中国上海市都市路 4855 号 2 座 10 楼

　　　　　http://www.sjpc1932.com

邮购电话 / 021–24175971

印　　刷 / 三河市华晨印务有限公司

版　　次 / 2013 年 12 月第 1 版

印　　次 / 2013 年 12 月第 1 次印刷

开　　本 / 720mm×1000mm　1/16

字　　数 / 410 千字

印　　张 / 30

ISBN 978-7-5426-4259-2

K·222 / 定价：75.00 元

叙　例

　　唐代刘知几有《史通·六家》之创，大别为"尚书家"、"春秋家"、"左传家"、"国语家"、"史记家"、"汉书家"之论，然此仅为史籍体例之分，殊非经世史之类别。我国经世致用之学，其分类较早见于《史记》之《河渠》、《平准书》，《汉书》之《沟洫》、《食货志》。降及唐代杜佑《通典》、宋郑樵《通志》与马端临《文献通考》等，不乏经世致用之作。其缀拾史料，条分细目，使后之治史者，晰然有所取舍；唯其对于制度得失，因果影响之分析，则殊少言及。故是书之撰，冀欲匡其不逮耳。

　　我国历史，源远流长，数千年来，史籍之作，卷帙浩繁，内容丰富，绝非数十万言所能尽其蕴义，故是书之撰，务在提纲挈领，使有志于经国济世者，借是书之分析讨论而得一门径，由之而登其堂，入其室。其无力或无暇深研国史者，倘精读是书，亦可得一明确概念与用世之宏旨，庶可矫正近世青年学子，懵然以为西方文艺足以救国者。

　　本书编制之内容，约可分为经济、政治、军事、交通等四大类。经济方面，其重点在讨论有关田土税制与商业经济等；政治方面，重点在讨论有关中央、地方政制，科举教育与监察行政得失；军事方面，重点在于历代军事体制得失的检讨；至于交通方面，涉及政治、经济、文化之发展者，多作重点之分析，而范围于经世致用者居多，并综合新旧史料，作详细讨论，冀使年轻一代的治史者有所启发。

本书之编撰、取材方面，主以二十五史、"十通"及历代有关经世之论著，略作取舍；尤以近百年来学者，有关本书讨论范围之精义，多有采用；并间以己意立论。其取舍标准，自成体系，非仅专供场屋应答为主；且本书体例重在分析议论，对于原文之引用，尽量删削。草印仓促，错漏在所不免，祈请通人指正至盼。

目 录

第一章　历代田土税制得失 ……………………………………… 1

第一节　井田制度存在问题与兴废 / 1

井田释疑 / 1

井田施行之背景 / 3

周代井田制之内容 / 3

井田制度之得失 / 4

井田制度破坏之原因 / 5

第二节　晋代的户调制 / 6

西晋的户调制 / 6

东晋的户调制 / 6

第三节　北魏均田制的创设与得失 / 7

均田制度实施的原因 / 8

均田制度之内容 / 9

均田制度之得失 / 11

均田制度的影响 / 12

第四节　隋代均田制得失 / 12

隋均田制之推行 / 12

隋代均田政策之得失 / 14

第五节　唐均田制之推行 / 16

沿革与内容 / 16

优点方面 / 18

缺点方面 / 18

第六节　隋代之税率（租役调）/ 22

租调的课征 / 22

庸（役）的课征 / 23

第七节　唐代之税制（租庸调）/ 24

税制存在之商榷 / 24

租的课征 / 25

庸的课征 / 26

调的课征 / 26

隋唐租庸调征收比例表 / 26

第八节　两税制的施行及其得失 / 27

两税法推行之时代背景 / 27

两税法之内容 / 28

两税法之优点 / 29

两税法之缺点 / 30

第九节　明代鱼鳞册及其兴废 / 31

创制之原因 / 32

鱼鳞册之内容 / 32

鱼鳞册之优点 / 32

鱼鳞册之缺点 / 33

鱼鳞册之破坏原因 / 33

鱼鳞册之影响 / 34

第十节　明代黄册制度之得失 / 34

　　黄册创制之原因 / 34

　　黄册之内容 / 35

　　黄册之优点 / 36

　　黄册之缺点 / 36

　　黄册之影响 / 37

　　黄册废弃之原因 / 37

第十一节　一条鞭法与得失 / 38

　　创制之时代背景 / 38

　　一条鞭法之内容 / 39

　　一条鞭法之优点 / 39

　　一条鞭法之缺点 / 40

　　一条鞭法破坏的原因 / 41

第十二节　租庸调与两税法之比较 / 42

第十三节　租庸调与一条鞭法的比较 / 44

　　内容性质的比较 / 44

　　优点方面的比较 / 45

　　缺点方面的比较 / 46

第十四节　两税制与一条鞭法之比较 / 47

　　背景之比较 / 47

　　内容之比较 / 48

　　利弊之比较 / 49

第二章　历代经济与商业的发展 ……………………………………51

第一节　秦汉时代的重农抑商政策 / 51

　　秦汉重农的原因 / 51

　　秦汉抑商的原因 / 53

第二节 唐宋市舶司的设置与影响 / 55

　　唐宋市舶司之沿革 / 55

　　市舶司之职务 / 56

　　官制及场务 / 57

　　市舶司之影响 / 57

第三节 宋代交子及其对经济的影响 / 58

　　宋代交子的渊源 / 58

　　宋交子发行的原因 / 59

　　宋代交子的内容 / 60

　　制度的演变 / 60

　　宋代纸币衰落之原因 / 61

　　宋代纸币发行的影响 / 62

第四节 宋代的对外贸易 / 63

　　宋代与阿拉伯贸易发达的背景 / 63

　　宋代对外贸易发达所具备的条件 / 65

第五节 南北经济文化之转移 / 67

　　南北经济交化转移之情况 / 67

　　南北经济转移之原因 / 69

第三章 秦汉隋唐中央行政的得失 72

第一节 秦汉宰相制度得失及其比较 / 72

　　秦汉宰相制度 / 72

　　秦汉宰相制度之得失 / 75

　　秦汉宰相制度之比较 / 76

第二节 魏晋南北朝宰相制度得失 / 79

　　建制沿革 / 79

　　三省组织的形成 / 80

　　　　缺点方面 / 81

　　　　与秦汉之比较 / 81

　　第三节　隋唐中央政制与厘革 / 82

　　　　三省制之厘整与演变 / 82

　　　　中央政务机构之厘定 / 83

　　　　新君主幕僚制度之产生 / 84

　　　　中唐后诸院馆之发展 / 84

　　第四节　唐代三省制得失的分析 / 86

　　　　三省制之沿革 / 86

　　　　三省制之组织 / 87

　　　　三省制之优点 / 89

　　　　三省制之缺点 / 91

　　　　三省制破坏之原因 / 93

　　　　三省制之影响 / 98

　　第五节　汉唐宰相制度之比较 / 99

　　　　时代背景之比较 / 99

　　　　相权之比较 / 100

　　　　制度优劣之比较 / 103

第四章　宋元明清中央行政的得失 **106**

　　第一节　宋代相权的分析 / 106

　　　　宋代宰相之名称演变 / 106

　　　　宋代宰相之权力 / 107

　　第二节　两宋宰相制度之比较 / 108

　　　　时代背景之比较 / 108

　　　　相权之比较 / 110

　　　　制度优劣之比较 / 113

第三节 元代中书省的设置 / 114

　　中书省之职权 / 115

　　中书省之组织 / 115

　　中书省得失之评价 / 117

第四节 明清内阁组织及其实权的行使 / 118

　　明代内阁的创立 / 118

　　阁臣之任用 / 119

　　阁臣之职权 / 120

　　制度之得失 / 123

　　明清内阁之比较 / 125

　　明代内阁制度之破坏 / 126

　　清代内阁制度之破坏 / 128

第五节 宋元明三代相制比较 / 128

　　宰相制度异同 / 128

　　制度的得失 / 129

第六节 清代军机处之设置与得失 / 130

　　制度之沿革 / 130

　　创设之动机 / 131

　　军机处之职掌 / 133

　　军机处之作用 / 135

　　军机处制度得失 / 136

　　军机处与古代官制之比较 / 137

第七节 清总理各国事务衙门的设置与职掌 / 138

　　总理衙门设立之原因 / 138

　　总理衙门之组织结构 / 140

　　总理衙门之职掌 / 142

　　优劣得失之讨论 / 144

第五章　汉魏南北朝隋唐地方行政得失 **145**

第一节　汉代郡国制及其得失 / 145

郡国并行制的推行 / 145

郡国并行制之优点 / 148

郡国并行制之缺点 / 149

第二节　汉代地方行政得失及其影响 / 150

汉代地方行政之优点 / 150

汉代地方行政之缺点 / 152

汉代地方行政对后世的影响 / 154

第三节　魏晋南北朝地方混乱及其影响 / 155

混乱情况的表现 / 155

地方行政之缺点 / 157

造成混乱情况之原因 / 158

对当代及后世之影响 / 159

第四节　隋唐之地方改制与厘革 / 162

州郡县三级制之改革 / 162

道之划分及其发展 / 163

王国组织与地方政制之变迁 / 163

第五节　唐代地方行政制度得失 / 165

军事系列 / 165

监察巡省系列 / 166

财赋转运系列 / 167

行政系列 / 168

地方政制的优点 / 168

地方制度的缺点及影响 / 170

第六节　汉唐地方政制比较 / 171

第六章　宋元明清地方改制得失比较..................................175

第一节　宋代地方制度得失 / 175

制度之内容 / 175

制度之特色 / 176

制度之优劣 / 177

第二节　元代行中书省的设置及其作用 / 178

行中书省制度之沿革 / 178

行中书省设置之原因 / 179

行省统辖之范围及其官制 / 180

行省长官人选及其制度之特点 / 181

第三节　明清地方政治制度得失 / 183

明代地方政府组织 / 183

清代地方政府组织 / 184

明清地方政制得失与影响 / 186

第四节　唐宋明清地方政制之比较 / 188

唐宋地方政制相异处 / 189

唐宋地方政制相同处 / 190

明清地方政制沿革 / 190

明清地方政制得失及其比较 / 191

第七章　秦汉隋唐宋明监察制度..................................193

第一节　秦汉监察制度之得失 / 193

秦汉监察制度之优点 / 193

秦汉监察制度之缺点 / 195

第二节　秦汉监察制度比较 / 197

纠弹制度方面的比较 / 197

谏驳制度方面的比较 / 200

得失与影响 / 201

第三节　汉刺史由监察演变为州牧的原因与影响 / 201

汉刺史制的沿革 / 201

刺史职权的转变 / 202

刺史或州牧坐大的影响 / 204

第四节　隋唐时代之御史台 / 204

沿革与组织 / 204

职权之运用 / 205

唐代监察制度之得失 / 206

第五节　宋代监察制与御史台 / 207

御史台的组织 / 207

御史台的权限 / 209

对当代政制得失的影响 / 210

第六节　唐宋监察制度之比较 / 212

组织与沿革之比较 / 212

御史台官员之运用 / 213

结论与影响 / 215

第七节　明代监察制度得失 / 215

监察制度的发展与沿革 / 216

明代监察组织及职掌 / 217

明代监察制度的优点 / 219

明代监察制度的缺点 / 221

明代监察制度的影响 / 222

第八章　秦汉魏晋南北朝隋唐兵制 ·············· 226

第一节　秦汉兵制 / 226

秦代兵制概略 / 226

汉代兵制概略 / 227

秦汉兵制得失与影响 / 228

第二节　魏晋南北朝兵制 / 230

三国兵制之得失 / 230

晋代兵制之得失 / 233

南北朝兵制之得失 / 234

第三节　府兵制之成立及其得失 / 235

隋代以前之府兵沿革 / 235

隋唐府兵比较 / 237

府兵制之优点 / 239

府兵制破坏的原因 / 239

第四节　彍骑的成立与府兵 / 242

彍骑之编制内容 / 242

彍骑废弛之原因 / 242

彍骑之得失 / 243

府兵与彍骑之比较 / 244

第五节　唐代边区的军事组织 / 245

唐代都护府之设置 / 245

都护府设置之影响 / 249

唐代节度使之设置 / 250

府兵与镇兵之比较 / 252

汉义务兵制与唐府兵之比较 / 254

第九章　宋元明清兵制 ·· 256

第一节　宋代国运与兵制 / 256

政制缺点对兵制之影响 / 256

兵制上的缺点 / 261

第二节　宋代保甲的兴废与影响 / 263

　　宋代保甲制度产生的背景 / 263

　　安石兴保甲之原因 / 264

　　保甲法的内容 / 265

　　保甲法施行的经过 / 267

第三节　元代兵制得失与影响 / 269

　　元军力强大之原因 / 269

　　蒙古军及其兵制之重要性 / 270

　　元代兵制之得失 / 271

第四节　明代的国运与卫所制 / 273

　　卫所制创设之时代背景 / 273

　　卫所制之内容与组织 / 274

　　卫所制之优点 / 276

　　卫所制之缺点 / 277

　　卫所制破坏之原因 / 277

　　卫所制破坏与明亡之关系 / 280

第五节　明卫所制与唐府兵制之比较 / 282

　　两者相同之处 / 282

　　两者不同之处 / 283

第六节　清代的兵制 / 285

　　八旗兵释义与组织 / 285

　　汉兵的编制 / 287

　　汉兵制的得失 / 287

　　绿营与湘军的兴替 / 289

第十章　汉魏南北朝隋唐选士制度 ……………………………… 292

第一节　汉代教育 / 292

　　汉代教育政策背景 / 292

汉代大力提倡教育之原因 / 293

西汉教育之得失 / 295

东汉教育之得失 / 298

两汉学风比较 / 301

第二节　汉代郡国察举制及其得失 / 303

察举制的起源 / 303

汉行察举制之目的 / 303

察举制的科目 / 304

察举制之得失 / 305

察举与征辟制度之比较 / 306

第三节　东汉左雄对选举的改革 / 308

改革的原因 / 308

改革的内容 / 309

对两汉察举的影响 / 311

第四节　九品官人法之创设及其得失 / 312

九品中正的解释 / 312

九品官人法之创设动机 / 313

九品官人法之缺点 / 315

实施方面的弊端 / 316

优点方面的检讨 / 317

对当代及后世之影响 / 318

察举、征辟与九品官人法优劣之比较 / 320

第五节　隋唐科举的沿革与内容 / 322

隋代科举之沿革 / 322

唐代科举之沿革 / 322

第六节　唐代科举之得失与影响 / 326

汉魏南北朝与隋唐选士之比较 / 326

唐与宋元明之比较 / 328

科举考试制度之弊端 / 328

科举黑暗产生之后果 / 331

唐代科举与门第 / 332

科举制度下的唐宋社会 / 334

第十一章　宋代至清代的科举与教育 **338**

第一节　宋代科举得失与影响 / 338

宋初诸帝特重科举原因 / 338

宋特重进士科原因 / 340

宋代科举及其得失 / 341

宋科举教育及其流弊 / 344

第二节　唐宋科举之比较 / 345

资格问题的比较 / 346

科举内容比较 / 347

两者影响的比较 / 349

第三节　宋代书院盛衰与影响 / 350

书院沿革与兴盛原因 / 350

北宋六大书院概述 / 351

宋书院特盛的原因 / 352

书院的贡献与影响 / 353

范仲淹对宋代学术教育的影响 / 355

第四节　明代的考试制度 / 358

优点方面 / 358

缺点方面 / 359

明代之翰林院与庶吉士 / 361

清代之翰林院 / 362

明清翰林院制度之得失 / 363

第五节 宋元明科举比较 / 363

科举的内容 / 363

应举人的资格 / 364

考试的时间 / 364

科举的程序 / 365

待遇的比较 / 365

优点方面 / 366

缺点方面 / 367

第六节 明清八股取士的形式与得失 / 368

八股文体之起源 / 368

八股与六段之内容 / 369

清代试八股之格式 / 370

明清科举八股取士之弊 / 372

第七节 明清科举制度之比较 / 374

两代科举制度内容的比较 / 374

两代科举的优劣点 / 377

两代考试制度异同之比较 / 379

第十二章 中西交通与政治经济的发展 382

第一节 张骞通西域的收获与影响 / 382

西域的解释 / 382

张骞通西域的动机 / 383

张骞三次出使西域的经过 / 384

张骞事迹年表 / 386

张骞通西域诸国表 / 386

贡献与影响 / 387

第二节 大月氏与中西文化沟通的关系 / 390

　　大月氏的由来 / 390

　　大月氏与张骞通西域之关系 / 391

　　大月氏对当时中国之影响 / 392

第三节 东汉班超父子经营西域 / 393

　　出使之动机 / 393

　　班超出使西域之经过 / 394

　　班勇破匈奴及定车师、焉耆之经过 / 396

　　班超父子之贡献及影响 / 397

第四节 唐平突厥引致迁徙与影响 / 398

　　唐平东西突厥之经过 / 398

　　对中西交通之影响 / 399

第五节 蒙古西征对中西交通文化之影响 / 401

　　蒙古的崛起及二次西征 / 401

　　蒙古西征的影响 / 402

第六节 元代邮驿对中国与欧亚交通之贡献 / 403

　　元驿制之起源及其重要性 / 403

　　元驿之内容及其推行情形 / 404

　　元驿与欧亚之交通情况 / 406

　　元驿对中西交通之影响及贡献 / 406

第七节 郑和下西洋的原因与影响 / 407

　　郑和的先世及其生平 / 407

　　明代西洋的范围 / 408

　　郑和出使的动机 / 409

　　郑和下西洋的经过 / 410

　　郑和出使对后世的影响 / 413

　　宣宗以后停止下西洋的原因 / 416

第十三章　中西交通与商业之路 419

第一节　丝绸之路与中西交通 / 419

丝绸在汉代以前的发展 / 419

丝绸在汉代的发展概况 / 420

丝绸外传之路线 / 421

丝路对东西文化交流的作用 / 422

第二节　唐代广州对海外的交通 / 423

唐代广州与海外之商业交通情况 / 423

唐宋时对外交通贸易之影响 / 425

唐代广州屯门的交通地位 / 426

第三节　香药之路与中西交通 / 428

香药的产地 / 428

香药的运销 / 428

香药贸易的影响 / 429

第四节　白银之路与中西交通 / 432

宋明货币的演变 / 432

中菲贸易发达之原因 / 433

新航路之发现与白银之输入 / 434

清白银外流的原因 / 436

白银贸易之影响 / 436

第十四章　历代重要都邑沿革 439

第一节　长安与洛阳的地理沿革 / 439

长安的重要性及其影响 / 439

洛阳的重要性及其影响 / 440

第二节　邺下与晋阳的地理沿革 / 442

邺下的重要性及其影响 / 442

晋阳、太原的重要性及其影响 / 443

第三节　开封与苏杭的地理沿革 / 444

开封（汴京）的重要性及其影响 / 444

杭州（临安）的重要性及其影响 / 446

苏州的重要性及其影响 / 448

第四节　泉州与广州的地理沿革 / 449

泉州的重要性及其影响 / 449

广州的重要性及其影响 / 450

第五节　金陵与北京的地理沿革 / 451

金陵的重要性及其影响 / 451

北京的重要性及其影响 / 453

第一章　历代田土税制得失

第一节　井田制度存在问题与兴废

井田释疑

井田之论，自孟子起，即以其为国家建设之基本方策。因之而历代贤者，每言立国之本，皆将井田制度，奉为圭臬。唯以上古时期之文献奇缺，不易知其详情。自宋代以后，疑问丛生：有者以其环境所限，无实行之可能；有者以其为战国时期之"乌托邦"，本无其事。然近以古代史料之相继发掘，及从井田的历史发展过程去分析，井田之制，亦非全无可能之事。根据孟子言及井田原文之记载：

滕文公问为国。孟子曰："民事不可缓也……夏后氏五十而贡，殷人七十而助，周人百亩而彻，其实皆什一也。彻者，彻也；助者，藉也。龙子曰：'治地莫善于助，莫不善于贡。'贡者，校数岁之中以为常。乐岁，粒米狼戾，多取之而不为虐，则寡取之；凶年，粪其田而不足，则必取盈焉。为民父母，使民盻盻然，将终岁勤动，不得以养其父母，又称贷而益之。使老稚转乎沟壑，恶在其为民父母也，夫世禄，滕固行之矣。《诗》云：'雨我公田，遂及我私。'唯助为有公田。由此观之，虽周亦助也……

使毕战问井地。孟子曰："子之君将行仁政，选择而使子，子必勉之。夫仁政，必自经界始。经界不正，井地不均，谷禄不平。是故暴君污吏必慢其经界。经界既正，分田制禄可坐而定也……请野九一而助，国中什一使自赋。卿以下必有圭田，圭田五十亩，余夫二十五亩。死徙无出乡，乡田同井，出入相友，守望相助，疾病相扶持，则百姓亲睦。方里而井，井九百亩，其中为公田。八家皆私百亩，同养公田；公事毕，然后敢治私事；所以别野人也。此其大略也；若夫润泽之，则在君与子矣。"

自宋以后，井田疑谬之说颇多。近人胡适之亦有反井田论之说，其内容约分三点：

一、古代从部落进为无数小国，境内还有无数半开化的民族，王室不过是各国中一个最强的国家，决不能有豆腐干块一般的封建制度，也不会有豆腐干块一般的井田制度。

二、孟子的话，是托古改制，是凭空杜撰。因为孟子既说"唯助为有公田"，是贡与彻皆无公田可知；他又引《诗》来说"虽周亦助也"，可见孟子实在不知道周代的制度是什么。孟子于说贡、说助之间，忽又插入"夫世禄，滕固行之矣"，并述经界不正的弊病，可见孟子所说，不过是一种"分田制禄"的经界计划，并非王地公有的均产制度。

三、孟子的井田制，并不是使百姓家家有田百亩。他所说的公田，固是属于国家的田；但他说的私田，仍是卿、大夫、士的禄田。种田的农民，只是佃民而非田主。如若不然，那"卿以下必有圭田"一段，和上文"世禄"、"分田制禄"，便不可懂了。

胡适之针对孟子所述，予以正面的反驳，理由似甚充分；唯近人以上古史料之逐渐整理，对井田制之产生、发展与衰落的整个过程分析颇详，则井田制之存在，当无疑义。

井田施行之背景

在氏族社会时代，人少地多，故可耕之地，到处有之。当时耕作方法幼稚，生产力不足，政府为便于耕作，或为便于提倡农业起见，即择其比较易耕或易于垦种之处，令每户各占地一方，在各地相连之一边，皆划一地界，使土地制度渐演进到"公有私用"，即"公同占有，各自耕种"的阶段，以便各个家庭，能善用其各自之生产力。氏族社会组织，为防御外侮，加强团结，所以尽管土地无限制地存在，各个家庭只能密集居住，构成村庄，依照一定需要，平均利用各自的土地，便自然地产生豆腐干块的井田制度了。所谓"井"与"田"之两种农地形态，其按"田"字形状之土地分配，仅为平均分配之方田制度而已。但以"井"字形状之土地分配，其中心关键，并不在于分配之外形；乃以"井"字正中之一方为"公田"，由其四围之八家共耕，用作纳税之用。孔子称此为"藉田以力"，孟子谓此是"九一而助"。井田之制，不仅在于土地之平均分配而已，其亦与地权、地用以及土地管理等，合为一体；而以"井"字形状之土地分配形态为其主体。孟子以为欲行仁政，必须先事调整地籍，使耕地分配平均；亦即必须先行井田之制，方能有仁政可言。此即孟子以井田之制，为政治建设之基础。孟子又说："死徙无出乡，乡田同井，出入相友，守望相助，疾病相扶持，则百姓亲睦。"是以井田制亦可为社会建设之捷径。

周代井田制之内容

孟子对于井田之内容，解释为"方里而井，井九百亩，其中为公田。八家皆私百亩，同养公田"。孟子所释之井田，盖指周制而言，因周人"百亩而彻"故也。所谓"余夫"者，程子谓："一夫上父母下妻子，以五口八口为率，受田百亩。如有弟，是余夫也，年十六别受田二十五亩；俟其壮而有室，然后更受百亩之田。"朱熹注孟子言及井田之施行，说："周时一夫授田百亩，乡遂用贡法，十夫有沟；都、鄙用助法，八家同井。耕则通力而作，收则计亩而分，故谓之彻。其实皆什一也。贡法固以十分之一为常数，惟助法乃是九一；而商制不可考。周制则公田百亩中以二十亩为庐舍，一夫所耕公田实计十亩，通私田百亩为十一分，取其一，盖又轻于十一矣。"

井田制度之得失

井田制度，乃古代政府为编制人民、管理土地及课征赋税，将三者合一而创行之制，不失为古今中外各种土地制度中之一种特殊农地制度。论其优点，大略如下。

一、《孟子·滕文公上》："死徙无出乡，乡田同井，出入相友，守望相助，疾病相扶持，则百姓亲睦。"是以井田可为社会建设之捷径。因井田分耕共耕之实行，使各地同一井之人，格外亲密，无事时互相友爱，有事时互相帮忙，养成安土重迁之风俗。

二、井田制之中心关键，乃在于中间之"公田"，不失为一理想较高的制度。九百亩之田，以中央百亩为公田，周围八百亩分授与八农家，各治其百亩；中央之公田，借八家之力而合耕之，贡其收获，以代八家之赋税。人民各治私田，又同养公田，形成公私一体兼顾之心理习惯。

三、孟子言："五亩之宅，树之以桑，五十者可以衣帛矣。鸡豚狗彘之畜，无失其时，七十者可以食肉矣。百亩之田，勿夺其时，数口之家，可以无饥矣。"又说："七十者衣帛食肉，黎民不饥不寒，然而不王者，未之有也。"此即孟子以井田之制为经济建设之理想途径。因土地处分权为公有，人民不得私相买卖或转让，故能杜绝土地兼并、贫富悬殊之现象。而人民既有适当面积之土地，按时耕作，衣、食、住之一切生活问题，便可获得保障，教育文化亦可因之而发达。同时此制度之实行，使人民不愿轻易迁徙，稳定了农村之经济。

四、国家可收足食足兵之效。井田不仅为均田之制，同时亦为地方保甲、兵车、赋役之基础。受田之家，除治公田之外，并有为公家服役之义务，兵役亦包括在内。服役期限亦有制度，兵出于民而不病民，使人人有以自乐其生，而国家亦可收足食足兵之效。

井田制度破坏之原因

周室东迁后，社会经济有很大的变迁，井田制度亦渐趋破坏。考其原因，约有数端。

一、自平王东迁后，中央政令不行，诸侯互相兼并，侵夺土地。土地之封主以自身利益为前提，可随时令农民搬迁，或用以充实占领地区，或用以贡送敌人，故农民或因出征而失去本业，或因土地被兼并而被迫迁离或改习工商各业，井田制之实行乃渐废弛。

二、《春秋》载：鲁宣公十五年，"初税亩"。由于人口增加，土地不足，生产力发展，商业抬头，土地私有发生，富国强兵斗争日烈，借法不复可行，改采履亩而税，井田的本质乃大变。农田得自由买卖，土地所有权无形中转为耕者私有，兼并之风，随之而起，井田制度更破坏无存。

三、《汉书》载："秦孝公用商君，坏井田，开阡陌，急耕战之赏。"《通典》云："鞅以三晋地狭人贫，秦地广人寡，故草不尽垦，地利不尽出……故废井田，制阡陌，任其所耕，不限多少。"是以井田制度之破坏，与商鞅变法甚有关系。春秋时代井田制度之废弛，私有土地之发展，已有萌芽，至战国而渐盛，但均田原则下的井田地形，亦多有改变。而秦以商鞅"坏井田，开阡陌"，井田制度遂彻底破坏。

井田之制，原为商代之农地分配制度，继而盛行于西周，至春秋而坏，亦为社会历史发展之自然趋势。盖自东周诸侯兼并，土地私有制破坏，井田制固难以施行；至"孝公用商君，制辕田，开阡陌"，农地之利用，已从人耕改为牛耕。人耕宜方田，牛耕则以长方形为宜，其所需之面积较大，必须废除原有阡陌，方可施行。是以井田虽至春秋而废弛，唯至秦孝公时，始以法律尽变更之。

第二节 晋代的户调制

西晋的户调制

晋代统一天下之初，系行"户调"之制。即将田赋与户口税，合并课征，名之为"户调"。因两汉之制，三十而税一者，田赋也；二十始傅，人出一算者，户口之赋也。晋法则合二为一。"调"原为调发之义，"户调"二字，始见于《三国志·魏志·赵俨传》，为袁绍在河北所行之制度，历南北朝而未改。西晋时，赋税之课征办法，据《晋书》载："丁男之户，岁输绢三匹、绵三斤，女及次丁男为户者半输。其诸边郡或三分之二，远者达三分之一。夷人输賨布，户一匹，远者或一丈。"《通志》又载："不课田者，输义米，户三斛；极远者输算钱，人二十八文。"此即西晋之课税制度，概有三种办法：

一、在统一之初，系行户调法，将地税、户税与丁税三者合并征收，而以丁或户为课征标准，以纳绢、绵、布等实物，为缴税之物品。边郡地区之税率较轻。夷人之课征，又有其特别制度。

二、至施行占田以后，在行占田地区，其地税、户税与丁税，分别计算。其地税税率，男子占田七十亩中，课其五十亩之地税；女子占田三十亩中，课其二十亩之地税。户税与丁税另有课征之标准。

三、在未行占田地区，不课田者，仍以户为课税标准，所纳者为"义米"；其税率，为每户近者三石，远者五斗。再远者，以输米不便，即输"算钱"；其课征标准，以人为对象，每人二十八文。

东晋的户调制

晋室南渡以后，当东晋初期赋税制度尚未建立之际，因南来人民，散居于各郡县中，尚未成土著，其所纳赋税，无一定之数量或标准。至原有土著，其文化较低，因土地利用之技术低劣，皆无积蓄，即随其土地之所出而课征之。江南之范围广大，其蛮夷及岭外地区，虽如上述办法，依各地之所出而课征，然汉人地区，其课征制度，据《隋志》所记："其课，丁男调布绢各二丈，丝三两，绵八两，禄绢八尺，禄绵三两二分，租米五石，禄米二石。丁女并半之。男女年十六以上至六十为丁。男年十六亦半课，年十八正课，六十免课。女以嫁者为丁，若在室者年二十乃为丁。其男丁每岁役不过二十日，又率十八人出一运丁役之。其田，亩税米二斗。盖大率如此。"

东晋时之地税制度，概言之，不及西晋。因随晋室南渡者，多为贵族，其恃强占地虽广，而负担之赋税较少。当成帝咸和五年，曾度田课税，以收获量十分之一为准，税率每亩三升。至孝武太元二年，除按亩收税外，凡王公以下，又每口课税三斛；八年又增加税米，每口增为五石。此因东晋优待豪右，而豪右田多，纳税反少。以国家之负担而言，若按亩课税，富多贫少；但按口课税，即贫多富少，赋税之负担，自显有不平。

东晋时期，北方为五胡所据，其地税之课征，史载未详。仅记慕容皝时，曾以耕牛及土地，分给贫民；候收获时，公收其八，二分入私。有牛无地者，亦给予土地，即公收其七，三分入私。后以记室参军封裕之谏，为安置流人，改为用官牛者，官六私四；私牛官田者，官私平分。以此变推崇，即知当时北方地税，不为不重。

第三节　北魏均田制的创设与得失

当北魏末施行均田制以前，所推行之计口授田，是依人口之多寡，按人授田之一种荒地分配办法。且只记授田，未记还田。因仅授不还，当不能永久施行。但均田制则不然，其有规定周详之均田法，得以持续实施，可见其为一种独立而完美之土地制度。而均田制度之授田办法，仍系依据各人之年龄、性别、身份等，按口分别给予不同面积土地使用，乃"土地国有"制度之一种；虽有少数土地，亦准人民继承及有限度之买卖，但主要生产用地，皆由国家管理，由国家支配，人民仅能依法使用而已。现试就其实施原因、内容、得失加以分析如下。

均田制度实施的原因

北魏虽为鲜卑族所建国家，然在五胡中，以鲜卑族之汉化程度为最深。北魏建国之初，即设立太学，置五经博士，冀以儒家之理想而施政。然历代儒家，皆以孟子所倡导之井田制度，为土地改革之基本观念。故每当儒家当权，或其所遇之帝王，有行井田之可能，即辄用以施行授田还田之井田理想为其土地改革之主张。魏孝文帝具雄才大略，对于各种文物制度，尤其北魏所少有的，均有仿效的决心，遂毅然接纳土地改革之意见，此为均田制施行于北魏孝文帝时之主要原因。

晋末天下大乱，人民流散，或死于战争，或死于饥馑，幸而存者，只得百分之十五。由于上述原因，以致造成中原萧条、千里无烟的情况。在北方的中国，其间虽经过慕容氏苻坚等的经营，但为时短暂，接着就是战乱频生，以致人民流散，荒土甚多。在所谓"良畴毁而不开，柔桑枯而不采"之情况下，北魏政府认为地有遗利，生谷之土未尽垦，故掌握上述条件，利用剩余人力，将无主之荒地，配给人民，实行均田。

北魏在推行均田过程中，除了限制豪族强占田土荫户之外，使计口授田之官民，取得较完全之土地占有权及使用权，生产力因而增加，无形中，将官民关系，建立于土地上。国家租贷收入有了保障，因而收入随之增加。基于上述原因，政府乃大量推行均田。

北魏以前，土地私有制一直在发展，豪宗大族占地和荫户之存在，使政府失去大量民力与大量由国家直接掌握之纳税户，因此造成政府的租课收入锐减，豪宗大族又掠夺兼并官民土地，或将之变为荫户。于是北魏政府为着安置游户、荫户与打击豪宗大族，乃推行均田，并以轻税办法，争取游户和荫户。

拓拔魏以一落后民族入侵中国，虏掠杀害之余，更役使百姓为奴隶，激起了中国各族人民起伏的反抗，故汉族中时有叛乱。由于被奴役的人民和奴隶坚强不屈地进行反抗斗争，而逼使北魏统治者，不得不调整经济情况，安抚人心，故推行均田法，分配土地给予人民，使其既有田可耕，维持生活，而政府亦得到课税。换言之，一方面是缓和人民之怨叛，另方面是稳定北魏统治之基础，故大量推行均田。

　　鲜卑民族一向居住在塞外，其所过着乃游牧时代之生活，以畜牧为主。其后由于北魏政府之发展过速，大部分已南迁。随着南来之鲜卑民族，一方面不惯于中原生活方式，另方面又无以为生，故北魏政府推行均田法，将剩余之土地与南下之鲜卑人，使其过着农耕社会生活，以安定民心，不再有北返之意图。均田制之推行，此点因素也很重要。

均田制度之内容

一、露田之分配

1. 每男夫授田四十亩，妇人二十亩，奴婢依良。

2. 牛一头，授田三十亩；限四牛。

3. 农田之较瘠薄而需休耕者，加倍授之；下等之田，再倍授之。

二、桑田之分配

1. 每男夫授田二十亩，种桑五十树，枣五株，榆三根；并于桑榆地分杂莳余果及多种桑榆者不禁。

2. 非桑之土，奴亦依良民授给，种榆枣及莳余果。

3. 桑、榆、枣皆限三年种毕。不毕者，夺其不毕之地。

三、麻田之分配

1. 凡产麻之土，除露田、桑田外，再依授还法配给麻田，专供种麻之用。

2. 每一男夫及课，授麻田十亩，妇人五亩，奴婢依良。

四、宅地之分配

1. 民有新居者，另给宅地，以筑居室。

2. 良民每三口给宅地一亩，奴婢每五口给宅地一亩。

五、受还之规定

1. 凡男女满十五岁，均为受田之年。受田后至七十岁或死亡时还田。奴婢及牛，随有无以受还。每年正月，办理受田、还田。

2. 露田、麻田按时受还，但违令而种桑榆枣果者，须即还田。

3. 桑田宅地皆为世业，终身不还。继承时，恒从见口。盈者得卖其盈，不足者得买其不足；但不得卖其分，亦不得买过所足。

4. 一人所受之土地，无论正田或倍田，皆连在一起，不得隔越他人土地。

5. 若因罪而远流、配谪，或无子孙绝户者，其墟宅桑榆尽为公田，以供授受。其授受之次，给其所亲；未给之间，借其所亲。

六、进丁之规定

1. 进丁受田者，从其所近。

2. 同时进丁者，先贫后富；再倍之田，亦仿此为法。

3. 地狭之处，进丁而不愿他迁受田者，以其应受桑田而为正田分；又不足，不给倍田；又不足，家内人别减分。无桑之乡，准此为法。

七、迁居之规定

1. 因地狭而迁往空荒之处者，不限异州他郡，随意迁徙。

2. 地足之处，不得无故迁居。

八、老弱之规定

1. 凡全户皆为老小癃残而无授田者，年十一以上及癃者，各授以半夫之田。年逾七十，虽应行还田，而亦不还所授。

2. 寡妇守节，免课，而亦授妇田。

九、宽乡之规定

1. 凡土旷民稀之处，随力之所及，无面积之限制。

2. 以后来居者，依法授田。

十、官吏之规定

1. 治民之官，各随地给公田。

2. 刺史十五顷，太守十顷，治中、别驾各八顷，县吏、郡丞各六顷。更代相付，卖者坐如律。

均田制度之得失

北魏此种详细周密的规制，在当时施行，实在颇具建设性。因为北方经大乱灾荒后，地旷人稀，有大量荒土可供耕作；而规划制度，本身的周详谨慎，亦颇可称道。但每一制度假以时日之洗练，或制度本身具有其先天之缺点，足以影响此制度之废兴。现综合各种史料，以评其得失。

优点方面：

1. 在均田制中，桑果田虽属世业田，得自由买卖而亦有相当之限制，买卖者不得超过其限度，仍具有防止兼并之意。还受之田，因其需还受，不得树桑榆，故称为露田。而均田制之最高意义是将豪强之荫冒一切杜绝。

2. 在农民方面，得到甚大惠泽，因此易见推行。均田制施行后，由于贫农之拥护，而易见推行。

3. 在豪强方面，亦仍有优假。奴婢受田与良民等，而所调甚少，八奴婢始当一夫一妇之调，此乃魏廷故意优假豪族；已夺其荫冒，故稍与宽纵。

4. 至于人口疏密与土地分配之调剂方法，不采强制迁移手段。因农民多有安土重迁之天然习性，非有大利大害所关，极不愿离开家园。而均田制规定，对于乐迁者，以桑田及倍田减分之法调剂之，使不愿迁者皆乐迁。

5. 由于施行均田的最基本目的就是保证和增加北魏的租课收入，而从当时户数的增加，就可看出这方面取得的成就。自均田施行以后，检查户口的工作越来越严，又诏检括户口。由于大力检括户口，通过均田将人民束缚在官田荒地上，因而租调收入也增加了，库藏中财物也就必然充实起来。

6. 由于北魏统治者曾好几次将苑囿禁地赐与贫民，以无主荒地给人民耕种，因此，无地少地农民和浮游人口，多少会得到一点土地来从事农业生产；垦僻了一些荒地，农产品也增加了。由于农业的恢复和发展，人民生活也稍为安定，社会经济也逐渐繁荣起来。由于农业经济的发展，商业也逐渐活跃起来，随之使户口增加。

缺点方面：

在施行均田制后，官僚豪强的大土地私有制依然存在，并且，官僚地主还请求给予土地。既然官僚地主的土地产依然存在，并且还侵夺公私土地，土地还可按私有者的意志进行买卖，则均田时欲将土地尽为官府所有进行还受的意图，当然不能实现，故土地私有制依然存在。同时，亦可见均田限制豪强的作用并不太大。故北魏均田制，名均而实不均。

均田制度的影响

然而北魏均田之主要精神，其初不在于均贫富，而实欲使贫民及流徙者亦有相当耕作之田地，使其对国家能负担基本之土地课税，使土地不致荒废。李安世建议行均田制之意即在此。故北魏之均田在于均力业，不在均贫富。力业既均，则贫者不致沦为世家大族附属，而使豪族兼并势力稍受限制；国家之财富收入，亦较为确实充裕。北魏推行均田制之主要精神在此。

第四节　隋代均田制得失

隋均田制之推行

一、沿革。隋开国在经济上较重要之措施，乃均田制度之推行。此制度原则上乃承继北魏、齐、周而来，又与北齐制度较为近似。北齐承魏法，一夫授露田八十亩，妇人四十亩，男子率以十八授田，输租调，六十六而退田。免租调，每丁受永业田二十亩，是为桑田；不宜桑者，谓之麻田。永业田不付还于官。此外，垦田者，亦得以其田为永业田。此时田租分垦租、义租两种，一输至中央，一留诸省国，俾水旱之用。调，输绢绵；绵十斤中，又折一斤作丝。人税一床（一夫一妇）租调（犹言一户之租调）。有室者，输一床；无妻者，输半床。一床应输之调为绢一匹，绵八两。一床输之租，垦租二石，义租五斗。半床者，半于此数。

二、动机。若论北魏创设均田制度之动机，盖有数因：

1. 利用战后大量无主之荒地。

2. 安置南徙之鲜卑民族。

3. 打击豪宗大族。

4. 增加政府税收。

5. 稳定鲜卑政权之基础。

至于隋代推行此制度之动机，除上述第二点之外，余皆大致与北魏相同，亦即利用荒废无主之土地，争取浮游人口，使其集中到国家权力支配下，以达成上述之任务。杜氏所谓："承周齐分据，暴君幔吏，赋重役勤，人不堪命，多依豪室，禁网堕废，奸伪尤滋。"故杨坚夺取北周政权后，先后于开皇十年、十二年正式发布均田政令。《隋书·食货志》规定："男女三岁以下为黄，十岁以下为小，十七岁以下为中，十八岁以上为丁。丁从课役，六十为老，乃免……其丁男、中男永业露田，皆遵后齐之制，并课树以桑榆及枣。其园宅，率三口给一亩，奴婢则五口给一亩。"至于官方授永业田之解释，《隋书·食货志》谓："自诸王以下至于都督，皆给永业田，各有差，多者至一百顷，少者至四十亩（《通典·田制下》作三十顷）……京官又给职分田。一品者，给田五顷；每品以五十亩为差，至五品，则为三顷。六品，二顷五十亩；其下每品以五十亩为差，至九品为一顷。外官亦各有职分田。又给公廨田，以供公用。"

三、推行之方法。至于授田与还田办法，约其要者，盖有数点：

1. 一夫授田八十亩，妇人四十亩，奴婢与良民之授田亩数大略相同。

2. 丁牛一头授田六十亩，以四牛为限。

3. 每丁给桑田二十亩，不宜种桑之地，改给麻田二十亩，皆为永业田，不在授还之限。

4.园宅地，每三口给一亩，奴婢五口给一亩。

5.十八岁起授田，六十六还田。

上列各例乃就一般情况而言。使在人多地少之狭乡地区，各人所分配之土地面积则多有不同，亦有少至每人得二十亩者。

隋代均田政策之得失

制度之优点：

隋承周齐遗制，推行均田政令，唯北周有关均田资料不多，近代学者遂多以为隋均田制全袭齐制而来，与北周无涉。其实隋代均田制度之承授，未必与北周无关。如唐制有"女不给田"（寡妻妾除外），则所承袭者，殆与北周为近。而唐承隋制，益见陈寅恪氏所论，未必尽然。大致上，可以确定承袭北齐而来，唯北齐施行之均田制，实已较北魏时期有所改进。

其一为田土之还授时间，由每年正月改为十月，此点对耕作避免青黄不接，颇有帮助。

其二为奴婢虽已依良计口授田，但仅依爵级品位定所限奴婢人数（《通典·食货志》：齐制奴婢授田者，亲王止三百人，嗣王止二百人，第二品嗣王以下及庶姓王止一百五十人，正三品以上及王宗止一百人，七品以上止八十人，八品以下至庶人六十人），逾数不给。

因隋袭齐制，故就隋代而言，已较北魏时之均田大为改善（《隋志》对于园宅地则曰"奴婢则五口给一亩"，对于永业露田却云"丁男中男皆遵后齐之制"，而不及奴婢，似已将奴婢排除计口授田之外。北魏无桑果田以外之永业田，王公贵族皆畜养奴婢而无限制，故造成彼等拥有无限制之土地。隋代权衡轻重，与其假奴婢以兼并无限土地，不如给以有限之永业田反为得计，此不能谓隋代无改进处。然以土地公有精神言之，终成弊政）。但隋制承北齐均田政令，又有"京城四面诸方之外三十里内为公田"一条，则反不及北魏制度之完善。因北魏虽有桑果田而无永业田之名，实则桑果田虽为代业，殊非认许桑果田之外，私人尚可拥有永业田。唯自北齐时，曾划出"京城四面诸方之外三十里内为公田"给诸特殊阶级为永业田以后，《通典·二食货》载：其方百里外及州，人一夫受露田八十亩，妇四十亩，奴婢依良人，限数与京官同。丁牛一头受田六十亩，限止四牛。又每丁给永业田二十亩为桑田，田中种桑五十根，榆三根，枣五根，不在还受之限。

制度之缺点：

一、此制至隋代承之，不问其为桑果田与否，诸王以下至于都督，皆给永业田，多者至百顷，少至三十顷（《隋志》作四十亩），由是造成土地私有制与唐代均田失败之开端。如隋室重臣杨素平江南，赐公田百顷。及为独孤后建陵，又赐田三十顷。来济善相术，亦赐田四十顷。炀帝幸榆林还，过张衡宅，赐宅旁之田三十顷等。盖见隋代对于公田制定为永业田以外，并大量赐田，益发助长土地私有发展之趋势。

二、因制度规定而受田之浮客，亦因高颎输籍法之推行，间接造成隋代受田人数益增，形成土地与人口不能平均分配之现象。杜佑论之以为：周齐分据，暴君慢吏，赋重役勤，人不堪命，多依豪室，禁纲隳紊，奸伪尤滋。高颎睹流冗之弊，建输籍之法，于是，定其名，轻其数，使人知"为浮客，被强家收大半之赋；为编甿，奉公上蒙轻减之征"。因为浮客归于编户，使隋代受田人数剧增。文帝晚年，太常卿苏威曾因户口滋多，民田不赡，请减功臣之赐田以解民困，唯终未见实行。《隋书·卷四十·王谊传》："太常卿苏威立议，以为户口滋多，民田不赡，欲减功臣之地以给民，谊奏曰：'百官者，历世助贤，方蒙爵土；一旦削之，未见其可。如臣所虑，正恐朝臣功德不建，何患人田有不足？'上然之，竟寝威议。"

三、由于宽乡、狭乡无严格规定，《隋书·食货志》："时开皇二十年，天下户口岁增，京辅及三河地少而人众，衣食不给，议者咸欲徙就宽乡。其年冬，帝命诸州考使议之，又令尚书以其事策问四方贡士，竟无长筹。帝乃发使四出，均天下之田。其狭乡，每丁才至二十亩，老小又少焉。"

故人与地之分配，日见不能适合于当时之均田政策。大体而论，终隋之世，均田政策之实施，其始虽略见裨益于国计民生，然而由于南北朝遗留下来豪宗支配之庄园私有土地继续膨胀，与制度本身具有之先天缺点，故隋代欲推行均田以解救其时国计民生之苦，不免大打折扣。明儒王夫之《读通鉴论》卷一九谓："隋乃遣使均田，以谓各得有其田以自赡也。唯然，而民困愈亟矣。人则未有不自谋其生者也。上之谋之，不如其自谋……上唯无以夺其治生之力，宽之于公，而天地之大，山泽之富，有余力以营之，而无不可以养人。今隋之所谓户口岁增者，岂徒民之自增耶？盖上精察于其数以敛赋役者之增之也……非民之数盈，地之力歉，而实籍其户口者之无余，而役其户口者不酌其已盈而减其赋也。乃欲夺人之田以与人，使相倾相怨以成乎大乱哉？故不十年而盗贼竞起以亡隋……均田令行，狭乡十亩而籍一户，其虐民可知矣。则为均田之说者，王者所必诛而不赦明矣。"

船山先生所论以为"夺人之田以与人"，在今日言之，似略嫌迂腐。因船山先生之所谓"人"者，乃当时之豪宗大族与权贵之家耳。国家施行政令，当以绝大多数人民利益为前题，绝不能让少数豪贵权臣左右国家政策。至于其他所论，大体上均能针对隋代施政缺点。而高颎输籍法，其目的在于替统治者敛财；对于解救当时民困，并无积极作用。

第五节　唐均田制之推行

沿革与内容

经隋末大乱与战争带来之灾荒，或曾因人口过度膨胀，受田人数剧增，而直接影响到均田情况者，到了唐初，又有了新转机。因为均田制度实施之先决条件，必须有大量剩余土地。唐初农民少而耕地多之现象，正符合上述条件。均田实施之结果，确曾一度使农民过着较为温饱的日子。但此种情况维持不久，均田制度又成为一纸空文。唐代均田制大体亦承袭隋代而来，而唐代有关均田法令，以高祖武德七年（624 年）与玄宗开元二十五年（739年）诏令最为详尽。日人仁井田升《唐令拾遗》载唐高祖武德七年规定田制内容：

凡天下丁男十八岁以上者，给田一顷。笃疾废疾，给田四十亩。寡妻妾三十亩；若为户者，加二亩。皆以二十亩为永业，其余为口分。永业之田，树以桑榆枣及所宜之木。田多可足其人者为宽乡，少者为狭乡，狭乡授田减宽乡之半。其地有厚薄，岁一易者，倍授之，宽乡三易者不倍授。工商者，宽乡减半，狭乡不给。凡庶人徒乡及贫无以葬者，得卖永业田。自狭乡而徒宽乡者，得并卖口分田。卖者不复授，死者收之以授无田者。凡取授皆岁十月，授田先贫及有课役者、多丁者。凡乡田有余，以给比乡；县有余，以给比县；州有余，以给比州……诸买地者，不得过本制。虽居狭乡，亦听依宽乡制。其卖者不得更请，凡买卖皆需经官，年终彼此除附。若无文牒辄买卖，财没不追，地还本主。诸工商分永业田，各减半给之，在狭乡者并不给。有事落外蕃不还，有亲属同居，其身分之地，六年乃追，还日仍给。身死王事者，子孙虽未成丁，勿追口分田。战伤废疾不追减，终身。诸田不得贴赁及质押。若从远役外任，无人守业者，听贴赁及质。官人永业田、赐田，欲卖及贴赁者不在禁限。诸给口分田，务从便近，不得隔越。若州县改易，及与他境犬牙相接者，应依旧受。其城居之人，本县无田，听隔县受。

其次是玄宗开元二十五年之均田政令，《通典》卷二其制云：

田广一步长二百四十步为亩，百亩为顷。丁男给永业田二十亩，口分田八十亩。其中男年十八以上亦依丁男给。老男、笃疾、废疾各给口分田四十亩，寡妻妾各给口分田三十亩。先永业者，通充口分之数。黄、小、中、丁男女及老男、废疾、笃疾、寡妻妾当户者，各给永业田二十亩，口分田二十亩（应作三十亩）。应给宽乡并依所定数。若狭乡新受者，减宽乡口分之半。其给口分田者，易田则倍给（宽乡三易以上者，仍依乡法易给）。诸永业田皆传子孙，不在收授之限，即子孙犯除名者，所承之地亦不追。每亩课种桑五十根以上，榆枣各十根以上，三年种毕。乡土不宜者，任以所宜树充……其州县界内所有部受田，悉足者为宽乡，不足者为狭乡。诸狭乡田不足者，听于宽乡遥授。应给园宅地者，良口三口以下给一亩，每三口加一亩。贱口五口给一亩，每五口加一亩，并不入永业田口分之限。其京城及州郡县郭下园宅不在此例……诸给口分田，各从便近，不得隔越。若州县改隶，地入他境及犬牙相接者，听依旧受（《唐六典》卷三"户部条"谓：凡应收授之田，皆起十月毕十二月。凡授田先课后不课，先贫后富，先无后少）。

优点方面

根据上录诏令，归纳分析观之，唐初确曾有意推行此制度，农民也曾一度受到均田之实惠，造成贞观盛世基础。若按当时农业生产量统计，每亩田若产粟一斛（《全唐文》卷六三八李翱《平赋书》称："一亩之田，以强并弱，水旱之不时，虽不能尽地力者，岁不下粟一石。"），八十亩受田平均产量八十斛。唐人食量平均每人每月消耗不满一斛。《全唐文》陆贽《请边城贮备米粟等状》谓："贮米粟百八十万斛，合十五万人一岁粮。"则其比例约合每人每月消耗粟一斛。若二十八斛，相当于六七人之消费。唐制永业田规定种桑榆者，而平均每亩产量约可养蚕织半匹帛。《平赋书》谓："凡树桑，人一日之所休者谓之功……是故十亩之田，植桑五功。一功之蚕，取不宜岁度之，虽不能尽其功者，功不下一匹帛。"

缺点方面

每一受田者，应可年产十四匹帛左右。除去水旱，缴纳租庸调之税项，剩下者，尚应可过温饱生活。可是每一制度之施行，理论上虽如此，但此制度有无彻底实行，实行之时间多久，制度之先天与后天有无弱点等，均足以影响到此制度之成败与存在价值。唐代均田制至玄宗期间已名存而实亡，至于不能继续推行之原因，约其要有数端。

一、北魏制订均田政策时，其目的与实施方法，主要是将名义上属于国家之荒废土地，分给无土地之贫户与难民。对于原来有主之土地仍然保留，且任其发展。下自齐周以至隋代，大体如此。唐初承隋末之战乱，人口减少，荒闲土地较多，故能成功地一度推行均田政策。但此制度之能否推行与维持，当视国家能否经常保持大量荒闲土地。然而，事实上，历魏、齐、周、隋以至唐代，人口渐次增殖，如唐永徽三年（652年），户三百八十万。至神龙元年（705年），户增至六百一十五万，口增至三千七百一十四万多。开元二十八年（740年），户增至八百四十一万二千八百七十一，口增至四千八百一十四万三千六百九。天宝十三载（754年），户增至九百零六万九千一百五十四，口增至五千二百八十八万四百八十八。但反观荒闲之土地，则渐见减少。

另外政府在实施均田时，分田之对象不限于仅从事耕作之农民。因为土地乃国家产业，理论上，凡臣民一律有权分得耕地，除去帝皇用作赏赐之外，诸官职分田之数量亦甚大，造成分给农民之土地更少，而政府授出之田数亦不固定。唐代户口之受田，依令宽乡皆可受足，狭乡则无足，而唐初可列入宽乡者究有若干郡，殊难考定。若依唐初人口数字推之，似可类别为宽乡者，为数不少；荒地亦颇多，但人口稀疏以至无力垦僻，政府亦不能特为垦僻以授农民，或贫户非至逃移无以为生时亦不愿垦僻。多数农户皆密集于已垦熟田所在之处。故以情势推之，即在初唐时，农户能依令受足其应受之田者，恐亦为数不多。故所谓均田实施之先决条件，终无法保持；换言之，计口授田之制，势必为历史所淘汰。

二、北魏均田政令，自齐、周、隋乃至于唐代，在制度上，始终存在着难以解决之矛盾。例如自北齐以来，君主任意赐田，准许特殊阶级拥有桑田以外之永业田，无形中已破坏此制度之立法精神。至唐代上承此制度之流弊，更规定永业田以外之口分田亦得买卖。《通典·田制下》记载有关唐代田令，授受之田，可因下列情形得自由买卖：

1. 诸庶人有身死家贫无以供葬者，可卖永业田。

2. 流移（迁徙）者可卖永业田。

3. 乐迁就宽乡者，可卖其口分田。

4. 卖充住宅邸店碾硙者，虽非乐迁，亦可私卖。

5. 官人永业田及赐田，欲卖及贴赁者，不禁。

上述各点，除永业田早已成为私田，不予置论之外，口分田既由国家所授，应属国家所有。纵使由狭乡迁至宽乡时，亦应还与国家，另由国家于宽乡别授之，方合法例。而唐制乃竟许其自卖，故有"已卖者不复授"之限制。但口分田既可因迁移而得自由买卖，则口分田在唐代亦势必成为私田。至谓住宅邸店碾硙，亦可以口分田卖充，则更使贵族豪富有兼并之便，造成制度上不可救治之弊端。

三、北魏创制以来，为着迁就早已存在之事实，除去部分荒闲土地均给贫农与流民之外，其他之土地，则继续任由其时之王公贵族及豪富所私有。其后又规定奴牛得加入受田之列，使私有土地及庄园不仅可以保存，还可继续发展。故在先天上，有此种形式之庄园存在，均田制度便失去真实意义与作用。自北魏宣武孝明以后，已有不遵田令，任意经营私庄，争夺田土等情形之发生。宣武帝更以职分公田赐人，得所买卖。至齐周之世，均田令在表面上仍继续推行，但不严格，至有争地讼业三十年仍不了者。及北齐"划京城四方三十里之田"给特殊阶级为永业田，于是永业田之名，又不限于"为代业"之桑田，从此造成王公豪右之私田，在均田法令上，得到合法之承认。至隋唐之世，王公豪右阶级，更无需假奴牛之名以广占私田，而其所得之田，不分桑田、露田，概为永业田。永业田在法令上之根据遂牢不可破。然而王公豪贵大族永业田之丧失，必待诸国破家亡，势力衰退时，其私占之土地始见转移，使其特殊地位于政权转移时仍能保持，则其拥有之永业田仍可保持，不致受田令之影响。《旧唐书》卷七八《于志宁传》谓：志宁于高宗显庆年间，与高李辅、张行成俱蒙赐地。志宁上表辞谢云："臣居关右，代袭箕裘，周魏以来，基趾不坠，行成等新营庄宅，尚少田园，于臣有余，乞伸私让。"盖见类此事实者甚多。故私有庄园之自始存在，计口授田制度之难见实现，乃为不可否认之事实。然而所谓计口授田之制度，实则仅以特殊阶级所占私田之余，按农户丁口授受之耳。

四、农民在开耕或青黄不接时，对于资金之周转，时有急切需要，故农村高利贷对土地制度之建立与维持，颇有直接关系；而唐代农村高利贷之重，实足以影响此制度之存在。据《唐六典》及《唐会要》所载：唐初武德贞观间之年利，已超过百分之百；开元年间之利率虽较低，亦不下七八分。故开元十六年（728年）二月十六日诏："比来公私举放，取利颇深，有损贫下，事须厘革。自今以后，天下私举只宜四分取利，官本五分取利。"开元三十五年诏云："诸公私以财物出举者，任依私契，官不为理。每月取利不得过六分；积日虽多，不得过一倍。若官物及公廨，本利停讫，每计过五十日不送尽者，余本生利如初，不得更过一倍。家资尽者，役身折酬，役通取户内男口，又不得回利为本。若违法积利，契外掣夺及非出息之债者，官为理。收质者，非对物主不得辄卖。若计利过本不赎，听告市司对卖，有剩还之。如负债者逃，保人代偿。"足见当时农民借贷，因利高而至家资尽或逃亡者，必常有之，政府始有此规定。农民既以因高利贷而破产，或离家逃亡，纵有土地，亦不能继续耕作。况永业口分之田，在唐代又可借故买卖，农民所分配之土地，自易流入高利贷者手中，足见均田制度之不能继续存在，与此不无关系。

五、唐代初年，因新君登位，一时政治尚较清明，加以初唐人口稀少，土地制度纵立法未周，均田制度尚能推行。然日久吏治渐见腐败，中宗以后，政风日坏，宰相韦嗣立在中宗景龙中上疏曾指出："各遣吏皂，凌夺侵渔，百姓忿叹，诛责纷纭，曾无少息。下民篓之，何以堪命？"且任何一种制度之推行与维持，必先有良好行政效律，方可顺利推行。例如以均田制而论，倘户口失实，田亩不清，或应授而未授，应还而不还，则均田之制，均不易继续施行。开元时代之吏治可从《杨炎传》推知，其时"承平既久，不为版籍，法度宽敞，而丁口转死，田亩换易，贫富升降，悉非向时，而户部岁以空文上之"。降及天宝之际，吏治腐败情形更甚，据《册府元龟》所载："如闻王公百官及富豪之家，比置庄田，恣行吞并，莫惧章程。借荒者皆有熟田，因之侵夺；置牧者唯指山谷，不限多少。爰及口分永业，违法买卖，或改籍书，或云典贴，致令百姓，无处安置。乃别停客户，使其佃食。既夺居人之业，实生浮惰之端。"吏治腐败至如此，田制已渐呈紊乱状态。政府虽三令五申，禁止侵夺买卖，早见无能为力，均田之被淘汰，已无法挽回。安史乱发，中原人民多已逃离家园，原有土地均配，已非旧观。故《通典·田制》谓："虽有此制，开元之际，天宝以来，法令弛坏；兼并之弊，有逾于汉成哀之间。"

第六节　隋代之税率（租役调）

租调的课征

自北魏制订均田法以来，历齐、周、隋，租调之征收，虽然不替，但朝代课征之标准大同而小异，时而加以更改。故欲知隋代租调课税标准，须先了解北朝各代在均田时期租调税率之标准。

一、北魏。据《魏书》李冲上言请定三长制与定调法后，其税制大致定型。《魏书·食货志》谓："魏初不立三长，故民多荫附。荫附者皆无官役，豪强征敛，倍于公赋。十年，给事中李冲上言：'宜准古，五家立一邻长，五邻立一里长，五里立一党长，长取乡人强谨者。邻长复一夫，里长二，党长三。所复复征戍，余若民。三载亡愆则陟用，陟之一等。其民调，一夫一妇帛一匹，粟二石（《通考》作粟十石）。民年十五以上未娶者，四人出一夫一妇之调；奴任耕，婢任绩者，八口当未娶者四；耕牛二十头当奴婢八。其麻布之乡，一夫一妇布一匹，下至牛，以此为降。大率十匹为公调，二匹为调外费，三匹为内外百官俸，此外杂调（悉省）。'"

二、北齐。《隋书》卷二四《食货志》："清河三年（564 年）率人一床（一夫一妇）调绢一匹、绵八两，凡十斤绵中，折一斤作丝；垦租二石，义租五斗。奴婢各准良人之半。牛调二尺，垦租一斗，义租五升。垦租送台，义租纳郡，以备水旱。"

三、北周。《隋书》卷二四《食货志》："司赋掌功赋之政令，凡人自十八至六十有四，与轻癃者皆赋之。其赋之法，有室者，岁不过绢一匹，绵八两，粟五斛；丁者半之。其非桑土，有室者，布一匹，麻十斤；丁者又半之。丰年则全赋，中年半之，下年一之，皆以时征焉。若艰凶札，则不征其赋。"

四、隋。《隋书》卷二四《食货志》："丁男一床，租粟三石，桑土调以绢绝，麻土以布绢。绝以匹，加绵三两；布以端，加麻三斤。单丁及仆隶各半之。未受地者皆不课，有品爵及孝子顺孙、义夫节妇，并免课役……开皇三年，帝入新宫……减调绢一匹为二丈。"

庸（役）的课征

魏晋南北朝时代所征收之税率，通称为租调，至唐始以租庸调并称，故就隋代而言，有关庸役之记载不多。魏晋以来，因兵乱不息，民户流散，政府征发劳力每有供不应求之感，故人民对于政府之应役皆属现役，与汉时以钱物代现役情形类似。北齐文宣即位，始立九等之户，富者税其钱，贫者役其力。至隋开皇十年五月，其时全国已统一，文帝感宇内无事，益变徭赋，百姓年五十者，输庸停"防"。所谓"防"，实即兵役而已。北魏自太和以前，各种营缮杂役极繁重，自太和二十年规定"司州之民，十二夫调一吏为四年更卒，岁开番假以供公私力役"，是为恢复定期番役之始。

《隋书》卷二四《食货志》："后周太祖（宇文泰）作相……凡人自十八以上至五十有九，皆任于役，丰年不过三旬，中年则二旬，下年则一旬；凡起徒役，无过一家人。其人有年八十者，一子不从役；百年者，家不从役；废疾非人不养者，一人不从役。若凶札，又无力征。"至北周时期，先后有"八丁兵"、"十二丁兵"之兵之制。《周书·武帝纪上》："保定五年，改八丁兵为十二丁兵，率岁一月役。""十二丁兵"为每年十二月之中服役一月之解释。"八丁兵"则为每年三百六十五日中服役四十五日之意。而此两者皆为更番服役之制。所以当时所谓"兵"者，乃泛指各种徭役而言。隋文帝即位，仍周制，役丁为十二番，匠则六番。开皇三年，"帝入新宫，初令军人以二十一成丁，减十二番为每岁二十日役"，是则"役"者，乃唐代之"庸"耳。

第七节　唐代之税制（租庸调）

税制存在之商榷

国家授以民田，农民之义务是缴纳相当之税额与政府。唐代赋税制度在安史乱前，大抵以租庸调为主体。《唐六典》卷三：凡赋役之制有四，一曰租，二曰调，三曰役，四曰杂徭（今称庸）。日儒仁井田升《唐令拾遗》（武德二年二月令）："诸课户每丁租粟二石，其调绫绢绝布，并随乡土所宜，绫绢绝各二丈，布二丈四尺。输绢绝者，调绵三两；输布者，麻三斤。布帛皆阔尺八寸、长四丈为匹，布五尺为端，绵六两为屯，丝五两为绚，麻三斤为缤。若当户不成匹、端、屯、缤者，皆随近合成。"

又武德七年令云："每丁岁入粟二石，调则随土所产，绫绢绝各二丈，布加五分之一。输绫绢绝者，兼调绵三两；输布者，麻三斤。凡丁，岁役二旬；若不役，则收其庸，每日三尺。有事而加役者，旬有五日免其调，三旬则租调俱免。通正役不得过五十日；若夷獠之户，皆以半税。"

安史乱后，至德宗建中元年以前，属于动乱时期。建中元年以后，为推行两税时期。欲知其间制度之演变与得失，首先应明了租庸调税法，主要是配合均田制之一种税役方法。换言之，均田制度一旦废弃，租庸调税法便不能继续施行（1954年《历史研究》四期，邓广铭著有《唐代租庸调法研究》。1955 年《新史学通讯》二期，张博泉之《试谈对租庸调的看法》等，同样主张均田制与租庸调无涉）。而岑仲勉教授则以为：

一、隋授露田百二十亩，租粟三石；唐授田八十亩，租粟二石，租率建立于均田制之上，绝无可疑。

二、按丁征调而不按户征调，即因每丁依令得受桑田（或永业田）二十亩，故知调亦建立于均田制之上。

三、授田常不足数，则租调实征之数，不能不设法调整——户等即调整之方法，但同时户等又需依据均田之法以厘定，可知租调与均田有关。

四、庸虽立为一项，然依令，庸过定限，则租调可免。故从立法初意而言，租庸调三者实互相联系；易言之，庸与均田制亦有直接关系。

五、后世田可自由买卖，故按亩征税；法令稍上轨道之国家，即使赋税苛重，亦不能违背社会经济之基础而超然独立为一套。今土田既非任便买卖，如不执行授田，单责人民以租若干，征论统治阶级（尤其比较清明时代）不至如此幼稚。兹分述租庸调于后。

租的课征

唐代租庸调似较南北朝为轻，然唐代租庸调之负担力，乃基于计丁依令受田，一切丁口能如田令规定受足应受之田，方能维持其征税之义务与能力。事实上，应受之田，在唐代罕有受足者。不足之原因，有人为的，也有不得已之苦衷。现存敦煌户籍残简之里正户实籍账为例，将其中人口田亩数字较完整之四十一户资料作统计，显示出授田数量未能符合均田令。残简中，最主要之现象是给田不足；在宽乡情况下尚且如此，其他想见更严重。唐均田令每丁受田八十亩，合一年收八十石粟，租率相当四十分之一。然在分田不足情况下，平均已受田仅占应受者十分之三左右。就一丁而言，丁田约三十亩，税率约折合十五分之一。而唐代租庸调制度下之赋役，除天灾可减免外，只计授田有无。至于不管受田多少，而征税一律。例如开元时代，敦煌县效谷乡王万寿，全户仅受耕地十亩。有口一丁，仍计租二石。租税折合五分之一，故实际税率不轻。

庸的课征

唐代庸与徭同属义务力役。唐制，凡丁岁役二旬（有闰年加二日）；有事而加役者，旬有五日免其调，三旬则租调俱免（通正役并不得过五十日）。但庸役之中，不计农忙农闲，二十天相当一年十八分之一。如上述之例，庸役不出功，依法可以布帛代替，折率为每日帛三尺，二十日为六丈，相当调之三倍。

调的课征

唐调乃取自永业田之二十亩桑田中，平均能生产十匹帛。丁，调二丈，合调率是二十分之一。因唐代耕地不足，百姓永业田已普遍用作种粮，所以调租无形中成为对同一土地之重复征税，故调亦等于是额外征税。据《册府元龟》卷五零五记天宝元年令，河东、河北之公廨田，不准地租丝课同收。此即证明其时之租与调，为两种税项。若调分配在平均每丁约三十亩田作税率，则其比例为三十分之一。

隋唐租庸调征收比例表

时代	隋	时代	唐
类别	税率	类别	税率
租	丁男一床（夫妇）粟三石，单丁及奴仆各半	租	丁男岁输粟二斛或粟三斛
役	丁男每岁三十日（开皇三年诏减为二十日）	庸	丁男每岁二十日（闰年加二日），不役者每日帛三尺
调	丁男一床，绢一匹，绵三两或布一端，麻三斤；单丁及奴仆各半（开皇三年减绢一匹为二丈）	调	丁男岁输绢或绫、绝二丈，加绵三两；或输布二丈四尺，加麻三斤；非蚕乡则输银十四两

第八节　两税制的施行及其得失

两税法推行之时代背景

唐初租庸调赋税制度，与均田制有直接关系。武德七年（624 年）定均田制，唐初的中央集权制度亦以均田制之确立为基础。而均田法则旨在使人民尽劳动和地利，发挥农业社会的全面生产力，以谋农业上剩余生产之增进，因此，分配土地以丁男（年十八岁以上）至六十岁为止者较多。同时在赋税方面，以均田制为前提，不是对亩课税，而只对分配到桑田（永业）谷田（口分）合计有百亩的丁男课取。换句话说，只有丁男才被课税。唐初的租庸调其实都是由"丁身"来负担课税。租庸调赋税制度既是根据均田制而来，租庸调赋税制度本身，是以丁身作课税的客体。由此便可晓得，何以中唐以后，必须改行两税法。唐初均田之法，对于耕作者的田土是禁止买卖的，但开垦定额以上的占田，却没有限制。于是王侯官吏便可以凭借权势和优越的经济力量实行土地兼并。王侯官吏本来就分得较多之永业田和口分田，官厅有公廨田，官吏又有赐田；奴婢受田依常人之半，则奴主受田较没有奴婢者多。皇帝对贵族赐田，更无限制。于是，均田之制逐渐破坏，土地兼并遂大为盛行，政府也屡下诏书，禁止豪富兼并。政府虽有禁令，但民间土地兼并，仍在盛行。天宝十一年（752 年）之诏书，更严禁兼并。由这一诏书里，我们也可以看出均田制在当时破坏到怎样程度。尽管政府三令五申，禁止兼并，而实际上，社会上的大地主，天天增多。土地集中，独立小农多成为兼并下之牺牲者，而在国家赋籍册上，他们的名字依然存在；由于无力负担赋税，遂多变成逃户。天宝十四载，安禄山叛变渔阳，从此藩镇祸肇，干戈满地，政府为支付庞大军费，对于人民赋役的课征，不能不加紧。而富户多丁，大都为官为僧，以避赋役；贫民独受课征，流亡者十之六七。均田制度之破坏，使独立农民流亡日多，而战争之爆发和继续，益使天下户籍紊乱，版图败坏，失掉正确户籍。以人丁为本的租庸调税法，当然也不能继续维持。故自丁不授田、丁多隐欺、丁多流转以后，以人丁为本的租庸调法，变成扰民害国的税制。两税法代之而兴，俨然变为匡时济弊之措施。

两税法之内容

要理解两税法的内容，可从下列资料得到解答。

一、杨炎的奏疏："……凡百役之费，一钱之敛，先度其数，而赋于人，量出以制入。户无主客，以见居为簿；人无丁中，以贫富为差。不居处而行商者，在所州县，税三十之一，度所取与居者均，使无侥幸。居人之税，秋夏两征之，谷有不便者正之，其租庸杂徭悉省而丁额不废，申报出入如旧式。其田亩之税，率以大历十四年垦田之数为准，而均征之。夏税无过六月，秋税无过十一月。逾岁之后，有户增而税减轻，及人散而失均者，进退长吏，而以度支总统之。"（《唐会要》卷八三《租税上》）

二、德宗建中元年正月制："自艰难以来，征赋名目繁杂，委黜陟使与诸道观察使、刺史，作年支两税征纳。比来新旧征科色目，一切停罢。两税外辄别率一钱，四等官准擅兴赋，以枉法论。其军府支计等数，准大历十四年八月七日敕处分。"（《册府元龟》卷四八八《赋税条》）

三、建中元年二月起请条："请令黜陟观察使及州县长官，据旧征税数，及人户土客，定等第钱数多少，为夏秋两税。其鳏寡孤独不支济者，准制放免。其丁租庸调，并入两税；州县常存丁额，准式申报。其应科斛斗，请据大历十四年见佃青苗地额均税。夏税六月内纳毕，秋税十一月纳毕。其黜陟使每道定税讫，具当州府应税都数及征纳期限，并支留合送等钱物斛斗分析闻奏，并报度支、金部、仓部、比部。其月大赦天下，遣黜陟使观风俗，仍与观察使、刺史计人产等级为两税法，此外敛者以枉法论。"（《唐会要》卷八三《租税上》）

其实两税法之实施，早在唐代宗大历四年（769年）已开始改税口税户为赀税。主要是根据占有田土多少，按贫富分为九等户以征税。不久便扩展到京都地区以外，均按亩征税，分夏秋两季征缴。夏税上田每亩征六升，下田每亩征四升。秋税上田每亩征五升，下田每亩征三升。其后到了德宗建中元年（780年）二月，采纳宰相杨炎建议，明令废除租庸调，正式实行以实物折纳钱币为主之两税法，是根据财政支出总额税而按贫富定等级，不问主户、客户，以现居地为断。不问中丁、成丁，依贫富定等级。行商依所在州县征税三十分之一（当年增为十分之一）。田税总额以大历十四年（779年）全国垦田数均摊，分夏秋两季征收。夏税不得过六月，秋税不得过十一月。此后成为唐代之主税，也是后代税制之基础。

两税法之优点

两税法之内容，主要是由户税与地税合而为一。大体上是前一时期之制度，不过此时已改变原有与租庸调并立之地位，一跃而成唯一之税法制度，租庸调反而归并到户税里。至于征收时间改为夏秋两季，在时间上已较租庸调之征收时间为佳。租庸调以外之地税，大约与租同缴纳。户税之征收时间不详。安史乱后，租庸有使，青苗钱有使，在征收时间上不一致，故改为夏秋两征，既可省去百姓征税时间，又可免去胥吏不断之骚扰。且多种税合而为一种税项，手续上也较过去为简便。故此制度之优点显然比过去之租庸调制度为进步，因此制已不再是仅征收受田农民税户定量税，而是原则上将所有有收入者，一律按财产能力比例纳税。就农民而言，不分土客户，不分田地来源；就商贾言，不论行坐商，一律缴纳基本正税。官吏之税率虽没有说明，但没有免税之明文规定。两税既是夏秋税和户税组合而成，户税之纳税户应该一切照缴两税。两税是单一税，无论士农工商，各定户等、税额，公平合理。国家税收基础扩大，而贫弱小农之负担亦相对减轻。如《旧唐书·杨炎传》谓："人不土断而地着，赋不加敛而增入，版籍不造而得其虚实，贪吏不戒而无所取。自是轻重之权，归于朝廷。"

两税法之缺点

尽管两税法是个好制度，毕竟还需要好的政治背景支持，否则，各种弊端仍会发生。因两税法是根据资产多少，主要是以占有土地多寡而定税额，实则是和庄园制之土地占有关系相通应。实行初期，颇能给与豪右地主或特殊阶级以打击，暂时和缓一下贫富悬殊之趋势，但不久便百病丛生。陆贽曾痛陈两税制之弊，其较要者约有三点。

一、在两税制下，各州人民所负担之税率，轻重不一致。负担较重之州，其民户多逃入负担较轻之州。轻者，人户增加，而税额之总数不增；重者，人户逃亡，而税额之总数不减。结果造成轻者益轻，重者益重；税户逃亡之风，愈不能息（详《陆宣公奏议均节赋税恤百姓》第一条）。

二、两税制度下之征纳品，地税之部分为谷、粟，户税之部分则为钱。既以钱为定税之标准，则应计算合理。然昔日庸调皆征布帛，政府支出，用布帛之处亦多。于是在两税均率时，虽皆折为钱数计算，及实行征税时，又复由钱数折合为绢帛。人民纳税，仍须用绢帛，然绢帛与钱之比价时有变动。定税时，物重钱轻，其后则物轻钱重，使税户之负担，无形中增加（详《陆宣公奏议均节赋税恤百姓》第一条）。

三、两税法以大历十四年各种征收之总额为总额，其目的在承认前此各种非法之苛敛，防止以后陆续发生非法苛敛。然事实上苛征杂敛之陆续发生与否，恒系于税制本身问题以外，正本末清，苛敛之政随时产生，非一纸法令所能截止。前此之非法苛敛既并入两税矣，继之而起者仍将接踵，各地悍将猾吏无名非法之苛敛一如往昔。若租庸调之庸，本以代役，庸既并入两税法矣，而民仍须应役如故，更属明显之例（详《陆宣公奏议均节赋税恤百姓》第一条）。

兹复据其他资料，约其要者，归纳为数点：

1. 因两税法规定以实物折纳钱币，使官吏任意折价；商人又乘机操纵，造成物贱钱贵现象，农民负担随之加重。一般官僚地主虽不在无税之列，但豪右之家子弟"尽在节度衙府州县手下"做官为吏，横行乡曲。至于贵族大官，史称文宗时"豪民侵噬产业，不移户，州县不敢徭役，而征税皆出下贫"。缺额则摊派四邻。结果，两税之负担又多转嫁到贫苦农民身上。

2. 两税法仅为征租而不授田，对于百姓有田无田，田多田少，置之不问，全失均田制与租庸调相配而行，寓有为民制产之精神。唐初征粟帛，两税法始改而征钱，有妨农利商之嫌。

3. 计产标准不限于耕地，可是较易评产者为土地；反过来说，地主之非生产工具和动产等却容易逃避估值，或以多报少，不公平现象仍然存在。

4. 土地不辨肥瘦，使豪右特殊阶级者，往往拥有肥地美田，但输税却不同于贫农瘠田之人家，又形成富者愈富、贫者愈贫之现象。

5. 两税收入本来是"量出制入"，与租庸调制度下之定量税不同，中央把政府支出总额分配给各地方，由地方长官根据个别情形分配，课税分配数目按大历末年旧额计算，但大历末年旧额分配很不公平。故宰相陆贽曾批评两税使匆促定配，实则以聚财为目的，引至不公平之现象。《全唐文》卷四六五载陆疏以为："不量物力所堪，唯以旧额为准。旧重之处，流亡益多；旧轻之家，归附益众。又以谋始之际，不立科条，分遣使臣，凡十余辈，专行其意，各制一隅遂使人殊见、道异法，低昂不类，缓急不伦。"

第九节 明代鱼鳞册及其兴废

元季丧乱，版籍散失，明初赋役之征，土地之讼，皆无准则。明太祖统一中国之后，对于赋役便不得不急于整理，但欲整理赋役，必须对丁口户籍与田土之形状、方位、主名等，先有一个明确了解。然后编制鱼鳞图册，记载土地的良莠、位置、面积以及产权所有者，官厅则按之以判决产权的争执和诉讼。

创制之原因

一、元末丧乱，经济崩溃，天下大乱，战争不息。加以群雄互争，以致田赋失收。故统一后，即行处理，以安民生。

二、开国之初，田收失据。明初田赋征收，各地不一，例如曾是李自成据地之田赋特重，目的在于惩治，故当时不以制度而定赋之轻重，而是以憎恶而定，其后便不能长期运用，而需谋一健全长久之田赋制度。

三、重新厘定，以防逃税。因天下初定，内外欠安，政策上难以马上得到效果，一般顽固小民，时常逃税，故朝廷欲重新厘定人口，整顿户口，以防逃税。

鱼鳞册之内容

因明太祖朱元璋欲查核天下户籍，故命国子学生分行各州县，随量定区。区设粮长量度田亩方圆，次以字号，悉书之名及采之丈尺，至洪武二十年十二月编成鱼鳞册。鱼鳞册以土田为主，当时亦称鱼鳞图。每县以四境为界，每乡每郡亦如之。田地以丘相挨，如鱼鳞然，故称鱼鳞图。图中田地，或官有，或民有；或是高田，或是低地；或埂或瘠，或山或荡，都详细注明，并添注上业主的姓名。其有田地买卖，则一年一注。人户纵然流动，田地则一定不移。因此，当时人称为以田为母，以户为子，子依于母，亲切可据。

鱼鳞册之优点

一、以田为母，以户为子。古时以田为母，以户为子，故易考。后世田不为母，反以田系户。户有升降，田有转易，过割之际，欺隐之弊，由之而生。田土者不动之物，不可以飞洒，不可以隐没。粮也者，随田者也，而可以有田无税，有税无田，唯在写书之笔，官府无可按据，以知其实。而鱼鳞册则以田为母，母有区别，乡有村界，故一县之田土，山乡、水乡、陆乡，其问道路所占几何，均可按图而见。

二、买卖过割，不致藏多匿少。册成后，每户照册上钱税田段，各给号单一纸收执。交易推收，即将号单黏入契内；便有卖田一亩而买主勒指，上收九分五厘。

鱼鳞册之缺点

一、册只仅据一处，而未划一。册只仅据一处之丈尺为单位，而未行整齐划一之制，此则是鱼鳞立制时之弊。

二、征收错误。土田之高下不均，起科之轻重无别。膏腴而税反轻，瘠卤而税反重。

三、不顾地改，照样丈量。如国初定赋，初据一时，一地之荒熟起科，未尝有所厚薄于其间。但年久势异，而各府之荒芜，皆尽开垦，但却以旧时之土地大小来丈量，故失准确。

四、未能量足，只限见熟。田增未知，只是以见熟为额，以致量地失准，收入减低。

鱼鳞册之破坏原因

一、限于见熟，又不起科。考鱼鳞立制之时，本限于见熟，而明初垦荒之制，又以永不起科为奖掖。永乐、宣德间，以畿辅八郡民，尽力垦荒，永免其税，所以培国本，重之畿。因而使豪户猾吏，相互为弊，有私自垦田，而不报官；有辟地数顷，而止报升合；又有隐匿腴田，而捏作陷没；更有以新额无增于前而原额日减之势。

二、岁月推移，使田数日减。初时各有定额，但其后开垦田尚多，以至增减大有出入，使鱼鳞册失去作用。

三、日积月累，奸弊丛生。当推收过割之际，奸弊丛生，又不能免，例如富家子推产，但时日过久，使无所归，而唯益于贪吏，使上失资钱，下令民困。

鱼鳞册之影响

一、无定实制，后患丛生。因鱼鳞册量度错误，将日后之"起科"不能尽计，以致田赋制度逐渐破坏。

二、改进征收。明初安定，因鱼鳞册不但改良了征收之方法，暂时抑止了兼并，使国家经济得到一时之安定；而加重了地方之粮收，直接增加国家之收入。

三、田户两者，皆有所定。鱼鳞册以田为母，以户为子，使人纵有因买卖而变动，但田亦不移，使能清楚确定户口之存实根据。

第十节　明代黄册制度之得失

明代的黄册制度是在历代王朝管理户口户籍办法的基础上，进一步发展起来的。它是按类分户记载之方法，受到元制之影响，也有不少的简化和改革。现将其创制之因素、内容及其优劣分述如下。

黄册创制之原因

一、恢复秩序，以安民生。由于经过长期之兵争战乱，及沉重的租税徭役，人民大量逃亡，造成普遍的土地荒芜、人口锐减之荒凉景象，故当时最重要的便是"田野阔、户口增"。

二、整顿户口，安抚流亡。自元后，天下大乱，人民流失，明初统一天下，唯流亡未定，农租乃欠充足，国库受到重大影响。故太祖乃有整顿户口、安抚流亡之心。

三、均工夫图册之失效。明初虽有均工夫图册来确定户口税目，其内容重于徭役的一小部分，不包括赋税在内，亦不包括农民全部负担之徭役。但出役并非按丁分派而是按户，故使富有人家可请人代役。

四、户帖制之疏忽。户帖制仍未包括新旧田土开除问题，故亦没能通用于时。在当时而论，户帖制已普遍行于全国，但对于现有丁口财产规定重造方面，均未有常录；对于增减，亦未存结。故亦需以一完善制度来替代之。

黄册之内容

以一百一十户为里，推丁多者十人为长，余百户为十甲。甲凡十人岁役，里长一人管理一里之事，凡十年编制一次。先后则各以丁多寡为次，每里编为一册。册总为一图，鳏寡孤独不任役者，前带管于一百一十户之外，而列于图后，名为畸零。又规定每十年更定其册，册凡四，一册上纳于户部，余三册分为布政司、府、县所有。上纳于户部一册之表面为黄色，故称黄册。黄册一里作一册，一里内之丁数，全部记载于此册中，役即以此为基础而征之。一岁之役，由里长一人并由一甲之丁当其事。其他里九人及九甲之丁，经岁则不服何等役，于是十年只服役一回。其服役之顺序，由丁多之甲开始，以至丁少者。

综观以黄册为基础之赋税，并非以同一单位同一方法行之，可分为如下三种：

一、里甲，亦称甲役，以户为单位。盖因赋定役，夫出于田赋，以一百十户为里，里分十甲，曰里甲。

二、均役，亦称徭役，以丁为单位，以上中下户为三等，五岁均役，一岁中诸色杂目应役者，编役均之，曰均徭。

三、杂泛亦称杂役，上命不时所课。

然而因敬老、敬圣、表彰而基于道法，基于身份地位及职业之理由得到免役之优待。

先由户部查照旧黄册原来之册式及应该注意事项，刊印大造黄册的榜文和册籍的样本，颁发于全国各省的布政司及其所辖之府、州、县卫，再由他们翻印若干份发给所有属县域公布。当各地官吏收到榜文后，便造成表格，叫做"清册供单"，再把它通过里长和甲首分给各户填写，然后上报。

同时对担任专职管册的官员的要求很严，这些人员委任后都要在中央的吏部和户部登记留案。

黄册之优点

一、徭役有据，毫无偏差。黄册之编制使人民户口都有清楚记录，人民无法逃避，故可增加国家收入。同时对于户主与其内所有人口均需报告，以防逃避。

二、分家析产，以防纠纷。朝廷对于分家析产问题，十分注重，从而可免骨肉相争之弊。而僧道无论有产无产均应入户，因从前是没入户的，致使一些人民欲逃税而为僧尼，故这又可免其弊。

三、黄册之推行，有助于里甲。因为黄册特重户口，对人民户口之充实很注意，而使里甲制度推行迅速，同时亦可收地方防卫之责任与功用。另外亦可确定人民纳量当差之工作，对派徭役。就植税源办公事方面而言，黄册之贡献甚大。

四、军册之确定。明初，太祖特定其负责军务之人员，以便随时补遗，使国家有可用之兵。老兵死去，即起用新兵，或以世袭之子孙继承，使兵源充足，国家无须害怕无兵可用。而军册需赖黄册之准确来发挥其功效。

五、黄册既成，田亩覆实。黄册用以帮助鱼鳞图册来核实田亩，相互校对。它们分别详载全国人、户、土地、财产、税粮、徭役之文件，用以互相配合，交错牵制，考查核对。

黄册之缺点

一、内容繁苛，民厌其烦。因赋税的内容繁多，有夏税秋粮，兵银，役银，贴役银，往往名色不一；或分时而征，或分额而征。上不胜头绪之烦碎，下不胜其追呼之杂沓，为救此弊，世宗嘉靖间，遂创行"一条鞭法"以代之。

二、免役之由，顿加负担。明初役法有三，以户计、丁计及不时征调的称杂役。而这些役法完全根据田产丁口的标准而定。士大夫的田，不负徭役之责；负徭役之责的，仅限于平民之田。

黄册之影响

一、内容严密，以杜避役。黄册之内容相当严密，每一户一丁均有详细登记，不能故意逃役或避税，给予中国役法制度上一个很好之典范。

二、编制黄册，增加国费。凡委任编制黄册之官员，各官府皆不得令他们再做其他任何工作，无形中使国家增加负担。

三、官拟民填，制度一变。从前役法乃由官府规定，而黄册乃是由官府拟定规则，由人民填上户口人数。这种制度实为中国古代役法之一大改变。

四、黄册废后，赋役一新。由于黄册经过长期之变质而致瓦解，乃产生"一条鞭法"而代之，将田租、力役等一起并入征收，而成一个系统，为古所无。

黄册废弃之原因

一、承平日久，紊乱废弛。由于多年来之休闲，明室官吏，日趋于贪污无能，以致其制逐渐紊乱，继而废弛，不可收拾。

二、字迹潦草，质量失实。自景泰以前，册籍一向以铜板来造版册，故得以长期保存。然自天顺年间，内容及保存方面已不如前时之精细，以致其尺寸大小不一，于保管工作增加了麻烦。

三、官吏贪污，居心欺骗。明时有不少富农以其钱财来诱赂官府，使能减免其租税、力役，因而使役法失衡。

四、纸张变质，残损脱失。从前多用厚纸登记，固易保存，但其后一些贪官以较薄之纸张来代替以赚取其钱，以致纸张为虫所蛀食而脱失。

五、册漏重造，失去常规。从前，对于申请黄册和补造黄册原有一定之规定，但自弘治以后，大多数地方官府却没有按此规定办理，甚至有拖延数年不等，故使遗漏者不得补上，使黄册之功用大失。

六、打击阻挠，无法收效。因为黄册对人口分布十分清楚，从而收税无差，但日后因地主富农从中阻挠，兼并他人土地，甚至赂官瞒税，故使黄册推行大受阻碍。

七、赋税役繁，负担不均。依照明例，凡朱明子孙宗室皆有俸给，故不得不重征赋税。而差役税目愈来愈多，逐渐成索银之法，令人不胜其烦，使贫富悬殊的局面激化。

八、定征文册，黄册益废。自从黄册失准，不能发挥其作用，当时有所谓定征文册以代之，改革往日之积习，但亦无多大改进。而到中叶后"一条鞭法"之实行，把所有里甲、均、力差、银差一并计算，打破了黄册之多余琐碎，因而使得黄册制度大受破坏而致瓦解。

第十一节　一条鞭法与得失

创制之时代背景

明初以黄册鱼鳞图分载户口、田土，以整饬赋役，其法未尝不善，奈因日久废坏，又不能按照实际情形调查更定，以致其后田赋大乱，穷者有税无田，富者有田无税。同时，田赋征收之项目繁琐，役法亦极复杂，百姓负担繁重而国家田赋收入反而减少。

明代之庄园经济较元代发达，土地分官田与民田两种。官田之来历有由君主赐予，有由荒地开垦，有由民业授转。受田者除皇族以外，尚有勋戚、姻亲、宠遇或伊斯兰教僧人。此等庄田对政府而言，多不负有纳税义务；对人民而言，时常发生侵并之事实。故在张居正时代，庄园侵吞民田之风气很盛。此外，人民为避免赋税，在此情况下，做成土地愈趋不均，地籍更趋失实，国家税收短小，导致财政困难。

明代之田赋税率，自从明初已发生困难现象。第一，因地方性之不均，做成税率之高，历史上少有。第二，由于田土之不同，而税率亦异。譬如官田、民田之田赋，固以面积为课征标准，而征额则大异；官田每亩征五升三合，民田三升三合。第三，由于大量田亩之不确，也使田亩赋税不均；由于审定田亩之办法参差不齐，故亦难趋于公平。在上述之情况下，至神宗万历年张居正执政时，便改行一条鞭法。此法之创行者为庞尚鹏，《明史本传》记庞于嘉隆间，巡按浙江，见民苦徭役，乃建议推行一条鞭之税收方法。

一条鞭法之内容

所谓"一条鞭法"，就是清查各州县的人丁田地，把人民应出的田赋力役及上贡方物，并为一条，一律计亩，缴纳银钞，于万历九年尽行之。《续通考》："（其法）总括一州县之赋役，量地计丁，丁粮毕输于官。一岁之役，官为佥募，力差则计其工食之费，量为增减；银差则计其交纳之费，加以增耗（额外征收）。凡额办（正税）、派办（附加税）、京库岁需与留存、供亿诸费，以及土贡方物，悉并为一条，皆计亩征银，折办于官，故谓之一条鞭。"

据上述所谓一条鞭法，是将赋税徭役及若干额外征税统一征收。一条鞭法之采行乃完全适应客观情势之需要。清儒任源祥指出："明之一条鞭犹唐之两税。两税之行也，天下有不得不两之势，议者或咎其轻于变古，卒未有更两税而善其法者。条鞭之行也，天下有不得不条之势，张江陵不过因其势而行之。议者或病其奉行之不谨，名实之不符，卒未有舍条鞭而善其法者。自古赋出于地，役出于丁。明初编审税粮，则以地为经，以丁为纬，但银差力役有数，杂泛差无数。中叶以降，官吏得以上下其手，里甲率至破家。隆庆中，江西巡抚奏行一条鞭法，合算力差银差杂泛差之数，并入田亩折征，头绪不纷，征输两便，此条鞭法所由始也。万历初，江陵当国，知天下差役之苦，非独江西为然，遂通行天下，是以两税行而租庸调并合。条鞭行而税粮、银力杂差并征，其义一也。"

一条鞭法之优点

由于不征丁税，不只减轻人民的负担，且给予人民较大的自由。从此，人民容易离开乡土，奔向城市，另谋生计；对疏散较密地方人口，发展都市工商行业，有刺激鼓舞作用。

由于缴纳赋税，一律折现征银，无形中加重货币的使用价值，使一方商品交换得到很大的便利，同时也加促工商业贸易的发展。《天下郡国利病书·安邱县志》曾列举一条鞭法有十利，并以之比作宋代的免役法。其所举优点如下：

1. 通轻重苦乐于一邑中。

2. 法当优免者（指豪富不当役者）不得割他地以私荫。

3. 钱输于官而需索不行。

4. 民不赔累。

5. 合银力两差（明制：出银应役者曰银差，出力应役者曰力差）并公私诸费。

6. 去正副二户（洪武之季，分粮为正副二人）则贫富平。

7. 承禀有制，侵渔无所穴。

8. 官给银于募人，募人不得反复抑勒。

9. 富者无弛担而贫者无加额。

10. 银有定额，则册籍清而诡寄无所容。

此外《天下郡国利病书·武进县志》唐鹤征论一条鞭之利甚详，归纳其所论可得三点：

1. 不役里甲，不募均徭，则蠹吏无所施其讹诈之计。

2. 合并征收，条目简单，更无额外之索，百姓无分外妄费。

3. 官征官解而民无贿赂赔贩之苦。

一条鞭法之缺点

一条鞭法之实行，以往赋役之各项繁复项目取消，其始固便农民，及至末流，各种力役又再恢复，杂税冗费名罢实存，使人民无形增加负担，其困苦比前更甚。

由于一条鞭不征丁税，严格的户籍制度的存在，便发生动摇，使中国农村自给自足的社会制度，受到严重影响。

反对一条鞭法者认为此种税法有如下之缺点：

1. 已征在官，偶遇蠲免，赃吏得以窃而有之。

2. 一概混征，如有蠲免，小民不得详知其数。

3. 一时总征，民力颇有不堪。

4. 工匠和富商大贾皆以无田免役，而农夫独受其困。

5. 条鞭之法，行于富庶地区，无甚问题；但行于土地硗瘠之区，则不利于贫民。

若以现代眼光来看，当时一条鞭法之推行可视为一进步的税制。第一，符合赋税由繁而简的原则；第二，符合便利的原则；第三，合并征收，费用减轻，又符合征收费以少的原则。据《续通考》卷一："（一条鞭）立法颇为简便，嘉靖间，数行数止；迨隆万之世，提编推广如故，又多无艺之征。逋粮愈多，规避亦益巧，已解而愆限或至十余年，未征而报收，一县有至十万者。逋欠之多，县各数十万。赖行此法，无他科扰，民力不大绌。"

须知一条鞭法虽合于赋税经济原则，但此税制仅属地税征收之改进。故明代赋税制度本身之缺点尚未完全改正。此种税制只着重农业方面，忽视工商，也确有违反赋税公平之原则。但就整个制度看，一条鞭法之推行，大体上是利多弊少。

一条鞭法破坏的原因

明代末叶，屡兴军戍，田赋兵饷不断增赋，百姓无法负担，遂使一条鞭无法实施，而国祚亦不继矣。

明神宗晚年因用兵东北，岁收不足，乃于万历四十六年为增筹"辽饷"三百万，每亩加田赋三厘五毫。四十七年再增加田赋，在原有增加九厘之外，每亩再加征三厘。八年又加征每亩一分四厘九丝。十二年因杨嗣昌建议，每亩又加银一分，谓之"练饷"。此"辽饷"、"助饷"、"练饷"谓之"三饷"。三饷所增加之田赋税收达二千多万两银，民不胜负荷。加以贼盗蜂起，田土失收，一条鞭遂告紊乱不能行，而国亦以亡。故《明史》卷七十八《食货志》云：

　　"嘉靖后行一条鞭法，通计一省丁粮，均派一省徭役，于是均徭、里甲与两税为一……诸役卒至，复金农氓，条鞭法行十余年，规制顿紊，不能尽遵也。"

第十二节　租庸调与两税法之比较

　　唐代的租庸调制，可说结束了古代井田、均田一脉相承的经济传统，而两税制则开始了此后自由经济之先河。兹将租庸调与两税法就以下各方面，分别比较如下。

　　一、预算方面。租庸调制先规定了田租定额，然后政府照税额征收，再把此项收来的田租作为政府每年的开支，这可说是一种量入为出的制度。

　　但两税制之规定田租额，则是量出为入的。因当时杨炎定制，乃依照唐代宗大历十四年的田租收入为标准，而规定以后各地的征收额。这在政府的征收手续上，是简单省事得多了，可以避免每年调查统计垦田数和户口册等种种的麻烦。

　　二、全国各地租额方面。中国历史上的田赋制度，从井田制到租庸调制，全国各地租额，由政府规定，向来是一律平均的。租庸调制之下是四十而税一，全国各地，一律平等，无不皆然。

　　但两税制便把这一传统，即全国各地田租照同一规定数额征收的那一项精神废弃了。因为两税制之规定田租额是量出为入的，虽然手续简单了，但这样就变成了一种硬性规定，随地摊派，而不再有全国一致的租额和税率。

　　三、为民制产的精神。租庸调制的精神，在于政府为民制产，然后因其产而课赋。这种办法，既没有重敛病民的弊病，又可以杜绝兼并。自两税制实行，把中国古代传统的井田、王田、均田等一贯的平均地权、还授田亩的制度打破了。从此田亩可以自由买卖，自由兼并，使土地又走回秦汉时代趋于集中的旧路，社会呈现更多的不安与病态，而把租庸调为民造产的精神全失掉了。

四、项目编排方面。唐之租庸调制，项目分明，有田始有租，有身始有庸，有户始有调。此制的最高用意在使有身者同时必有田有家，于是对政府征收此轻微之税额，将会觉得易于负担，不感痛苦。

租庸调制三个项目分得很清楚，两税法归并在一起，虽说手续简单，但日久相沿，把原来化繁就简的来历忘了。遇到政府要用钱，要用劳役，又不免要增加新项目。而这些新项目是本来已有的，并在两税中征收了，现在再把此项目加入，岂不等于加倍征收。此即税收项目不分明之弊。

五、纳税人之范围。在实施租庸调法时，官吏九品以上及皇亲、贵戚、官学生徒、孝子顺孙等，是不负担租庸调的不课户；此外如鳏、寡、孤、独以及部曲、客女（豪族的仆妇、奴婢等），也都不课。

两税法从户税、地税发展而来，而户税、地税，本来就规定官吏也要交纳的。所以从地税、户税发展而来的两税，官吏也得交纳。更重要的是浮户、客户和不定居的商贾，都要负担两税。

六、税收准则。租庸调是以丁为基础，及丁则授田，年老则还官。但两税不以年龄，而以贫富为征税的标准，打破往日的所谓中男、丁男等的差别。

七、税收之主体。租庸调法是实物、力役并重，而且租庸调法规定五十天的力役可以代替全部实物，所以租庸调还是以力役为主的。

但两税法是以实物为主的赋税。我们知道两税法是"定税之数，皆计缗钱；纳税之时，多配绫绢"。实际征收时是实物居多的，缗钱只是由实物折算而来，所以说，两税法是以实物为主的。

八、计算方面。租庸调制是收米谷布帛的，租则凡成丁男子，每年纳粟二石；而庸调也是征布帛，不是以钱作为计算，纯以实物计算。

至于两税之征纳品，除地税之部分为谷、粟外，其户税之部分则改收钱。既以钱为定税之标准，则应征钱。然昔日庸调皆征布帛，政府支出，用布帛之处亦多。于是两税均率时，虽皆折为钱数计算，及实行征税时，又复由钱数，折合为绢帛。人民纳税，仍须用绢帛。

九、税制以外之税。唐初施行租庸调法时，还有地税和户税作为租庸调的补充税收。及安史乱后，因地税和户税占了唐代税收的很大部分，而租庸调法又益弊，乃改行以地税和户税为基础之两税制。

两税的内容，主体在两种税：地税与户税。原则上两税只纳税一种，废去以前租庸调和杂税。然事实上，苛征杂税是陆续发生的。盐税本来就有，茶税也出现了。此外，又有所谓借商钱、间架、除陌等法。

十、征收时间。租庸调的征收时间是不一致的。租庸调物于每年八月上旬起输，九月上旬则各发本州诸租，本州收获讫，十一月起发遣输往京师。至于租庸调以外的地税，大约与租同纳；户税的征收时间，不甚明了。

而两税制纳税分夏秋两季，夏无过六月，秋无过十一月。但夏秋两次纳税，也不是两税法所创设的，实际上，大历五年地税的征收，就分夏秋，只是两税法将一切税都分作两期而已。

第十三节　租庸调与一条鞭法的比较

内容性质的比较

租庸调是唐的赋税制度，后改为两税法。宋代亦大体沿此制。明代赋役制度，行至嘉靖万历年间，有所谓"一条鞭法"者，其目的在化繁为简，以救混乱纷扰之一种税制。现将两者内容作一比较，以明其异同优劣如下。

一、由对人税转入对物税。古中国税制，纳税之主要对象有三，曰田，曰户，曰丁。田为物，而户与丁则为人。唐之租庸调，皆以对人税与对物税并行。及行一条鞭法后，为免里甲吏胥颠倒上下混乱户则之弊，打破了里甲户则之分别，改以丁、产为征役之标准，户之地位变轻。又将生产范围缩小为"粮"，改以田定产之厚薄与役之轻重，而田之地位及负担益重。此时对人之丁税虽犹存在，然远不如田税之重要。

二、由现物税转入货币税。唐之两税，定制时概以货币计算，然输纳时仍折为现物之绢帛。明初定税时，仍偏重于现物，然由于商品经济之发展，赋税征课至明英宗正统元年，遂有折征金花银之举，由现物变为货币。迨一条鞭法推广通行以后，力差变为银差，赋役之征纳，殆莫不为银矣。

三、民收民解，转为官收官解。自唐以来，督催赋税即为里甲正役及保甲人户所负担之一种重役，输纳不及时，或有短少，里甲正役及保甲往往备受鞭笞之苦。及行一条鞭法后，赋役之征纳，大都用银。银之收解，较现物为便，渐将里长征收之任，改为催征监收由民户直接齐银至官柜缴纳。缴纳时须由里长任监收之责；缴纳后，随即由监收人送存官库。

优点方面的比较

一、税目分明。唐之租庸调制，税收项目，条列分明；有田则有租，有丁则有庸，有户则有调。其所征收的数量，均有定额，不似此制度破坏后之各种税制，可以随时增加，有进无已，因此免除了横征暴敛之弊。

明代一条鞭法大都以"化繁为简"为原则。盖明初之赋役制，虽似整然有条，但就其科则项目及编检施行程序言之，实甚繁密，非乡间细民所能把握。而奸吏猾胥，缘之以滋弊则甚易。故为改革之谋者，务以化繁为简作原则。

二、为民制产。唐制，及丁授田，年老还官。人民有其自耕的田土，而不能私有；政府有其一定的收入，而不能骤增。所以人民过着舒适的生活，社会呈现繁荣的景象，是必然的。

明制，盖均徭、里甲与两税为一，小民得无扰，而事亦易集，立法颇为简便；更且造定册简，令行各州县，永为遵守。故徭役公平而无不均，天下太平，民生安逸。

缺点方面的比较

一、租庸调税制的精神，在政府为民治产，然后因其产而课赋。但实行这种制度，必须有其特殊条件，社会秩序必须安定，人口流动性不能太大，户籍和田籍须清楚齐全，然后才能实行，有效率的政府才能做到。然唐自武后时起，政治渐不如前，人民规避徭役逃亡者渐多。法令的废弛，可以想见。安史乱后，户口逃匿更多，旧有的户口名籍，多非其实，租庸调制度，无法继续实行。因为"租庸调"制是以户口作单位，故账籍必须清楚。账是壮丁的册子，每岁一造账，三岁一造籍，对政府来讲，在人力、物力和财力方面都有负担。

二、一条鞭法虽成为明代后期适用之赋役制，然究其实，各地所行之一条鞭法并不一致。或将役之项目合并为一，或将赋役合并，而合并之程度不一；或将役之一部分摊入赋内，或将役之全部摊入赋内；其征收管制上亦不尽同，所行亦有善有不善之别。故《续通考》引工科给事中曲迁乔之疏语云："但有司行之有善有不善，是以地方亦间有称不便者，今宜行各抚按。将见行条鞭之法，或有司奉行未善者，则随宜酌处。如病在雇役，则宽议其工食，使人不苦于应募；如病在里甲，则严禁其暗用，使人得安于田亩。或则坏成赋，勿使下地暗包上地之粮；或九则征银，勿使贫民概应富民之役。调停既当，人自乐从矣。盖立法虽为简便，然粮长里长名罢实存。诸役卒至，复金农氓，条鞭法行十余年，规制顿紊，不能尽遵守也。"

第十四节　两税制与一条鞭法之比较

背景之比较

唐初行租庸调，其后不得不变为两税制。明初行繁杂的税制，其后亦不得不变为一条鞭法。二者的背景各有异同，其相同者如下：

一、人口大量逃亡。唐安史乱后，北方人口大量流徙，天宝十四载课户五百三十四万九千二百八十；到乾元三年，课户仅七十三万八千五百八十二。明代政府根本不按法定制度来编金民夫，而是"壮丁尽行，役及老幼"；而且征去之后，少有回者，所以人口大量逃亡。

二、税目重新统一。安史乱后，除租庸调外，尚有户税、地税、青苗钱等等。宰相杨炎力谋税目之简单化，乃将一切名目省去，其应出之税额，则摊入两税中。明初田赋制的税则非常复杂，田分官田、民田；官田又分设还官田、屯田、皇庄等，民田又分大亩、小亩等。徭役尤其繁复，又分里甲、均徭、杂项等多种。到黄册与鱼鳞册发生问题时，税役便需从简设计。

其相异者如下：

一、明代社会分工日益发展，地主豪户经营的商业性农业，以追求货币为目的。

二、明代白银地位提高，洪武虽禁止人民用白银，要用宝钞和制钱，但商品关系越发展，越需要一种价值较高的贵金属作为货币。

三、明代徭役渐变为雇役，人民从事工商业，赚得货币，以之雇人代役。而另一方面，里甲制也开始破坏，甲首因赔累而破产，于是税粮收解由官方负责。

四、唐之改行两税制，则因租庸调法的收入，根本不敷国用。《新唐书·食货志》有云："自开元以后，天下户籍久不更造，丁口转生，田亩卖易，贫富升降不实，其后国家侈费无节，而大盗起，兵兴，财用益屈。"

五、唐代均田制彻底破坏亦为两税制兴起之主因。唐代私田自始至终都存在着，又许人民于迁居时自由买卖口分田，宽乡、狭乡之划限不明，自然造成均田制之破坏。

内容之比较

一、由对人税转入对物税。纳税之主要对象有三，曰田，曰户，曰丁。田为物，户与丁为人。唐之租庸调，是对人税与对物税之并行。由租庸调变为两税，似已将对人税之庸调废弃，成为对物之财产税。但唐以后，庸调复以别称名词出现，如宋之役钱、钱米，元之科差等。到一条鞭法行后世，打破里甲、户则之分别，总以"丁""产"为征役之标准，而户之地位变轻；又将"产"之范围缩小为"粮"，总以田定产之厚薄与役之轻重，于是对物税占了重要之地位。

二、由现物税转入货币税。中国赋税自古多收实物，直至唐行两税制，始正式有货币税，至明行一条鞭法更普遍用货币税。是以《续通考》按语云："唐德宗作两税以钱代输，明英宗折金花而以银充赋，皆古今农政中更制之大端也。"盖唐两税定制时，以货币定其率；输纳时，仍折为现物。但明一条鞭法即使力差亦变为银差，一切征收，莫不以银为主。

三、分夏秋二季征收。唐两税制又叫夏税秋粮，夏无过六月，秋无过十一月。此是因着古代农业社会的需要而设的。自唐至清，千余年间仍行二次纳税法。明代初年，洪武即立夏税、秋粮的法则，到一条鞭法，实为扩大充实两次交税的精神。如宋代《松江府志》法条有云："于是均徭、里甲与两税为一。"

四、各地税率不一致。据陆宣公奏议所载唐代行两税法，天下各州人民所负担之税率，轻重不一，于是负担较重之州，其民多逃入负担较轻之州。轻者人民增加，而税额不增；重者民户逃亡，而税额之总数不减。于是轻者益轻，重者益重，税户逃亡之风，遂不可遏。明代行一条鞭法，实际上各地所行之一条鞭法并不一致，或将役之项目合并为一，或将赋之项目合并为一，或虽赋役合并而程度不一等情况均有之。

利弊之比较

一、其利处如下：

1. 人民有流徙之自由。两税法讲求户无主客，以见居为簿；一条鞭法则不征丁税，力差又变为银差，由政府以银募人代行力役。于是人民无差役缠身，有较大之自由游离乡土，奔向城市，另谋生计。这对疏散密度高之人口，发展都市工商行业，有鼓舞作用。

2. 促进工商业之发展。两税法重钱币运用，一条鞭法以银纳税。货币流行加强工商业之发展，"一条鞭法行后，富商大贾，不致土田"。所谓不致土田，就是由投资土地，改为投资工商业。在这方面，一条鞭法似较两税法之作用更大。

3. 有保障贫民之用意。两税法讲求"人无丁中，以贫富为差"，富者征纳比贫者为高。一条鞭法讲求摊丁入田，用意也是一样。所以顾亭林《天下郡国利病书》有云："条鞭利贫不利富，利军不利官。"又云："利于下，不利于上；利于编氓，不利于士大夫。"

4. 收解手续上之改良。唐代立两税法之同时，设有两税使到地方征收或催收赋税。盖当时藩镇割据，赋税由地方送到京师之中途，相当危险，所以有两税使以主之。到明代实行"官收官解"的良好措施，可免里首之中间剥削。此法一直沿用到清末，可见收解手续上之进步。

二、其弊处如下：

1. 妨农利商。两税法讲求"量出为入"，一旦农事失收，则农民受害；而且以钱币结算，商人容易上下其手，囤积居奇。至于条鞭方面，顾亭林《天下郡国利病书》云："条鞭之法……闾阎殷富，地价腾踊。"地价上涨，非平民所能拥有，于是豪户兼并日多，平民流入工商业，农民便大受豪户迫逼了。

2.杂税丛生。两税将一切税归入计算，但国用日多，于是新税项纷纷出现，如商税、盐税、茶税、酒税等。而条鞭之后，明室又有辽饷、剿饷、练饷等名目，使人民生活更苦于从前。

3.户籍破坏。两税与条鞭都不需完整户籍制度，于是自此以后更没有户籍制；表面看来似乎并不重要，但实际上意味着国家对经济预算与吏治问题开始疏忽。藏奸纳垢、游手好闲等事因之而起。

4.恢服力役。两税倾向于对物税；条鞭乃由两税发展而成，讲求摊丁入田，免除力役。但终明之世，力役始终存在，至清乾隆才明令禁止。力役在当时而言，的确不能完全避免，但也成为与制度相抵触的法令。

第二章　历代经济与商业的发展

第一节　秦汉时代的重农抑商政策

秦汉重农的原因

重农主义，可以李悝和商鞅做代表。李悝生在商鞅之前，是重农主义的开山祖师。据《前汉书》所载，李悝重农的方法，大概如下："至于战国，贵诈力而贱仁谊，先富有而后礼让。是时，李悝为魏文侯作尽地力之教，以为地方百里，提封九万顷，除山泽邑居参分去一，为田六百万亩。治田勤谨则亩益三升，不勤则损亦如之。地方百里之增减，辄为粟百八十万石矣。又曰：'籴甚贵伤民，甚贱伤农。民伤则离散，农伤则国贫。故甚贵与甚贱，其伤一也。善为国者使民毋伤而农益劝……善平籴者，必谨观岁有上中下熟……大熟则上籴三而舍一，中熟则籴二，下熟则籴一，使民适足，贾平则止。小饥则发小熟之所敛，中饥则发中熟之所敛，大饥则发大熟之所敛，而粜之。故虽遇饥馑水旱，籴不贵而民不散，取有余以补不足也。'行之魏国，国以富强。"（见《食货志》）

李悝所谓"尽地力"和"平籴"是重农主义的两种实施方法。到商鞅更着重实施重农主义，要求"壹民于农"，"搏以于农"，而抑制其他一切，可说是一种极端的重农主义。《商君书》说："凡治国者，患民之散而不可抟也，是以圣人作壹，抟之也。国作壹一岁者，十岁强；作壹十岁者，百岁强；作壹百岁者，千岁强；千岁强者王……唯圣人之治国作壹，抟之于农而已矣。"（见《农战篇》）

《农战篇》虽为战国时人推衍商鞅主张的作品，然其说法确能代表商鞅的主张。所谓"治国作壹，抟之于农"，是此李悝的重农主义更见进步、更彻底。据《史记》所载，商鞅所定变法之令有下列一条："戮力本业，耕织致粟帛多者，复其身。事末利及怠而贫者，举以为收孥。"（见《商君列传》）

由此可知商鞅一面用免役的方法奖励耕织，一面用收为官奴的方法惩罚工商和懒怠贫穷的人，实在偏激到极点！商鞅何以这样极端重农呢？大概可分为经济的、政治的、军事的三方面理由。

一、经济上的理由，便是要借着重农以富国。《商君书》说："是以明君修政作壹，去无用，止畜学事淫之民，壹之农，然后国家可富，而民力可抟也……故其民农者寡而游食者众。众则农者殆，农者殆则土地荒……此贫国弱兵之教也。"（见《农战篇》）"国好生粟于境内，则金粟两生，仓府两实，国强……按兵而农，粟爵粟任，则国富。兵起而胜敌，按兵而国富者王。"（见《去强篇》）

"欲农富其国者，境内之食必贵，而不农之征必多，市利之租必重。则民不得无田，无田不得不易其食。食贵则田者利，田者利则事者众。食贵，籴食不利，而又加重征，则民不得无去其商贾技巧，而事地利矣。"（见《外内篇》）

二、政治上的理由，便是要借重农使民壹易治。《商君书》说："圣人知治国之要，故令民归心于农。归心于农，则民朴而可正也。"（见《农战篇》）"故为国之数，务在垦草……私利塞于外，则民务属于农；属于农则朴，朴则畏令。"（见《算地篇》）"治国者贵民壹，民壹则朴，朴则农，农则易勤，勤则富。富者废之以爵，不淫；淫者废之以刑，而务农。"（见《壹言篇》）"善为国者，仓禀虽满，不偷于农；国大民众，不淫于言，则民朴壹。民朴壹，则官爵不可巧而取也；不可巧取，则奸不生；奸不生，则主不惑。"（见《农战篇》）

三、军事上的理由，便是要借重农以强兵。《商君书》说："国不农，则与诸侯争权，不能自持也，则众力不足也……纷纷则易使也，信可以守战也。壹则少诈而重居，壹则可以赏罚进也，壹则可以外用也。夫民之亲上死制也，以其旦暮从事于农。夫民之不可用也，见言谈游士事君主之可以尊身也，商贾之可以富家也，技艺之足以糊口也。民见此三者之便且利也，则必避农。避农则民轻其居，轻其居则必不为上守战也。"（见《农战篇》）

总之，商鞅实行重农主义的主要目的，在求国富兵强，而民朴易治，以促进法治主义和军国主义的实现。言谈游士和商贾、技艺三种人都足以妨害这种目的的达成，所以商鞅要极力抑制他们。只有农民才能帮助这种目的的完成，所以商鞅要极端"壹民于农"、"抟民于农"，而形成一种极端的重农主义。

秦汉抑商的原因

重农的反面便是抑商，汉代对于这种政策的执行更严。然而汉初为什么贱视商人？商业，尤其大规模的商人活动，在农业社会中常常受到人为的压抑，其原因实由于商业上最能获利的商品是奢侈品，而奢侈品之售卖常能刺激人们的嗜欲，以致使一般人陷于穷困之境。而且商人因其收入与得来比较容易，所以商人本身的行为常常是浪费的，与农业社会胼手胝足，日日辛勤，而其所获仅不过为粗衣恶食者，大不相同。所以农业社会和商业社会是两个根本立场不同的社会组织。更因商人赢利的来源，是由于机会；所谓投机取巧，逐什一之利，是商人的本色。而农人则正正道道，规规矩矩，一定时间的播种，经过相当长的时日，方能获得可以事前制定数额的收获。所以农业社会是稳定的，农人的心理亦是稳定的，农人的习惯、道德、信仰以及其与人交往是诚恳的。

商业社会恰恰与此相反，尚机智，重投机。如果持重稳健，遵行和农业社会同样的行为信条，那便是失败亏赔的种因。所以重农的社会，对于商业一定贱视，因为它的道德信条，行为标准，彼此都格格不相入。因此统治农业社会的统治者，为其统治权之安定，必不愿见其人民的道德、行为、信仰诸方面，向不易统治的方向改变。明白了这一点，则在中国这样一个农业社会中，所以常常发生压迫或贱视商人的事实，就可以明其大半了。只要它的农业生产，足以维持其人们的生活，对于初发生之商业，总是有如此的态度。除非如欧洲的威尼斯等，其土地的收入，实不足以维持其居民的生活，才把商业视为其社会的经济基础。

汉高帝初起时，入武关，欲击秦峣军。良曰："秦兵尚强，未可轻，臣闻其将屠者子，贾竖易动以利。愿沛公且留壁……令郦食其持重宝啖秦将。"秦将果欲连和俱西袭咸阳……又上（高帝）问陈豨将谁？曰："王黄、曼丘臣，皆故贾人。"上曰："吾知之矣。"乃各以千金购黄、臣等。商人这样的忘恩负义，只知唯利是图，如何能获得农业社会出身的汉高帝的尊重！果也，汉高帝为皇帝之后，便一令贾人不得衣丝乘车，重租税，以困辱之，使商人的社会地位，异常低落；使在农民中间受贱视，不使其发生作用。到孝惠皇后时，虽以为天下大定，弛商贾之律，然"市井之子孙，亦不得仕为宦吏"，这样，便树立了中国重农贱商的传统。自秦吕不韦以来，所树立的"农""商"并重政策，至此，乃根本发生了改变。终汉之世，对于商人抑压的程度，基本政策并未改变，不过因国土之完成统一，关旅之禁已无，交通方便，生产力加大，农商有了剩余生产。是以虽然法律上对商人贱视，而实际上，商人的活动，则日见其重要。如文帝时晁错说："而商贾大者积贮倍息，小者坐列贩卖，操其奇赢，日游都市。乘上之急，所卖必倍；男不耕耘，女不蚕织；衣必文采，食必粱肉。亡农夫之苦，有阡陌之得。因其富厚，交通王侯，力过吏势，以利相倾；千里游敖，冠盖相望，乘坚策肥，履丝曳缟。今法律贱商人，商人已富贵矣。"这样的话，出之于重农主义者晁错之口，或难免稍有夸大之处，然当时商人在经济上实际的重要，必已超过了法律所限制的程度，那是毫无疑问的。不过，商人虽实际重要，而受法律的禁制，在汉代仍无减于初。

第二节　唐宋市舶司的设置与影响

唐宋市舶司之沿革

东西海道交通，两汉以来，已渐发达，不过当时操中外海权的，大多是叙利亚或波斯人。唐初，不少伊斯兰教教徒来中国传教及通商，而中国的商船也开始向西方发展。由于对外贸易发达之故，政府欲从中取利，购买外国商品，征收关税，对蕃舶往来贸易，每采鼓励政策，遂于沿海各主要港口，设市舶司以司其事，此即中国海关之起源。

市舶司何时创始？不可考。其前称"市监"。《唐六典》卷二二云："诸互市监各掌诸藩交易之事……监各一人，从六品下。"据《天下郡国利病书》卷一三〇："贞观十七年，诏三路市舶司，蕃商贩到龙脑、沉香……并抽解一分。"卷一〇四则有"自唐设结好使于广州"语，则结好使亦市舶使别名，实同职异名，可知市舶司于唐太宗时已有之。

据日人藤田八丰著《市舶源流》载："市舶创于何时，无明白记载，其成常制，约在开元以后……又当时任市舶使之职者，大概似为宦官或以帅臣兼领。"而据《新唐书·柳泽传》，知唐开元中有周庆立任"市舶使、右威卫中郎将"，可证藤田氏之说。至于唐设立市舶司的三大城市中，当以广州之贸易为最盛。

至宋，承其政策，开宝四年即设市舶司于广州，其后又于闽浙沿海各地增设市舶司。太宗雍熙四年，且遣内侍八人，携金帛及敕书赴南海各国，邀其入贡。及宋室南渡，宋廷对海舶之利，较之北宋更为重视。

市舶司之职务

《宋史》卷一七六《职官志》曰："提举市舶司掌蕃货海舶征权贸易之事，以来远人，通远物。"综合各书所记，其职务可分：

一、检查入港海舶之货物及征税，名为抽解。抽者按官价抽买，细色（容量小而价贵者）抽一分；粗色（容量大价贱者）抽三分，解送中央。其余皆为商人所有，但时有变更（最初分良瓠，后分粗细）。

二、收买、出售、保管及运输专卖品与其他船货。当时称为"禁榷"之货物凡三类：香料、药材及宝货。太平兴国初年京师成立榷易院以司其事，又名榷易署，或称榷货务。其下有香药库，官称香药使。其负挑选估价之任者，为"编估局"及"打套局"；负保管之责者为"寄椿库"。太平兴国七年曾放宽部分药物，准人民自由买卖。至于禁榷之宝物，初为珠贝、珊瑚、玛瑙等八种，后加紫矿、瑜石而为十种。市舶司除收买细货上供以外，另有部分细货和粗货，则出售与一般商人。其用以收买者则以钱帛为主，计有金、银、缗钱、铅、锡、杂色帛、瓷器等。

市舶库主者名为"监门官"。对部分粗重不易起落者则留于市舶司，收息出卖，利不过二分，其目的在平抑物价，此亦市易法之一。另一作用，则为海舶到时，先将全船货物送存库中，待抽解收买完毕，方能取回其余部分。

三、发给出国贸易之公券，又曰公据。其目的在防止：（一）出口货之偷运，（二）前往不许通航之国家，（三）入口货之偷漏。回航时须回至原出发地，并缴还公据。其视船之大小而异。《续文献通考》载：诸舶商大船给公验，小船给公凭。每大船一，带柴水船、八橹船各一，验凭随船而行；或有验无凭及数外夹带，即同私货贩。至于不许前往之地，则时有不同。

四、发给卖货之公凭引目。舶货经抽解后，其余即许自行出售，不再课税，但限于本州范围内。且须有公凭引目，又曰文引，或单称引，上载货物名及数量。若运销外州，则另有税。公凭引目之发给，最早见于太平兴国七年。

五、为往来商舶祈风。每年凡二次，上半年多在四月，下半年多在十一月，前者为归舶，后者则为去舶而祷也。祈风人员有知州、市舶使及其他舶官、知县等。若论性质，则虽行庙内，而宗教意味绝淡，故多由官府主持。其目的多在借此雅集，以为饯行。

官制及场务

市舶司最初设立于广州时，以知州为市舶使，以通判为副使，与管理财赋之转运使共司其职。中央另派京朝官三班内侍三名为专任市舶官，后以通判为监官而无副使，知州亦失市舶司长官之实，而转运使为其长。知州、通判及使臣均称"管勾市舶司"，三班内侍则称"勾当市舶使臣"或"市舶使臣"，与通判共为"市舶监官"。

市舶司之长官曰提举市舶使，其下有监官、专库及手分等。宋初有司无务，在州者即曰市舶司，如杭州、明州之类；后以总辖一路之市舶者为司，在各州之支司为"务"，又名"场"，"务"设监官，海舶出入不多者，由知县兼监官。

无市舶司之处，间有设"觉察拘栏"者，其职务在侦查往来沿岸之海舶；未缴税者，则封存并押往附近市舶司。

市舶司之影响

一、都市繁荣。唐代由于对外交通发达，加上市舶司之设置，商业都市也随之兴起。黄河沿岸的长安、洛阳，及黄河、运河相接处的汴州、扬州与滨海的广州、杭州、泉州等地，都出现空前的繁荣景象。

二、财富增加。中国的对外贸易发展后，社会财富日益增加，政府税收也日形充裕。《宋会要》记高宗诏言："市舶之利甚厚，若措置合宜，所得动以百万计，岂不胜取于民！朕所以留意于此，庶几可以少宽民力尔。"日人桑原骘藏更谓：宋高宗绍兴二十九年财政总收入为四千万缗至四千五百万缗，而市舶司竟获二百万缗，居岁入总数二十分之一，可见市舶贸易于国家财政所占的重要地位。

三、文化交流。唐末的对外交通与贸易，既因市舶司之助而日益发展，所以中西文化，也不断交流。唐代的造纸技术，传入阿拉伯；西方的音乐、科学、天文和舞蹈，也开始东传。国人对外国的兴趣日渐增强，也造成了日后华人向外移殖的倾向。影响达于日木，引起了日本史上著名的"大化革新"。

四、市舶司收买舶货率颇高，各货分十五份，已取其七，商客所剩，仅有其八，且货皆低价收买；故商客往往漏报，不肯抽解，有以"与商贾争利"而提出反对者。《通鉴》载杨范臣奏曰："陛下前年焚珠玉锦绣，亦不复用，今所求者，何以异于所焚者乎？彼市舶与商贾争利，殆非王者之体。"

第三节　宋代交子及其对经济的影响

宋代交子的渊源

中国的纸币，有些人以为始于唐的飞钱，但飞钱不过是一种汇票的性质，其本身并非纸币，真正的纸币当始于北宋的交子。纸币本属信用证卷之一种，其产生约在十世纪之末，即宋太宗淳化至道间，其始名曰"交子"，后复有"钱引"、"关子"、"交钞"、"宝钞"等种种变名。然曰"交"曰"引"曰"钞"，最初似皆为别种信用证卷之名称，而非纸币之名称。盖在纸币之交子应用以前，已有茶盐等交、引、钞、卷，流通于公私间；而茶盐等交、引、钞、卷，则由唐之飞钱（即汇票）蜕变而来。

各种茶盐交、引、钞、卷，虽属政府发行之有价证卷，可于市面上转变为钱币（当时已有"交引铺"），然其自身非代表钱币也。代表钱币之交子，依《宋史·食货志》谓创自真宗时，志云："会子、交子之法，盖有取于唐之飞钱。真宗时，张咏镇蜀，患蜀人铁钱重，不便贸易，设调剂之法：二交一缗，以三年为一界而换之。六十六年为二十二界，谓之交子。"又云："富民十六户主之，后富民资稍衰，不能偿所负，争讼不息，转运使薛田、张若谷请置益州'交子务'以权其出入，私造禁之。仁宗从其议，界以百二十五万六千三百四十缗为额。"按此所记，交子似由张咏所创造，创造之时期在真宗，然证以宋人所记，皆与事实不合。李焘《续资治通鉴长编》真宗景德二年二月庚辰条云："先是益、邛、嘉、眉等州，岁铸铁钱五十余万贯，自李顺作乱遂罢铸，民间钱遂益少。私以交子为市，奸弊百出，狱讼滋多，乃诏知益州张咏与转运使黄观同议，于嘉、邛二州，铸景德大铁钱，如福州之制，每贯用钱三十斤，取二十五斤八两成。每钱直铜钱一，小铁钱十，相兼行用，民甚便之。"

此不言张咏创交子，而言因民间私以交子市易，发生流弊，招致狱讼，乃令咏铸大铁钱以济钱荒。又按李顺之乱在太宗淳化五年（994年），是年五月李顺即被俘，乱后，民即私以交子相市易，直奸弊百出，狱讼益多，则民间私行交子必有相当之长时间，略可推想而知。既由民私以交子市易，其非张咏创，亦甚明显。

交子之创始者，实为蜀中豪商，但在地方政府负担特种权务条件下，经地方政府之许可，并受其保护而已。此创始之时期，应在真宗以前，太宗淳化至道前后。至天圣初因交子铺信用失坠，不能如数兑现，寇王咸乃奏请封闭。然因市面行用既久，铁钱又携带不便，封闭后商业骤行凋敝，乃从张若谷、薛田之建议，特设国营交子务于益州，由国家发行。

宋交子发行的原因

一、官币紊乱。宋代官币紊乱，而货币流动亦随地域不同而异。宋初，以铜钱为主，铜钱以外另有铁钱，尤以四川一带沿用之。四川铁钱，每十贯重六十五斤，而大铁钱十贯重一百二十斤，携带不便；以交子代替，实最便利，故四川亦成为钞币发源地。

二、铜币价格动摇不一。铜币品质愈铸愈差，铜质之含量愈少，他种原质渗入愈多，重量亦愈铸愈轻，以致价格动摇不定，日趋低落。

三、政府采矿困难。官币大事铸造，然时现缺乏，私币充斥市场。官铸不绝，而私铸亦不绝，虽严申法令，并无效力。自从交子转到国家手里后，三朝便一贯地由政府发行纸币，国家因为采矿不易，乐得取此轻便之道。

四、筹措战争经费。自开禧年间起，南宋政府因为战费的筹措，大量发行纸币。这些纸币的发行额，自乾淳间（1165-1189）的二千万缗，至淳祐六年，已增至六亿五千万缗。

五、商业日益繁盛。自唐末、五代至宋，由于交通渐次发达，中外贸易日增，加以中央集权统治，经济交换日益繁盛，货币需要量大增，其中纸币，因其轻便的特点，更成为商业发达社会中一种自然的产品。

宋代交子的内容

一、有一定之发行额。每界发行额为一百二十五万六千三百四十缗。

二、有一定之发行准备金。大凡铸造一界，准本钱三十六万缗。

三、有一定之流通时限。以三年为一界，界满，持旧换新。

四、有一定兑换方法。持旧换新，每贯输纸墨费钱三十文。

五、有一定之流通区域。限于川蜀。

制度的演变

由交子变名为钱引。神宗熙宁间（1068-1077），交子发行之地域已扩展及于河东之潞州及陕西，然此二境皆因盐矾钞引之销售，旋即罢废。唯陕西之发行虽罢，而蜀地所发行之交子，则流转入陕西不绝。至哲宗绝圣时（1094-1097），蜀之交子发行愈滥，陕西亦明令复行交子法。至征宗崇宁间，则京西北路亦行交子法矣，旋改名曰"钱引"。时蔡京当国，除闽、浙、湖、广外，钱引遍行于诸路。大观元年改益州"交子务"为"钱引务"。

因旧日所发行之交子价值日落（盖因西夏用兵，借川蜀交子以助边费，交子之发行，每界逾原定额二十倍，故价值日落），欲以新名救济之。然未几钱引之价亦日落（因滥发行无准备金），则北宋之纸币制，至徽宗时已大坏。

南宋再变为交子与会子。交子之初，亦属汇票之性质。高宗绍兴元年（1131 年），因婺州屯兵，不通水道，兵费运输甚艰阻，乃用"入中"之法，召商人入钱于婺州，持卷赴杭越"榷货务"请钱，每千搭十钱为优润（政府优给商人）。此种钱卷，谓之"见钱交子"，明属汇兑票。然未几竟用交子充粜本（用以实粜），抑配于民，而"榷货务"又仅能以每日收入三分之一为兑现之用，信用大失。六年，诏置行在所"交子务"，欲行交子诸路，谏官越时需以"官无本钱，惧民不信"反对之，遂罢，仍改为交子，令"榷货务"备钱兑现。

会子之名。起自临安之豪右，初名"便钱会子"。观其名，殆亦近于汇兑票。钱端礼为临安守，收其权以售于官。绍兴三十年（1160 年），钱氏升任户部侍郎，遂由户部行之。三十一年乃置行在"会子务"，后隶于都茶场，悉视川蜀钱引之法，行之东南诸路。凡上供军需，并同见钱，仍赐左帑钱十万缗为本。

此外，南宋的纸币更可分为"行在会子"、"川引"、"淮交"及"湖会"数种，其流通地点，各有一定范围。大致来说，"行在会子"行使于浙西、福建、江东、江西，"川引"行使于四川、陕南，"淮交"行使于南淮，"湖会"行使于湖广。这些纸币，在南宋上半期，因为措施得当，发行谨慎，尚能维持币值，没有通货膨胀的现象。

宋代纸币衰落之原因

一、为战争费用的筹措，大量印行纸币。南宋上半期，因为措施得当，发行谨慎，尚能维持币值，没有通货膨胀的现象。可是，从宁宗开禧年间（1205–2107）起，这种发行纸币的审慎政策，因庞大战费的筹措而被迫放弃。从这时起，南宋不断对外作战，开禧年间，韩侂胄举兵伐金；嘉定十年至十七年（1217-1224），宋金屡次交战；理宗绍定五年至六年（1232-1233），又与蒙古一同灭金；金亡后，端平元年（1234-1235），又屡与蒙古作战，国境日蹙。政府为筹措战费，除加税外，只好以通货膨胀的形式把人民的购买力转移予政府。这样一来，政府大量发行纸币的结果，有钱来打仗了，可是人民却因纸币太多，价值低跌，从而物价腾贵，损失了一大部分的购买力，等于无形中向政府缴纳一大笔重税。

二、纸币价值下跌。俗语说"物以稀为贵"，在需要不变的情况下，物品供给多了，其本身价格是要下跌的。宋末纸币越来越多，其价值自然要低跌下来，尤其是中央政府发行的会子。

三、准备金不足。当日纸币的发行，并没有健全的准备金来作保证，更足以加重价值下跌的程度。纸币既因滥发及没有充分的准备金而跌价，人民对它自然采取怀疑的态度。人民不信任政府发行的纸币，对于政府前途非常不利。为着巩固纸币的信用，政府遂借法律的力量，强迫人民使用，从而生出种种流弊。

宋代纸币发行的影响

一、降低一般购买能力。物价高涨，一般薪水或工资不能因着物价的飞涨而按比例增加的人民，薪水或工资所入的购买力不及以前远甚，只好把生活标准降低。这样一来，生产者也就因消费者购买力之降低而买卖不好。

二、通货膨胀。宋末物价太贵的结果，倒霉在生产者；至于清费者，尤其是固定收入的人，因为高涨的物价足以压低他们的购买力，使他们不得不放弃原来的生活标准，当然大受其害。

三、影响公务员与军人阶级。当日中下级的公务员及军人，都是固定收入的消费者，物价腾贵对于他们的毒害也非常之大；军人之士气，亦受影响。

四、导致南宋灭亡。宋末因通货膨胀而物价飞涨，不仅对于一般民众、军人及公务员的影响，影响非常恶劣，就是政府本身，也不见得有什么好处。自然，在最初，通货膨胀的程度很轻微，物价也不特别昂贵的时候，为着弥补战费的不足，而增发数量不太多的纸币，对于政府相当有利。可是当通货膨胀恶性化，物价急剧飞涨以后，政府实行这种政策的结果，都是得不偿失。除外患的原因以外，此与促使南宋亡国亦很有关系。

第四节　宋代的对外贸易

宋代与阿拉伯贸易发达的背景

十世纪中叶至十三世纪初，伊斯兰教东大食帝国雄霸西亚，是西亚各国的盟主。其建立的突厥王朝，屡屡攻击基督教徒，并虐待前往耶路撒冷的朝圣者，进而威胁在东亚交界的东罗马帝国。为此，不少虔诚的教徒、冒险家、罪犯等，通过罗马教皇乌尔班二世的呼吁，共同起来对付伊斯兰教教徒，在衣上绣上"十字"，"为圣地而战"，激起了震动世界的十字军东征。十字军东征历时二百年，由宋哲宗绍圣二年（1095 年）至宋度宗咸淳六年（1270 年）止。因十字军品流复杂，纪律甚劣，而当时的塞尔柱突厥民族，其军纪亦不下于十字军，所以在这二百年的七次（有谓九次）战争中，死亡达九百万；此外财物上的损失，更难以计算。东西两世界均因此而贫困。伊斯兰教教徒在这期间，为了弥补财政上的困难，锐意发展商业，所以宋代阿拉伯人来华贸易的甚多。

伊斯兰教帝国因贫困，所以要向东发展商业。伊斯兰教自穆罕默德于公元 622 年创教后，分东西两方发展。伊斯兰教教徒大量东来，则在中唐以后。安史乱时，曾借伊斯兰教教徒的兵力镇乱，伊斯兰教因此在中国建立其根基。此后伊斯兰教教徒借经商和传教来华的日多。而伊斯兰教向西的一支，因与由基督徒所组成的十字军发生冲突，伊斯兰教教徒死伤甚重，财政困难；为要开源，不能不发展商业。时西方是基督教的国家，发展受到障碍，自然要向东方发展了。故自公元八世纪末，阿拔斯王朝奠都于巴格达后，即从事海上贸易。夏德氏在其《赵汝适中古地理新资料》中曾谓：中世纪在东洋（南海）海上贸易之最活跃者，当推阿拉伯商人，彼等曾独占东洋贸易数世纪之久，直至与彼等竞争者之葡萄牙人出现为止。当时西自摩洛哥，东自日木、朝鲜之大海域，全属阿拉伯商人的贸易范围。

宋建国后，财政上呈现紊乱与困难的现象，原因有：

一、版图细小，外族威逼。宋立国初，便丧失了燕云十六州之地，使北方失去了屏障，无险可守。所以终北宋一代，辽、西夏、金等相继为患；至南宋以后，更是积弱，蒙古勃兴，南宋亦随之而亡。统括宋三百二十年的天下，无日不在外族威逼之下，可说是中国历史上最弱的王朝。金灭北宋后，南宋疆域仅限于淮河以南。因为版图细小，收入减少，加之外族威逼，为求安全，兵额不能不增，所以巨大的军费，便是宋财政困难的原因。

二、外有岁币，内有冗员。宋代积弱，与外族战争，败多胜少，每年需"岁币"甚巨。北宋时，单是每年予辽夏的岁币已达银三十多万两，绢四十多万匹了；何况每年节日，皇帝及皇属的生辰特别赏赐，也是一个巨大的数目。当时岁入约六千万至一亿多万，岁币已占全国收入十五分一至二十分之一左右。南宋岁币只予金一国，但版图细小，收入更少，所以岁币仍是宋代财政困难主因之一。

三、宋初"杯酒释兵权"一事后，为安抚众将，不能不厚禄以待。各官吏除了"正俸"外，多有"职钱"、"元随傔人衣粮"、"茶酒厨料"、"薪蒿炭盐"、"公用钱"等，此外又时有赏赐，更有恩荫之例。但恩荫之人多是冗员。真宗咸平四年，三司言减天下冗吏十九万五千余人，时距开国仅四十年，冗吏已如此之多，其浪费可知。财政上的困难，唯有开源与节流两办法；裁冗员是节流之法，王安石的新法是开源办法之一。而政府更锐意发展对外贸易，尤以设立市舶司专责对南洋各国的贸易，获利最厚。《宋史》卷二六八《张逊传》载："太平兴国初……各国朝贡犀象、香药、珍异充溢府库，逊请于京置榷易署……岁可获钱五十万缗，以济经费。"太宗雍熙四年（987年）更派遣内侍奖励外商（主要是阿拉伯人）来华贸易。

宋代对外贸易发达所具备的条件

宋代对外贸易发达，除了客观形势影响之外，主要的还具备航海种种优良设备，现分述如下。

一、海舶庞大。宋周去非《岭外代答》卷六载："浮南海而南，舟如巨室，帆若垂天之云，舵长数丈，一舟数百人，中积一年粮……又大食国更越西海至木兰皮国，则其舟又加大矣。一舟客千人，舟上有机杼市井。"由此可见一斑。大食人伊宾拨都达曾记曰："中国船有三种，大者曰 Junk，次曰 Zao，小者曰 Kakam。大者张三帆，至十二幅，载水手千人……且有小船三随行……其船皆制造于广州、泉州两处……船上有私人及公共房厅，以居商人，设备亦极方便……大船所用之橹似桅樯，每橹须用十人至三十人牵引。"宋吴自牧《梦粱录》卷十二"江海船舰"条载："浙江乃通渡海之津道。且如海商之舰，大小不等。大者五千料，可载五六百人；中等二千料至一千料，可载二三百人；余者谓之"钻风"，大小八橹或六橹，每船可载百余人。"其船身长约五六十丈之间，阔在十四丈左右。此乃指来往沿海与江河间的船舶。由泉、广二州出海之船舶，当然更加庞大了。

二、船上设备完善。

1. 置纲首、副纲首、杂事等员，取缔乘客；不从命者，得笞治之。可见船上官职制度完善。

2. 为防海贼计，备有兵器若干，碇泊时存于官库，开航日还给之；且船上多有射手、盾手及发射火箭之弩手。

3. 船幅松为四角形，下侧渐狭尖如刃，以便破浪。船材以松为主，侧面为欲坚牢，用二重松板；大型之中国船更有四层甲板。

4. 有布帆与利篷，正风用布帆，偏风用利篷。帆以席为之，仅一端附桅上，可利用各方之风力；普通四至五桅，有多至十二桅者。

5. 锚有二，一正一副，俱在船首，维以藤索，自辘轳上下之。

6. 无风时用橹，一艘八或十橹；多者尚不止（伊本谓有二十橹），其橹更大，每橹四人。

7. 船室多在船之后部，每至五六十人之多，起居室中。

8. 每舶有小舟若干，碇泊时，采柴汲水等上岸事，以小舟任之，《元典章》称曰柴水船。

9. 有黑奴干船中杂役。

10. 船之内部，划为数区，界以严壁，庶一部有损，不致危及全体。

11. 航行时，以钩系长绳，取海底泥，以泥质捕定位置；又下铅锤，测水深浅。

12. 《萍洲可谈》载："舟师……夜则观星，昼则观日，阴晦则观指南针。"《高丽图经》作指南浮针；《梦粱录》作南针，又作针盘。大概由指南鱼再加改良，便成指南针（罗盘）。船上置有指南针，当然便于海上航行。

三、通信鸽之利用。航海亦常遇险，为传递危急音讯，唐代即知利用鸽以通信。中国陆上最早以鸽通信者似为张九龄，其时外国船亦养鸽以寄家书。段成式《酉阳杂俎》卷十六云："大理丞郑复礼言，波斯舶上多养鸽，鸽能飞行数千里，每行数百里，辄放一只至家，以为平安信。"这种信鸽对航海的安全帮助甚大，亦间接促进了南洋与阿拉伯船舶的往来。

四、市舶司的设立与祈风的习惯。市舶司之设立，不仅在管理与保护外国侨商，同时鼓励外商来华，征收货税以增加国家的收入。唐代设市舶司之地仅广州一处，宋代增至九处，元及明亦仅七处。由宋代市舶司设立之多，亦可窥知宋代对外贸易的发达。

宋时的市舶司有祈风之举，每年二次，上半年四月者为归舶，下半年十一月者为去舶。此为华侨航海出国而设。外商之祈风多在伊斯兰教礼拜寺举行，可见宋时伊斯兰教教徒颇多，由此亦可窥见中国与阿拉伯贸易之盛。

五、季候风之利用。公元后，西方对东方之海上航行，已开始发达，其原因则为双方在物质上之需求；但促成航海发达者，则为季候风之发现。

公元五十年左右，埃及之喜帕拉斯住民，始觉知印度洋上季候风之流行，遂利用于航海之用；自是印度以东海之上航行，亦利用季候风。于是由南洋来交州、广州入港之贸易船，大抵限于五六月之交。《萍洲可谈》卷二亦明言曰："舶船去以十一月、十二月，就北风。来以五月、六月，就南风。"益见当时海上交通贸易之盛况。

第五节　南北经济文化之转移

南北经济交化转移之情况

唐中叶以前，中国经济文化之支撑点，偏倚在北方。唐中叶以后，中国经济文化的支撑点，偏倚在南方。这一个大转变，以安史之乱为关键。唐代后期，社会经济崩溃，中央政权瓦解；安史乱后之中央政权，需赖东南财赋，以维持其形式上之存在。北部各道、州、县，自河南、河北以至两京，皆残破萧条，奄奄欲绝。自此以后，中国经济文化逐渐向南转移。

以漕运一事而言，唐初漕运集中于黄河一带。至开元期间，唐代江南户口日多，租调日增，漕运几成问题。安史乱起，唐室遂专赖长江一带财赋立国；以后河北、山东藩镇割据，租税不入中央，唐室的财政命脉，遂永远偏倚南方。但此乃唐代一时政治形势所致，北方经济依然可以自立，其仰赖于南方者尚不甚大。宋都汴京，主要原因即为迁就漕运，其财赋来源也大部偏倚于南方；而南宋岁收，转更超出于北宋之上。元代建都燕京，米粟依然全赖江南。而明代期间，漕运凡五变；以南北粮数比较，北方仅及南五分之一，整个的中央，几乎全仰给于南方。

耕织为农事两大宗，粟米与布帛亦为国家租调两大类。蚕桑事业中国发明甚早，其先皆在北方。唐代桑土调绢绝，麻土调布。开元二十五年，令江南诸州纳布折米，可见其时江南诸州尚不为桑土。唐代全国各州郡贡丝织物数量，以定州为第一。大体论之，重要的蚕桑织作，在北不在南；

汴京织锦，尤为有名。宋金分峙以后，宋岁币以银绢分项，是丝织品又渐渐地要北仰于南之证。元代北方向见有大规模之种桑区域，然而蚕丝桑织事业之自北南迁，在大势上终于不可挽。明初南北绢税数，恰成三与一之比。

陶瓷亦是北方农民很早就发明的一种副业。唐代河南府有贡瓷；至宋，精美著名陶业，尚多在北方；至元明则最精美的瓷业，全转移到江南来。木棉亦为宋后大利所在，而其种植，亦南盛于北。这是北方经济情形渐渐不如南方的显征。换言之，亦可说北方农人的聪明、精力，及其品性、习惯，似乎在各方面都渐渐不如南方。

再以商业情况而论，亦是南方日见繁荣，北方日见萎缩。天然出产品如盐以两淮为主，茶则产于南方，铜铁矿冶亦南盛于北，渔业尤为南方所独擅。交通方面，南方水利日兴，舟楫之便远超北地。此可证明当时全国经济命脉集中在长江下游太湖流域一带，重心转移至南方。各种趋势，反映在社会文化上，亦可见北方人物在逐渐减少，而南方则在逐渐增多。如以应科举人数论，南盛北衰。再就宰相籍贯言之，唐宰相世系多在北方；宋中叶以后，南方多于北方；明宰辅数目南方占了三分之二强。

南北社会文化经济之升降，还可以从政治划分区域的大小繁简来看。自唐至宋的政治区分，大体上是南方愈见繁复，故分割愈细；北方无分而有并。与政治区域相随而可知者，最主要为户口之盈缩。开元期间，南方县数只占全国四分之一。宋代北方户口，即远逊南方。据《文献通考》神宗元丰三年之户口记录，可知当时淮以南之户口，远盛于北方，户数上南多于北，超出一倍；口数则北方约当南方三分之一；至于丁数方面，北方不及南方之半。至宋室南迁，南方之经济与人口，更超出北方之上。至元代时，南北户口几成十分一之比。明代户口比数，特见增进者，莫如东南，而西南次之。户口比数特见凋落者，西北为甚，而东北次之。在政治区域方面，唐初十道，南北各半；明十三布政司，南得其九，北仅得四。即此已见南北经济文化轻重之不平衡。而明代西南诸省之开发，以及南海殖民之激进，尤为中国国力南移之显征，为近世中国开新基运。向南开发之尤显见者，则为湖广、四川、贵州、广西诸行省土司之设置，其开发亦随诸地经济民户之自然扩展而俱起。

南北经济转移之原因

中国社会经济文化之重心，何以有自北移南之倾向？此事论者不一。或疑北方气候，古代较温暖，以后逐渐寒冷；或疑北方雨量古代较多，以后逐渐减少；或疑北方民族血统，后代混杂渐多，故见退步；或疑黄河为中国之患，长江为中国之利。以上诸说，均无确证，或与历史适得其反。其原因则与黄河以北方之水患，北方社会受外族及恶政治之摧残，以及南方江浙一带之水利兴修颇有关系。

黄河为中国患，汉以后推宋，历元明清三代多年不绝，却正是北方社会经济文化已在逐渐落后的时期。自东汉治河成功，此后又九百年未见河患，这正因北方经济文物尚在盛时，沟洫河渠时有兴修，故水不为害而为利。但至宋元明清，黄河为中国患，可见水患由于人事之不尽力故也。

宋代河患，远因则在唐中叶以后，河朔一带之藩镇割据，近因则在五代时之长期兵争。黄河水患的起落，恰与北方社会经济文化的盛衰，互为因果。而宋以后河患不绝，约有几因：第一点，常为他种原因而牺牲了河流的正道；第二点，因政治之腐败，河工之黑暗，政府常花不少的财力，而修最少的工程；最重要者，还是北方整个水利网之破坏。以关中水利而言，唐已不如汉，而唐后又更不如唐。至明代，河南、山东困于水患，而运河的开浚，其目的既专在通漕，对于北方原来水利，亦有损无益。尤为甚者，为顾存运河水量，而强抑河水南行与淮合流，以致河患频仍，即淮水亦成大害。

北方水利之逐步变坏，既如上述；而北方社会之屡受摧残，犹不止此。始见于唐中叶以后，藩镇之长期割据；再见于五代之兵争。此两期间的政治黑暗，盖达极点。唐代后期之中央政府，全倚东南财赋为生命，盖安史乱后之藩镇，其割据仅在河南、河北各道；江淮以南各道，犹受中央之控制。

唐宋农民起义，遍及南北。唐王朝救之不暇，偏顾北方，南方地区遂为当时乘机而起之镇将或地方官吏豪强等所分占。由是割据之势力，遍布于江南岸，遂开前此未有之局。要知，唐末五代时，东南各区域经济上之发展，表现于商业兴盛；商业兴盛，促进农业与手工业之生产。故值北方中央政权分解时，南方各个势力皆能倚此经济基础，据地以自雄。

辽宋之对峙，边界受蹂躏，不得生聚种养。而宋夏之对峙，东北与西北，遭到同样命运。关中、河南社会元气，在外寇压迫下，不断破坏。至于金人之统治，一般的政治情况均退步，受兵争中签兵制度之骚扰。而尤甚者，为金之屯田兵所加于北方农村之损害；一因种姓之别，二因耕稼游牧生活习惯之异。屯田兵多不耕作，乃至于鬻田亩代桑枣；好多农民，多失其祖产，或沦为佃农。而蒙古军队之残杀，据当时户口数字统计，殆十不存一。加以元末北方之残破，在辽金元相继统治下，社会经济复逞逆转之象。盖契丹、女真、蒙古皆属北方之游牧攻战民族，以虏俘生口为务，故群雄渐起。中国北方社会，自安史乱后，直至明兴，五六百年内，大体上在水深火热下过日子。

明代三百年统一，北方稍得复苏亦承袭元制盛行赐田；皇帝乃至勋戚之庄园，为害于北方农业进展者甚大。大体上说，北方是中国史上前方的冲激区；而南方则是中国史上的后方，为退循之所。因此，北方受祸常烈于南方。安史乱后，中国国力日见南移，则北方受外祸亦益烈。而且自唐以下，社会日趋平等，贵族门第渐次消灭，其聪明优秀及在社会上稍有地位的，既不断因避难南迁。留居北方者，平铺散漫，无组织无领导，对于政治兵祸天灾种种，均无力抵抗，于是情况日坏；日久之后，亦淡焉忘之。

南方的发展，最显著的在长江下游江浙一带。所谓江浙水利，并非自始即尔，乃由人事上不断的精心努力所造成。江南水利乃借政治推动社会，充分改造天然环境供人利用。宋代南方文化日高，自有人出来不断注意和提倡。仁宗时，开始对水利有计划的修筑；神宗时，同样重视苏州的水利。南方水田之利，既渐渐受人注意；南人在政治上的地位，也渐渐增高。于是政府在江南特置提举官董其事；而南人之有力者，亦在此盛事殖产，开置大批水田。然北宋东南漕米，江西居三分之一；江浙一带，仍未占江南农事之最高点。

至宋室南迁，江南更急激开发，那时大抵北方难民都参加了开发工作。水利计划，继续有人提出注意；而江南兼并之风，仍是有加无已，有奴使多至万家者。那时的江南，形成少数大地主与多数佃户的局面，而财赋则占天下之什七。明代籍没土豪田租，一依租额起粮；天下的租赋，江南居其十九，浙东西又居江南十九。而苏、松、常、嘉、湖五府又居两浙十九，苏州尤甚。

唐中叶以前北方的财富，到明代已全转移到南方来。但是明代南方民众的生活，却较之唐中叶以前的北方民众苦得多。明代国运似不如唐代，但是政府的重赋与富豪之兼并，虽使江南一带之小民水深火热，而巨家富室依然发荣滋长。亦正因为江南为财富所集中，所以人物日盛，仕臣日进，而他们对于社会兴革事宜，到底还有几分心力顾到，农田水利人事方面，不时有所进修，得以维持不坏。至于北方，渐渐从国家的重任下逃离，而民智民力亦逐渐萎缩，终至担负不起国家重任来；而社会事业，亦逐渐败坏于日常堕退之中。

第三章 秦汉隋唐中央行政的得失

第一节 秦汉宰相制度得失及其比较

秦汉宰相制度

一、秦丞相制度之沿革。相之一字，指称人主之宰辅，远在三代时已有之。但上述之相，仅为宰臣职位之俗称，并非官名。以相名宰辅之官，其事殆始于春秋时的齐国；至丞相之官，则创始于秦。《史记·秦本纪》云："武王二年，初置丞相，樗里疾、甘茂为左右丞相。"当时丞相"掌丞天子，助理万机"（《秦会要》卷十四《听官上》）。论其地位，实为宰相之职。秦虽以丞相为宰相之任，然秦之丞相制度，殆非一成不变。就同时担任丞相之人数言之，秦初置丞相之时，固分左右；但自此以降迄乎始皇初年，盖均只置一相。及始皇二十六年，秦灭六国，统一天下后，方设二丞相以协助始皇总理国政。《史记》卷六《秦始皇本纪》载："始皇二十八年……乃抚东土，至于琅琊……丞相隗状，丞相王绾后，与议于海上。"泊乎二世二年七月，左丞相李斯下狱，右丞相冯去疾自杀，乃以赵高为中丞相，于是秦复只设一相。

其次，秦设丞相后，就其名称言之，亦间有变易，盖秦为尊崇宰臣起见，往往改称丞相为相国。《史记》卷七三《穰侯传》载："昭王三十二年，穰侯为相国………三十六年，相国穰侯言客卿灶欲伐齐……于是魏人范雎自谓张禄先生，讥穰侯之伐齐，乃越三晋以攻齐也，以此时奸说秦昭王……于是昭王悟，乃免相国。"又，秦尚有中丞相之名，《全秦文》卷一云："高，诸赵疏属，为宦官，始皇举为中车府令，后兼行符玺令事。二世即位，迁郎中令，拜中丞相。"此乃因赵高为宦者。而宦者古亦谓之中人，故于丞相之上，冠以中字也。

二、秦丞相之权力。秦于中央政制方面，所实行者乃"丞相集权制"。而在"丞相集权制"之下，丞相既"典天下诛讨赐夺，吏劳职烦"，又"秉社稷之官，总百僚之任"，故对国家任何政事，均可管治。以此，其权力极大。秦丞相不但拥有内政、外交、教育、财政、交通及司法等方面的权力，对武事亦可过问，且往往亲自将兵征讨，俨然为文武百官之长。不过终秦之世，其丞相所握之实权，如分别观察，亦时有升降。《通典》卷二一《职官三宰相》载：二世已诛李斯，乃拜赵高为中丞相，事无大小，皆决之。秦于左右丞相同时并置之时，左丞相较右丞相尤为重要，如甘茂（左）之于樗里疾及李斯（左）之于冯去疾（右），此皆因"秦以左为上"也。

三、汉代宰相的地位。

1.汉代宰相的秩禄。汉制，宰相金印紫绶，其秩禄皆号称万石。例如丞相集权时期（成哀以前）的丞相，及三公并相时期（西汉末年与东汉时期）的大司马、大司徒、大司空，或太尉、司徒、司空等，其秩禄多为万石。考之史乘，所谓万石，并非每月获一万"石"谷之俸给，而系依月计算，每月以各得谷三百五十斛为标准。不过，其时系以十升为斗，十斗为斛。又，其时之石，本"斗"之极数，而非"量"之极数，用之于百官俸禄，亦不过表示品级之差而已。

唯此有三点值得注意者：

第一，两汉时代，凡为宰相者，其秩禄固号称万石之官，未必即系宰相，如两汉的太尉，东汉的大将军，即其适例。

第二，御史大夫在未改名为大司空前，与丞相、太尉虽亦有三公之称，但御史大夫之秩禄乃中二千石，并非万石。

第三，两汉之世，官吏俸禄除用谷外，似亦有用钱者。至于东汉，则"凡诸受俸，皆半钱半谷"，例如中二千石原月俸一百八十斛者；延年中，月奉钱九千，米七十二斛是也（见《后汉志》卷二八及刘昭注补）。

四、汉代宰相的位次。汉代的丞相、相国、左右丞相及三公（大司马、大司徒、大司空，或太尉、司徒、司空），虽先后迭为宰相，然其位次，实稍有不同。就丞相与相国言之，《历代职官表》二云："始皇尊吕不韦为特置相国，则相国在丞相之上……汉初，丞相与相国迭为废置，则不过一官异名，与秦制稍异。"观此，似乎汉初之丞相与相国在位次上无甚差异者。但《前汉书》卷三九《萧何传》云："韩信谋反国中，吕后用何计诛信……上已闻诛信，使拜丞相（何）为相国，益封五千户，令卒五百人，一都尉为相国卫。诸君皆贺。"《资治通鉴》卷十二《高帝九年》云："更以丞相，何为相国。"可知其时高帝拜丞相萧何为相国，在动机上，殆与始皇之尊吕不韦为相国，并无二致，亦有尊之之意。固然汉于设相国时，不置丞相；设丞相时，不置相国，二者有彼此替代之关系。然论其地位，当时之相国犹为高于丞相也。何况西汉之相国乃绿绶，非如丞相之为紫绶也。

五、就左右丞相言之，汉同时设置左右丞相之时，右丞相之地位，实较左丞相为高，此则与秦制之尚左者，稍有不同，盖"秦以左为上，汉以右为尊"也。再就三公并相时，宰相之位次言之，元寿二年五月以前，盖为丞相、大司马、大司空；自此以后，则为大司马、大司徒、大司空。建乎东汉，大司马旋改为太尉，大司徒及大司空亦皆去大，而为司徒、司空，然其位次固仍为太尉、司徒、司空也。但须注意者，两汉之世，若纯以官位之序次言之，则宰相之上，往往尚有更高之官，如西汉之太师、太傅、太保，及东汉之太傅，皆号称上公，位居三公上。然凡此诸官职，与实际政治关系甚少。再者，两汉之大将军，论其地位，有时亦在三公之上。然由于皇帝之殊宠，或由于外戚之擅权，又当别论。

秦汉宰相制度之得失

秦汉宰相制度，略分为两大时期：哀帝以前，为丞相独相时期；哀帝以后，则为三公并相时期。按当时三公并相之理由，一为末俗文弊，政事烦多；二为宰相之才，不能及古，而丞相独兼三公之事——此所以久废而不治（《前汉书·朱博传》）。实则古者三公为相，并非三公并相之谓。宰相之才，不能及古，亦或系当时实际情形，但不能以此谓其时之人，不能及古。故此，则其问题不在于多人并相，而在于如何择相。再者宰相并非治事之官，如因末俗文弊、政事烦多，只宜增置庶官，又何必多设宰相？所以所举两种理由，均不谓然。而实际上，三公之所以并相，换言之，三公并相制度之所以通行东京一代者，主由时君欲"轻相权"与"分相权"之一念所致。汉西京制度，多承秦旧；迄于光武之世，始大事改革。光武在我国史上实为比较富有政治头脑之君主，而独于西京末年所建之制，其重点乃在于中央政权的稳定，盖鉴于数世失权，大臣窃命之故。帝且进而"以吏事责三公"，而以《尚书》笼其文书之任；而所选以为三公者，又"务于清悫谨慎，循常习故之人"。于是以后宰相之权益轻而益分。尝试论之：独相之利多而弊少，并相之利少而弊多。唯考其实，亦各有利弊。例如独相则权重，宵小惧伏；并相则权轻，宵小诪张。独相则权集，职事为一；并相则权分，职事难明。

汉东京中叶以后，"外戚宦竖，请托不行，意气不满，立能陷人于不测之地"。盖以宰相权轻，曾无弹正能力之故。昔西京时，"文帝之于邓通，可谓至爱，而犹展申屠嘉之志；夫见任如此，则何患左右小臣哉"。至于"职事难明"之弊，此在三公并相之初，议者即以为言，哀帝旋亦从司空朱博之言而罢之。未几，复相三公而"正其分职"。但宰相主为行使政权，而行政权实为不宜分者，即强分之，亦难求其至当。所以自后彼此职权仍紊乱而相陵越。安帝时，帝舅大鸿胪耿宝荐中常侍李闰兄于太尉杨震，皇后兄执金吾，阎显亦荐所亲，震均拒而不许，司空刘授闻而辟之；旬日之间，皆见拔擢。三府意见，竟自相迳庭若此。盖"任一人则政专，任数人则相倚。政专则和谐，相倚则违戾"。此又势所必至者也。秦中丞相赵高，指鹿为马，壅蔽君上，而促秦亡，或不免以此为一相集权之弊。果其说然也，则汉西京之亡，不于一相秉政之时，而于三公并相之后，王莽以大司马当国，旋窃汉室，大司徒孔光、马宫辈受制若婴儿，将何以解？故论秦汉宰相制度，实以初期丞相制——不获君上继续信任之时，则去相位；得君上信任而在相位之时，则其权綦重而不分，权责分明，最得政权。

秦汉宰相制度之比较

一、宰相名称之比较。秦武王二年，初置丞相，樗里疾、甘茂为左右丞相，故丞相之名自秦始。汉初宰相官名，一仍秦之旧制，唯"汉初丞相，与相国迭为废置，不过一官异名，与秦少异"。此外则"秦以左为上，汉以右为尊"。

二、汉三公的转变。

1.成帝时，接受何武建言，"赐曲阳侯根大司马印绶，置官属，罢骠骑将军，以御史大夫为司空，封列侯，皆增俸为丞相，以备三公官"，于是丞相、大司马、大司空为三公，并为宰相。

2.元寿二年，"正三公官分职，以司马为大司马，宰相改为大司徒，御史改为大司空，并为宰相，丞相之名废"。

3.光武二十七年，帝复以"王莽曾为大司马"而改为太尉，于是太尉与司徒、司空为三公，并为宰相，以终东汉之世。

三、宰相之出身及其履历。

自秦孝公相卫鞅后，客卿仕秦执政者，先后相继。孝公卒，惠王立，张仪以魏人为相；惠王卒，武王立，甘茂以楚下蔡人与樗里疾并为左右丞相；及其后，李斯亦以楚上蔡人为相。除以甘茂为相未经客卿一级外，他如范睢、蔡泽、李斯，均莫不由客卿一级而为相者。客卿之官，本非仅秦有之，然秦客卿之官独多，以上举者，或以客卿而为相，或经由客卿而为相。迄于汉初遂开布衣宰相之局，如萧何、曾参，或为主吏掾，或为狱掾，盖均不过秦时县政府中之胥吏而已。纵观汉之宰相，除张苍尝为秦御史，官职稍尊外，其余多为布衣之士，此则与秦大相异者。

四、宰相之职权。

秦与西汉，"宰相之职，无所不统"；汉仍秦制，"事无大小，辄决于丞相"。左丞相陈平答文帝："宰相者，上佐天子理阴阳、顺四时，下育万物之宜，外镇抚四夷诸侯，内亲附百姓，使卿大夫各得其所职焉。"哀帝曰："丞相者，朕之股肱，所与共承宗庙，统理四海，辅朕之不逮，以治天下也。"

然汉东京三股肱职权之分别，在性质上，实只相当周六卿之职而已。终西京之时，太尉虽握兵权，而置官之时甚暂，兵政之功课，丞相兼之；东京太尉官常置，但其所掌，仅"四方兵事功课而已"，而兵权则在大将军之手。是以虽跻太尉于首相，通而论之，宰相职权，并不因此有所增加。至若司空所领，在西京时，原属九卿之职，而立于丞相监督之下；今以分属司空，复跻司空以并丞相，此又使宰相之职权，至西京时大为减削。下面就秦汉宰相之职权，具体言之。

1. 对于君主方面。

谏净。最重要者则为"封还诏书"与"不肯平署"两种。君主下一诏书命宰相办理某事，而宰相认为不可者，则可封上诏书。此种做法，谓之"封还诏书"。臣下有所奏请，已由君上裁可，案经丞相，宰相不肯赞同，则可拒绝签字。此种"不作为"，谓之"不肯平署"。宰相之"封还诏书"与"不肯平署"行为，是君主专制时代，君主行动自由之一种较有力之牵制。

被咨询。君主为恐招引谏净起见，辄于事先咨询宰相。宰相之于君，遇咨询时，可者赞成之；不可者，陈己所见。

"替否"之职。遇不咨询或未咨询而已认为不可时，则应起而谏止之。

"献可"之职。宰相居恒当尽思虑，随时建议。

2. 对于百官方面。宰相为百官之长，国家官吏，除极少数外，莫不直接、间接隶于宰相之下。是以宰相对于百官方面之职权，最为广泛，自九卿以下官吏之引用或荐举，则宰相与有权焉。

东汉时，三公并相，用人之权已分。太尉持而不许，司空辟而用之；三府意见，自相迳庭。此实东京末年宰相用人权日见削弱之有力因素。

3.就法制而言。宰相所言之变，亦法制上之变耳。有秦一代，凡为相者，其权均重，其唯一条件在得君上之信任。未有不得君上信任之时而犹能为相者，亦未有为相之时而其权不重者；其在失位之际，则判若天渊。盖终秦之世，在外与六国、内与王族之斗争中，宰相职位，适用为统一海内之先锋，及拥护王权之前卫。故人君遴相，不用则已，用则必重其权——此实为秦相权甚重之基本原因。

至汉兴，一仍秦制，相权亦重；然自景帝以后情形突变。武帝时，宰相之才，不复如前，昭、宣以后，侵蚀宰相之权者，则为将军，盖汉将军为中朝官，而宰相为外朝官。中朝官位最亲密，其位亲权重，或受遗诏辅少主，或有定策之功，或且有元舅之亲——此实为将军侵蚀宰相权力之基本原因。

五、宰相之官属及其权限。

宰相官属，汉初一仍秦制，丞相除置长史、司直，另有御属，掌佐丞相举不法。自三公并相后，大司马属官有长史、掾史、御属、令史，·大司空属官有长史——均为宰相属官。此系西汉时宰相官属及其权限之大概情形。自入东京，三公去"大"字，称为太尉、司徒、司空，并为宰相。太尉属官多人，其中有长史、掾史、御属、署诸曹事、主府史署用。司徒属官有长史、掾属、令史及御属、助督录诸州。司空属官有长史、掾属、令史及御属。此乃东汉宰相官属及其权限之大概情形。

六、秦汉宰相独相与并相之利弊。

秦汉宰相制度，如上所述，略分为两大时期。

哀帝以前，为丞相独相时期。哀帝以后，则为二公并相时期。

三公并相之理由，不外以为：

末俗文弊，政事烦多。宰相之才，不能及古，而丞相独兼三公之事——此所以久废而不治。

实则古者三公为相，并非三公并相之谓。宰相之才，不能及古，亦或系当时实际情形，但不能以此谓其时之人不能及古。故其问题不在于多人并相，而在于如何择相。再者，宰相并非治事之官，如以末俗文弊、政事烦多，只宜增置庶官，又何必多设宰相。所以所举两种理由，均不谓然。而实则三公之所由并相，退一步言之，主由时君欲"轻相权"与"分相权"一念所致。

西汉制度，多承秦旧，迄于光武之世，始大改革，盖鉴于数世失权，大臣窃命之故。而所选以为三公者，又务于"清悫谨慎，循常习故之人"。于是以后之宰相权益轻而益分。

宰相主为行使政权，而行使政权实为不宜分者；即强分之，亦难求其至当。所以自后彼此职权仍紊乱而相陵错。故论秦汉宰相制度，实以初期之丞相制——不获君上继续信任之时，则去相位；但君上信任而在相位之时，则其权职重而不分——权责分明，最得政体。至若二世之相赵高，此乃择人之误，非其制度之失。

第二节　魏晋南北朝宰相制度得失

建制沿革

魏晋南北朝之官制，盖承汉代而渐变。汉初官制多沿秦旧，秦则沿自列国之世，不尽宜于统一之局。其后乃随时势而迁移，此自西京至南朝之末皆然。汉末魏武掌握实权，建安十八年，魏国初置丞相；二十一年改为相国；黄初元年改为司徒；甘露五年，复置相国。蜀章武元年，置丞相。建兴元年，开府，以诸葛亮为相，军国事无大小皆决于丞相，亮薨因阙。吴黄武初亦置丞相；宝鼎元年，分置左右；建衡中复旧。盖皆复西汉制，以丞相助国政。

晋受魏禅，不置丞相，惠帝后省置无恒，宋亦不常置。《晋志》卷六载："丞相相国，亦秦官也，晋受魏禅，并不置；自惠帝以后，省置无恒。为之者赵王伦，梁王彤，成都王颖，南阳王保、王敦、王导之徒，皆非复寻常人臣之职。""元帝永昌元年，以王敦为丞相，转司徒；荀组为太尉。以司徒官属并丞相府。导薨，罢丞相，复为司徒府。宋世祖初以南郡王义宣为丞相，而司徒府如故。"（《宋志》）至齐不用人，以为赠，不列官（《南齐志》）。自宋齐以至梁陈，并相因袭，或为丞相，或为相国，多非寻常人臣之职（《通典》卷一九）。

后魏亦置丞相或相国。和平六年，以太尉乙浑为丞相居诸王上，事无大小，皆决于浑（《魏书·帝纪》）。武定之末，齐文宣为东魏相国，总百揆（《帝纪》）。大统之际，周太祖为西魏大丞相，亦总庶政（《周书》）。北齐亦有之。后周依周礼置大象丞为天官，以五府于天官，其后又置左右丞相（《周书·帝纪》、《通典》）。按自魏晋以来，宰相但以他官参掌机密，或委知政事者则是矣，无有常官。其相国、丞相，或为赠官，或则不置，自为尊荣之位，多非人臣之职；其真为宰相者，不必居此官。

三省组织的形成

中书在汉代已有其职，职事与尚书相联，官名亦多互见。至魏文帝复置中书监，令掌诏命文书、万机要密，地在枢近。自此历魏晋以至于南北朝，中书省掌机衡之任，而尚书之权遂替。故魏晋以降，参赞机要，乃移于中书与门下，尚书仅执行政务而已，故实有类于西汉末期以来，尚书之于丞相与御史二府。北朝中书省职亦极重要，位遇颇隆。魏末之襄辅政职，门下机事、总管等属移归中书，实权逐渐发展；但其发展的趋势，不如南朝迅速。

门下省渊源于汉之侍中寺。最初侍中本为加官无员，汉末魏初，遂置常员四人。其时九卿卑落，侍中职权发展，如光禄勋及少府所须之官逐渐隶门下，由侍中总领或为门下省职。其在北朝后魏，则门下的职权尤重。

尚书职权发展到魏晋南北朝，又成为过渡的状态。魏晋政事转归中书，尚书遂又变为纯粹受成的执行机关。其在北朝，亦为入座尚书，三十六曹之制，同为法定的分行政务机关，而政令的决定又多在门下，故事实上，尚书亦是居于受成的地位。

缺点方面

魏晋南北朝时代的相制亦有缺点。魏晋以来，政治意识堕落，政府变成私人权势之争夺场，君主和宰相不再相辅而相制。权臣篡窃，即剥夺相权，归之私属；然君臣猜忌无已，私属所居，驯为要位，又不得不别用私属以为防。就其时之王室言，虽则削去相位，似乎更于专制，结果王室亦仅等于私家。如是则王室、私人之间，亦只与封建时代的宰相一般，政府解体，君权相权均不存在。

与秦汉之比较

一、汉代的中央政制大抵因袭秦代，政府的高官包括三公，即丞相（亦名相国或大司徒）、太尉（亦名大司马）、御史大夫（司空）。丞相是皇帝的副官，辅助君王，总理政务，是文官首长。太尉总理全国军事。御史大夫掌监察，辅助丞相来监察一切政治措施，是副丞相。当时最高行政长官实是丞相，丞相亦即宰相。

二、丞相为皇帝私臣，全国一切行政，又为他所职掌。皇帝化家为国，丞相乃皇帝之管家，因而兼管全国政务。皇帝是国家唯一的领袖，而实际政权不在皇室，而在政府；代表政府的是宰相。因此皇帝是国家的元首，象征此国家之统一；宰相是政府的领袖，负政治上一切实际的责任。而宰相是采用领袖制的，换言之，汉代宰相一人掌握全国行政大权。

三、宰相制度自汉代至魏晋南北朝有一个很大的转变，就是中枢机构渐由外廷转到内朝。换句话说，就是宰相的实权已转到内廷的中书、门下等官手里，而三公仅是一班"备员位高，畏权远势"的虚官罢了。

四、大抵东汉以后，尚书已成"总典纪纲，无所不统"，"出纳王命，敷奉万机"的中枢机构。曹魏以后，设中书监和中书令，并管机密事务，于是中书又变成政治中枢。到南北朝时代，门下省的侍中掌理诏令机密，于是门下侍中又当枢机之任，所以这一个时期的中央政制，可说是由秦汉的三公制（司徒、司马、司空）转到隋唐的三省制（中书、门下、尚书）的一个过渡时期。

第三节　隋唐中央政制与厘革

隋承魏晋南北朝之混乱局面，尤其在中央政治制度方面，贡献殊大，可以说是处于厘整时期，其具体变化可以分为下列几点说明。

三省制之厘整与演变

中书、门下、尚书三省，在魏晋南北朝时期已开始发展，但职司之分合，省与省及省与诸寺间之纠葛颇多。例如南朝政多出于中书，北朝则政多出于门下，其间亦颇有畸轻畸重之不同。至隋一天下，厘革为中书（内史）出令，门下（纳言）审议，尚书执行。其时之政事堂则属门下而成为政治重心，似仍沿北朝政出门下之风气而来。但大体上，三省已成为中枢鼎立政局之机构。但此局面至（唐高宗）永淳以后，逐渐变化。

一、中书依君主左右而掌诏令、文书之出纳，其地位亲信，故随君权之增大，中书省事任遂重。门下的审议职权，本有中古贵族控制君权之作用，到此时君权既逐渐增大，而贵族之势力又逐渐式微，事实上其职权变为空虚。政治重心既移于中书，故在永淳二年，中书令斐炎遂以政事堂移于中书省。玄宗开元二十一年，中书令张说又改政事堂为中书门下，其政事印改为中书门下之印。于是门下省之实职遂为中书所侵并，而门下省之存在，仅具形式而已。

二、尚书都省自唐废尚书令以后（太宗为秦王时尝为尚书令，嗣后讳此职），左右仆射成为真宰相，唐高祖武德至武后长安四年以前，得议政事。但自以同中书门下三品，参知政事、同平章事等各种敕加之名号所组织之新君主幕僚制度发达后，由于习惯累积之结果，左右仆射照例亦须带同中书门下之名，其不加同中书、门下、平章事及参知政事等名者，遂不得入政事堂议政而失其宰相地位。如豆卢钦望自开府仪同三司拜左仆射，因不言同中书门下三品，而不敢参议政事，即为一例。其后虽诏加军国重事，但一般普通军国政务，则仍不得参与谋议。至睿宗景云中，韦安石除左仆射东都留守，不带同三品。以后仅除仆射者，非真宰相，遂为故事。至此尚书都省完全成为奉承之公文收发总机关而已。而三省鼎峙之中枢机构，其实质之转移，乃三省制度之一变，亦即政事由中书、门下、尚书三省，而集于中书一省。其转变之时代，乃初唐开始转入中唐之时期。

中央政务机构之厘定

尚书六部组织在南北朝时，尚书诸曹与诸寺间之职权，时多分合缭绕；门下省的职权与诸卿诸寺之间亦有同样现象。至隋代加以根本之厘整。如分行政务之尚书诸部，前代官名曹数之变易增减，颇无定准，至隋文置吏部、礼部、兵部、都官、度支、工部六尚书，旋又改度支为民部，都官为刑部，每部分领四司。唐因之，分行次第渐确定为吏、户、礼、兵、刑、工，所管四司，均以本行名僻为头司，余为子司。其官司之制置，经隋炀之整理，各部均置尚书一人，而以侍郎副尚书，各司置郎中员外郎与主事等员以分其职。唐因之而略有增省，故诸司与诸监之整理，亦自隋而立其规模。我国教育行政之独立发展，可说自此始。门下省本为侍御职掌发展而来，至隋尚领殿中局监掌诸供奉。炀帝即位，始分门下、太仆二司，取殿内监名以为殿内省，而门下省始纯粹为审议之机关。其余诸寺诸监，在前代每与尚书诸曹以及门下省职缭绕不清者，亦于隋文时开始整理，大加厘革于隋炀，因袭损益于初唐。其官司之制置，自少卿以下诸员职，亦自此比较成为确定组织。故就中央分行政务之机构而论，尚书六部组织确定于隋，此下沿袭至明清，本质上没有变化。而诸寺诸监后代相沿虽有改并废置，但与尚书诸曹不复有缭绕不清之现象，实始自隋代。

新君主幕僚制度之产生

宰相制度发生变化，此种情形滥觞于隋而盛于唐，中唐以至五代更为普遍。隋时内史、纳言为真宰相，但同时亦以他官参与，如柳述为兵部尚书参掌军机事，杨素为左仆射与高颎专掌朝政，裴矩、裴蕴均以黄门侍郎知政事。至唐代，此情形更为普遍，君主可以用参掌机务、参知机务、参掌机密、参议朝政、知政事、参知政事、兼知政事、知门下省事、同掌机密、同平章事、同中书门下三品、同中书门下平章事、朝章国典、参议得失、同知军国事、平章军事等各种名义敕加臣僚，使其得以参与最高级的谋议，而形成君主最高级的幕僚制度。此制之初起及其发展初期，并无固定形态，各种名称均临时随敕而来，员数亦无定制；但稍久惯积之后，便逐渐向制度化之途径演进。于是逐渐有一部分名称比较常用与渐趋固定，如平章事、同平章事、同中书门下三品、知政事、参知政事等，渐次较其他官名习用为多；同中书门下平章事，其后更取得品位，进而至于升品。且员额方面，也随而有固定员数。自中唐以下，同中书门下平章事的宰相，逐渐成为四员之常额。又自宫殿馆院诸内职发达之后，首相带太清宫使；次之相带弘文馆大学士，监修国史。集贤殿大学士之制度，亦渐次成立。而前此在法定方面，具有真宰相地位之三省长官，实权方面渐见卑落，甚而仅居幕僚奉承地位者。可见三省制在唐代并不是在政治上发挥长久影响力之一种制度。

中唐后诸院馆之发展

中唐以后，诸院诸馆之发展，亦影响到上述之中央政治制度。考诸院诸馆之制置，最初或本为宦官于禁中典掌枢密（枢密院），或为宣达特殊懿旨与主掌禁中财物（宣徽院），或为君主游憩与文学待诏供奉之所（翰林院），或为君主之书斋与侍读之地（弘文馆），但由于依附君主权力与亲近关系，而逐渐取得政治上之重要地位。自中唐以下，诸院诸馆之职权与组织逐渐扩大，在中枢政制中占显著地位。如枢密院起于内官居中典掌军机文书，元和中，内官典枢密刘光琦与内官梁守谦等，即已招权揽事，宰相颇加容忍，其后又逐渐加以朝服仪式。此情形发展至五代时期，则组织愈大而任事愈重，且多以读书人为之。五代晋天福中，虽曾一度废枢密院以其事委中书，但至开运元年依旧复置。其组织方面有使、副使、判官、学士与其他员吏，与中书对掌大政；而其亲密与重要则过于中书。如翰林院初本为阴阳、相士、射覆、棋格五等各色技艺之待诏所，也可以说是皇帝之娱乐场，而文学之士不过其中一种而已。但发展之结果，渐成为文学人士之贮备所，白麻草制皆出其中，君主政令亦质其谋议，而中书舍人专掌诏诰之职掌遂为其所移。五代晋天福五年虽罢翰林学士院，以其公事归还中书，但至开运元年复置，且更进而逐步发展，翰林学士之朝服班序、禀给、入直、起居等各种制度仪式亦相继成立。自后翰林院之制置，历代相沿相革，在中枢政治中占极重要地位。又如宣徽院，其始不过内官居禁中掌财物或经理宣达君主之特殊恩赐与懿命者。中唐以下，如宣徽南院使王居方等已颇能影响禁中，甚而参与皇储废立之事。至五代时，宣徽院使之品位仅次于枢密使，仪制上渐具栏笏，组织上则供奉宫殿值人数已多。下至宋元，此制又成为中枢之重要机构。其余诸殿诸馆学士之设立，亦多兴起或特别见重于唐五代时期。此种新制度之产生，一方面分解并代替了旧有之中枢制度，另方面却又具备着宋元诸代政制之胚胎。故就隋唐中央政制而论，隋代与唐初是对前代政制相继厘整时期，中唐以降至五代则又为新制产生与急速演变发展之期。其更重要之变化，则为君主行政首长与分行政务机构（六部与诸卿）间，带有幕僚性质之官员受到重视而掌握中央大权。

第四节　唐代三省制得失的分析

三省制之沿革

一、中书省。中书之名，起于西汉，与尚书同职异名。东汉以还，尚书成为总持中央庶政官司。曹魏时，尚书益加崇重，故不得不另设官司，以质起草章奏命令。《晋书·职官志》载："魏武为魏王，置秘书令……典尚书奏事。"可见其职掌乃如秦汉尚书之典丞相奏事，乃一掌理文翰机关。文帝受禅，始改称中书，并置监令。《三国志·魏志·刘劭传》载："黄初，改秘书为中书，以刘劭为监，孙质为令。"又《通典》卷二一"中书省"条说："中书之官久矣，谓之中书省，自魏晋始焉。"《通典》卷二二"尚书"条说："魏置中书省，有监令，遂掌机衡之任，而尚书之权渐减。至晋时，中书监始为真宰相。"梁陈以降，其地位愈称华贵；然其职权，自宋以后，反渐落归中书舍人之手。此乃由于魏晋六朝以来，政治属于高门华族，天子无法指挥，因而倚重寒门出身之中书舍人。故宋、齐、梁、陈之世，中书舍人号为恩幸，拥高权威，如齐之茹法亮；中书舍人权势煊赫，而中书令监反觉清闲。

二、门下省。长官为侍中，始于秦时，本属丞相府，至西汉则为加官，东汉属于少府。论其地位，本甚卑微，分掌乘舆服物，下至亵器虎子之属，然以常在天子左右，故得披阅尚书奏事。《后汉书·朱穆传》载："汉家旧典，置侍中、中常侍各一人，省尚书事。"又得参与机密，出宣诏命。《后汉书·窦宪传》说："和帝即位，太后临朝……出宣诏命。"降至魏晋，其权更大。《三国志·魏志·程昱传》云："内有侍中尚书，综理万机。"至晋代，转称华贵，论其地位，则已经如同宰相，于是逐渐发展成为一独立之机构，以侍中为首领，号称门下省。《通典》二一"门下省"条说："门下省，后汉谓之侍中寺。《晋志》曰：'给事黄门侍即与侍中俱管门下众事，或谓之门下省'。"东晋以还，门下权力，日益增大。《文献通考》卷五十"门下省"条云："东晋以来，天子以侍中位在左右，多与之议政事，不专任中书；于是又有门下，而中书权始分矣。至南北朝，大体皆循此制。"其在西晋以迄南朝，侍中所掌，多为谏争辅弼与禁令，然亦号为宰相。其在北朝，则侍中之权更大。《通典》卷二一"宰相"条云："后魏尤重门下省，多以侍中辅政，则侍中为枢密之任。北齐……秉持朝政者，亦多为侍中。"

三、尚书省。秦汉时，尚书属少府卑官，职权则收发文书，组织狭小。武帝游宴后庭，其权始稍扩展。元成以后，益加委用，组织愈形发展。至东汉，竟以尚书代替三公，成为全国政治总枢。《后汉书》云："尚书出纳王令，藏收四海；权尊势重，责之所归。"魏晋以后，《三国志·魏志·桓阶传》说："魏世事统台阁，重内轻外，故八座尚书，即古六卿之任也。"《宋书·职官志》载："秦有尚书令、尚书仆射、尚书丞，至汉初，并隶少府，汉东京犹文属矣。"至曹魏，则尚书台已全脱离少府而独立。《三国职官表》云："尚书令总典纲纪，无所不统，所居曰尚书台，出征则以行台从。汉犹隶少府，魏时政归台阁，则不复隶矣。"

及晋时，尚书已完全吞并九卿权力，故谓九卿可并于尚书，下达六朝，则尚书已发展至六部；而尚书台之名，则改称尚书省。《隋书》载："尚书省置令、仆射各一人，又置吏部、祠部、度支、左民、都官、五兵六尚书。"《通典》载："北齐尚书省亦有录、令、仆射，总理六尚书事，谓之都省，亦谓之北省。"总言之，尚书发轫于秦汉，发展于东汉，中历魏晋六朝，遂发展成中央最高行政机构；长官为尚书令，副贰为仆射，下则各部尚书。

三省制之组织

一、尚书省之组织。

1.六部尚书。武德令为吏、礼、兵、民、刑、工等部，贞观令为吏、礼、民、兵、刑、工等部。光宅元年改为六官，准周礼分，其后复旧，吏、户、礼、兵、刑、工遂成固定次第。又故事以兵吏及左右司为前行，刑、户为中行，工、礼为后行，每行各管四司。

2.职权范围。

a.尚书都省。总领六部所设诸司。尚书令一人，总领百官，仪刑端揆。

b.吏部尚书。此名称有数变，曾有司列太常伯、天官尚书等名。其职责为考天下文吏的班秩阶品，甄别选人的书判考试之事等。

c.部尚书与三司。官名屡改而最后复为户部尚书之名，员一人。三司为度支、户部、盐铁司。户部尚书掌天下田户输钱谷之政令，三司则掌地方财务。

d.礼部尚书。官名屡改，还复旧名。初掌国家礼仪、祭夏之事，开元中，贡举遂为礼部最重要的职掌。

e.兵部尚书。官名颇有改复，卒复旧名。掌天下武官选授与地图甲仗诸政。

f.刑部尚书。官名屡改，还复为刑部尚书。掌律令格式，手定刑名，案复大理与诸州，应奏之事及徒隶、关禁等政令。

g.工部尚书。官名屡有改复，而员职不易。掌天下百工屯田山泽之政令，以四司分司其事。

二、中书省之组织。

1.官司组织与沿革。唐武德九年因隋旧制，三年改为中书省，龙朔三年改为西台，后为中书省。光宅元年改为凤阁，神龙复旧，开元七年改为紫微省，五年复为中书省，五代因之。中书省设置的官司有中书令、中书侍郎、中书舍人、右散骑常侍、右补阙拾遗、起居舍人、通事舍人。

2.职权范围与演变。中书令掌侍从献替，制敕册命，敷奏文表，授册，监起居注，总判省事。凡立言出令有七种：一是册书，二是制书，三是慰劳制书，四是发敕，五是敕旨，六是论事敕书，七是敕牒。皆宣署申覆而后施行。这类军国的政令，为中书令最重要的职掌。

3.中书侍郎掌贰令之职，侍从献替，制敕册命，敷奏文表，判省事。凡邦国的庶务，朝廷的大事，均可参议。凡临轩册命大臣，令为之使，则持册书以授之。凡四夷来朝，监轩则受其表疏，升于西阶而奏。若献赘币，则受之以授予所司。

4.中书舍人之职，专掌诏诰，其任极重，后渐为翰林学士院所移。

三、门下省之组织。

1.官司组织与沿革。唐武德初，因隋旧制，为门下省。龙朔二年改为东台，咸亨元年复为门下，光宅元年改为鸾台，神龙元年复为门下省。开元元年改为黄门省，五年复为门下省，五代因而未改。门下省置官司有侍中、侍郎、给事中、散骑常侍、谏议大夫、起居郎、拾遗补阙、典仪赞者……

2.职权范围与演变。侍中掌侍从、负宝、献替、赞相礼仪、审署、奏抄、驳正违失、监封题、给驿券、监起居注，总判省事。这许多职务当中，有些部分是侍中初起卑贱时的供御事务，逐渐礼仪化而成为其职事之一。侍郎掌贰侍中，凡大祭祀，则从升坛以陪礼。皇帝盥手，则奉巾以进。凡元正冬至天子视朝，则以天子下祥瑞奏闻。又审署奏抄，驳正违失，通判省事。唐政事出于省，中书出令，门下审复，尚书执行；故门下之职，实为中枢行政系统中重要的一环。但其后制度变化，常以同中书门下平章事，或同中书门下三品以综理中书门下政务，而为实际的宰相。因此，侍中的实职渐移，而中书门下渐趋综合之势。

三省制之优点

一、宰相权分三省，皇帝滥用之权还政府。中书省首长为中书令，门下省主管长官为侍中，尚书省长官为尚书令。唐分官阶为九品，第一、二品官，均处元老之列不负实际行政责任。三品以下，始为实际负责官吏，中书令、侍中及尚书令同列三品官；隋唐以前同是内廷官，到唐代则全由内廷官变为政府外朝的执政长官，与前性质不同。此因过去宰相权力被皇帝夺去，皇帝把他们的私属像中书、门下、尚书之类以代行政府宰相的职权，这是魏晋时候的事。到唐代，又把以前宰相职权正式分配给三省，把皇帝滥用之权重交还政府。

二、限制三省的职权，杜绝偏重的流弊。隋代对于中央最高机关的尚书、中书、门下三省，并未能明白厘定其职权，以及相互间的关系，到太宗时，乃明确规定三省的职权，使其发挥制衡作用，以杜绝偏重的流弊。其后又创立三省首长联席议政的办法，以解决互相间的争执。这类改革，都是前代所无。

三、三省各部的职权划分，使其互相牵制，君主易于指挥。唐代三省之职权定为"中书主出命，门下主封驳，尚书主奉行"。唐代三省职权这样划分，其用意是使三省各有所司，并使朝中一切措施，首先经中书省周密设计，再经门下省仔细审议，然后交尚书省切实施行。如此程序，固使一切措施不易乖张，同时亦可使三省互相牵制。任何一省不能把持，皇帝自易指挥。

四、制度宏大兼精密，较前朝进步。三省制之优点，在互相牵制，中书发令，门下审核，尚书施行，故曰三省分权立制。安史乱后，百五十年而唐始亡，多少尚赖此客观制度存在之功。且尚书之官，各有所职，倘无折中，则恐互相推避，互相炫匿。即使总摄以宰相，宰相亦虑有未周，见有所偏。故乃先之以中书舍人之杂判，庶得尽群谋而伸公论；又继以给事中之驳正，复得塞违而绳愆。此等制度，可谓宏大又兼精密。

一则，六部乃政府的机关，而九卿则是王室的；从九卿转变到六部，正是政府逐步脱离王室独立之明证。

二则，汉初封建郡县并行，中央直辖部分有限，后虽逐步统一，而郡国守相之权尚大，千里王畿仅如一省；隋唐则九州揽于一握，考课、狱讼、兵财诸端，繁不胜记。总以六部，分以郎署，中央政府之扩大，为时势演进所必然。于是六卿之上，必有佐天子以总理之人。一相嫌于专擅，且亦事冗不给；多相则不委，不专责，易生异同，以致挠败。尚书置左右仆射，分判六部，各治三官，可免上述之弊。而尚书唯在政务之推行。至于出命覆夺，尚有中书、门下。故曰三省之于宰相，六部之于九卿，不能不说是政制上的一大进步。

五、"政事堂"的设立，以解决互相间的争执。三省权力分立彻底实行后，往往发生许多争端，审查、制定和执行法令者因非同一人，难免有审查者吹毛求疵，制定者好高骛远，而执行者敷衍了事之弊。为补救此弊，故设立了"政事堂"以为三省议政的机关。从此，皇帝直接发出的命令，若未经政事堂通过，在当时是违法的。这样，经中书、门下甚至尚书有关人士，先行联席会议，可免中书所出之令，遭门下涂改封还时所产生之麻烦，而使争执得到解决。

六、避免宰相篡位之发生。由于汉代宰相权力无所不包，无所不管，在理论上尚不失为良制，但事实证明，若天子选择不得其人，或是年幼昏庸的天子在位，为相者很易利用大权培植党羽，发动政变，篡夺皇位。故唐室开国后，规定三省各有专司，使其分负责任，又使其互相牵制，不易包揽朝政，做成篡弑之局。从此以后，在中国史上很少再有宰相篡位的事发生。

七、任用中书舍人，使国家朝政对民间有所裨补。中书舍人之任用，唐代尚有一限制，就是要做过地方官的始可充任。究此原因，由于舍人职掌草诏，所规定事项，往往对人民自身、财产有直接影响，能有地方官之经验，必深察人民疾苦，草诏时，留心顾及，不致有违失。

总而言之，中央政府之组织，最忌政出多门，施政不能一贯；但又最忌政职由一人独揽，招致权奸篡夺。唐代三省制，中书门下议大政，尚书省依议专责施行，既无专权独揽之弊，亦无政出多门之患，可谓良制。

三省制之缺点

一、三省职权之混淆。尚书省之六部尚书，虽隶于仆射，若天子使参与朝政，仍为宰相之任。故宰相一旦参与朝政，当然政务繁多，本部工作，恒另置一人摄之。各部尚书，若为天子所重，使其参与朝政，对于议论重大政策，自无可厚非，但往往以某部尚书参摄诸事，岂不侵越仆射之权任？因此，像这些职权混淆、体制紊乱的人事运用，诚难令人满意。更有尚书郎中，在各部有专司，天子恒使其知制诰。盖天子"制诰"之事本由中书舍人掌之，今以尚书郎中为之，纵其属天子所亲信，但就制度上言，绝非良制。

二、宰相有增无减，议政之时，甚难知所抉择。丞相乃是决定国家政事和执行国家政策的机关，而非一议事机关，惜唐代宰相，是合议制度的宰相，睿宗时，已有宰相十有七人，其后，更属有增无减，因而议政之时，甚难知所抉择。

三、唐代宰相名称改变太多，旧的宰相机关犹未撤除，新的宰相机关又已成立，故史家谓其名称尤为不正。《新唐书·百官志》说：唐世宰相，名称尤为不正。唐初因隋制，以三省之长——中书令、侍中、尚书令共议国政，此宰相之职。其后以太宗尝为尚书令，臣下避不敢居其职，由是仆射为尚书省长官，与侍中、中书令号为宰相。其品位既崇，不欲轻以授人，故尝以他官相摄，而假以他名。自太宗时杜淹以吏部尚书参议朝政，魏徵以秘书监参朝政，其后或曰参议得失、参知政事之类，其名虽非一，然皆为宰相之职。

四、宰相为争宠而互相排挤。唐代宰相多，为了在天子面前争宠，凡天子亲重之臣，或守正不阿之士，则想尽方法排挤。如《唐书》二二四《杨慎矜传》载："（杨慎矜）擢户部侍郎，仍兼中丞，林甫疾其得君且逼己，乃与锧谋陷之。"盖得君亲重者，易为所陷；守正不阿者，易为所挤。至于被陷或被挤，未尝不是由于君主昏庸，听谗言所致。于是宰臣之中便产生了保身全己苟位取容之人。

五、拥有进退同僚权力之缺点。唐代宰相，有可以进退同僚的权力，如韩休之引李林甫为宰相，陆贽之转赵璟为门下侍郎等事例。汉代丞相拥有奏请任免一切官吏的权力，唯一的限制，就是不能推荐将相之官，因为这是天子特别保留的权力，目的在防止大臣互相引进朋党以成其私。唐代一方面采用合议制度的宰相，另一方面又使宰相可以进退同僚，则谁不愿意引进与自己有关系之人，以争取议事时的胜利？无怪中唐后，宰相互相党同伐异，以致酿成朋党之祸。

六、宰相多而朋党倾轧。唐制不仅中书、门下两省长官为当然宰相，长安四年以前，即尚书、左右仆射亦为当然宰相。以后凡加同平章或同三品者均为宰相。宰相既多，虽可收集思广益之效，但亦不能无朋党倾轧之嫌。中宗之世，以宰相树立朋党，使天子孤寂堪怜。德宗之世，以宰臣树立朋党，甚而造成天子奔波之患。文宗之朝，宰臣朋党较轻，仅倾轧，不致为患。宰臣之中，一旦发生朋党，政事便无是非。同党者虽非亦是，异类者纵是亦非，于是党同伐异之风必然产生。此实为唐宰相制之一弊端。

七、合议制度之缺点。丞相乃是决定国家政策和执行国家政策的机关，而非一个议事的机关。所以仲长统氏曾经说过："任一人则政专，任多人则相倚。政专则和谐，相倚则违戾。和谐则太平之所见也，违戾则荒乱之所起也。"不幸的唐代宰相，即为合议制度的宰相，睿宗时，已有宰相十有七人，其后更有增无减。因而议政之时，譬如筑室道谋，甚难知所选择。《资治通鉴·唐纪》"文宗开成三年"说："每议政之际，是非蜂起，上不能决也。"

八、中书省之组织，令为二人，使此制有毛病。唐既采合议制，宰相、三省长官为当然宰相，复有加同三品、平章事之宰相，且宰相可多至数人，则中书省令，置一人有何不可？即以中书省本身言，乃一主制颁诏之枢纽，主官为一人，甚可保守机密，且效率亦高。倘云政事繁复，一人难以监督，则有二侍郎足可办矣。故置二令，实属不宜。因二令官阶既同，孰肯服从对方？轻则权限争议，重则互相倾轧。倘二人性行不协，更难收拾。

三省制破坏之原因

一、帝皇对此制之破坏。

1. 太宗时常兼将相之事。天子所象征者，为国家的统一；丞相所掌握者，为事权的统一。权力如此完整，效率当然高。唯相权太大，虽然利于国家，而不利于天子。换言之，因君权不易控制相权，所以对丞相制度有所改革，其方式为以内朝压制外朝，以近臣代替大臣。始则以尚书代替丞相，继则以中书代替尚书，终则以门下制衡中书。以宫中私臣，转为府中政要，全系天子的私心；相权因之割裂，相制因之堕落。贞观之初，天下初定，大政多由太宗自决，曾谓："朕为人主，常兼将相之事。"可知唐代宰相自始就为天子的幕僚，并非政府的首长。换言之，汉代宰相为"官"，唐代的宰相为"职"。官有固定的权力，天子不得任意干扰；职为承办大臣而已，其事权大小端视天子的赋予。故在唐太宗时，宰相仅属皇帝的幕僚而无实权。

2. 唐玄宗过度倚赖宰相，致相权过于独尊。唐行三省制，其主要目的在利用三省互相制衡以避独裁之发生，但玄宗既过度倚赖宰相，又不欲宰相间有不和现象，否则，必罢之。如李元纮、杜暹议事多异同，罢去二人相位；李林甫、张九龄、裴耀卿不和，于是罢张九龄、裴耀卿之相位。在此情形下，一相当宠，群相必须相从。于是造成相权之过度独尊，而此当宠之相对当时实际政治影响甚大，如此可以明了李林甫、杨国忠能掌握大权，欺君误国。《通鉴》卷二一五"天宝元年"条："李林甫为相，凡才望功业出己右，及为上所厚，势位将逼己者，必百计去之。尤忌文学之士，或阳与之善，啖以甘言而阴陷之。世谓李林甫口有蜜腹有剑。"

《唐史论断》"用李林甫平章事"条："林甫任用浸久，内则起大狱，引杨国忠使倚贵妃势以害忠良，致其权力；外则保任蕃将，使专节制，利用夷狄贱类，无入相之路，养成禄山凶威。则天宝之乱，林甫致之也。"故《旧唐书·崔群传》谓："安危在出令，存亡系所任。玄宗用姚崇、宋璟、张九龄、韩休、李元纮、杜暹则理；用林甫、杨国忠则乱。人皆以天宝十五年，禄山自范阳起兵是理乱分时，臣以为开元二十四年罢贤相张九龄，专任奸臣李林甫，理乱自此分矣。用人得失，所系非小。"

二、宰相兼领外职所引起之弊病。其原意在控制领导权，如《旧唐书》一〇六《李林甫传》云："国家武德、贞观以来，蕃将如阿史那杜尔、契苾何力，忠孝有才略，亦不专委大将之任，多以重臣领使以制之。"夫臣之重莫如宰相，因此"重臣领使"即等于宰相领使。既可领使，当然亦可兼领其他中央方面之重职。所以一名宰相，便兼领许多中央或地方要职。就以户部尚书平章事为宰相本职言，其兼领有"司徒"、"御史大夫"、"鸿胪卿"、"太原尹"、"北京留守"、"河东节度副大使"等六职之多，试问如何能够兼顾？除此之外，宰相滥兼职务之严重弊病还有：宰相兼领与其性行不合之职务，则不能达到政治的目的；宰相兼太多，无法监督，造成部下弄权舞弊。

宰相兼倾他职之风一盛，到了僖宗之际，竟有三省长官集于一身之事。三省长官集于一身，等于发令、审查、执行之权由一人独揽。盖三省制度之破坏，至此亦云甚矣。

三、君主畏权旁落而引用近臣。唐代宰相制盛时，由"三省"负责，天子畏君权旁落，惧宰相窃命，乃欲收其权于近臣，常用中朝的近臣来抑制外朝的宰相，历时既久，近臣便夺取宰相的职权。因之，原来的宰相乃退处闲曹，居于备员之地位；而该中朝官却渐次变成外朝官，成为真宰相。唐中叶以后，三省权移于翰林；开元二十六年，改翰林供奉为学士，后更礼遇益亲，至号为"内相"。中央政权由外廷转到内廷，这是皇权集中趋势所致。

四、唐代翰林学士分割宰相的权力。唐代翰林学士分割宰相的权力，起于玄宗时。初置翰林待诏，又号翰林供奉；后又改翰林供奉为学士，别置学士院，专掌内命，凡拜免将相、号令征伐皆用白麻。按玄宗以前，中书舍人权任尚重，自玄宗始，乃以翰林学士与集贤院学士分掌制诏书敕。玄宗此一措施，使唐代相制大为改变。盖翰林学士既非正官，又无品秩，纯系天子的私臣，如此则等于以天子的私臣，取代中书舍人的职权；而中书舍人隶属宰相，是则无异于相权被割裂。从此翰林院地位益固，舍人职掌日萎，翰林院的尊贵宠荣，俨然驾乎政事堂之上。总之，学士入相后而参与国家大政，乃是行使宰相职权；学士未入相而参掌诏令，则为侵夺宰相职权。以论唐代相权之分割，翰林院则为分割机关之一。

五、宦官侵夺相权。宦官之窃柄弄权，亦始于玄宗。唐代阉祸所以特烈的原因之一，因政府没有一位强有力的宰相；而阉祸特烈的结果，相权自然为其侵夺。例如："宣宗崩，内官定册立懿宗，入中书商议，命宰臣署状。宰相将有不同者。夏侯孜曰：'三十年前，外大臣得与禁中事；三十年以来，外大臣固不得知。'遂率同列署状。"

综上所述，可知相权之大者，皆遭宦官窃夺。逮甘露之变后，宦官气势益盛，迫胁天子，下视宰相，陵暴朝士如草芥。总之，宦官侵夺相权之祸，正如陈寅恪先生说："唐代自玄宗后，政柄及君权渐转入阉寺之手，终至皇位之继承权归其决定；而内朝之禁军，外廷之宰相，俱供其指挥。由之进退，更无论矣。"

六、尚书省长官与门下省长官互相兼摄。唐三省制度中，最不良的现象，是使尚书省长官与门下省长官互相兼摄。因尚书仆射及各部尚书职掌奉行诏敕，奉行之良瓠，门下省有审查及"驳正违失"之责。倘使两省长官互相兼领，以人性之情"护短"，审查之作用，必然丧失。自太宗以来，这现象不一而足。是可知专制君主，唯重信人，不重制度；虽有良制，不能善为运用，于斯足已知矣。

七、三省事权相混淆。前之唐制，以三省长官为宰相，后以尚书令省而不置，尚书、仆射非加同三品或同平章事不为宰相。因此，除中书门下两省长官之外，他官为宰相者皆须加职（同三品，同平章事），故同一时期宰相恒有数人。如中宗末年，朝中宰相有十人之多。然于这数名宰相中，一二人为天子器重，使之决事，这只不过是天子私人之情好，并非制度上之规定。本来宰相"更直掌事"之制，原意甚佳，唯于休沐之际，倘非大事，迳由直事宰相一人假署同列之名奏上，就有了问题。如：

1. 既行"更直"之制，应由当值者负责，傥再假署同列之名以进，则不免责任混淆。

2. 所谓"大事"一节，各人之认定不一，在程度上多有出入，苟不发生问题则已，一旦发生责任问题，同列被假署者，必然推卸责任，最后导致事态恶化。

八、武则天对三省制之破坏。一切政治制度之维持，必须依赖执行者之奉法精神。至武则天光宅以后，宰相之除拜如此之滥，任遇如此之轻短，宰臣不仅为以见重于属僚，兼且可自信自守，于是君横臣忮，群小弄权。本来中书出令，门下省审，是三省制实行之要义，不过此时却有：

1. 一切庶政不问巨细，悉取断于君主。按唐制，庶官五品以上，宰相商议奏可，而除拜之；六品以下，吏部铨选人才授职，然后上书。今武后不问贤愚，未经台阁，悉加擢用。虽曰存抚使所举，不经常格考试；然所举众多，非一二人也，此亦可推见三省之废职。

2. 制敕不经两省，凭斜封授官之风大盛。制敕不经两省，墨敕斜封之盛，尤以中宗时为甚。神龙以来，群邪作孽，法纲不振，又有买卖官爵，甚至中书省长官。亦又凭斜封授官；墨敕斜封之滥，至于斯极。

3. 政事堂论事细粹，失辅宰之体。政事堂诸相会议，仅属虚名，所论争之细粹，尤失辅宰之体。制敕既非出于中书，大政少于政事堂合议，宠者得从中垄断，如陆元方再为宰相，则天将有迁除，每先以访之，必密封以进。又如李昭德于德惠为则天所宠任，而宰相豆庐钦、陆元方并委曲从之；以至诸司奏事，每于昼旨将行之际，所论事之细粹出人意表。

4. 以中宫官掌制令，可见中书舍人失职。按唐制有内外制命，将相任免，常由君主自决，而以内命出之。贞观初，硕儒学士常召入书制，其后多以中书舍人值宿者为之，虽曰内命，仍以内官掌之，未有以宫官而掌制者。不过，至武后中宗时，以上官昭容专掌制令，不特中书舍人废职，此亦中书省职权低落之一证。

5. 吏部铨选之乱，亦可见门下省之失职。武则天初年，任官已极滥；圣历后，由于官吏之任用，往往不经吏部之铨选，亦可窥见门下省长官之职废。

九、延英殿论政。唐宰相议事在"政事堂"，但与天子论政却在"延英殿"，不过延英殿论政似在晚唐时开始，若无政可论则"问对"。结果，有些宰相唯尸其位不敢发言，有些则借机攻击同僚。据《新唐书·陈夷行传》："（文宗）迁（夷行）至工部侍郎。开成二年，进同中书门下平章事……会以王彦威为忠武节度使，史孝章领邠宁，议皆出嗣复（宰相杨嗣复议）。及夷行对延英，帝问：'除二镇当否？'对曰：'苟自圣择，无不当者。'嗣复曰：'苟用人尽出上意而当，固善。若小不称，下安得嘿然？'夷行曰：'此奸臣数干权，愿陛下毋倒持太阿，以镡授人。'"

三省制之影响

一、对当代的影响。

1. 尚书省的地位提高。当时唐之尚书六部上承君朝之制命，制为制令，颁下于寺监，促其施行，而为之节制。事实上，六部长官为政务要官，故地位特荣隆，甚至可说唐的宰相，完全是基于汉时宰相势力的对比，而形成尚书地位提高，且能夺取实权。

2. 翰林学士的地位亦因而提高。唐中叶后承旨为"储相"之位。翰林学士本为天子私人以侍天子随时之诏者，非外司官。显为以外司官兼之者，自诸曹尚书下至校书郎皆得与选，班次各以其官。故就大致言之，亦为外司四品以下也。

3. 当朝的灭亡。唐中叶以后，其他侵夺相权的力量，又有枢密使。枢密使初置于代宗永泰时，以宦官充任，最初仅于内廷承受奏表。德宗时，权势渐盛；到宪宗时，已能参与机密，左右朝政。因此唐室大权，操于内廷。宦官之所以凶横，虽然由于他们掌握禁军，也因他们占据这么一个要职。外廷的宰相，变成傀儡，他们必须获得内廷宦官的支持，才能安于其位。直到唐末，藩镇的势力最强，外廷大臣借藩镇的力量，消灭宦官，才结束这种局面，但唐室也跟着灭亡。

二、对后世的影响。

1. 唐代宰相的权力因被瓜分，后更被"学士院"、"枢密使"、"计相"等分其职，故宰相权力削弱，而无形中却巩固了君主集权势力。故权臣篡窃，不易成功，而唐以后王室的倾覆，多由于异族或外来的势力侵略，与藩镇割据势力所造成，不像以前的帝王常遭权臣的废立与篡窃，也即是形成君主集权的政体。

2. 由于唐代三省中，尚书省六部组织用人、职务分配等，于《唐六典》一书，有详尽之记述，此书因而成为中国历史上行政法规之巨典。下及宋明清各代，均重视此宝贵法典，奉为圭臬；千余年来，国家推行政务，大抵以此书为典范，无大变更。

第五节　汉唐宰相制度之比较

时代背景之比较

一、汉代宰相的时代背景。秦汉是中国历史上第一个正式的统一政府。秦以前的中国，只是一种封建的统一。直至秦汉，中央方面始有一个像样的统一政府，而其所辖的各地方，已经不再是封建性的诸侯列国并存，而是紧密隶属于中央的郡县制度下的行政区分。在一个统一政府里，更不能没有一个领袖；中国历史上的政治领袖，就是皇帝。但从前封建时代，政府和家庭，有分不开的关系，现在则不然。组织政府的是一个一个人，不再是一个一个家，因此，皇室和政府是应该分开的。皇帝虽是国家唯一的领袖，然实际政权已不在皇帝而在政府，故此，政府需要一个新的领袖，这就是宰相。依照文字学原义，丞相是副贰意；所谓相，也就是副。丞相正名定义，就是一个副官，皇帝实际上不能管理一切事，所以由宰相来代表。在封建时代，替天子诸侯及一切贵族公卿管家都称宰。到了秦汉统一，由封建到郡县，古人称"化国为家"，一切贵族家庭都倒下了，只有一个家却变成了国。于是他家里的家宰，也就变成了国家的政治领袖，故宰相本来只是封建时代贵族私官之遗迹。

二、唐代宰相的时代背景。初唐的各种制度，大体是承袭隋代的。中央政府的各种职官，诸如三公、三师、三省、九寺等，其组织及职权，莫不沿袭隋制。高祖时固然是"率由旧章"，即使太宗也没有什么革命性的创作，只是把隋制加以充实或局部修改，使它更趋完善严密而已。唐代的三省，仍是中央最高行政机关；三省的首长，即中书省之中书令，门下省之侍中及尚书省之尚书令，均为宰相之职。若论此三省之来历，尚书本是皇宫内廷秘书；中书依官名论，也即是在内廷掌理文件之意；侍中则是在宫中侍奉皇帝。故就官职名义言，这三个官，原先本都是内廷官，而到唐代则完全由内廷官一变而为政府外朝的执政长官，和以前性质完全不同。家宰和相在春秋时代，仅系封建贵族的家臣，但到秦汉则化私为公，变成了政府正式的执政官。此后，宰相失职，却又有另一批皇帝内廷私臣变了正式执政官，即如唐代之三省。何谓失职？因宰相职权，本该领导政府统治全国的，后来此项职权被皇帝夺去，皇帝把他们的私属，像中书、门下、尚书之类，用来代行政府宰相的职权，这是东汉以后魏晋南北朝时期的事。到唐代，才把以前的宰相职权正式分配给三省，于是三省的首长便成为唐代的宰相。

相权之比较

一、汉宰相采领袖制，而唐则采委员制，故汉相权较唐为重。

汉代是由宰相一人掌握全国的行政大权，但其权力之大小，仍须决定于皇帝本人对政治的兴趣。由于宰相是皇帝所委任，必须向皇帝负责，因此，事实上皇帝是行政最高领袖。理论上，皇帝须经常视事，裁决国家的大计，但皇帝不向任何人负责，所以他视事的范围和程度，全由他本人的意志或兴趣来决定，宰相的权力也因此轻重不一。遇到政治兴趣浓厚的皇帝，宰相除听命办事外，便没有大权力；相反的，如皇帝对政治不感兴趣，一切托付宰相，宰相便成为全国的主宰。如汉初的几位皇帝，因受无为政治主张的影响，对政治都不十分积极，虽也听事，却颇能持其大端，因此宰相权重。到武帝时，因为他本人想大有作为，亲自过问的事较前倍增，相权也就随之低落。不过在正常情况下，汉宰相的权力是极重的。

唐代则把政权分别操掌于几个部，由许多人来负责，凡事经各部门之会议而决定。唐代把相权均分于三省，中书制定法令，门下审查法令，尚书执行法令；因此，三省的首长——中书令、侍中及尚书令均是宰相。但因三省权力的彻底化，往往发生许多争端，就是审查、制定和执行法令者因不是同一人，则难免有审查者吹毛求疵，制定者好高骛远，执行者敷衍了事之弊。于是设立了"政事堂"以为三省议政的机关。最初政事堂设在门下省，后来移到中书省，改称为"中书门下"。三省长官虽为宰相，但其他官吏也可由皇帝指派参决大政。太宗时，命杜淹以吏部尚书参议朝政，此后任何官吏只要在他的原有官衔之下，加上一个"参议朝政"或"平章政事"，其后更确定为"同中书门下三品"及"同中书门下平章事"之名号，就有资格参与政事堂会议，成为实际的宰相。因此唐代宰相数目之多，为历代所少见。西汉二百年间，宰相仅有四十五人；而唐代二百九十年间，宰相竟多至三百六十九人。睿宗时，宰相同列者竟至十八人。宰相的数目既多，其权力自然因此而削弱，所以唐代相权，平均不如西汉为重。

二、汉代宰相下有九卿，是政务与事务合而为一；唐代之下则有六部，只负责政务。

汉（东汉以前）宰相之下有九卿，即太常、光禄勋、卫尉、太仆、宗正、少府、廷尉、太鸿胪、大司农。太常掌宗庙礼仪，光禄勋掌宫殿掖门户，卫尉掌宫门卫屯兵，太仆掌舆马服御，宗正掌皇室宗籍，少府掌山泽租税（皇室经济），以上均是皇帝的事务；至于廷尉则掌刑辟，太鸿胪掌客之事，大司农掌谷货出入（政府经济），这些都是政府的政务。由此可知，汉代宰相下之九卿，是政务与皇室事务合而为一。

唐宰相之下有六部，即吏、户、礼、兵、刑、工六部。吏部主管人事任用，户部主管民政户口，礼部主管建设，这些都是管理国家政务的机构。至于皇室的事务则拨归九寺，即太常、光禄、卫尉、宗正、太仆、大理、鸿胪、司农、太尉。政务与皇宫事务分离，这是唐代宰相制度之一大特色。

三、汉代相权为中书、门下、尚书所夺；唐代相权则为翰林学士及次要官吏之有"平章"、"同品"品衔者所夺。

汉代宰相制盛时，政务由宰相一人负责。至武帝时，由于他要多管事，他的侍从和随员随之大增，这批人便渐渐夺了宰相之权。武帝晚年又把听事之地点，从外廷迁至内廷，更加减低了宰相的重要性。汉代的皇宫，可分前后两部，前部为"省"，即"外廷"，是皇帝私人燕居之所。武帝既于内廷决事，宰相因位尊望隆，不便随时出入内廷，因此皇帝与宰相无形中疏远起来；而经常襄助皇帝处理国事的人，乃是一部分特许出入禁中的朝臣，以及经常侍从皇帝左右的士人和宦官，如侍中、尚书、散骑、中常侍、给事中等，这批人便形成了"内朝"，内朝之领袖便是武帝本人。内朝已决定的事，交给宰相去办，因此宰相渐变为听命于内朝的执行官，失去参与国家最高决策的权力。内朝的尚书原属少府，本是皇帝的一个私人秘书组织，其首长为尚书令，职不过千石。但因有宣布诏定和阅读奏章的权力，乃渐变为发布命令的机关。武帝以后，尚书的权力更大，至东汉光武帝，因鉴于西汉外戚的僭窃不设置辅政将军，同时为了皇帝更彻底问政起见，把大权集中于内朝的尚书，于是相权更形低落。东汉时宰相改称司徒，掌考讨民政建议制度等事；御史大夫改称司空，掌营建及水利；太尉改为常置，掌全国兵士的考课。总之，东汉的三公，已差不多是"坐而论道"，而尚书渐成为实际的最高行政机关，于是汉代的相权便转移到尚书的手中。

唐代初期，政务全由"三省"负责；但中叶以后，由于皇室自身把持政权，相权便时遭剥夺。武后、中宗、睿宗三期，由于武后、韦后、安乐公主、太平公主等人垄断朝政，以至三省无法充分行使其职权。当时的宰相，只能苟且宽容，以保禄位而已。当时一切政事，均取决于宫中，政事堂诸相的联席会议，徒拥虚名，所议的仅是些极其琐碎的事。直至玄宗，三省才恢复旧观。安史乱后，相权又被削弱，中书省的职权首先遭到破坏。中书省的六名中书舍人，不但负责制诏的起草，且可对国家政事条陈意见。舍人每有建议，皆同连押署，称为"六押"，而由皇帝作最后的裁夺。及安史乱起，一切务从权便，因而废除六押的制度，舍人乃变成纯粹的文翰之臣，不再参与机务，其重要性乃大为降低。其后渐至舍人不设常员，中书省等于名存实亡。门下省也跟着变质，门下省的首长，有时独主大政；中书省的官员，有时又可在门下兼职。两省职掌，日趋潦乱，完全失去原来的立法意义。此外政事堂也发生变化。政事堂原为宰相议政之所，自开元末至天宝，李辅国、杨国忠，相继擅权，改为私家处决机务，政事堂之制尽废。中书舍人的职务既废，代之而起的为翰林学士。翰林学士的职掌，本与中书舍人不同，只掌理四方表疏，撰写应酬文字和将相制命，中书舍人则草议和署行诏敕。安史乱后，诏敕有时不经中书，而由翰林学士起草。德宗因酷爱文学，与翰林学士益加亲密。他出奔奉天时，以翰林学士陆贽等参决大政，时人称为"内相"，与政事堂分庭抗礼。此后翰林学士，日宜亲重，成为宰辅的储备人员。除翰林学士外，又有枢密使侵夺相权的力量。枢密使初置于代宗时，以宦官充任，最初仅于内廷承受奏表。德宗时，权势渐盛。到宪宗时，已能参与机密，左右朝政。文宗以后，枢密使更成为朝廷大臣，内可决定诏书，外可与宰相同议政事。战争时，皇帝诏令有时不经宰相即由枢密使直接下达军前。因此唐室大权，操于内廷；外廷的宰相，反变成傀儡。

制度优劣之比较

由于汉宰相是采用领袖制，而唐代宰相则采用委员制，故两者之优劣有很大之差别。现分述如下。

一、汉宰相制容易导致君主或宰相专政，唐制则否。

由于汉代宰相制并无明文限制相权或君权，遂容易造成宰相或君主专制。宰相权盛时，即皇帝对政治没兴趣的时候，全国政务时由宰相一人负责，这便是宰相专政。遇皇帝欲有所作为时，政务则转入皇帝手中，成为君主专制。

唐宰相制则无专政之弊。唐时，一度命令的颁发必须经过三省。其过程是先由中书舍人向政府提出建议，然后由中书侍郎在众多建议中选出较重要的给政事堂议论，议好后便呈交皇帝检察。当皇帝认可时，便在其中写"可"，不同意时则交回中书省。故此皇帝无提议权，只有赞同权。而皇帝签"可"后，交门下侍中审查。若门下侍中不同意，便把议令发还中书省；相反，则交门下省之给事中付印，然后交尚书省执行。于是在唐代无人可以独专政权。

二、唐宰相制下，政府能接受更多之意见；汉宰相则否。

唐制除三省长官外，其他较低级的官员也可参知机务，只要在他的原有官衔卜，加上一个"参议朝政"、"平章政事"或"同中书门下三品"、"同中书门下平章事"之名号，便有资格参与政事堂会议。因此唐宰相制度下，政府能接受较多之意见。

汉宰相制度下，并无"政事堂"那样的议政地方，而较低级的官员亦无机会参知政务，故政府所得的意见是有限的。

三、唐宰相制容易引致朝臣意见不合，汉则无此弊端。唐制有会议制度的缺点，原因是丞相乃是决定国家政策的机关，而非一个议事的机关，所以仲长统氏曾经说过："任一人则专政，任数人则相倚。专政则和谐，相倚则违戾。和谐则太平之所见也，违戾则荒乱之所起也。"以上之一段话，正说明汉唐宰相制之别。

四、唐宰相制度下，政府效率较低；汉则较高。

唐宰相制度下，每一道命令，必须经过"政事堂"之议论，费时颇久。除此之外，更有其他麻烦处，如中书省拟好命令送达门下省，如遇门下省反对，即予涂归封还，如是则此道命令等于白费，亦即皇帝之"画敕"也等于无效，故政府之效率较低。

至于汉代的宰相，可直接向皇帝提出意见，无需经过"政事堂"的议论。若皇帝同意后，便可施行，很少遇到反对。

五、唐宰相制度引致朋党之争，汉制则无。

唐宰相有可以进退同僚的权力，如韩休之引李林甫为宰相，与陆贽之转赵环为门下侍郎。唐代一方面采用会议制度的宰相，另一方面又使宰相可以进退同僚，则谁不愿意引进与自己有关系的人，以争取议政之时的胜利。无怪中唐以后，宰相党同伐异，以致酿成朋党之争。

汉代宰相虽拥有奏请任免一切官吏的权力，但仍有限制，就是不能推荐将相之官。因为这是天子特别保留的权力，其目的在于防止大臣互相引进朋党以遂其私。因此，汉代的宰相无法形成朋党。

第四章　宋元明清中央行政的得失

第一节　宋代相权的分析

宋代宰相之名称演变

宋代之尚书令、侍中及中书令，自始即为序进之位，不预朝政（《宋史·职官志》语）。其总领百官、总理众事而位居宰相者，初盖为同中书门下平章事；至神宗元丰五年，肇新官制，废同平章事及参知政事，于是宰相名称亦随之改变。可知其时居宰相之位者，厥为左右仆射。但自政和以后，宰相名称，又有更易。"政和中，蔡京以太师总领三省，号公相，乃废尚书令，改侍中、中书令为参补右弼，亦虚而不除；改左右仆射为太宰、少宰，仍兼两省侍郎。靖康中，何文缜将拜相，夜梦人持弓矢射中其仆，乃先乞复太宰、少宰为仆射。"

建炎三年，吕颐浩请参酌三省之制，将尚书左右仆射并加同中书门下平章事，门下、中书二侍郎改为参知政事，废尚书左右丞，从之。可知前所云之左右仆射，曾更名为太宰、少宰，后复左右仆射，并一度加同中书门下平章事衔。泊乎乾道八年，诏依汉制改左右仆射为左右丞相，参知政事如故，于是丞相斯为宰相之任，实宋代以丞相行宰相之始；终宋之世，未尝改易。要之，宋代宰相名称，前后殆有五变：同平章事，一也；左右仆射，二也；太宰、少宰，三也；复为左右仆射，四也；左右丞相，五也。

宋代宰相之权力

中唐以后，迄于五代，内则权奸肆焰，外则藩镇跋扈，故宋太祖即位，既尽收地方之权于中央，复尽收中央之权于君主，由是君主绝对专制之局成，而宰相之权尽失。现将宋代之主要措施，分述如下。

一、宰相无决策权力。宋初宰相虽有相当的决策权，可是一般说来，其对国政推行所保有的参决权，则颇为有限；换言之，宰相无议政权力。如王曾《笔录》说："旧制，宰相早朝上殿，命坐，有军国大事则议之，常从容赐茶而退。自余号令，除拜、刑赏、废置，事无巨细，并执状拟定进入。上于禁中亲览批，纸尾用御宝可其奏，谓之印画，降出奉行而已。"可见宋代宰相处理庶政时，事事须以劄请旨；得旨之后，方退而拟具办法，再送君主审查有无违误。然而至此，宰相业已废退为办理文书的职责而已。

二、宋初宰相更无过问军事的权力。《宋史·职官志》说："国朝革五代之弊，文武二柄，未尝专付一人。"此盖有鉴于五代军人跋扈之弊，故不欲以文武二柄委付一人。但军事与一般政务，实不能分开。真宗对田锡上疏："枢密院公事宰相不得与闻，中书政事枢密使不得预议，以致兵谋未精，国计未普……此政化堙郁之大者也。"宋代虽有三省，实际上只有中书省在皇宫里，门下、尚书两省移到皇宫外面，故亦只有中书省单独取旨，称政事堂，又和枢密院同称两府。枢密院是管军事的，本是晚唐五代遗下的一个新机构，宋人不能纠正，成为重要官职。中书则为丞相，地位独重，门下、尚书两省长官不再预闻政府之最高命令。然中书和枢密对立，也就是宰相管不着军事。

三、宰相又无过问国家财政之权力。《宋史·职官志》载："天下财赋，内廷诸司，中外筦库，悉隶三司。"所谓三司是指户部司、盐铁司及度支司三个主管财政机关。原来自唐以来，因寇乱频仍，经费竭蹶，每以宰相兼管财政机关，从而此等机关之地位日益提高。逮乎宋兴，则三司始脱离宰相控制，自成为一种独立的权力机关。

四、宰相考课官吏与用人之权亦绌。《宋史·苏绅传》说："太宗皇帝始用赵普议，置考课院，以分中书之权，今审官是也。"向来政府用人，本该隶属宰相职权之下，是尚书吏部管理的。但宋代设考课院，考课就等于铨叙，后来改名审官院，又把审官院分为东西，东院主文选，西院主武选。又别置三班院，来铨衡一辈内廷供奉及殿直官。如此用人之权，全不在宰相，这是宋初皇室在一种自卑感的私心下，蓄意要减夺中书宰相的职权而添设的。如是则不仅宰相和唐制不同，就是尚书为行政总机关的制度，也都破坏了。

五、宰相受台谏的挟持。历代宰相兼有谏诤的义务；至宋代，言官脱离宰相而独立。《续通志》卷一三〇"左司谏左正言条注"说："宋代员谏官。"又《宋史·仁宗纪》说：诏除谏官，毋得用见任辅臣所荐之人。且宋自建隆以后，从未罪一言者；纵有薄责，旋即超升。故宰相欲有所作为，势必立即引起言官之指摘。"宰相但奉行台谏风旨"。是故宰相的势力，退缩至于此，真可说名存而实亡。何况宋代的制度，有官、职与遣，即使宰相职权范围以内之事，天子依然可以差遣他官办理。君权和相权，本是两个相克的东西，我国古代对于此一问题之处理见"君道无为"，"宰相竭力"。现在君权发展至于极点，宰相当然不能有所作为，从而国家之贫弱随之。元代循而未改，无怪明代要进一步罢宰相而为内阁制度了。

第二节　两宋宰相制度之比较

时代背景之比较

一、北宋宰相的时代背景。宋初的中央官制，名义上承袭唐制，诸如三省、九寺、诸监、御史台等重要机关，表面莫不与唐代相同，但这些机关首长的实权，却有的名不副实。三省在唐代为最高的行政机关，各有专责；三省的首长，都是宰相之职。宋时，三省名义虽然存在，但宋初尚书、门下两省的职权，趋于废退，只有中书省独成宰相机关，居于禁中，单独取旨；尚书门下，都设于宫禁之外，无法预闻大政。三省的首长中书令、尚书令和门下侍中，都不常置，有时虽以他官兼领，只是徒拥虚名，不预国政。而真正统理百官，居宰相之位的，则是"同中书门下平章事"。可见在同平章事下设"参知政事"为宰相之副。同平章事的人数，并无定额，通常为二三人，都是宰相之职。

然至神宗时，肇新官制，废同平章事及参知政事，依《唐六典》于三省置侍中、中书令、尚书令为之长，即左右仆射为宰相。左仆射兼门下侍郎，行侍中之职；右仆射中书侍郎行中书令之职。复别置门下中书侍郎、尚书左右丞以代参知政事。政和中，蔡京又以仆臣之贱，不可充宰相之责，改左右仆射为太宰、少宰，仍兼两省侍郎。后靖康中，何文缜将拜相，夜梦人持弓矢射中其仆，乃先复太宰、少宰为仆射，于是仆射复为宰相之名。北宋末年，宰相之上，又设有一种尊贵的官衔，称为"平章军国重事"或"同平章军国事"。哲宗时，太师文彦博、司空吕公著相继为"平章军国重事"。这种头衔，特为荣宠老臣硕德而设，位列宰相之上，而无实权。此为北宋设相之前后过程。

二、南宋宰相的时代背景。宋高宗初年，因朝臣吕颐浩之请，参酌三省之制，将旧尚书左仆射改尚书左仆射同中书门下平章事，旧尚书右仆射改尚书右仆射同中书门下平章事，门下、中书二侍郎并改为参知政事，废尚书左右丞。孝宗乾道八年，又改左右仆射为左右丞相，除去中书令、侍中、尚书令的虚称，门下省亦在此时废除。从此左右丞相为全国最高行政长官，掌中书省；尚书省唯余六部，奉命执行政务。左右丞相之下，则有参知政事，为丞相之副。至此三省之制，合而为一，完全失去原来面目。战时宰相可兼任枢密使，至宁宗开禧时才正式定为私制。

相权之比较

一、宋初各部的"平章事"权力甚重，后转入左右仆射手中；而南宋最高相权在左右丞。在宋初神宗时，所谓宰相，无论是门下侍郎平章事、中书侍郎平章事，或某部尚书同中书门下平章事，其权似多甚优重，而诸平章事中，殆亦难似其别隶中书、门下或尚书之不同，判其实权之高下也。但是这种情形到了元丰改制以后，便不同了。

神宗改定官制，始依唐制分尚书、门下、中书为三省，以其长官左右仆射，兼门下、中书两侍郎为宰相；门下、中书两省，侍郎及左右丞为执政，而同平章事之名遂废。而元丰之制，令三省各厘务，则取旨之职，转独归中书；他相仍属具员，其参与机密者，正中书一相而已。以故，在此时期，左右仆射虽均为宰相，但就实权言，其兼中书侍郎之右仆射，较兼门下侍郎之右仆射权力较重，盖有过之而无不及。在南宋时，门下省等于虚设，而尚书省亦不过处职事之官，唯中书省位居要津，权任最重。换言之，在南宋时期，一方面左右丞相犹如正副宰相；他方面，因门下已废，尚书又仅事奉行，故中书始终为枢机之任。

二、北宋时"平章军国事"并无实权，而南宋时相权被其所令。"平章军国事"一职，在宋代始置于元祐，文彦博以太师、吕公著以司空相继为之，序宰臣之上，所以处老臣硕德，持命以宠之也。当时为之者，五日或两日一朝，非朝日不至都堂，并无重大实权；故虽在宰相之上，却对宰相无多大的影响。然开禧元年，韩侂胄拜平章，讨论典礼，乃以"平章军国事"为名。盖省"重"字，则所预者广；去"同"字，则所任者专。边事起，乃命一日一朝，省印亦归其第；宰相仅比参知政事，不复知印矣。而度宗时，"平章军国事"贾似道，专权擅势日久，尊宠隆盛，位在丞相上。换言之，南宋时之权臣特多，或以太师发号施令，或以平章军国重事雄踞朝廷，所谓丞相，殆已鲜能拥有宰相之实权矣。

三、北宋时的宰执受台谏讽议，而南宋后有所改变。监察机关，主要有谏院如御史台，谏院有司谏、正言共六人；以他官兼领者，称知谏院。御史台虽设大夫，但不除人，因此中丞遂为首长。唐代谏官的主要任务，为纠正皇帝的过失；到宋初，台谏监察权力的行使，均以宰相为主要对象。而宋室又对此种作风，多方鼓励，从不罪责言官，因此监察权力超过相权。宰相受言官的牵制，不能有所作为，此现象在北宋初期，即神宗以前，尤为显著。然神宗以后，南渡以前，情况稍有改变，宰执间常控制台谏；而南渡后，宰执才有更大的权力控制台谏。此因宋初边区，虽尚未收复，然承五代干戈扰攘之余，民生凋敝，达于极点；为宰执者，实亦难有所作为，而应以休养生息为重。而时君又方厉行集权政策，以是宋初，"在相位者，多龌龊循默"。实则宰执即使有所作为，时君虽深委寄，而在台谏官如此嚣张情形之下，亦不能有何成就。及南渡后，谏官变本加厉，导致宰执体察到非控制台谏不可，故台谏弹劾、论奏之辞全改归宰执手中。

　　四、宋初相权限于政治一方面，而军事和财政均无权过问；而南宋后，军政权始渐统归于宰相之下。宋初宰相能预知国家事者，只限于政治方面；军事和财政，都无权过问。掌理全国军政的是枢密院，首长称为枢密使；枢密院与中书省分主军政，号为"二府"。至于全国财赋，则全归"三司"掌理；三司是户部司、盐铁司和度支司，由三司使总领之。在唐代，由宰相亲自兼领尚书的一个司，如盐铁、度支之类，为的是对财政问题直接处理方便；而宋初，则此三个司的地位提高了，独立起来掌握全国财政。王安石虽曾提出军财之权归于宰相，但被旧派大臣如司马温公等反对。南宋以后，军权与财政才由宰相统领。高宗时，复枢密使之名，且以宰相张浚兼领，施赵鼎、秦桧亦先后以左右仆射兼枢密使，可见宰相开始兼辖国家军事。在财政方面，南渡以降，宰相曾一度兼领制国用使，凡财谷出纳之大纲，由宰相领之于上，而户部则治其详于下。换言之，至南宋后期，军政权始告统一。

　　五、北宋、南宋之议政职权低微。同平章事为"三省之长"，居"真宰相之官"，应有"议政"及"预政"的实权；然实质上，其所谓"议政"的职权亦仅有其名而已，因事无巨细，均需"熟状"拟进。自宋以后，则宰相先见劄子取旨，退而各再疏其旨进呈，似见其与先所取之旨有无出入之处。换言之，宋以后凡大小政事如何处置，则宰相先请皇帝决定，而于施行之前，复录其所决定者呈请监司。虽在神宗元丰五年肇新官制，废同平章事及参知政事，以左仆射兼门下侍郎行侍中之职为首相，右仆射兼中书侍郎行中书令之职为次相，而其"议政"的职权，则无论在北宋或南宋，均仍混而不分。

六、北宋、南宋时宰相均兼有各项特种或临时职权。宋初，宰相有"水陆转运使"之职，如太祖之世，参知政事薛居正兼提点三司，淮南、江南诸路水陆转运使。次年，居正拜相，仍领转运使事。又命平章事沈义伦兼提点剑南转运使。熙宁以后新目繁多，例如：

1. 提举修敕令。自熙宁初编修三司令式命宰相王安石提举，是后皆以宰执为之。

2. 制置三司条例司。掌经画邦计，议变旧法以通天下之利。熙宁二年置，以知枢密院陈升之、参知政事王安石为之，先置于中书之外。三年五月，从韩瑜之言，罢归中书。

3. 三司会计司。熙宁七年，置于中书，以宰相韩绛提举。先是，绛言总天下财赋，而无考校盈虚之法，乃置是司。既而事多濡滞，八年，绛坐此罢相，局亦寻废。

4. 提举讲议司。崇宁元年诏如熙宁置条例司体例，于都省置讲议司，以宰相蔡京提举，凡宗室、冗官、国用、商旅、盐铁、赋调、尹牧，每一事，各三人主之。宣和六年，又于尚书省置讲议司。

5. 制国用使司。乾道四年诏：理财之要，裕财为重。自今宰相可带兼制国用使，参知政事可兼知国用事。望法李唐之制，委宰相兼领之于上，而户部治其凡。五年二月，罢国用司；嘉泰四年，复遵孝宗故事，宰相兼国用使，参知政事兼知国用事，以右丞相陈自强兼国用使，参知政事知枢密院事费士寅、参知政事张严兼知国用事。以上各项均为宋时宰相兼摄之职责。此外，宋初以来，经常以宰相兼带馆职。此馆职一为昭文馆大学士，一为监修国史，一为集贤殿大学士。宋初，赵普初拜，止独相，领集贤殿大学士，继监修国史，久之，六迁昭文馆。自仁宗之世王随、庞籍初拜及独相，悉兼昭文修史之职。

制度优劣之比较

一、就宰相之财政权言之，南宋优于北宋。

宋初由于三司（户部司、盐铁司及度支司）的设置，使当时宰相过问财政之权力大为削弱。盖有宋之初，宰相有时固亦兼判度支，统领经济，然一般而论，其时的财政乃由独立的机关——三司掌握，宰相罕能过问者。此乃自唐末以来，因寇乱频仍，经费竭蹶，每以宰相管财政机关，此等机关之地位日益提高。逮于宋兴，则三司逐渐脱离宰相控制，而为一种独立的权力机关。以观其时三司使所拥有之财权，颇为庞大，不但户部的职权多为其所吞夺，即工部、太府寺、将作监、都水监及军器监的职权亦大都遭受到蚕食。

直至神宗熙宁三年，将三司使的若干职权，移归各部寺监管辖，三司之权，方被削减。及元丰官制行，罢三司使，并归户部，于是"三司之名始泯"。此后宰相对于财政乃渐能加以节制。南渡以降，宰相曾一度兼领制国用使，凡财谷出纳之大纲，由宰相领之于上，而户部则治其详于下。盖视宋初宰相皆兼转运使事，又进一步矣。

二、两宋宰相制度实不及前代，尤其在决策上。

宋代宰相虽有相当的决策权，如太祖开宝六年，参知政事薛居正、吕余庆于都堂与宰臣赵普问议公事可见。但一般来说，其对于国政的推行，所保有的参决权，则颇为有限。且宋代宰相处理庶政时事，须以劄子请旨，得旨之后，方退而拟具办法，再呈送君主审查有无违误。这样固可谓为"尽禀承之方，免差误之失"，然而发展至于斯，宰相几已沦为一个办理文书的人员，其决定大政方针之权，如何不扫地殆尽！故宋世宰相之权力，不但不能与西汉时代"丞相所请，靡有不听"的气概相比，即较隋唐五代时期的宰相亦大为逊色。因为隋唐五代时期的宰相，在处理国家庶政时，还能以"熟状"表示自己的主张，而天子总是"用御宝可其奏"的！

另外，宋代宰相制度下，未能牵制台谏的锋焰，妨碍国事的推进。

宋代台谏官，在政治上占有极重要之地位。再者在宋以前，我国固早已设有察谏之官，而其主要作用，则均限于纠正君主错误。故此项官职，殆皆属于宰相统率范围。但至宋代，言官一方面极少受到宰相的节制；他方面，其监察权之行使，又主以宰执之臣为对象。所以到了宋代，台谏官与宰相领导下的政府，已形成对立之势。加以宋代弥文之风甚盛，一般士大夫夙好议论是非；而任台谏之职者，又多新进之人，其论事也，每以立异为心，以利口为能，必行其言而后已。且天子对于群臣，除宰执外，多与台谏言者接近，遂致台谏气焰，凌厉万丈，咄咄逼人，宰执大臣常为之侧目。由此可见当时台谏对宰相施政之影响程度。

宋代宰相在渡江以后，固多兼领兵政，但在北宋时期，则少有过问军事之权力，此盖有鉴于五代军人跋扈之弊，故不欲以文武二柄委付一人。但军事与一般政务，实不能绝对分开，因此仁宗时，曾一度以宰相兼枢密使；比元丰官制行，乃不复兼。盖恐政在一人，其权太重，两权互相牵制，较可防止强臣窃命。至高宗时，复枢密使之名，且以宰相张浚兼之，施赵鼎、秦桧亦以左右仆射兼枢密使。然其后则或兼或否，直至宁宗开禧年间，宰臣兼使，始为永制；此亦当时兵荒马乱，烽烟时起，不得不然耳。而权臣借之，如虎添翼，令人叹惜。盖因宰臣在军事权上颇大，名为私己而不顾国家，至令南宋亡国亦与相权过重有关。

第三节　元代中书省的设置

元代中央掌理政策之机关，名"中书省"。其始史载不一，一说太宗"辛卯八月始立中书省"，一说世祖"中统元年始立中书省"。大抵宪宗以前，尚没有建立元号，世祖入主中国，建国号曰"元"，立年号曰"中统"，是一新基础之开始。

中书省之职权

《新元史·陈佑传》说："中书政本，责成之任宜专。"《孟攀鳞传》说："百司庶府，统有六部；纪纲制度，悉由中书。是为长久之计。"又《文宗纪》说："中书省纲维百司，总裁庶政，凡钱谷、铨选、刑罚、兴造，罔不司之。"凡此种种，均为尚书六部所掌，可见元之中书省，内统六尚之政，外临行省之务，职权范围甚广。所以中书右司员外郎王约，曾上书世祖，请"中书外取信于行省，内责成于六部"。

一、中书省组织之凭借。元代的政策机构，合金政之内容、宋政之外形而构成。金之尚书省，置尚书令、左右丞相、平章政事为宰相，左右丞、参知政事为执政官。宋中书省为二府之一，所谓政属"中书"，军属"枢密"，号称二府。元平金灭宋，兼采金宋之制，以金之宰执组织，纳入宋之中书机构内，遂成为元代中央最高政策机关之中书省。有元一代如阿合马、桑哥，曾先后奏建尚书省，企图抽空中书省之职权，虽终未得行，但其原意无不想恢复完整的金朝制度。

二、中书省与御史之关系。元代既以中书省为中央最高级政策机关，故其地位极高，虽掌监察之御史台，或掌军事之枢密院，对之皆用呈文，盖因"中书佐天子总国政"之故。然而，御史台所属之监察御史，得弹劾中书省之宰执。如世祖时之陈天祥（监察御史）便曾上疏极论右丞卢世荣奸恶，"至上面质之时，天祥于帝前再举未及言者，帝称善，世荣遂伏诛"。这是天子运用管子所谓"下得明上，贱得言贵，故奸人不敢欺"之法，来控制权力机关的违法滥权。且中书省因属于政策机关，又不能不有议政之所，于是元亦仿宋制，在中书省设政事堂；所有宰执，均于其地议政。

中书省之组织

一、中书令。元代中书令，正一品官，可谓身份最贵，总理庶务。迨世祖入主中国，中书令则由皇太子兼领，并兼判枢密院；使军政大权，集于皇太子一身。自此，皇太子兼领中书令成为惯例。

二、左右丞相。《新元史·百官志》云："居令之次，令缺则总省事，佐天子理万机。"初年不曰"相"，但用蒙古语称"也客必阇赤"，意为文官之长。后左右虽皆曰相，身份尚有轩轾，以右为尊，左为小。所以右相一职，例由蒙古勋功大臣充任，故史书有"右丞相必用蒙古勋臣"之说，右相恒为左相之迁官。更为使军政沟通，凡为右丞相者，皆兼知枢密院事。右相既崇于左相，元之惯习，往往天子独任右相主政，虚左相不设。左右丞相地位最崇，权限亦大，他可举荐本机关之平章政事；甚至枢密院、御史台之用人，丞相亦须参与意见。至于一统百官，平庶政；便者举行，弊者革去，一听丞相行事，但却要对天子负责。

三、平章政事。平章政事四员，贰宰相，凡军国重事，无不由之，其地位仅次于宰相。但如得到天子信赖，其权并不次于丞相，有时还使之领尚书六部事。如阿哈马"为平章政事，领尚书六部事，势倾朝野"。有时为军政沟通计，仿宋法，使知枢密院事。更可借以加官，加诸学士头衔上，使其参与中书省事，如成宗时的大学士何荣祖便是。

四、右丞，左丞。右丞、左丞各一员，副丞相裁成庶务，号"左右辖"。虽然品秩相同，但在天子心目中，右丞地位高于左丞。其重要程度，几乎与"平章"相等。如世祖曾谓："如平章、右丞，朕当亲择。"丞之职司，虽云"副丞相，裁成庶务"，但开会讨论问题时，则可与宰相抗衡；更为使军政沟通，丞可参议枢密院事；为中央与地方之紧密结合，可使丞行地方行中书省或宣尉司事。

五、参知政事。在八府宰相中，其地位虽然最低，但以能"参决大政"，其权也很重。有时天子特别信赖，往往无事不予赞成。如世祖以也速筋儿为参知政事，敕曰："自今事皆责成于汝。"这是天子运用制度的一种手法。因在下位者，一旦天子特别赏识，责以重任，其必鞠躬尽瘁，以图报答，并可以此压制权贵者之骄风、势重者之野心。

六、其他职掌。

1. 商议中书省事。除上述之八府宰相外，天子往往指派其官员，加以"商议中书省事"之职衔，使之参商政事，其目的盖欲收集思广益之效，且免中书八府对政事有失偏职。凡加"商议中书省事"职衔者，其原官多为集贤学士或翰林学士，如刘敏中、张孔孙和陈天祥等。

2. 录军国重事。此多加于国家重臣高官头衔上，如成宗时之月赤察儿与伯颜等。凡加重职者，其地位相当于宰相。

3. 参议中书省事。业务工作，则由"参议中书省事"及左右司等员辅佐之，典左右司文牍，为"六曹之管辖"。其地位为八府之首席幕僚，虽系幕僚长身份，有时天子亦指定其参谋省政。如苏天爵为参议中书省事，天子鼓励其忠于职责，凡对成绩卓著之"参议中书省事"，皆使之晋升"参知政事"，如忽鲁不花、阿里海涯等人皆是。

4. 断事官。蒙古语称"札儿忽"，为元之特制。其权初年极大，太祖时"总裁庶政，悉由断事官"。太宗时，其权任范围，则偏重于司法方面，于是宪宗时，特重审狱断案。后来中书省之"断事官"，则掌官员纪律。

中书省、八府宰相及"商议中书省事"、"录军国重事"，同研政策，经天子决定后，即通过"参议中书省事"，转六部尚书奉行。即吏部尚书，"掌天下官吏选授之政令"。户部尚书，"掌天下户口钱粮土田"。礼部尚书，"掌天下礼乐祭祀朝会燕享贡举之令"。兵部尚书，"掌天下郡邑邮驿屯牧之政令"。刑部尚书，"掌天下刑名法律之政令"。工部尚书，"掌天下营造百工之政令"。

中书省得失之评价

元代中书令一职，由皇太子兼领，但太子自知必为未来的天子，庶政羁身，颇不愿为，结果空博其名，政事仍归诸副相。故赵天麟说："中书一令，枢密一使，尝使东宫领之，连旬累月，望储闱铜辇之临，虚榭空帷……事专归于副相，政并决于同僚。"如此，以一未来之天子，占臣下之位，是"名为重之，适所以轻之也"。

再者太子兼军政两府之首长，未必有决断之才识，于是省院大臣，对于军政大事，仍须与天子计议；因太子断难与父君争权，也唯有逊退委事而已。此见储君兼领重要机关之首长，殊非良制也。

元代既有中书令，复立左右丞相，则丞相特中书之佐职耳。既以令为虚设，左右丞相为正宰相，而复设平章政事，则又以平章政事为宰相贰矣，然平章政事非宰相而何？名之不正，莫此为甚。

至末流，丞相而遥授焉，则冗滥极矣。

中书议政，负执行之责者为六部，这犹如今日各国内阁之决定政策，各部执行政策，而各部又隶属内阁之下。这样看来，吾国政制，到了元代，除文武对立之外，文职方面，又归一元化，下开明清内阁制的先驱。

第四节　明清内阁组织及其实权的行使

明代内阁的创立

内阁制度首创于明代，阁臣的职务是核签奏章，草拟敕旨，讲论经史，辅助帝王处理政务。所以明代阁臣又称为"辅臣"，大体上只是处理文书，票拟批答。中叶以后，内阁渐渐侵夺六部之权，阁臣权威如宰相、六部尚书反受其制。明代内阁之正式成立，始于成祖。由于成祖以武力夺取天下，对事情多猜忌怀疑，故特别喜用私人佐理政务，乃成立内阁。但此时之内阁，不设官属，亦不得专制诸司；诸司奏事，亦不得相关白。内阁大员虽参议机务，但本身仍是翰林院官员，例外者虽有，但很少。初期的阁臣，不得侵犯他部职权，或兼理他部职务，终成祖之世，阁臣亦不敢恣作威风。但仁宗以后，阁臣职位渐崇，兼职亦渐多，如杨荣为工部尚书，杨士奇为礼部侍郎，金幼孜为礼部侍郎，黄淮为通政史等，他们都是先任阁臣，后兼他职。论职务，阁臣为重；论官位，尚书等官位为专。景泰三年，王文更以吏部尚书资格入阁，阁臣地位为之一变。自从尚书可兼任阁臣，阁臣地位虽逐渐尊崇；论官级品位，仍以兼任官职为准。此后，内阁机构随着扩展，自成祖创制至宣宗朝，尚在扩充之中；到天启时，内阁成立已二百多年；景泰以后，内阁发展规模已较完备。

阁臣之任用

明初之阁臣，均由帝皇直接任命，例如命某某人入某某阁，参与机务，谓之"特简"。其后由廷臣推举适当人选，谕请帝皇选用者，叫做"廷推"或"会推"；并推举者，再由帝皇抽签任用，叫做"枚卜"。"枚卜"大典在崇祯时曾举行过一次，其他皇帝多在会推时选用，不再举行抽签。特简、会推之外，尚有考试方法，崇祯时曾举行多次。任用阁臣时，无论采用哪种方法，其人选多不出于翰林院范围。因为阁臣要检点题奏，票拟批答，总需要有学识方可胜任。阁臣之任用方式，反认为不是正途。但会推方法，影响到皇帝权力，明中叶以后，成为上下争执之主题。

阁臣之资格并无明文规定，因其主要职务是票拟批答，故阁臣之任用多以翰林为主；此外，外僚可以入阁。其初南京各部院官员很少入阁，正德二年，擢升南京户部尚书杨廷和兼文渊阁大学士，自此以后，南京部院官员亦可擢升阁臣，但勋臣仍不能入阁。阁臣任用亦无籍贯限制，但闽人甚少入阁，可能由于出身淮河流域之帝皇，不甚了解闽人言语。阁臣是最少至一人，名为"独相"；多至八九人，内有一人为"首辅"或"元辅"。阁臣之职位，彼此平等，但以资望官阶为先后。阁臣中之首辅，其权位高于其他阁臣，但彼此仍平等合作。至万历时，张居正为首辅，张四维以礼部尚书入阁，神宗之主批，乃随着首辅办事者，于是阁臣成为首辅之属员。

首辅之特权，是预事执笔，此外尚可核阅或修改其他阁臣之议稿。例如崇祯八年，苏体仁为首辅，阁臣文震孟拟旨……所拟不当，辄令改；不从，则径抹去。震孟大愠，以诸疏掷体仁前。体仁亦不顾……

阁臣之职权

一、阁臣之本职是翰林院官，因参与机务，遂成为阁臣，其所办职务，一是票拟或草拟敕旨，或批答奏章；没有上谕或奏章，内阁不能擅出敕旨。明代之刘瑾虽破此例，但不多。帝皇命令虽交由内阁转发，臣下之奏章需由内阁拟办，否则是违制，阁臣可以封还。故在明代，一般而言，不经内阁之命令属非正式。

二、阁臣之票拟乃代帝皇发言，地位虽如此重要，但不直接总政。《明史》卷二三二云："一本上《论相》、《建储》二疏。其论相曰：昨俞旨下辅臣，令辅臣总政。夫朝廷之政，辅臣安得总之？内阁代言拟旨，本顾问之遗，遇有奏章，阁臣各拟一旨……内阁即论道之三公，未闻三公可尽揽六卿之权，归一人掌握。"《春明梦余录》说：内阁之职同于古相，所不同者，主票拟而不身其事。如高拱之经掌吏部等，俱出拟启事，入而调旨。

三、明代一切事务，最后总其成者为皇帝本人。内阁之设立，最初不过系侍左右备顾问之秘书机关，其职责大致可分为下列几点：

1. 票拟批答。所谓票拟，即中外上达皇帝之奏章，经御览后，先发交内阁，由内阁检阅内容，拊以意见，并拟具办法，以小纸条墨书贴于疏面，再进呈御览；俟皇帝朱批后，发交各衙门遵行。至于所票拟之公文，种类甚多。《明史·职官志》云："下之上达曰题、曰奏、曰表、曰讲章、曰书状、曰文册、曰揭帖、曰制对、曰露布、曰译，皆审署申覆而修画焉，平允乃行之。"

2. 起草诏令。皇帝下达诸司之行文，谓之诏令。诏令先由内阁撰拟，进呈御览之后，方下达诸司。诏令之种类，据《明史》之记载："凡上达下曰诏、曰制、曰册文、曰谕、曰书、曰符、曰令、曰檄，皆起草进画以下诸司。"

3. 起草之方式，分为主动及被动二种。如登极或驾崩之事，循例应由大学士主动会商草拟。其他例行公文，及颁发将军、总督、巡抚、学政等敕，皆由内阁撰拟进呈。另外，皇帝如有特殊事情，可命内阁起草，此时内阁处于被动地位。大学士拟受诏草后，盖文渊阁印进呈皇帝，谓之封进，然不得迳下诸司。大学士对皇帝之指令草敕，认为不当，可不奉命；对皇帝下达之敕谕，认为不妥，可以封还。

四、与议。

1. 与议之方式。内阁开始既为一秘书机关，故与议自始即有，大学士亦奉之为职业。与议之方式，可分为面议及会议两种。面议行之于宣德以前，会议肇始于宣德之后。

2. 与议之范围。明制，政无大小，悉付内阁商议。明《通鉴》载："户科给事中刘荏疏谏曰：'愿遵遗命，信老成。政无大小，悉咨内阁；庶事无壅蔽，权不假窃。'"有关大利害之政事，则令内阁议行。

五、奏请。奏请乃专制政体下，臣事意见之奏请核可权。与前述的与议不同，与议皇帝处于主动地位，提出问题，咨商于大学士，以征询其意见。奏请乃大学士主动地向皇帝发表政见。大学士的职责甚广，奏请之内涵类别亦多。就其内容，可分为：

1. 对人之奏请。如："时储位未定，廷臣交章请册立。其年十月，阁臣合疏以去就争。"

2. 对事之奏请。如："弘治十七年春正月，内旨修延寿塔于朝阳门外，大学士刘健疏谏止之。"

大学士对事奏请，又可依其性质，别为立法、行政、军事、财政诸方面之奏请。至于奏请事项可及之范围，又可分为：

局限于中央之奏请。即奏请事项涉及中央政府本身者。如："帝（神宗）每遇讲期，多传免。时行请虽免讲，仍进讲章。自后为故事，讲筵遂永罢。"

关于通国之奏请者。如："三年夏五月，大学士张居正上言：'近郡县入学太滥，宜敕学臣量加裁省。并敕吏部，凡所在督学臣，非方正勿遣。'"

关于某一特定地区之奏请。如："大学士吴道南请罢湖口商税。"

六、立法与司法。

就立法而言，古往今来，君主专制政体下，君主乃最高之立法者。尤其在明代，阁臣伏首听命不暇，遑论立法？然而，天下事务繁多，帝皇无法凭一己有限智力治理，乃不得不借重阁臣之经验与学识，作为参考。内阁之立法，即法之草拟（或动议）。草拟之法律，有时出诸阁臣之意见，亦有出自皇帝之授意者，即主动与被动方式。但无论如何，最后能否成为法律，颁行天下，均须待皇帝之最后决定。大学士不仅有立法职责，在相当之情况下，又有建议废除法律之职责。就司法方面，可从下列数点加以说明。

1. 刑名。有明一代刑法，草创于太祖，中凡三次更易。二十二年所订，三十年所颁者，即世称之大明律也。弘治十三年，又增订例二百九十余条，与律并行。是后，诸帝皆恪遵勿违。按上述律例之中，臣民违犯，科处之刑，计有笞、杖、徒、流、死五种。五者之中，翰臣对死罪重囚，有奉命同谳之权。此外，有关刑事之特定事件，阁臣可请求或奉命处理之。

2. 审判程序。明代罪狱之审判机关，州县有州县官，府有知府，府之上有提刑按察司，按察司上有刑部、大理寺及都察院，合称三法司。在审判程序中，内阁虽无权参与，但于最后请旨裁决时，因皇帝交大学士票拟圣旨，此时，内阁对最后上诉之案件，影响至大。

七、用人方面。

1. 明代官员之员额凡二万四千余，共分九品，每品又分正从，共十八级，不及九品者曰未入流。此外又有武官。明初各级文官选用，本有定制，全国上下奉行不论；皇帝擢用正臣，若不按定制，即有朝臣上奏纠正。

2. 为恐保举失实，阁臣奏请并推，以期制度之美满；官员之选用方式，分特旨（特简）、廷推、推选及会举四种。皇帝选用大臣，虽然内阁无权参与，但得向皇帝推荐；或当皇帝垂询时，向皇帝表示意见。此种权力虽无决定性之作用，但常为皇帝采纳。

3. 皇帝对于廷推，只可消极地不录用，无积极令大臣推举某人之权；

阁臣则不然，可积极地操纵廷推。吏部推举，权固在吏部，而会举一事，亦因吏部居六部之首，权亦最重。仁宗时，内阁基础奠定以后，御史、知县由京官五品以上推举，但"要职选擢皆不关吏部"。许多官吏名义上尽管是会举，但出面会举的，又何尝不是出自内阁之授意？更何况可否之权，事实上已操于内阁之票拟，最后"政归内阁"，乃理所当然。

八、其他方面之职责。

1. 谏诤。当国政有失，皇帝不主动饬令群臣表示意见时，或皇帝本人行为失检时，为人臣者欲加以纠正，乃据理谏诤。

2. 内阁阁臣为皇帝讲书，或陪皇帝读书，谓之知经筵事。讲书、展书及日讲等官，俱由内阁于翰林院、詹事府及经局官内具名题请；其经筵讲稿，先送内臣看定后，再进呈皇帝。

制度之得失

由于初期之阁臣不得侵犯他部职权，或兼领他部职务；诸司奏事，亦不相关白，尤以成祖乃一英明之主，故阁臣间不敢擅作威风。故论其优点有：

1. 臣下反对帝王以特简任用阁臣，虽然特简乃是君主用人之权力。世宗时，阁臣严嵩秉政，徐皆为抵制严嵩，反对以特简任用阁臣。但其后演变，特简任用已不为明代所采用，且所选之阁臣亦不限翰林院士，礼部尚书亦可入阁。

2. 票拟是阁臣之主要职务，不能假手他人，否则便是违法。嘉靖时，严嵩为阁臣，令其子代撰票拟，即被弹劾；且票拟需在内阁处理，万历时期，张居正等在私宅票拟，即受到攻击。

3. 阁臣的工作重要，夜间尚需值勤。遇有喜庆大典，或风调雨顺，或讨平贼寇，或完成大建筑，阁臣要代表帝皇赏赐；若天时不利，灾变不断，阁臣也要受罚。

4. 阁臣对于普通文件可以批办，其他批判奏章或奏章以外之其他公文，皆须处理。

缺点方面：

1. 兼职过多。阁臣之职务，自仁宗以后，兼职渐多，他们多先任阁臣，后兼他官。景泰三年，王文以吏部尚书入阁，阁臣地位为之一变。弘治四年，礼部尚书邱浚，任命为兼文渊阁大学士，从此，阁臣之职位更见重要。

2. 阁臣日侍皇帝左右，掌理机要，容易干涉他部职权。万历时，张居正为首辅，六部尽变成属僚。

3. 阁臣遇有奏章，论应各自拟旨，或将拟稿送请皇帝批红，后来渐成首辅独揽票拟与核定阁臣之草稿。张居正任首辅时，此风更盛。

4. 内阁制度欠缺制度性。内阁之组织，职责经常变动。就职责而言，皇帝独掌命令大权，内阁所持有之权力，又系出自皇帝之授予，因此内阁有否作为，全视皇帝作风以为断。皇帝若不信任内阁，如崇祯帝然，凡事察察为明，则整个内阁失去作用。反之，皇帝若推心委用内阁，如正统初年，政无大小，悉下阁臣参决，则内阁可发挥高度之作用。以故，整个内阁之有无价值，皇帝影响至大，此乃内阁制度欠缺制度性之主因。而事实上，"察察为明，往往不知大体"，崇祯帝以此亡国，反不自悟，竟谓"朕非亡国之君"，"皆诸臣误朕"。然内阁之欠缺制度性，甚至不为皇帝所用，实为亡国之主因。

5. 首辅有相权而名不正。明清二代内阁之中，皆无一独高之首长，首长即是皇帝本人。明代内阁成立之后，事实之演变，产生首辅；首辅票拟，余仅唯唯，权力堪比中国古代宰相。然此不过内阁相沿既久之惯例，并非律定，故不为外廷所承认。首辅大权在握，本可为皇帝分担责任，亦因此常为人所攻讦。

6. 首辅执政，名既不正，从而离心力生，政令亦因之不易推行。首辅欲安其位，一方面借宦竖而固己，他方面则逢善归己，遇过咎人，终致首辅有宰相之权而无宰相之责。权责不明，乃明代内阁制度之一大弊端，而所以有此弊端者，盖由于首辅之名不正耳。

明清内阁之比较

清人入主中国后，大体承袭明代制度，不设宰相，以大学士理政，以便于君主独裁。不过，满清未入关前，即已实行内三院制度。内三院脱胎于文馆；文馆之前，又有八旗制度。

顺治十五年秋七月，始改内三院为内阁；十八年七月，又恢复内三院。康熙九年八月再改为内阁，遂为定制。清代初设内阁，仿明制设四殿二阁。乾隆十三年，以四殿二阁，未见划一，其中和殿名，又鲜有用者，罢之，增入体仁阁，是为三殿三阁。大学士人数初亦无定额，至乾隆十三年，始有规定，但每殿（阁）大学士皆汉满并设。大学士之品位，初仿明制，仅正五品，康熙间升正二品；雍正年间，方升为正一品。此时，阁臣之兼任尚书者，其署衔曰：某某殿（阁）大学士兼某部尚书。本衔在上，兼衔在下。

内阁官员有大学士、学士、侍读、中书舍人及典籍，其下又分设十二个小机构，总共官员超过一百以上，远较明代内阁组织庞大。其职责，根据《大清会典事例》卷十一之记载，与明代大致相同，计有：起草诏令，票拟批答，收发本章，撰拟徽号、谥号，保管御宝，纂修实录等。

清入关后，内阁制度多袭有明之旧。明代内阁系渐渐演变而成，清代乃根据明代之成规而定制，亦可称为明代内阁之延续，故职责相等，官称亦略同。但在性质、地位及组织上，又有下述之分别。

1. 性质不同。明代内阁大学士委寄虽隆，但法制上，仅系侍左右、备顾问之正五品官，必兼保傅、尚书而后尊，其兼任职衔反署于本衔之上。清代沿袭明制，将施行中之内阁加以法律化，官秩列正一品，本衔在兼衔上，职位自始即居六卿之首。就性质而言，前者系政治上之中枢机构，后者则除当然为政治上之中枢机构外，又为法律上之最高行政机关。

2. 地位、组织不同。除地位已如前述有五品、一品之区别外，明代内阁大学士无定额，而且由于事实之演变，有首辅、次辅之分；清内阁大学士有定额，非有缺不再递补。清初虽亦有首辅、次辅之分，而不甚严，另有协办大学士之产生。

明代内阁制度之破坏

一、由于明宦官权势之形成。三杨辅政，为有明政治之盛世。但迨正统初年，宦官王振由于英宗之宠信，势压廷臣，即四朝老臣之杨士奇亦莫可奈何。成化之初，彭时不失为贤相，而竟有向中官发誓之丑态。时宪宗即位，议上两宫尊号。中官夏时传周贵妃旨，言钱后久病，不当称太后；而贵妃，帝所生母，宜独上尊号。阁臣李贤、彭时不能从，中官厉声，怵以危语。时拱手向天曰："太祖、太宗神灵在上，孰敢有二心！钱皇后无子，何所规利而为之争？臣义不忍默者，欲全主上圣德耳。"张居正为一代最有实权之宰辅，亦不得不与宦官委曲周旋。另外，从阁臣对待宦官之礼节看，更足以证明明代宦官之专横。

直至明末崇祯年间，阁臣对宦官之崇敬，因已习为故事，未曾少衰。总上观之，明代宦官之权威，已凌驾宰辅之上。其所以然者，盖明代奄宦与古不同，"汉唐宋有干预朝政之奄宦，无奉行朝政之奄宦；今（明代）宰相六部，为奄宦奉行之员而已"。进而言之，明代宰辅奉行朝政，尚须对皇帝本人负责；宦官则不然，除为大奸大恶、危害皇室或国家，为皇帝所不容外，毫无责任可负。明代宦官之特点，在其有古代宦官所未有之朝政权；所谓朝政权者，包括行政、任免、军事、司法，等等。可见当时宦官权势之大，足以盖过内阁；内阁制之破坏，亦以此为主因。

二、明代内阁制之变动性。我国内阁之组织及职责向不固定。组织方面，在明代虽有四殿二阁，但并不同时设置，缺此少彼，成为常事。个中原因，胥视皇帝之好恶而定，而且大学士之员额亦多寡不等。内阁之变动性尚不止此，更有以非阁臣委任阁务者。仁宣时之夏元吉与蹇义，固无论矣，即后世之宦官亦常取代阁务。阁务委由宦官负责，内阁大学士权力之削弱，可以想见。而皇帝又不止于此，甚而宠信佞幸之徒，将阁权交由佞幸行使；久之，佞幸窃夺阁权。

由于皇帝之宠信对象不同，或信阁臣，或宠宦竖，或由佞幸，以故内阁权力亦随之增大或缩小。当阁臣为皇帝信用，如严嵩、张居正辈，阁臣地位因而大增；一旦宠信别属，内阁虽有参与政事之名，实则不啻尸位素餐，阁权微不足道。由于内阁权力之变动，内阁制度之破坏亦自不待言。

三、内阁之附属性。专制政体之下，皇帝居统与治之双重作用。不仅对外代表国家，对内政务之处理，亦保有最后决定之权。内阁职责，有票拟批答、起草诏令、与议、奏请、立法、司法、用人等，但皆不得独立行使，事事皆须依皇帝。票拟批答，必须经皇帝御览核可之后，方发生效力；有时更因皇帝委寄旁人裁决，使票拟落空。以言草拟诏令，内阁虽有不奉命及封还之权，以节制皇帝，但皇帝尚可不假内阁之草拟，而迳行为之者。以言与议，皇帝不与之咨商，或不付阁议时，内阁有何权之可言。即使交付阁议，而阁议与皇帝意见相左时，皇帝又可交回复议，或不采纳阁议。

以言奏请，内阁奏请权之范围，虽然甚广，但能否为皇帝采纳而付诸实施，端赖皇帝自己决定。阁臣虽忠心耿耿，声嘶力竭，以期有所献纳忠言；然皇帝不予置信，阁臣亦莫可奈何！

以言立法，无论主动或被动之草拟，皆由皇帝认可；皇帝是否认可，全凭皇帝之主观意见，阁臣无法逆料。以言司法，须在奉命同谳之时，大学士方有会审之权。

以言用人，阁臣虽可推荐特擢，操纵廷推及授意会举，此皆为大学士见重于皇帝时之情形；一旦皇帝不再宠信，自身尚且难保，何论人权之有？总之，内阁之职权，一切都要由皇帝认可，毫无实权，完全处于被动地位；内阁之破坏，亦不为奇。

四、内阁之个别性。大学士之进用，方式各有不同，然皆由皇帝擢任则一也。枚卜与考选，虽皇帝自己决定之作用很小，但很少在明代时采用。特简则决定于皇帝本人。会举虽由阁臣推荐，但最后亦决于皇帝。皇帝不仅有任用大学士之权，大学士之去职亦由皇帝决定。内阁大学士虽皆由皇帝任免，但大学士间亦不同进退，只采个别方式。内阁大学士，不仅进退不一致，责任不连带，而且"大学士间又各自独立，各以独立之见解辅佐君主"。故大学士对国家之盛衰变故本不负责任，只是向皇帝负责。这也是明代内阁破坏原因之一。

清代内阁制度之破坏

一、清内阁制度名存实亡。康熙九年八月，复行内阁制度；至十六年冬十一月，即设南书房。其后由于南书房乃亲近之地，权势日益尊崇。迨雍正七年，清廷用兵西北，因内阁设太和门外，恐漏露军机，乃在乾清门内设军需房（即以后之军机处），选择阁中谨密者入直缮写。乾隆时，鄂尔泰以内阁大学士兼军机大臣，此后内阁大学士之权，移归军机处掌理。乾隆中叶以后，内阁大学士成为荣誉职衔，军机大臣多由亲信担任，职权日渐增大；有关政务之裁决、官吏之任免、用兵之方略、将领之派遣，无不参与。内阁虽仍存在，其最大任务，无非举行典礼之仪式，及保存些无关紧要之档案而已。

二、内阁之变动性。我国内阁之组织及职责向不固定，清初内阁制度曾几经变更，其组织及职责（特别因亲王执政）更属变动无常。乾隆十三年，虽有规定，但此时军机处已代内阁而起，内阁反名存实亡。故其变动性于明清两代内阁制度特见显著。

第五节　宋元明三代相制比较

宰相制度异同

宋元明三代中，虽然明代废宰相制度，但大学士与太监之权势，是可与宰相作一比较的。

一、宋元均有宰相之设，有宰相之职衔、权力。明虽然在太祖一朝有宰相之设，而且权力非常大，但自此以后即废除宰相，由天子代宰相之职权。虽然后朝大学士之职权渐渐强大，但就官制而论，绝对不能和汉唐时代的宰相地位相比论。

二、三代的相权都是在消长中，但其中也自有分别。宋代宰相的职权，给新设的部门分割去，其职权多是掌文书工作。但若得到皇帝信任，如王安石等，仍可有权改革制度，唯最后决定权始终操在天子手里。元代的宰相（中书令）权力则较宋为大，担任中书令的是太子，而且可汗始终拥有大部分权力，如忽必烈曾命右丞相、平章政事等在他面前辩论政策得失。可汗更有选任人才的权力。

三、明内阁与宰相之比，可见于《文献通考》："内阁之职同于古者；而所不同者，主票拟而身不与其事。"而亦有人认为阁员"无宰相之名，有宰相之实"。在明初，阁员的权力的确只限于票拟，最后决定在天子。《明夷待访录》认为："有宰相之实者，今之宫奴也。"明末时，国政大权全操于太监手里，不过他们并非大臣；宰相只是权臣，不为世所承认。所以宾四师评明代相制，认为根本没有一个正式的宰相。

制度的得失

宰相权力消长与废置，认为有其优点者，相信只有皇帝。宋代宰相权力被割，使宰相权力伸展受到克制。秦汉时，皇帝一人克制宰相权力，而宋代宰相权力受到多方克制，皇帝自然放心得多。明代废相，更能达到天子专制欲望。但宰相权力被割抑或废置，始终是弊多于利。

宋太祖监于五代制度之弊，乃行中央集权政策，不但地方行政集于中央；宰相之权，也集于天子。宋代宰相军、财、谏三权均被割去，如此宰相职权，遂大告衰退，致使宋代许多贤能之相臣，虽有心匡理国务，而因牵制太多，终无所施其技。本来宋代不如明代连宰相之职也废去，只要有贤明君主，有才干的宰相，也可大展抱负。可惜太祖早已将谏官独立，他们对每事均提出反对，而且对象也是宰相，政府又不能不要这些官，结果只有宰相求去。王安石新政失败，谏垣不合作，自然是一原因。宋代本已积弱多年，而有心改革的大臣，既要应付皇帝，又要对付台谏，又如何得施展抱负？

直到明代，宰相废了，谏官之职也废了，仍是皇帝专制的时代。皇帝根本没可能事事兼顾，大权渐渐付与大学士手中。因此，若大学士有心整顿政治是没有问题的，可惜明代根本没有宰相一职，要以秘书之权的大学士，来行使宰相之权力，自然受到非议。当时大臣抨击大学士弄权专政，是权臣而非大臣，这种批评，使当时大政治家的张居正也要辞职。

在此君主集权专制下，若皇帝英明，弊端亦不大，惜明代除了太祖、成祖外，余多昏庸及幼弱，难胜日理万机之劳，又无人辅弼，接近皇帝之宦官遂得趁机而入。此时一切奏章，非经太监，便达不到最高层；而太监亦因此而有"批红"权力。内阁学士若真要做点事，亦必须勾结太监，张居正也不例外。所以太监领袖"司礼监"，在明代政制最坏时，俨然便是真宰相，而且行使皇帝之权。太监窃弄政权可想而见，而明代亦因以衰亡。

第六节　清代军机处之设置与得失

制度之沿革

满清入关，仍以内阁总理政务；内阁大学士官至一品，位尊权重。自雍正七年（1729 年）设立军机房，后改为军机处，内阁大权渐为所夺；内阁虽仍掌票拟，重要大事均由军机大臣承旨处理。雍正七年六月，命怡亲王允祥、大学士张廷玉等密办军需一切事宜，替襄机务。十年三月，用兵西北，改军机房为办理军机处。《清史·职官志》载："雍正十年，用兵西北，虑瀑直者泄机密，始设军机房，后改军机处。"军机处之工作，其初只限于军事范围。

乾隆帝嗣位，雍正十三年十月罢办理军机处，改设总理事务处。乾隆二年（1737 年）十一月，复称办理军机处。高宗谕："庄亲王专奏辞总理事务，朕勉从所请，但月前两路事务尚未全竣，且朕日理万机，亦间有特旨交出之事。皇考当日原设有办理军机大臣，今仍着大学士鄂尔泰、张廷玉，公纳亲，尚书海望，侍郎纳延泰、班第办理，嗣后永以为制。"光绪二十二年（1706年）拟改革军机处，未果。当时上谕："军机处为行政总汇，雍正年间本由内阁分设。取其近接内廷，每日入值承旨办事，较为密速。相承至今，尚无流弊，自毋庸偏改。"宣统二年（1729年），资政院以"军机大臣，责任不明，请设立责任内阁"。次年废除军机处，设立责任内阁，以军机大臣奕匡改任内阁总理。

创设之动机

军机处制称办理军机处，为清代特有之制度。始属临时设置，演变所至，终成"掌军国大政，以赞机务"之中枢机构。《清史稿·军机大臣年表序言》谓："军机处名不师古，而丝纶出纳，职居密勿。初只秉庙谟、商戎略而已，厥后军国大计，罔不总揽。自雍正朝后百八十年，威命所寄，不于内阁而于军机处，盖隐然执政之府矣。"军机处之设置，可分为直接、间接原因，两者又有其相连贯处。

一、直接原因。

1. 筹划军务。"雍正十年，用兵西北……始设军机房，后改军机处。""雍正七年，青海军事兴，始设军机房……诏复名军机处。"（清《皇朝经世文编》王昶《军机处题名记》）"雍正年间，用兵西北两路……始设军机房……后名军机处。"（赵翼《檐曝杂记·军机处述见》）上述所谓"用兵西北"，"青海军事兴"，"用兵西北两路"，皆指雍正时帅征准噶尔而言。而军机处即为因应筹划此一军事行动之需要而创设。故仁宗于嘉庆七年二月上谕曰："自雍正年间初设军机处……本为筹办军务。"

2. 保守机密。其初为保守出师征讨准噶尔军事策划之机密，其后则涉及保守军务外之国家机密。军事行动与保守机密有不可分划之关系，且世宗为人，特重机密，遂于既存之制度外，另设军机处，管理其事。赵翼《军机处述见》谓"雍正年间，用兵西北两路，以内阁在太和门外，虑泄漏事机，故设军需房，后名军机处。"军机处之设置，为求保守军事机密。然顺康二朝，颇多征战，亦有保密之必要。何以世祖、圣祖无设置军机处之事，而世宗用兵遂有此举！究其原因有二：

由于当时职司机务、出纳之内阁与掌议军国大政之议政大臣，俱不足副保守机密之职任。康熙八年八月谕旨即有训斥议政王大臣之意："今闻会议之事尚未具体，在外之人即得闻知。"又世宗于雍正元年亦谕议政王大臣曰："……今议政王大臣议而未行，早已泄露，人人皆知。"

世宗乃一持重保密亦善用保密之君主。雍正五年三月谕内阁云："……往往紧要之事，未达朕前而先已传播于众口。又如内外咨呈，文书往来，该衙门尤易疏忽，以致匪类探听，多生弊端……此皆不慎之故，贻误匪轻。嗣后一切本章以及咨呈文书……内外各衙门应密封投递，各该管官应谨慎办理，以防漏泄。倘有疏忽，将来事发之日，究问根由，必将漏泄之人及该管官员从重治罪。"此外，检阅朱批谕旨，更可窥知世宗之重视保密。朱批雍正六年十月两广总督孔毓珣奏折曰："……此数折之奏词及所批之旨，俱当密之又密。若稍漏一二语，将来必见弃于朕也。"

二、间接原因。

1. 削减议政王大臣之职权。世宗即位，宗室兄弟各持党结，不甘臣服，对世宗之统治构成威胁。雍正三年四月谕曰："朕与廉亲王允禩分属君臣，谊属兄弟。今观允禩之于朕，则情如水火，势如敌国。"诸王树党营私，其党羽又复名忠其主、结党要援之弊，一时不能清厘殆尽。时之八旗，各为其主之风亦未完全消除，宗室政乱借机煽动，愈使严重。诸王及八旗大臣乃议政王大臣组合之骨干，其议事既不克保密，且对世宗之统御又不甘臣服，故世宗欲对诸王加以裁制犹恐不及，更遑论将军务交之筹划。是以乃另拣亲信重臣经理之，由此遂有军机处之创立。

2. 贯彻集权。由于世宗欲集权于一身，而集权者往往希望其所发出之命令能做到机密、迅速、正确、切实，又由于当时负责传递机密之内阁，除去不能保守机密之外，兼且遇事疏忽怠慢，故创设军机处之目的乃在能够在迅速、正确、机密等情况下完成帝皇发出之使命。于是军机处成立后，内阁之职掌渐移，而其权力亦为君主所夺。由是观之，该权由内阁而转移军机，实不啻间接奉还于君主。

三、军机处设置时间。

政治组织之创设，有类于人类其他社会组织，实乃先有其人其事，而后逐渐演进，始有定名、定制，军机处即为一例。况其起始，不过世宗简派亲信大臣密行军事准备，且立意保守机密，不使人知，故原无定名，更无明令，求其设置确期，并非易事。清代官私记载莫衷一说，厥为此故。

若以密办军需事务大臣受命筹办军事准备为设置军机处之时间，则军机处明系创设于雍正四年后期。因其初意在于守秘密，故无设置朝会之确定月日。

雍正七年六月，世宗首次公布密办军需事务王大臣之人选，论性质为揭露一先已既存之秘密事实，于军机处之建置并无影响，不得谓为设置军机处之时间。《清史稿·军机大臣年表》载及始设时间，容未有当。

若以正式定名军机处为其设置时间，则以雍正十年三月较为妥贴。因雍正十年三月始议定"办理军机印信"，是为军机处之首见正式命名。以此为准，则清朝《通典》所载较为实切。

军机处之职掌

一、掌书谕旨。又可分为：

1. 明发谕旨。其颁发之原因有三：

皇帝主动特颁者，称为谕。

因臣下奏请而颁发者，称为旨。

因臣下奏请而即以之宣示中外者，亦称谕。

明发谕旨经述旨后，皆下于内阁传抄，以次达于部科。按王昶举其内容事例谓："巡幸，上陵，经筵，蠲赈，及内臣自侍郎以上，外臣自总兵、知府以上黜陟、调补暨晓谕中外，谓之明发……"可知颁布明发谕旨，旨在晓谕中外，以遍告天下为目的，其内容为无涉机密之事项。

2. 寄信上谕。此乃事涉机密或未便公开。为求保守机密，寄信上谕不仅由军机处撰拟，且于述旨后迳由军机处寄发。寄信上谕俗称廷寄，取其寄自廷臣（军机大臣）或寄自内廷之义。王昶举出军机处之职责范围为"诰戒臣下，指授兵略，直核政事，责问刑罚之不当"，即凡属上项之谕旨，概以廷寄方式传达之。

二、职掌军事。掌理有关事务、事项之拟议，包括兵饷、兵粮、兵丁、济恤、军械供应、军营编制、考拔弁兵、战事策划、攻守布局、边防事项如修筑城工、设兵屯田、裁撤驻边防兵与缉捕海盗，及军营违纪及善后事宜等拟议。又兼掌军务档案及图册，武官人事，如名单、缺单、驻防班次及掌收俘获物件、人犯及口供等。

三、职掌财政。军机处始为筹划军需供应而设置，而军需供应与国家财政经济实有密切关系。故军机处自设置之始，即具有涉及财经方面之职掌。军机大臣掌拟合据、民食采购及军输、铁法（今之币制）、开矿、鼓铸、课税与缓蠲、官员养廉、公费支给以及垦务、奏销、接受银两等。

四、职掌工务。军机处在工务方面亦有所职掌，唯《大清会典》中并未明文刊载，盖将其主要部分包含于《会典》所称"议大政，得旨则翼"之范畴内。就史料观察其在工务方面之职掌，主要有工务之图说、参与工务事项及工部收销银等。

五、职掌考试。除各项考试之试差由军机处进单奏请皇帝简派外，尚有奏请颁发试题，掌收中式原卷及乡试题名录等。

六、职掌外交。清代在鸦片战争以前，原本少有国与国间平等交涉之事，因在传统文化上，仅以中国自视为天朝，而对外邦则概以朝贡之国目之，故《大清会典》载礼部主客清吏司之职司为"掌四夷职贡封赉之事"。迨至鸦片战争以后，前此闭关自守之局完全破坏，始逐渐有国与国间之外交事项。然则，无论四夷朝贡之政还是国际交涉之事，军机处皆常参与之。

主要包括：掌拟外交文书，收受外交文书，了解外国使节出入国境情形。

七、职掌司法。《大清会典》载军机处之职掌谓"谳大狱，得旨则与"，是言军机大臣有参与审讯之职掌。其主要包括：参与审讯，调查传问，收受证物、赃物及没收夜禁之物，收受口供，收受政治机密文件。

八、一般行政之职掌。国家置百官以司政事，古今中外皆然。军机处本为出师西北所需而设，然后逐渐演变为行政之中枢，故其与一般行政之关系，至深且巨，且其于行政制度之赞襄亦多。如掌议官署之设置，参议人事制度之措施，掌理进单事宜（进单乃指国家官员出缺时，由军机处缮递应除补人员名单以备皇帝选用），对各衙门人事异动之了解。

军机处之作用

一、行政方面。

在行政方面，又分对人与对事两方面。此制度有助于保守机密与处事迅速。军机处所议之谕旨，机密事一概由廷寄。廷寄经述旨后，概由军机处加封，交兵部迅速持递，极为保密。因国家大小事贵乎因时制宜、迅速置处者，此项事类之处理，必须迅速，如此，可以挽救邮驿迟缓之弊。

对人方面，军机处可以做到收揽人才之效，又能达到勤于政事之要求。因军机处大臣多选自大学士部院堂官，凡历大学士部院堂官者皆要在行政职务上有所历练，是以其选用者，多为有行政经验且熟悉中央政务之士，从而有助于赞襄治理，促使君臣双方勤于政事。军机处设置之初，虽有利于皇帝集权之目的；而欲达成此目的，皇帝必须勤于政事，使其权力不至为军机大臣所夺。

二、统治方面。

1.收揽汉人。满清自其兴起入关，以至能统治华夏二百余年者，与其能收揽汉人有莫大关系。皇帝选用寄以军国事务之大臣时，并无歧视汉人之处；收揽汉人之心，是为军机处有裨益于统治者。

2.寄实权于满人。皇帝对军机处之运用，表面似无分汉满，但重要事务以隐寄于满大臣为依归。

3. 便于皇帝控制部院。皇帝集大权于一身，又掌握部院，虽不能亲自领之，但军机大臣不置专官，且常置其本职于部院，在皇帝既得人之效，又便于军机大臣之任黜。军机大臣能尽其被咨询之功能，皇帝又能控制部院，以贯彻大权独揽，一举数得。

4. 派遣差使便利。在君主专权制度下，一切政事均以符合皇帝意向为依归。军机大臣日侍值廷禁，与皇帝最接近，自较易于观察"上"意，故军机处可与皇帝以差遣使臣之便利。

军机处制度得失

一、满足行政之需要。军机处制度，是为适应政治环境而产生。无论在理论上如何强调皇帝独揽大权，但皇帝不能一人处理国家政务，因此，军机处满足了行政组织上之需要。换言之，清代是君主专权统治之时代，故其政制之设施，自应以符合集权统治之实现为目的。

二、助皇帝贯彻集权。军机处设置后，能保守机密，增加效率，沟通皇帝与部院关系，有助于贯彻集权与行政之利。

三、军机处制度之流弊。军机大臣除清末一短时期外皆为无给职，但因充任军机大臣而增加的支出甚多，于是率取给于饱赆，是于禁与外吏相交接之规，背道而驰者也。又军机大臣本职设于部院，得益固多，然无形中对各部未充军机大臣之堂官地位有所贬抑，其职权之行使亦受影响。是有其利，亦有其弊。

四、军机大臣地位虽尊崇，在内廷行走班次仅亚于御前大臣（光绪时，御前第一，军机第二，内务府第三，毓庆宫第四，两书房第五），但每日召见皆长跪白事，年老者多觉跪起不便；有初入军机见面一次，而病至数日者，如光绪的军机大臣钱应溥是也。残腊新正以及万寿，军机大臣起跪最多，每日多至百余起跪者；而军机大臣多已六七十岁，故每以此为苦事。

五、每逢赐宴、赐福寿字、赐御笔书画、赐磁器、赐燕窝绸缎、赐皮张，所费赏需甚多，尤其进膳及每次听戏，至少每次非费百余金不可。至于进贡尤无从计算，而内廷太监赏号，尚不在此数；且军机大臣本无俸给，各项费用，皆须自备，即随扈出外，川资旅费，亦无公费可支。故军机揽权纳贿之事自不能免，如乾隆时之和珅尤为著称者。

军机处与古代官制之比较

过去治史的，多称军机处为枢密，称军机大臣为枢臣，章京为枢曹，大抵以军机处比唐宋以来之枢密院。考枢密院始于唐代的宦者；五代时始用士人，总撰军政，权力驾乎中书之上。宋代枢密专管军事，与中书称为二府，若以比五代时之枢密，总揽军政二权，却有相似之点。但清代军机处非属正式机关，据光绪《大清会典》只称为"办理军机处"，军机大臣为"内廷差使"，只有值庐，并无衙署，体制大有不同。但若以军机处与汉代尚书省比较，相同之处似较多。考尚书省之设，始于汉武帝总揽天下文书。宣帝以后，其权力为中书所分。后汉光武亲统大政，事归台阁，省制尤为隆重。尚书令官位不过千石，尚书官位不过六百石，而高贵用事无比，居于禁中，为天子近臣。清代军机大臣，亲王、大学士以外，亦有以侍郎兼充者，与汉代尚书职卑权重颇有相似。总而论之：

军机处是一先有其人其事，而后成为定制之机构。换言之，即是先有政治事实，然后成为政治制度。

军机处是兼议政、拟旨、传递王命之机构，既是政治中枢，又是行政总汇。

军机处职掌之能够逐渐扩张，乃由于军机大臣是皇帝之亲近大臣所致。

军机处是皇帝阳示汉满并重，隐寄实权于满人，以为收揽汉族人心之一有力工具。

军机大臣较诸其他臣僚自是权重，然其权是否果重，重至如何程度，则颇不固定，常因人、因事、因时而有差异。

军机处之设置既有助于增加行政效率，更有裨于皇帝集权统治。

军机处与军机大臣之性质，比较言之，颇与汉代尚书具有位卑权重性质。

第七节 清总理各国事务衙门的设置与职掌

自鸦片战争后，清代国势渐微，闭关自守之势殆，诸"夷"入侵之势张，前此所持"普天之下莫非王土，率土之滨莫非王臣"的既无知又幼稚之观念，亦不得不随之变易。虽然，类似此等政治文化基本准则之观念，实由来已久，亦断非一朝一夕所能抛弃净尽，而另为更新。但形势不得不变，其时统治者虽已有领悟，但格于政治文化之支配，又雅不欲变，亦为政治人事之常情。此种心理形势交互影响下，表现于清代中央官制之最巨者，厥为晚清于中央之创设"总理各国事务衙门"。

总理衙门设立之原因

清代总理各国事务衙门之设置，其原因似可就客观环境与主观要求两方面进行探究。

一、客观之要求。

1. 中外关系之转变。此基于传统中国文化之对外关系有所改变，现分述如下。

满清入主中华，在"普天之下莫非王土，率土之滨莫非王臣"的基本观念支配下，认定中国为堂堂天朝，在文化上优越于任何其他民族。在政治上，修明于任何其他国家；在经济上，得以自给自足，不假外求，亦自无主动与他国建立各种关系之必要。只有外国因向慕中华文化，欲与中国建立关系者，遣使来华朝贡而已。

中国传统社会政策，重农轻商，向视贸易为贱事，要由人民自为，官不闻问，在国内已是如此。同时，在以克勤克俭视同国民生活信条情况下，国民生活之物质享受，虽未必尽皆丰美，然确亦由于自我约制的结果，而能维持自给自足。故对传统上几乎仅限于贸易常态的中外关系，中国亦有几分视为对与国的怀柔措施或是救济的性质。

清人入关之初，民族精神渐振，遭遇强烈抵抗，然清人善于吸收汉文化，终能为治。及其受汉文化熏染后，于中外关系上，反而持重夷夏之防、华夷之辨。其所显示"非我族类，其心必异"之色彩，亦最为强烈。"防范外夷章程"、"防范外夷条规"层出不穷。此种防范心理，亦属传统对外观念之一环。

以上所述，中国所持之传统基本观念，自鸦片战争以后，迫使不得不发生动摇。盖此时中国所接触之外人，挟船坚炮利与之俱来，传统闭关自守之势不复存在。中国势不能再以堂堂天朝自视，而目外人俱皆文化落后、不识信义为何物之蛮夷。斯时来华之外人，不仅非为贡使，更且其使臣亦非藩属之代表。中国不能不承认别国与中国为同等之国家。此种情势之改变，使满清在当时中外关系上，不能不有所因应；而此种因应之需求，正所以导致设置总理各国事务衙门之主因。

2.专管机关之必要。咸丰十年九月，《北京条约》订立。而外使驻京，乃《北京条约》中所明白规定。如《中英续约》第四款与第二款，各国既得驻使京师，又限派大学士或尚书办理交涉，于是清廷在事实上乃不能不有一个专责办理外交的机关，因应各国公使。此种客观情势之改变，使总理衙门之设置，有其必要。

二、主观之寓意。

1.羁縻外人，俾使先除发捻之忧。奕䜣等于请设总理衙门之奏折中，曾详细分析当时之内外情势。可见设置总理各国事务衙门，有用以羁縻外人之主观寓意。其言曰："就今日之势论之，发捻交乘，心腹之患也。俄国壤地相接，有蚕食之志，肘腋之忧也。英国志在通商，暴虐无人理，不为限制则无以自立，腋体之患也。故灭发捻为先，治俄次之，治英又次之。"专设总理衙门，以为往来交涉汇总之地，反而成为"羁縻"外人的一种手段，化被动为主动。奕䜣等人的"羁縻"政策，虽然并未完全解决当时的对外关系问题，但是证诸史实，后来外国纷纷表示欲助中国剿除发捻。

2. 创设对外交涉的缓冲机关。《北京条约》虽有外使驻京，及以军机大臣或大学士为交涉对象之规定，然外国并未要求清廷创设衙门办理对外事务。如今奕䜣等别设总理衙门，而将军机处之外交业务划归总理衙门办理，却又以军机大臣兼领其事，其实际原因，系由于俄国行文满清政府，在咸丰八年以后，将照会专送军机处，已行之二年。迨各国得驻使北京后，外交事务自必更为频繁，若他国从而效尤俄国，将照会等件亦迳行军机处，则认定"诸多窒碍"，实是一关键之所在。"诸多窒碍"是基于下列两点：

清代军机处为中央政府部门掌握实权之一机关，军机大臣为皇帝信臣、近臣，对皇帝有较大的影响力，外国若以皇帝之幕僚机关及人员为交涉对象，实质上即等于和皇帝交涉。此种情况不仅有伤皇帝之天威，而且在中外交涉之往返过程过于直接，缺少缓冲余地。缓冲途径之寻求，正是理所应然。

外国迳以军机处为交涉对象，则其所答复外国或其使臣之文书，必以皇帝名义为之。而皇帝为一国之元首，文书一经发布，即难转圜，其诸多窒碍，乃势所必然，故创设总理衙门之寓意在此。

总理衙门之组织结构

一、名称。清廷于咸丰十年，特设此机关，专责外务事宜，初名"抚夷局"，旋改"总理衙门"之简称，其最初全称实为"总理通商事务衙门"。通商二字之被删，纯出于当时清廷之对外屈辱，以避"专办通商"之嫌。

二、组织。考其组织，大别有三：一、亲王领班，只一人。二、总理大臣，无定额，由军机大臣兼领，以重其事。三、总理大臣上行走及总理大臣上学习行走，全用军机章京制；总办章京，满、汉各二人，系以帮办章京分满汉升补；帮办章京，满汉各一人，系以章京派充；此外，章京满、汉各十人，额外章京满、汉各八人。后又添设：司务厅领办二人，收掌四人，请送印钥四人；清档房有提调二人，督修五人，承修五人，官役人员尚未包括在内。各堂人数加多至十余人，以至数十人；人员之多，可见矣。

此外，总理衙门规制，均仿照军机处办理。其初，设司员，定额十六名，初拟不得再兼军机处行走；司员系由各衙门保送，考试不过具文，轮班办事，以五日为一班。此外又有供事十六名，苏拉十二名，听差八名，而司员之甄核甚严。职任亦有明文规定，将两班满汉章京，每班挑取各四员，作为总理衙门额外行走，仍照常在军机处。该班专管交涉事件，及检查机密文移等事；另派一员，管总理衙门取存要件。除上述之外，亦有与军机处不同之设施：

1. 内部不设科道，但章京部门，却采分股办事。

2. 除分股办事外，另外特设司务厅、清档房、电报处等幕僚机关，掌收发文牍、校修清档及电讯之翻译呈转。

3. 此外另有附属机关、海关总税务司、京师同文馆等，皆军机处所没有。

4. 有南北洋通商大臣作为其地方延伸之机构。

三、军机大臣兼领总理大臣之原因。

1. 以军机大臣向为皇帝所信任之近臣，日日见起，随时召对，参赞机务，应对献替，为皇帝之机要秘书，又是皇帝之议政大臣。盖在专制政体之下，皇帝为一切权力之来源，国家政治措施，以皇帝之意向为依归，而军机大臣为全国最能了解也最易揣度皇帝意向之官员。同时，对外交涉事件，颇不易为，每多辣手，折冲于皇帝与"诸夷"之间。若能以军机大臣兼领，非但较易沟通，更且易于着手。

2. 当时中外交涉之过程，所予外人之经验，致使外人认为军机大臣为满清重要官职。外人以为以军机大臣为交涉对象，较易解决问题。因之，此一新创设之衙门，其人选能以军机大臣兼之，足以激励外人对清廷之信心，由此可以减少许多纷扰。此种顾全当时中外关系，迁就时局交涉情势之原则，实亦为以军机大臣兼领总理大臣之一要因。

3.清廷于当时内忧外患交相煎迫之际，在原有军机处操持重权之处境下，创设新衙门，如若不于军机处与此一新衙门之沟通及人事方面，作妥善之安排，则难免于总理各国事务衙门成立后，转多丛脞，致以未蒙其利，先受其弊。如前述以军机大臣兼总理大臣，既可沟通皇帝，又便于取信外人，更可利于减缓军机处与总理衙门间可能发生之摩擦、隔阂，正所谓一举数得之举措。

四、总理大臣之选用与任期问题。

清廷选用总理大臣，无论其是为军机大臣兼任与否，俱无抑汉人之倾向。盖以军机大臣兼总理衙门大臣者，共二十人，其中汉人十一人，满人九人；非军机大臣兼总理衙门大臣者共四十九人，其中汉人二十七人，满人二十二人。当然，此数字所陈示之意义，并非表示汉人权力重于满人，仅是说明清廷选用总理大臣时并无重满轻汉之寓意而已，况且总理大臣有由军机与非军机大臣兼领的。

至于任期方面，非军机大臣兼总理大臣者，其最长任期为二十年（一人）；军机大臣兼总理大臣者，其最长任期为二十九年，其次为二十四年（一人）。后者较前者为长。

总理衙门之职掌

一、外交方面之职掌。

1.带领入觐。《大清会典》卷九九载："凡各国使臣觐见，其时间、地点须先由总理衙门奏准，届期由总理衙门大臣率以进退，军机处不与也。"

2.外交文书之草拟与收受，主要仍由军机以掌书谕旨之职能而掌理；唯清廷出使大臣携至彼邦呈递之国书，则由总理衙门掌理。

3.盟约之议订与草拟，由总理各国事务衙门负责其事。

4.总理衙门之章京，其职掌另分五股。

英国股：掌英奥两国交涉往来之事，凡各国通商关税皆隶焉。

法国股：掌法、荷、巴各国交涉往来之事，凡保护及各岛招工诸务皆隶焉。

俄国股：掌俄、日两国往来交涉之事，凡陆路通商、边防疆界诸务皆隶焉。

美国股：掌美、德、秘鲁、意、瑞典、挪威、比、丹麦、葡各国交涉往来之事，凡设埔保诸务皆隶焉。

海防股：掌南北洋海防之事，凡长江水师，沿海炮台、船厂，购置轮船、枪炮、弹药，创造机器、电线、铁路及各省矿务皆隶焉。

此外，如驻外使馆之设置、人员之奏派、出使章程之拟订、恩奖外国驻华使节之奏请等，皆为其职掌。

二、民教交涉之职掌。晚清海禁大开，外国传教士纷纷来华，格于中西文化之差异，与夫种族之有别，时生龃龉。迨至同光之际，教案频仍，造成由中外民间所引起之重大中外交涉案件。总理衙门便因应中外关系之转变而设置。因此种事件之后果，多导致中外国家间之交涉。民教交涉自即为总理衙门职掌之一环。

三、水陆出入赋之职掌。海关税务司监税由其奏请任用。凡通商，有定口；运货出口、进口，分定税制之。关务纠纷亦由总理衙门拟议处理途径。此外，总理衙门掌"稽关市之赋"，每"三月衡征收之浮实，总各关与各国货殖相抵之数，以察中外之盈虚，溯历年之入而比较之"。

四、文译传达事之职掌。清季，设电报总局，其有关涉国家之重要呈报，均以之传达；因责成总理衙门传译，此一职司，导致总理衙门有"译署"之称，"凡出使大臣，及各直省督抚、将军、都统、钦差大臣，遇有紧要公事应奏闻者，准由电线迳达本衙门代奏"。

五、中外疆域之职掌。《大清会典》卷九九载，总理衙门掌"中外疆域之限"，"凡中越交错之地，则会勘以定其界址"；"凡华杂交错之地，则会定疆界而志以碑传"。凡此并非概须由总理衙门直接与议，亦可经其奏准，请派大臣代司其事。

优劣得失之讨论

一、总理衙门，在晚清堪称为权重之机关。但其职责广泛伸延之后，大臣职多事繁又系兼差，以致集体议事，难免责任不清。

二、当时周旋之对象，外为强权之使节，内为顽固之士人，加以政治腐化，事权分散，以至不能达成、因应当时所赋之使命。

第五章　汉魏南北朝隋唐地方行政得失

第一节　汉代郡国制及其得失

汉代郡国制有两重意义：其一为地方行政制，主要仍沿秦代的郡县制；其不同点，即汉有王国、侯国的设置，称为郡国并行制。其二为取士制度，名为郡国察举，目的为举贤良方正、直言极谏者。

郡国并行制的推行

汉高祖统一天下后，以周代行封建制而维持了八百年；秦行郡县制，十五年便覆灭。他看到这个历史教训，以为封建制得屏藩之利，郡县制收统制之功，二者各有利弊，遂探行折中办法，采用郡县行政与封建王国双轨并行制度。其主要之特征为二级制度，以郡国统县。分述如下。

一、郡。郡设郡太守，为一郡之长官。而太守的职责有四：

1. 对于官属属县之控制。郡府官属有佐官，中央任命之都尉、丞与长史。郡守与属吏有君臣之份，属吏事郡守如臣子事君父，郡守对于属吏有绝对之任免赏罚权；即对于丞与长史，也能绝对控制。至太守对于属县行政之控制，劳贞一先生云："县实际是辅郡而治，郡可以决定县的一切，如果太守想夺县权，可使令长完全不能治事。"此外，太守可自听县政，可随时另遣他人权知属县事，夺令长之治权；又可部署督邮经常在外督察属县，令长畏之如虎。则太守对于属县行政有绝对控制权可想而知。

2. 对于刑狱之决断权。历代司法行政多不独立，其权类归地方行政长官；而汉世任之尤专，虽死罪执行必先奏请。故地方长吏得因缘比附，操生杀之权。

3. 对于财政之支配权。汉代地方财源约有下列五种：田赋，郡国公田，山泽之利（以盐铁为主），市租，附加私调。有此五种财政收入，几可任意使用，与私人财产无别。汉世郡国财源甚丰，而守相对于地方财政又有绝对自由支配权，此亦为其行政有独立精神之合理解释。

4. 对于地方军队之支配权。秦汉之世，天下初归一统，尤重军事。地方军务鞅掌，非郡守一人所能周顾，故于民事则太守自行直接处理，于军事则别置都尉以佐之。太守责成都尉处理军务，而自身则兼统节制之地位。

秦代郡守之佐官有尉与丞，汉承之。尉掌佐守典武职甲卒，秩比二千石。景帝一年，更名都尉；光武中兴，省其官。

丞与长史秩皆六百石，故由朝廷任命。《汉官仪》载："丞者，丞也；长史，众史之长。"汉制凡长官有丞或长史，职佐长官。兹举二事足表现其职掌与地位：①文书副署权。郡守奏疏及一般文书，均经郡丞署也。②行事权。丞与长史虽于守相府吏中地位最高，且常代守相行事，然平时似多无实权。

另外武帝置刺史以六条察郡事。《汉书·百官表》载："监御史，秦官，掌监郡。汉省，丞相遣史分刺州，不常置。武帝元封五年初置部刺史，掌奉诏条察州。秩六百石，员十三人。"又《汉官典·职仪》云："刺史班宣，周行郡国，省察治状，黜陟能否，断治冤狱，以六条问事……"

监察（督邮）所掌，别为三端：

1. 督察。此虽非其本职，而后来转成为最主要职掌。其督察对象上及王侯亲贵，下至豪民，漫无限制；而究以属县长吏为主，刺其善恶称职与否，报于太守，以便惩劝，时且受命驱逐或收捕之。至于令长治理县廷之事，亦有横加干涉者。

2. 督送邮书，奉宣教令。

3. 督察属县附带引申之诸职。若奉诏捕系，追案盗贼，录送囚徒，催租点兵，询核情实之类。其权既重，弊端且生，扰政苛民在所难免。

二、县。县的最高长官为县令，《百官表》载："县令、长，皆秦官，掌治其县。万户以上为令，秩千石至六百石；减万户为长，秩五百石至三百石。"其职责有二：

1.《百官表》云"掌治其县"；《续志》曰"皆掌治民，显善劝义，禁奸罚恶，理讼平贼，恤民时务，秋冬集课上计于所属郡国"。

2. 贡士于所属郡国与中央。如《虞诩传》载："县举顺孙，国相奇之，欲以为吏。"是贡士于所属郡国也。

县令下有丞尉（县丞、县尉）。《百官表》载：令、长下"皆有丞尉，秩四百石至二百石"。《续志》载：令、长下"丞各一人；尉大县二人，小县一人"。然丞署文书，典知仓狱；尉则治盗贼，主更卒番上。

三、封建王国。汉初封建组织，大抵分王国与侯国两种，分述如下。

1. 王国。汉初的王国，地盘甚广，一国可辖若干郡。王都所在之郡由内史治理，各支郡则设太守，其下有县和乡，与普通郡县无异。内史及各支郡太守，由中央委派的王国丞相来统率。此外，王国的重要官吏有中尉，掌军事，并有御史大夫、九卿及博士等，简直是小型的中央政府。王国的重要官吏有相和中尉，"相"相当于郡太守，"中尉"如郡都尉。因此，王国组织与郡已差不多相同。

2. 侯国。侯国的地盘，最大只有一县，其行政长官也称相，实际只等于一县的令长。同时，列侯极少就国，其所应得的赋税，由相转呈列侯。除这点以外，侯国的政务可以说与县一样。

县之下为乡。乡官则有啬夫，掌争讼及收赋税；三老，掌教化；游徼，掌捕治盗贼。

乡下为亭。亭有亭长，职司护路捕盗，但也兼管亭区的民刑诸事；其下则有里魁、什长、伍长，完全沿袭秦制。与秦不同者，只是没有连坐的规定而已。

郡国并行制之优点

一、巩固中央政权。武帝元封五年置部刺史，以"六条"察部。六条中，一条是察地方豪强是否逾制，以强凌弱，以众暴寡；四条是察二千石（郡太守）是否遵承典制，或侵害百姓；另一条是察二千石是否和豪强勾结，行贿损法。所以武帝时的部刺史，其职权大约同于秦的监御史，是代表中央控制地方的。故武帝不仅加强了中央对地方的控制，皇权对地方豪强的打击，同时就皇帝个人的独裁来说，也有了进一步的发展。

二、中央与地方凝为一体。汉世任职多起于地方属吏，贤俊之士多获乡誉，由郡守贡于中央，曰孝廉，曰茂才。处散则补三署诸郎，任职则除尚书侍郎、诸卿令佐。既习律令威仪中都故事，则出补令长，敷政有里；三年考绩，或直迁刺史守相，或再入京师。处闲散，则为大夫议郎，讽议左右；秉机枢，则任尚书、诸校、中郎将等职，然后出补守相，宰制千里。擢其高第以任九卿，亦有位至三公者。此种迁升，颇有足称。官吏任职出入内外，外试庶政，熟察民隐；内观国光，谙习制程。破地方之隔膜，寄蕲向于中央，使中央地方凝为一体。

三、权责相称。郡国守相（包括三辅）之权责，从行政立场上言，是相同的；所不同之点，即三辅长官尚有出席朝议之权（东汉迁都洛阳，三辅虽因旧名，但无斯权），王国相更有劾奏王之权，及辅导王之责。因权责配调，治绩始循正轨发展。否则权大于责，易滥用职权；责重于权，将规避责任。汉代之地方制度，却是权责相称，堪启后世之法。

四、政教相配合。汉代制度，"政"、"教"是相配合的，在施政的同时必然随之施教。"政"是治其"身"的，然而"教"却是化其"心"的。治"身"乃属治标，化"心"才是治本。故汉代特别注重教化。教化的对象是人民，所以掌教的官吏必使其接近人民，如此始能收到教化的成果。

因之乡设三老以掌教化，并且从中央到乡形成一套教化的系统。这个系统就是中央置国三老，郡置郡三老，县置县三老，及乡置乡三老。

五、人才灵活之运用。汉制特重地方官吏，中央大员皆由此进，故地方官吏之迁升在整个行政组织之运用中占重要地位。明乎此，则知汉世治权寄付之允当，官吏阶品之简妥，上下内外之脉贯，人才运用之灵活；与夫中央统治之政策，地方吏治之优良，皆可由此推申，思过半矣。

六、兼封建与郡县之优点。封建制得屏藩之利，郡县制收统制之功，二者各有利弊。而郡国制是取其二者之所长，屏除其所短而合成的，所以能收双重之效果，对国家政治，有很大的影响。

郡国并行制之缺点

封建制虽有屏藩之功，但也易生割据之弊。故高祖死后不到二十年，中央对诸侯的控制已呈动摇之势。到景帝即位，吴楚等国居然起兵造反，幸得周亚夫起兵平定，景帝便乘机把诸侯国一切官吏的任免权收归中央，诸侯王也不派到封国去。从此，诸侯名虽为封国，实则是中央政府直辖的郡县而已。

汉代的地方官制除郡太守外，尚有刺史。武帝时，将全国分为十三个监察区，各设刺史一人，周行郡国，执行监察工作，食秩仅六百石，其地位较郡守为低。东汉时，增秩为二千石，权位渐尊。迄黄巾乱起，四方动荡，州郡力量薄弱，不足应变，灵帝乃从刘焉之议，改刺史为州牧，以重臣出为牧伯，掌握全州军政大权，州遂为地方最高行政区。朝廷寝假而无法驾驭董卓之时，州牧纷纷乘时割据；东汉分裂之局，因以形成。

郡国长官大多有绝对之权力，如守相于本郡国内能专断，宜乎贤良守相能贯彻推行其政令也。可惜其所致力之政务过于侧重断讼、决狱、缉盗贼、制豪强、御外侮，均属消极方面；至于积极之劝农功、兴教化，虽少见于诏敕，而地方长官类多忽视建设事业之发展，更非所留意矣。盖其为政之目的，只求安定，不求进步。

第二节　汉代地方行政得失及其影响

汉代地方行政在景、武以前为封建与郡县并行时期，景、武以后封建寓于郡县。中国历史上涉及地方行政者，一向推崇汉代，以汉之郡县制为美。但一种制度之存在于当世，必有其当然之价值、优点与缺点。所以，以郡县为基础的汉地方行政制度虽为后世称美，但瑕疵却并非全无。现试分论其优劣如下。

汉代地方行政之优点

一、无强藩之惧。汉代地方行政唯郡县二级，而郡尤为地方行政之重心。郡守治一郡，诸凡民、刑、财、军诸备，无不综揽，实为一典型之元首地方长官；而于佐吏属县之控制，尤见其权力之绝对性。然全国百郡，大小得中，财力足以自给，军力足维持治安；其权之重，其力之强，推行郡务固有余，谋反中央则不足。故郡守得专制一方，而中央则无强藩之惧。

二、刺史位卑权重。武帝把全国分为十三个调查区，分州置史，平均每一刺史的调查项目，考察于六条；六条以外，也就不管。不亲行政，无地方实际行政责任，只为一个耳目，秩位甚卑。秩卑则其人激昂，权重则能申其志，无所避忌，此其所长也；但至后期演变，终成忧患之源。

三、体简而精密。郡以仰达君相，县以俯亲民事，体制简要，自不待言。而郡府县廷之内部组织，则极严密。内置诸曹，分职极细；外置诸尉，星罗密布而重刑罚，每置狱丞：重教育，则有学官；至于农林畜牧矿业诸务，各置专署，为之统理。又网以道路，节以亭侯，务交通以便军政，因亭吏而沿里落。秦汉时代，中国始归统一，其组织之严密已臻此境；居今昔，不得不深服先民之精思密划。

四、三老育民。县乡三老，是为乡官，位绝群吏职，参百政。且得上达君相，领衔奏事；下率吏民，教化是务。又汉人以孝行为本，农为百业之基，故以户口率置孝悌，以敦风俗；置力田以匡生产，其义皆足称善。

五、为避免徇私及地方势力滋长。郡县长官与州部刺史皆遣自中朝，例避本籍。其莅职任吏绝对自专，然必用本籍人。而士之受署者，即视长官如民父，不仅行政统属之（机构）关系而已。是则地方长官，不得任用私人，亦无地方豪族恃势胁掣之弊，而得借其俊，究悉物情，因俗敷治。是以中央集权之形式宏备，地方自治之实效显见。

六、着重人才。汉代仕宦迳以郎吏为基点，凡百卿相显名朝列者，无不出身于此。然地方小吏考绩优等、察举孝廉者，成为补郎之最主要途迳，则谓地方小吏为达宦之初阶可也。汉世下吏之与宰辅，虽地位悬殊，但阶品不繁，高才异等，报迁至速，多有地方小吏察孝廉为郎官，十余年中，四五迁而至公卿者。故有远志者必自近始，而人才布于四方。郡以绩效自见，品操自励；不自菲薄，望跻公卿。此则绝非后世任何朝代所能及。而朝廷公卿之除拜，又常以曾否治民为先决条件。故治民之职，人皆乐任，借显长才。地方小吏既能上达官宦之初阶与郡国守相之坦途，故其时地方官吏，上起宰相，下至佐吏，多能奋发以期上达。汉世地方吏治之优良为读史者所乐道，此为主要原因所在。

七、升转灵活。汉代郡长官为太守，地位与九卿平等，同是二千石；不过九卿为中央的二千石，郡太守是地方的二千石。郡太守调到中央可以做九卿，再进一级就可当三公；九卿放出来也可做郡太守。官级分得少，升转自然灵活。九卿放出当太守，并不是降级；地方二千石来做中央二千石，也不是升级，名义上还是差不多。当时全国一百多个郡，太守的名位，都和九卿差不多。因此，虽是中央政府大一统的局面，虽是地方行政区域划分得比较小，却不感觉中央政府高高在上。自中央至地方，官统有条，职掌明确；更建立军民分治体系，以法治之体制，寓儒家之精神，不失厥中；兼以作制未远，机构犹新，故运用灵活，无顾累之弊。此皆汉世地方行政之优良表现所在。

汉代地方行政之缺点

一、封建遗患。汉初采封建与郡县双轨并行制度。中原以西，承秦之旧，置郡县直隶于中央；而东方半壁，分封诸侯为王国，统郡一如朝廷之制。同姓九国诸侯所统之郡数，少则二郡，多至六郡；而汉天子所直接统辖者不过十五郡，仅有当时郡县四分之一。"四分天下失其三"，四分之三在诸侯王统治下；甚而置百官，僭越于天子；诸王国且有自纪年者。则汉初同姓九国，犹之乎战国列强之比。高祖晚年，虽已分别翦除异姓六国，然所封同姓九国，疆土过广，权力过大，成为祸乱之源；而高祖死后，乱事遂生。

二、人才过于集中中央。汉代后期中央之政权日大，地方政权日削。杰出人才，相率趋于朝廷，而地方之吏治日坏。亦以地方自由自治之权既小，虽有长才亦无所施展，遂亦唯有徒劳于文书簿籍之间。循至于舍征租督役之外，乃无地方政务可言矣。

三、刺史权重难制。东汉中叶以后，因检察而渐与政事，因忧患而浸执兵权，刺史之权力渐次增加；寝假而凭陵，郡守国相，成为地方行政最高长官。成帝绥和元年（公元前8年），因何武、翟方进之请，诏改州刺史为州牧，秩中二千石，在守相之上。于是十三州刺史一变，而为直接指挥守相之大员；而州部制由监察区变为最高级之地方行政区，地方制度乃由郡县之二级制变为州郡县三级制。州牧之权力过大，不便之处甚多，故三年之后复行旧制。西汉王莽柄政，更定十二州，再称为州牧。东汉光武中兴，建武十一年（35年）有"初断州牧自还奏事"之诏，是州牧乃自西汉之无治所变为有治所，实开州牧为汉末地方最高行政长官之先河。未几，光武帝以州牧权太重，复于建武十八年（42年）改州牧为刺史，秩六百石，但有诏"明察不复委任三府，而权归刺举之史"；故刺史实权大增，远胜汉武帝旧制。中叶以后，郡国守相之权力地位日益低弱，而地方每有军事行动，非一郡一国之力所能胜任，常赖刺史为之统筹；故刺史威权日重，终至朝廷不能制。

四、为令为长布置失当。郡下设县，但常以情形特殊，别标名目，如县、道、国、邑之别，但就中原关中而言，边靠之县，则远为广大。关于户口，县万户以上为令，减万户为长；但万户为准之说，又非绝对标准。钱、丁二氏所已考出之令长数及《续志》所载郡城户数，比例如下：

郡名	令数	长数	相数	户数	城数
南郡	五	一、三	一、二	五二八五五一	三七
零陵	一	二	五	二一二二八四	一三
桂阳	二	六		一三五〇二九	二
吴郡	一	七	一	一六四一六四	一三
豫章	一	六	二	四〇六四九六	二
巴郡	五	五		三一〇六九一	一四
蜀郡	五	四		三〇〇四五二	二
犍郡	一	五		一三七七一三	九

观上表诸郡之城数及令长之比率，则其为令不应如此之少，为长不应如此之多，而吴郡、豫章、巴、蜀，尤为明显。

五、郡国长官消极多于积极。郡国长官拥有六种权力：对于本府官吏之绝对控制权、对于属县行政之绝对控制权、对于郡境吏民有向中央察举之特权、对于刑狱有近乎绝对之决断权、对于地方财政有近乎于绝对之支配权、对于地方军队有相当之支配权。此六种重要而且大都为绝对之权力，宜乎贤良守相能贯彻推行其政令也。惜其所致力之政务过于侧重断讼、决狱、缉盗贼、制豪强、御外侮，多属消极方面；至于积极之劝民功、兴教化，虽常见于诏敕，而地方长官类多忽视。建设事业非所留意矣，盖其为政之目的只求安定，不求进步。

六、太守虽为一郡军事之统帅，都尉有指挥监督之权，然都尉专典武职，直接统率士卒，此擅权之端也。朝廷亦以其亲习士卒，握兵柄，故郡有剧盗或即仅置都尉兼行太守以利军事进行。都尉之视太守，既秩位略等，复直统率士卒；又多与太守别治，加以开府置佐亦略如太守。故虽职位稍亚，而可以才气相争衡不睦；其颃抗相陵，至有夺太守之治者。故郡置都尉，与太守争权不睦如国之相尉争权，于行政有损无益。

七、边郡都尉权重。蛮夷地区，都尉领县而内属于郡之最早见于史传者，是在武帝死后，所置之边郡尉，远较内郡为多；且其名称治所，因郡居边临者而异。其隶属系统与一般都尉异，初隶于中央之典属国，乃成帝始改隶于郡守。其所辖皆为蛮夷，每习弓马，善骑射，故属国兵乃常在郡上；而边郡都尉亦以兵多权重，太守驶假不能制御。盖都尉实握兵柄，平时统属于太守，乱世则唯握兵至上。除上述数端之外，汉世曹吏分职亦太细，偎杂多至百人，有至千人。此为大病。且一省之大等于一国，或者大于一国；一省所辖有六七十个县以至一二百个，实在太多而混乱。此皆为汉世地方行政之弊端。

汉代地方行政对后世的影响

刺史演变为州牧影响于后世官制者。灵帝末年，黄巾乱后，宗室刘焉遂建策复牧伯之制。《刘焉传》其事云："灵帝政化衰缺，四方兵寇。焉以为刺州威轻，既不能禁，且用非其人，辙增暴乱。乃建议设置牧伯，镇安方夏。清选重臣，以居其任……会益州刺史郗俭在政烦扰，谣言远闻；而并州刺史张懿、凉州刺史耿鄙并为寇赋所害，故焉议得用。"于是刘焉、刘虞等皆以宗室重臣自九卿出领州牧，皆以本秩居职。州牧任重，自此而始。

影响于郡国守相之权力者。州官之权既重，郡国守相之权力相形削弱。州之从事本百石之吏，举茂才乃得为令长丞尉。至此则从事地位转崇，竟居守相之位。

加促东汉之衰亡。西汉以郡为单位；以一郡之力，而欲抗拒中央，其势难能。故王莽篡汉为新，非借潜力于地方区域之中，而系借着中央权臣的地位，始得移汉祚。至于东汉的灭亡，则有所不同，因东汉州牧制已施行，州牧相行政权，地广人众，有所凭借，无形中成为地方割据的诸侯领主。故虽与中央政令违抗，中央亦难加挞伐。更有兼领二州以上者，外重内轻，干弱枝强。中央权力分解到地方去，极易演成割据局势，结果遂形成汉末的三国鼎立。

第三节　魏晋南北朝地方混乱及其影响

混乱情况的表现

自汉末三国以来，士族南下，使大江南北，大为开发。盖三国时，吴据江东，延揽人才，整顿地方，文物渐盛。及五胡乱华，北方世家大族，相率避居江左者甚众，此辈多携其家藏文物及典籍而来，终南朝宋、齐、梁、陈四代。然而北方士族之南移，却带来这时期地方行政之混乱。原因如下：

一、中原大族及其部曲纷纷南渡，地方行政导致混乱。由于中原受到五胡入侵之影响，中原大族及其宗亲之部曲纷纷南渡，一时江南不能立即安置及容纳此大批涌入之士族，故地方行政一度发生紊乱。

二、土断制之确立，仍不能解决户籍租税，阻碍地制之划分。东晋哀帝时，桓温当国，乃将侨立州郡，加以整理，省并郡县甚多，大举检查户口，使侨人改入所在地籍贯，以土地为断，编定户籍，确定其赋税。南北朝间，此制仍沿用。唯基于社会风气的尖锐对立，士族庶族之分歧，大族之优惠，仍有不少侨人依附大族，食其俸禄，此对于地方行政之划分实为一阻碍。

三、侨置州郡之大兴，却更增加地制之混乱。当时北方地方州郡，尽为胡人占据，人民纷纷南渡，政府特别设立州郡安置。此辈大量北方移民，虽远离本土，犹称原籍旧名；“侨立州郡”制度，遂以成立。至于侨立州郡之关系，颇为复杂，兹分述如下。

　　实州侨郡，如荆州新兴郡。

　　侨州实郡，如秦州阴平郡。

　　侨州侨郡，如豫州汝南郡侨置于夏。

　　实郡侨县，如淮陵郡广阳县

　　侨郡实县，如南东海郡丹徒县。

　　侨郡侨县，如阳平郡濮阳县侨置于淮北。

　　至于其他"侨立州郡"之名称，更不可胜举；加上南方原来地方行政制之未上轨道，故有碍行政之推行及导致混乱。

　　及晋末刘裕北伐，中原故土一度为江左政权所有。旧土既得，复兴北伐，然昔日所侨置者尚未尽废，乃仅于新得诸实州加上"北"字，以资区别。及刘裕篡晋自立后，关辅及中原再度沦陷，于是曩昔所加"北"字诸州郡，亦侨于江淮间；寻于旧日侨置者，冠以"南"字。"南"、"北"、"侨"、"实"相对并存，制度益形复杂纷乱而不可查究；而侨州郡县之制，东晋实创之。宋、齐、梁、陈皆承其陋规，且北魏、北齐、北周间亦有仿效者，是以此制之施行，实与南北朝共兴替。

　　四、冗员日增，行政混乱。南北朝以来，地方政府组织不仅机构繁多，组织庞大，行政效率亦甚低。国家冗员之开支，数目很大。当时之州刺史多兼领将军或持节都督之衔，开府置佐。另外"军府"之掾属多属另成系统，故长官虽为一人，而佐吏则分为两个系统。至于荆、雍、宁、广等州又兼统夷蛮刺史之职，又设蛮府，规模之大，比于军府；则其佐属，又成另一系统。此制度到南北朝颇相同。统计其时全国政府诸将佐员属，合计三十七万以上，而南北朝户籍数目为四百万有多。因此南北朝以来之人民负担既重，政府开支亦感困难。

　　五、贪污风气盛行。南北朝以来的地方政府，不仅官吏众多，贪污风气更盛；加上社会政治不安定，南朝君主，亦不以地方官吏贪污为意。至于北朝吏治的腐化，更甚于南朝。其时君主虽知实情，但碍于形势，未能彻底清除，贪污风气大盛。此举造成南北朝国库空虚，与地方行政混乱有莫大关系。

地方行政之缺点

州郡建置之虚滥。自两汉以迄魏晋，州郡之建置尚有常规可寻。如西汉之十四州，统一百零三郡国，一千五百八十县、邑、道、侯国；东汉之十三州，统一百零五郡国，一千八百八十县、道、侯国；西晋之十九州，统一百七十二郡，一千二百三十二县，平均每郡约统七八县。唯此种常规，历经东晋南北朝而被破坏无遗。原因分述如下。

一、南朝地方行政之缺点。南朝梁武帝天监以前，北朝魏孝文帝太和以前，对于州郡建置，虽渐次递增，但尚未至于虚滥。如太和十年（齐永明四年，486 年），南北合计凡六十一州，几三倍于西晋之州数，时距西晋之亡凡一百八十年；合南北之领土虽大于西晋之旧疆，然不过二十三州。至南朝已增至一百零七州。当时在边境二十余州，虽职方之臣亦不能知其所在；而空州荒郡，无县无土者有之。致当时之地方行政缺点有：

1. 有民无土之侨州郡县。

2. 有土无民之侨州郡县。

3. 合并郡县之"侨制"而隐没了其前身之名称。

二、北朝地方行政之缺点。其在北朝，北魏太和十年不过三十州，至东西魏分裂之初，已增至一百一十六州。而北魏于广建州郡外，复滥置官吏，诸州各置刺史三人，宗室一人，异姓二人，郡守、县令亦如之。自元魏盛置刺史、守令之后，齐、周多因其制，然区划既小，设官又多，诚于《隋书·杨尚希传》所云："或地无百里，数县并置；或户不满十，二郡分领。所谓民少官多，十羊九牧。"

三、此时之坞主们不但是政治军事之领袖，他们直接管理其坞下之附民，无形中控制部曲们之生活。同时，此类坞之组织在当时经济上亦起了一定的作用，附从的自由民与小农，在坞堡从事生产，当坞主中各有相当势力后，时有纷争。其时坞主间（大坞主、小坞王）或有隶属联盟以抗争，以致互相排斥，由是诸种错综之关系便起。

造成混乱情况之原因

中国地方政制，自汉末以来，州必统郡，已为不可变之成规。然南北朝后期滥置州郡之结果，以致诸郡无县可辖，或使二郡合治，成为"双头郡县"。如萧梁之东莞、琅琊二郡所领之县仅三个，极不合理；元魏之新蔡、南陈留二郡仅辖一县，以二郡共治一县，更属怪事。至荒郡左县，更无论矣。原因有四：

一、军政、民政不分，官皆以武吏军人为之。汉末及三国，多以诸部都尉为郡。晋郡守皆加将军，无者为耻。梁陈太守，加都督。《魏书·甄琛传》："琛表：边外小县所领不过百户，而令、长皆以将军居之。"

二、州县为豪强私利而分割。北齐天保七年（556 年）诏："魏自孝昌之季，禄去公室，政出多门。豪家大族，鸠率乡部，托迹勤王，规自署置。或外家公主，女谒内成，昧利纳财，启立州郡。"又《北史·张彝传》：彝曾祖幸所招引河东人为州，裁千余家；旋罢入冀州，积三十年，析别有数万户。孝谓彝曰：'终尝以卿为刺史，酬先世诚效'"可见当时州县，俨如古代封建。

三、州县无限划分，乃至领户日削，有名无实。天保七年诏："百家之邑，便立州名；三户之民，空张郡目。"《周书·卢辩传》："县令分户七千以上，四千以上，二千以上，五百以上，不满五百五等。"因此南北朝设县，皆在千数百以上，较东汉尚过之。

四、离心力演进，地方权力日弱。魏晋南北朝时期的地方政治，继汉末分割局面之影响后，仍在离心势力下演进，逐步变成封建性之分割，而结果则地方权转而日见削弱。

对当代及后世之影响

一、为秦汉地方型转为隋唐地方政制型之轨迹（过渡时期）。中国中古政治制度有秦汉与隋唐两大典型，其组织与运用截然不同。然秦汉型如何一变为隋唐型，则由魏晋南北朝三百数十年间政治社会情势之逐渐演变，非出某一人之特意革创者。故魏晋南北朝时代之制度，其本身虽不成一典型，然欲观秦汉制度如何没落，隋唐制度如何新生，则必当于此一纷乱时代求之。故就历史观点而言，其重要性实不在汉唐制之下。而此制度演化之大潮流中，地方行政制度如何由秦汉型演化为隋唐型，其轨迹步骤尤属彰者，可视为两型制度交替演化之显明例证也。

二、开唐代前期州县制度之先河。汉代行政区划唯郡县二级，西汉末年，郡国一百零三，县道侯国一千五百八十。汉末大乱以后，不但州监区转变为行政区，且并郡县均割置增繁。永嘉之乱，晋室南渡，偏安江左，宋、齐、梁、陈承之，军政局势迄不能宁，致使州郡区划亟有分合。沈约云："或一境一县割成四五，四五之中亟有离合，千回百改，巧历不算。"盖分割酬庸，重之以侨置，故致纷乱如此。南北朝时期，户口著籍者寡，而州常只辖一二郡，郡辖一二县，且有不辖县者。北齐文宣帝有见于此，遂一举并省三州，一百五十郡，所有郡县几及全数之半，实为一改革矣。夫州以承上，执行中央之政令；县以亲民，平狱讼，督赋役；郡居其间，实为赘瘤。北魏道武帝有鉴于此，故于天赐二年诏刺史令长各莅州县，虽置郡守，不便履任。此虽暂制，足见深意。及隋文愠州郡民少官多，乃尽罢诸郡，以州统县，遂开唐代前期州县制度之先河。

三、为唐代后期节度使制之重演。

其一是汉末大乱，乃有都督制度之兴起。此本为统军而设，然军事时期，都督既握军权，势必凌驾刺史，干涉民刑诸政。迨西晋末年，都督例兼治所之州刺史，且能控制治所以外诸属州。东晋南朝相承不改，俨然成为地方最高级统治机关，形成府、州、郡、县四级制。此种都督制之运用，在当时甚为成功。都督区域虽时有变动，然至东晋之世，其稳定性已在诸州之上。约言之：扬州都督以扬州刺史兼任，其督区最无定域。督区虽伸缩无常，然其镇卫京师则一也。

其二是北魏前期，西北地区与东南地区之统治方式不同。西北非汉人区或胡汉杂处区，下辖军、戍；东南汉人区，以州制治之，上辖郡县。西北地区之统治方法与南朝不同，而东南汉人之统治亦与南朝有异。盖南朝以治所之州刺史兼任都督也，北周承魏，改称总管，其置府既更稳定，控制权亦见加强。

其三是北齐虽未废都督府制，代之而兴者，则有行台之制。行台者，本北魏初年因魏晋故事之旧名，以行鲜卑之本俗者。魏末大乱，乃分别推行于地方，实即尚书台的派出机关，代表中央，便于行事。其初本为军事而设，旋亦兼及民事，如都督之制。故周武平齐后，即改齐诸行台为总管，置府辖州皆无大改易。

综上论之，魏晋南北朝时代之地方行政组织，所以异于汉世者，不但州刺史之行政官僚化，而其上更增一统治机关。不论其名称为都督府、总管府抑为行台，其始本为军事而设，终至兼总民事，为地方行政之最高级统治机关，与州郡县为四级制矣。及隋文帝废郡为州、县二级制，遂奠唐代前期制度之基础；而唐代后期节度使制，亦实南北朝时代都督、总管制度之重演，非别一类型也。

四、演变为唐代州府组织之典型制度。汉世无论郡县长官或州郡刺史，其僚佐仅有一个系统。郡县僚佐除中央除授之佐承尉外，仅有功曹、主薄及诸曹掾吏一系统；州郡僚佐亦仅别驾、治中及诸军曹从事一系统，皆由长官自由辟用本地人为之。逮至南朝，府佐则自长史、司马以下至主簿、功曹，均为品官，由中央除授，长官有推荐权而无任命权，又无籍贯限制。而北朝制度与南朝大体相同，故至南北朝时代，地方行政全归军府，而自汉以来相承不替之地方行政属吏转处闲散，为地方人士禄养任进之阶。盖此时代，府州两系并立，吏员猥多如此，而州吏又已逐渐变为冗散。故北周之世，常以府佐兼州史，有混合两系减省冗员之趋势。及隋文统一，乃废自汉以来地方长官自辟属吏之一系统，专以军府之长史、司马、诸曹参军掌地方行政之任。盖前者虽有其名，后者早攘其实；废空名，存实政，亦历史演变之必然结果。而唐代州府组织之典型制度亦于此而初步形成矣。

五、北朝诸特制，基于南北朝地方行政之混乱，而渐瓦解消弭，不可复考。北朝制度虽远承魏晋，近取南朝，然特殊新制如魏晋南北朝者亦复不少。举其要者，如军镇制度、行台制度、领民酋长制度皆是也。护军虽创自魏晋，而其盛行则在十六国至北魏前期时代。今续论者，是为护军及酋长两制。

护军制度。本曹魏所创，以统治蛮夷降处内地者。所辖地区绝大多数在今陕西中部与甘肃地方，是汉末以来夷族杂处之地区。护军地区，略与魏晋郡均等。至北魏孝文帝年间，以诸部护军各为太守，护军制度自此废除。是其地位，盖即统于、镇州，如军郡矣。

部落酋长。本为胡人之旧制，五胡乱华之初，胡夷部落之制即与汉人州郡县参什并行。鲜卑入主中华，亦遵此故事，以州郡县治汉人区，以护军制治汉人以外之异族。及魏末大乱，部落南徙，遂举部随从酋长，以任征伐，迁徙不常，与昔日之拥部落而定居、世有其地者迥异。然既入汉人地区，且迁徙无定所，故其部落或逐渐衰微，或渐见华化，不数十年，而瓦解消失。

六、地方豪族之把持。汉末大乱以后，下迄南北朝时代，中央政府之权力日见衰弱，地方豪族之势力转见增强。地方豪族既任本土长官，且有世代任职者，加以自辟州郡属吏，荐用军府僚佐，又或拥戴部曲为私人武力，则其把持地方政治成为半封建式之统治者自不待言。至于北魏之领民酋长，更属封建统治，尤不待言。以上所论诸事，皆此一代制度所以异于秦汉者，及南北朝时代因地方行政之影响。此等现象，或至末期而消失，或逐渐演变，经隋文帝一番整顿而奠定唐制之基础。

第四节　隋唐之地方改制与厘革

至于隋唐地方政制方面，亦同样有几种重要事实之演变和发展趋势，足以影响两代政治者。

州郡县三级制之改革

南北朝时代，州之数目继续不断增加，及州之区域继续分割与缩小之现象，到周隋间，更见显著。文帝统一天下后，中央权力显著强大，而地方割据势力业经衰竭，改制之条件逐渐成熟，而且成为客观之需要。其时如杨尚希上表即谓郡县倍多于古，十羊九牧，人少官多，宜存要去闲，并小为大。这种趋势发展之结果，乃于文帝开皇三年（583年）正式罢郡以州统县。至炀帝大业三年（607年）又改州为郡，郡置太守，别置都尉、副都尉主兵，不与郡相知，确立州郡军民分治之制度。自是州郡恒名，刺史之名存而职废。其后又以户口日增，重行折置。计开皇、仁寿年间，原日北朝域内增州五十六，废州十三，两者比对，尚多四十三州，合诸平陈后所置五十七州（废王、汇、韶三州不计）共数三百，与刘炫所谓"今州三百"，大致相符。迨炀帝大业三年，改州为郡，刺史为太守，益见省并。名虽同于隋之前郡，实则无异开皇时期之州；而以郡统县，表面又略似秦制。总计当日存郡百九十，三分省一；县一千二百五十五，平均每郡领六县以上，其辖境较文帝时扩大。是为隋代之第二次改革。

唐承隋制，至高祖武德元年（618年）六月十九日，又改郡为州，置刺史。玄宗天宝元年（742年）正月二十日，又改州为郡，改刺史为太守。肃宗至德元年（756年）十二月十五日，又改郡为州，改太守为刺史。其间虽官名常易，而职事未改。此乃隋唐地方行政制度一大改革，一变魏晋以降州、郡与县之三级制，而为州（或郡）与县之二级制度，对中央集权颇有积极之作用。

道之划分及其发展

隋唐地方政制，大略可分为四个系统，前三个系统——军事系统、监察巡省系统、财赋转运系统，均以"道"为其制置之范围。而"道"之大小分合又随时变化。因此各种军事、监察、转运使司制度，亦随时变化，无一定准。其次是行政系统。自隋罢州置郡与州郡互名之后，地方行政成为州或郡与县之二级制。本来自南北朝时期，尚书行台之制置，已有道之划分；北齐有东西诸道行台，但仅为一种临时随军行讨之制置，既无固定区域范围，又省置无常，但此后之"道"制当沿于此。炀帝时曾置十四刺史巡察京畿与诸郡，虽不以"道"名，然事实上当有巡察区域之划分。

至唐代，除以州郡与县乡为一个依次相承中央之行政系统之外，别有道之制置。道之作用就对地方之军而言，可以说是监察巡省区域之划分。开元以下，"道"又为财货物资微调和转运之区域；"道"之划分，可谓至大。但自此以下，"道"之区域逐渐析分，数目亦渐增多。《新唐书·百官志》云："贞观初，遣大使十三人巡省天下诸州，水旱则遣使，有巡察、安抚、存抚之名。神龙二年，以五品以上二十人为十道巡察使，按举州县再周而代。景云二年……置十道按察使，道各一人。开元二年曰十道按察采访处置使，至四年罢，八年复置十道按察使，秋冬巡视州县，十年又罢。十七年复置十道、京都按察使，二十年改采访处置使，分十五道……"五代沿唐旧制，后唐且有恢复唐贞观中十道之倾向。

王国组织与地方政制之变迁

西汉时期，王国既君临其人民，又保其土地；王国内之设官，几与中央无异，后经汉武集权。光武厘革以后，王国之土地缩小，侯国亦同趋破坏。此时诸王之衣租食税不复临民，王国从地方之行政系统中消失其地位。此乃地方制度中一大改革。自魏晋南北朝以降，王侯封爵逐渐成为虚封，无土地之实，此对于前代诸王尚保有其封土但不临民之状况，又乃更进一步之改革。其时国官之设置，不过居其封土、执文账、理租调而已。诸王出国就封，除非兼带州牧、刺史或将军等职，否则毫无实权。

自隋唐统一天下，对于王侯封爵，不但完全成为虚封与无复土地人民之实；其虚封中所食实封户数之租调，且均由内府支给。而事实上，诸王又多不出阁，此尤为唐代显著现象。不出阁则不置国官。其出阁者，重要职事由地方官带领，而非王爵本身。至此，地方制度中遂复有王国存在之地位。又自中唐以下，藩镇割据，军人自立或部属拥立为留后与节度使者，相率成风，故除朱梁一代犹以王国组织转移唐祚之外，其他多为军人拥立之局面，至宋太祖犹然。于是中古时代以王国为转换政权之典型形态，遂成历史陈迹。

使地方制度整个混乱与变质者，为藩镇之割据，乃从军事系统中发展出来。节度使由秉钺颛兵，进而掌握民刑、监察、财赋诸政，造成节度使临制于州郡之上。非但实际形成节度使、州郡与县之地方三级制，且隔离于中央与地方之间，而使中央政权趋于分解。此情尤其在中唐以下，甚为普遍。

至于中央与地方政制相互发展与演变过程中，政权实际之运用方面，则有如下之显著趋势：

其一，特派制度之盛行。中央自宫禁诸内职以至府寺台省之间，地方则举凡监察巡省、军事节制与乎租调征敛、盐铁转输诸政，无不派特使充职。

其二，知、摄、判、试、参知、检校等任用方式之盛行。凡此多出于君主之敕旨，而非本品正拜。此种任用方式既多，遂普遍成为政府中央官与地方官之委任制度。

上述两种不成文之制度，本远起源于隋唐以前，但至隋唐渐见显著。自高宗武后时期，历玄宗开元天宝以降，益见盛行。又此两种制度在运用方面是相互关联的，凡经由知、摄、判、试、参知、检校等方式任用之官吏，其性质可以说都是特派的，其职事与官衔分离。习惯累积与普遍盛行之结果，遂成官以结衔定品而不厘整之现象。此种现象自中唐以降，愈演愈烈。而终唐五代之世，未能厘革；至宋代元丰时期，始大事变更。

第五节　唐代地方行政制度得失

隋唐地方制度，可分几个系列：第一是军事系列，第二是监察巡省系列，第三是财赋转运系列。这都是以道为其制置的范围。而道的大小分合又随时变化，因之各种军事监察、转运使司制度亦随时变化，无有定准。第四是行政系列。自隋罢州置郡与州郡互名之后，地方行政成为州或郡与县的二级制度。但自唐中叶以后，依于道而有节度使的制置，节度使本系管制军事，其结果节度使以其军事势力进而领带诸使，侵渔民刑、财政、监察诸权。于是节度使不但临制州郡之上，实际形成藩镇、州郡与县的三级制度，且逐渐与中央脱节而形成地方的割据。自中唐以至五代的藩镇之祸即由此而起。兹将地方各种制置与各级组织分述如次，即可知其大概。

军事系列

府制与道制的沿革。唐高祖举兵太原，西入长安。既定中原，于武德元年罢郡置州，自大业三年（607 年）行郡县，至是凡十二年而革。其后次第翦灭群雄，至武德七年（624 年），除朔方梁师都以外，唐已统一天下。因更定官制，改诸州总管曰都督。玄宗天宝元年虽一度改州为郡，但至南宋乾道元年（1165 年）又复改郡为州。乾元以后，郡之名不复见于职方，而唐代地方行政区划，除州县而外，又有"府制"与"道制"之建置。

府制的组织。

其一，国内要区之都督府。都督府之前为总管府，唐高祖武德初，仿开皇故事，复置总管府。武德七年，改总管曰都督，始成定制。都督除辖所在之州外，兼统其邻近诸州之军事。武德中著令，凡统十州以上者称大都督府。其时国内称大都督府者凡五，即洛州、荆州、并州、幽州、交州都督府是也。

其二，沿边重镇之都护府。唐之盛世，力事开拓边土，四疆蛮夷有降附者，即就其部落为羁縻州，乃于沿边重镇设都护府以分统之。都护之名远起于西汉，西域都护即唐制之所因。自太宗贞观十四年（640年）平高昌，设安西都护府，其后渐次增置。

其三，京都及行在府。唐高祖于关中受禅，以长安为京师，建都于其地。高宗营洛阳，显庆二年（657年）置为东都，与隋氏同制。至肃宗至德二载（757年）立五京：中京长安，东京洛阳，北京太原，西京凤翔，南京成都。上元初（760年），移南京于江陵，次年即罢四京之号，专以长安为都。未几再复五都，五都即至德二载之五京；既而又罢西南二都，寖成定制。

道制的组织。唐太宗贞观元年省并州县，又因山川形势之便，分天下为十道：关内道、河南道、河东道、河北道、陇右道、山南道、淮南道、江南道、岭南道、剑南道。至开元二十一年析关内置京畿道，析河南置都畿道，分山南为东西两道，分江南为东、西及黔中三道，合为十五道。其形式有：

一、方镇（节度使之区域）。唐高祖武德初，仍隋旧制置总管之官，既而诸州总管皆使持节，其制概如东晋、南朝之使持节都督诸州军事。武德七年，改总管曰都督。高宗永徽以后，都督有使持节者，有不赐节者，但以持节之都督称曰节度使。开元二十九年（741年），有十节度使：安西、北庭、河西、陇右、朔方、河东、范阳、平卢、剑南、岭南等。

二、镇戍。镇戍为一种军事的防御设备，隋因前代之制，亦置镇戍。《旧唐书·职官志》原注云："魏有镇东、镇西、镇南、镇北四将军，后代因之。隋因始置镇将、镇副之名也。"唐因隋制，诸镇诸戍亦均有上中下三等；至天宝中，凡天下军有四十，府有六百三十四，镇有四百五十，戍有五百九十，守捉有三十五。

监察巡省系列

特察使。包括观风俗、巡察、黜陟等使。贞观八年（634年）正月，诏遣大使，分行四方，观风俗之得失，察刑政之苛弊，黜陟幽明，巡省风俗。

于是分遣萧瑀、李靖、杨恭仁、窦静、王珪、李大亮、刘德威、皇甫无逸等，巡省天下。自贞观八年以后不置，其事仍存于巡察黜陟等使职中。

司隶。隋炀帝大业初，复罢州置郡，为司隶台；大夫一人（正四品），掌诸巡察。至唐不置司隶，而其所司存于京畿采访使。本来唐初地方监察使的制置，多临时性质。至开元二十二年（734年），宰相张九龄奏，因前十道置采访处置使。其后使职与官名虽随时有变，道的区域虽随时分化，但大体上已成为经制。

采访观察置使。《通典》谓采访使有判官二人，分判尚书六行事及州县簿书；支使二人，分使出入，职如节度使之随军。《新唐书·百官志》谓：观察使有副使、支使、判官、掌书记、推官、巡官、衙推、随军、要籍进奏官各一人。观察处置使，掌察所部善恶，举大纲。凡奏请，皆属于州。

财赋转运系列

转运使。隋制，都水监领舟楫署，主水运漕挽之事；又潼关、渭南，皆有仓以转运之，各有监官。唐初沿隋制，都水监置舟楫署，掌公私运治之事，至开元二十六年（738年）署废。其时水陆发运使，或水陆运使，或陆运使，或总曰军运使之特别制度，其署已成无用，故遂罢废。先是唐先天二年（713年），李杰始为水陆发运使，是为使名的初期。

盐铁使。隋制盐池置总监、副监、丞等员。管东西南北面等四监，亦各置副监及丞，视从六品；盐池总副监，视从七品；盐池四面监，视正八品；盐池四面监、副盐池总监，视从八品；盐池四面监丞，视从九品。唐因之，诸盐池监一人正七品下，掌盐功簿账；有录事一人，史一人。

两税使。杨炎两税法设立之后，朝廷对于州郡两税的督征，又分道而有两税使的设置，大率均与盐铁转运诸使互兼。建中三年（782年）分置汴东西水陆运两税盐铁使，其时盐铁转运度支于各地均有分巡监院。两税使因其旧有设置，视其便宜与否；而以诸使兼领参知其事，故事实上亦颇便利。

行政系列

州郡官司组织。隋初仍因前代之制，州郡为上下二级，故州官郡官两置。其制州郡官属略如北齐之制。其雍州属官合二百四十人，上上州合二百十三人，余州依次递减。自隋文帝以至隋炀，实为地方行政制度一大转变时期；前此州与郡名为上下二级，至此州郡互名而实为一级。唐因隋制，亦州郡互名，或置刺史，或置太守，每州一人；其下则有别驾长史、司马、录事参军事、录事、司功、司仓、司户、司兵等等，依州之上中下而有员额多少与品秩高卑的差别。

县官司组织。隋初因北齐之制，县置九等，分别为上上县、上中县、上下县、中上县、中中县、中下县、下上县、下中县、下下县等，县令三年一迁。开皇十四年（594年），改为上中下三等。炀帝即位，又改县尉为县正，寻改正为户曹法曹，分司以承郡之六司。河南、洛阳、长安、大兴则加置初功曹而为三司，司各二人。唐因隋制而又有变化，其官司员额多少，亦依县之等级以为差。

乡官组织。唐制凡百户为一里，置正一人（此仍沿隋制）；五里为一乡，乡置耆老一人，以耆年平谨者县补之，亦曰父老。贞观九年（635年），每乡置长一人，佐二人，至十五年省。《旧唐书·职官志》云："百户为里，五里为乡。两京及州县之廓内分为坊，郊外为村，里及村坊皆有正以司督察。四家为邻，五邻为保；保有长，以相禁约。"这是唐代乡村基层组织的大概。

地方政制的优点

一、军事系列方面。

都督之确立。特别是在沿边重镇之都督府，对唐有很大的帮助。因唐在盛世时，力事开拓边土，四疆蛮夷有降附者，即就其部落为羁縻府州，因而使唐室势力得以在此种都督之维系之下，不断向外增加国土。

行台尚书之制，是地方有军事征讨的一种权宜制置，其优点是能随军事的扩张而综理军民事务。

节度使之作用，在防制异民之反侧，所谓"式遏四夷"是也。但节度仅为自东北迄西南之陆防计，至东南沿海，则别置经略使三员，以防海寇。而唐代之开拓疆土，以开元、天宝间之版图为极盛，节度使之建置实为有力。

二、监察巡省系列方面。

各种特使均由京官出派，就其官位的性质而论，本属中央的系统；但就其事务与政务的性质而论，则多属地方民刑财政的范畴。这种特派制度的盛行，可以说是中唐以降政制上的一大特色。其中之特察使，其作用是能观风俗之得失，察刑政之苛弊，黜陟幽明，巡省风俗。

司隶、采访等使，在唐初是：察品官以上理正能否；察官人贪残害政；察豪强奸猾，侵害下人，及田宅逾制，官司不能禁阻者；察水旱虫灾不以实言，枉征赋政，及无灾妄豁免者；察部内贼盗不能穷逐，隐而不申者；察德行孝悌茂才异行，隐不责者。至于采访使之优点是兼有观察及领都团练使和处理一切民事之作用。

三、财赋转运系列方面。

转运使由宰相以至台省府寺诸官出派，或由地方刺史观察兼掌。自隋开运河以后，东南财富的转运，逐渐重要。其间又曾委转运使以地方监察之权。《旧唐书·代宗纪》云："永泰元年十二月己酉敕'如闻诸州承本道节度、观察使牒'科役百姓，致户口凋敝此后委转运使察访以闻。"自后转运使之兼有地方监察职，即防于此。

盐铁使、度支、营田使、两税使、租庸使等均把地方的各种财富相继运回京城一带，以使中央殷实。

四、行政系列方面。

州郡。自隋文以至隋炀，实为地方行政制度一大转变。及唐承隋制，州郡首长均由中央分派各地，因此中央能便于控制地方政务。

县官。特别在京畿及天下诸县令，皆掌导扬风化，抚宇黎甿；敦四民之业，崇五土之利；养鳏寡，恤孤穷；审察冤屈，躬亲狱讼，务知百姓之疾苦。

地方制度的缺点及影响

一、唐代的地方官员迁调虽速，但下级永远沉沦在下级，轻易不会迁到上级去。于是在官品中渐分清浊，影响行政实效极大。

二、节度使权过大。唐初边将，文武迭用，不久任，不兼统，不遥领，中人不为大将。自十节度设置之后，以其军权过重，渐有尾大不掉之势。天宝十四载（755年），安禄山遂以范阳节度使举兵谋反，两京失守，天下大乱。而唐室为奖励出征军士，怀柔反正降将，每赐以节度之号，而武夫战卒以功起行阵，列封侯王者。于是往日施于边境之制度，转而滥用于内地。其大者连州十余，小者犹兼三四，除授转悉多不请命于中央，而其辖境内设官施政，尤多一任己意。故唐自安史乱后，节度使已成为实际之地方行政长官。

三、方镇权重。安史乱后，方镇权重；其割据一方，拥兵自雄者比比皆是，寖假而成藩镇之祸。兼以内则宦官跋扈，朋党倾轧；外则胡骑压境，困疲两京，遂使李唐政权衰弱无力，摇摇欲堕。

四、探访观察处置，流弊百出。由唐初至德以降，采访观察处置之使，流弊百出，无益治道，如观察使本理民事，但方镇擅权之后，观察使率为节度使兼职，互相带领。沈括《梦溪笔谈》云："唐制，方镇皆带节度使、观察处置之使。"其结果转为藩镇持劫州郡民刑诸政之资，已失原来中央对地方监察的作用。

五、转运使效用不著。唐末，中央对地方的财货管制弛败，地方则已无统筹转运之实。《通考》谓唐置诸道巡院，五代罢巡院，始置转运使。其时漕运衰微，财政不裕，虽置使而效用不著。

六、重内轻外。自太宗理天下，重视亲民之任，故常录督守姓名于屏风之上，坐卧常看；在官善恶事迹，具列于名下，以凭黜陟。是以州郡无不率理。然其犹有重内轻外之弊。如十一年（637年）马周上疏云："今朝廷独重内官；刺史县令，颇轻其选。刺史多是武勋人，或京官不称，方始外出。边远之处，用人更轻。所以百姓未安，殆由于此。"逮贞观之末，承平既久，此风转盛，群士多慕省阁，不乐外任。其折冲果毅有才力者，先入为中郎将，次补郡守，其轻也如是。

七、县官司组织变化不定。唐因隋制，其官司额多少，亦依县之等级以为差，随时增减变更，颇无常准。虽在变更纷纭之中，其职司则前后相仍。但此经常之变，致影响行政实际效力极重。

第六节　汉唐地方政制比较

汉、唐是历史上最能代表中国的两个朝代，其地方行政制度虽因时间的关系而有不同，但时间是连续不断的，一朝的制度实难完全与前朝分离脱节。因而汉唐两代虽经魏晋南北朝的混乱、隋的厘整政制，但在差异之余，仍有相类之点。现试比较汉唐两朝地方制度，以察其异同。

一、汉初采封建郡县并行之制，景武以后封建寓于郡县，汉末则实为州、郡、县三级系列。唐初采郡县制，后转为州、郡、县三级。汉初的制度，在景武以前，乃承袭秦以来的郡县制度。另一方面，惩于秦之孤立无援，于是有同姓的诸侯王国，列侯功臣的诸侯王国等的设置。自西汉末期以至东汉，刺史由监察官渐变为地方行政官，州由监察区域渐变为行政区域，地方政局事实上又变为州、郡、县三级。自隋罢州置郡与州郡互名之后，地方行政改为州（或郡）与县的二级制度。唐承隋制，但唐中叶以后依于道而有节度使的制置及其他地方藩镇专权。节度使由节制军事而侵渔民刑财政，于是实际上形成藩镇州、郡、县的三级制。

二、王国组织，不复存在于唐。在两汉尤其是西汉时期，王国既君临其人民，又保有其土地，其国官的设置几与中央无异。经汉武集权、光武厘革之后，王国缩小了，侯国亦同趋破坏。这时诸王在租食税不复临民，王国从地方的行政系统中消失了地位。自隋唐一统，对于王侯封爵，不但成为虚封与无复人民土地之实，其虚封中所食实封户数的租调，且均由内府支付。而事实上诸王又多不出阁，不出阁则不置国官；其出国者，重要职事皆由地方官领带，而非王爵本身。至此地方制度中遂无复王国的地位。

三、唐初之州县与汉之郡县组织原则，根本无异。组织原则上，郡府县廷之组织与相府亦即宰相秘书处相同，而非朝廷九卿之比。隋唐之制，朝廷分职治事者六部，州府县廷之组织以功、仓、户、法、士等司，分职与朝廷六部同，非复相府僚佐之比。

四、州与郡地位平等而内部组织全异。汉初诸侯王国，国内辖郡，在王国以外郡直属中央。武帝以降，王国不再统郡而直接领县。郡额在高祖时为六十二，以后新郡日增；迄于孝平，郡国凡一百三。郡区划分是以天然界限为准，就地区而论，郡有内外之分；就政务之繁简而论，有剧平之别。帝都附近为三辅；三辅之外，有蛮夷塞彰者，则为外郡与边郡。所以郡有远近，同时亦有高低之分。长官为郡守、国相，佐官为丞、长史、都尉，其下有属吏。

唐之州，上有都督府，有道，每府督数州。武德时规定凡统十州以上称大都督。贞观时全国共有十道，四十一个府，三百五十八个州，除京畿九州外，其余各州均隶属都督府。州有上中下三等，州长官称刺史，州刺史以下的重要官吏有别驾、长吏、司马各一人，录事参军一人，又有六曹分掌各政务。

五、刺史在汉最先为监察官，在唐则为地方高级行政首长。刺史本是汉中央政府用以督察各郡的官。武帝元封五年（公元前106年）分全国为十三个监察区，名曰部，每部设刺史一人以监督所属各郡国，其后刺史权任发展为地方行政官的实质。到顺帝时，更于诏书中明令刺史指挥诸郡，指刺史名衔排在二千石之前，刺史地位已等于地方的最高长官。而唐的刺史乃一郡之最高行政首长。唐设刺史乃承隋制，并非由监察官逐渐演变如汉者。

六、汉唐县制之比较。汉唐地方行政最后一级皆为县。唐玄宗时全国有一千五百七十三个县，比汉平帝元始二年之一千三百十四个县邑多百余。唐制度除赤县（京都所治）、畿县（京都旁邑）、次赤畿外，其余三千户以上为望县，二千户以上为紧县，一千户以上为上县，五百户以上为中县，不满五百户为中下县，凡七等。汉县万户以上为大县，万户以下为二级县，可见汉县比唐为大。汉制又因县之地位交通或民户繁多等关系而有分别。唐县长官为令，次有丞二人，主簿二人，余事二人。汉县长官万户以上为令，减万户为长，有丞，置文书，尉掌甲卒治盗贼。

七、地方长官掾属之不同。自秦至汉，守尉监虽命自朝廷，但郡守对于其幕僚属吏可自署。令长由朝廷署置，而县吏则除令长自署之外，郡守可以支配。因为郡守、令长都是执行政务之官，而郡吏与县吏则为幕僚或佐吏，故前者由中央派遣，后者则守令自置。到唐代，为了集权中央，地方大小官吏任用权都由吏部除授，无自行辟署之掾属。

八、道制之不同。唐除了以州与县乡为一个依次相乘中央的行政系统外，别有"道"的制置。在汉县有异族居住的叫做道。卫宏《汉官旧仪》："内郡为县，三边为道。"平帝元始元年（1年）全国有三十二道。汉之道实即县，与唐之道不同。唐道的作用就对地方的民政而言，可以说是监督与节制区域。及开元以降，则道又为财物微调和转往的区域。贞观中并省州县，依山川形势分天下为十道。自此以降，道的数目逐渐增多，自十道而十五道而十八道乃至四十余道，其发展的趋势与汉武以降的州制略同。

九、唐代官阶升转不及汉之灵活，行政效率也较差。唐代地方官者，因本身地位低，不得不希望升迁，各怀五日京兆之心。政府亦只得以升迁来奖励地方官，于是把州县多分级次，由下到中，由中到上，升了几级还如没有升。不像汉代官阶上下相隔不甚远，升转亦灵活，由县令升郡太守，便是二千石，和中央九卿地位相对。汉制三年考续一次，三考始定黜陟。因阶级少，升迁机会优越，故能各安于位；人事变动不大，行政效率也因之提高。唐代则迁调虽速，下级永远沉沦在下级，轻易不会升迁到上级去。于是官品中渐分清浊，影响行政实际效力极大：

秦汉曹吏分职太细，吏员猥杂，多至百人有至千人者，是其大病。到隋唐州府内郡组织，不但尽废魏晋南北朝府州两系中之州吏一系，即如府佐亦大加简化为五六曹，县则唯置丞、簿、尉；分曹置佐亦仅三五人。故唐代之简化至此乃一大进步。然唐地方制度比汉制仍有逊色，因就省员减吏而论，固以简至最简，财政节约何止数倍；然官位过简，势必有赖地方人士协助，后世幕宾吏役之制，盖即因此隙障而起者。且天下县，刺史县令皆出中央，已难精选；而参佐、簿、尉一命以上，亦皆由吏部除授，是直见人填阙，固不考虑才能所宜，地方适合否。此辈既人地生疏，又复出身科第，毫无行政经验，故当官莅任，唯诗酒是肆，鲜能理务者。此又幕宾吏役弄权之所由起也。此辈幕宾吏役，无正俸，无前途，势必依凭官府，贪暴是务。是以视汉世小吏能廉洁自守，以绩效见者，诚不可同日而语。

汉代政治于中央、地方无所偏重，而时君且特重治民之官，故当时政治社会论官位之高低，权力之大小，中央、地方无所轩轾，未有轻外官重内任者。唐则不然，政治重心偏于中央仕宦之家，重内任轻外职，宁处冗散于朝廷，不乐外迁于地方。州县之职无乐任者，不幸外迁，则化百计钻营，图谋内调，故人才集中于朝廷；若不得已出任州县者，亦不能静心为政。上焉者，敷衍塞责，但期终考；下焉者，诗酒妓乐，心存过舍，鲜有以治民为己任，寄官途于绩效者。故终唐之世，以治民显名当世、位跻公卿者殊少见。而地方吏治不能上比两汉，此其要因。

第六章　宋元明清地方改制得失比较

第一节　宋代地方制度得失

制度之内容

宋代地方制度颇为复杂，名称既多，时复废置变革，而区域亦迭有变迁。考其立制，仍袭唐旧，采路州县三级制。在州县之上设路，相当于唐代的道；中一级又分府、州、军、监；最下一级为县。

路　宋开国之初，原无分区设路之制；至道三年（997年），始将天下分为十五路。宣和四年，天下共分为二十六路，其后时有分合变更。路的区域法律上经已固定。路之长官多而复杂，最主要者，总名之曰监司，分之则为帅、漕、宪、仓四使：

帅：即安抚使，掌一路之兵民，领军旅禁令赏罚肃清之事。

漕：即转运使，掌一路之财赋，领财赋上供、经费储积之事。

宪：即提刑按察使，掌一路之司法，领狱讼曲直、囚徒详复之事。

仓：即提举常平使，掌一路之救恤，领常平义仓、水利敛散之事。

四使无须并置，或缺其三，或由一官而兼他官之事；均系由皇帝派出之使臣，而非地方行政的长官。其增置废减，均视事之繁简而定，事已且罢之。

府　县之上级为府，实沿于唐，唯唐代赤县与畿县之上三京府，以及曾设陪都而先后增设之六府，共九府而已。至宋则大郡多升为府，如宋太祖以归德军节度使创业，升宋州为归德府。府之长官于开封府有牧尹，唯不常置，而以权知府事一人，以待制以上充任。其他诸府各置知府事一人为一府之长官，悉以分命朝臣充任。至道以后，知府必带"权"字，即暂时之意。并派通判一人，凡知府公事须经通判连署。宋极盛时，建府三十有八。

州　宋初太祖开基，惩于五季之患，遂召诸藩镇于京师，各赐第以留之；而分命朝臣出守列郡，号之为权知军州事。而本官高者谓之曰判，为州之长官，本为权设之名，后遂为经常之任官。乾德元年（963 年），始以文臣为知州事，其后州之长官谓之知州，遂为定制。宋制凡从官出任知州者，不避本籍，类皆以三年为一任。宋建有二百五十四州。府与州同分为辅、雄、望、紧、上、中、下七级。

军与监　军与监之地位相同，类皆等于下州。军之长官为知军事，亦是分命朝臣充任。知军事与知州事名异而职同，皆为统县之长官。宋代所设之军，可考者计五十九军之多。监之长官谓之监事，职亦同于知州，由朝廷分命朝臣充任。监主铁冶，如莱芜监；或主银冶，如开宝监；或掌马政，如陕西之沙苑监；或主盐，如西川路之富顺监。军与监均非政制之常规，其设置系因应实际之需要而为之损益，辖区大小无定，两者皆有通判一人。

县　府州、军监之下为县。府领县较多；州所领之县多者十余，少者三四，而领一者亦有之，例如莫州只领任邱县一是也。州领一县之时，知州与县令之职务未知如何划分。军在原则上只领一县，亦有二县以上者；监均领一县。县令亦为中央之临时差遣，而非真正之地方官。

制度之特色

一、路无元首性长官。最高级地方区域的"路"，不设元首性的长官，而以漕司（转运使）、宪司（提刑按察使）、仓司（提举常平使）、帅司（安抚使）分掌政务，不相统属；俾互相牵制，不能自累。军、监更为前代所无。

二、诸司盖以文臣权充。上自各路司使，下至州县知事，皆以中央文官权理，故其长官称权知（府、州、军、监、县）事，简称知府、知州、知军、知监、知县。这些地方官，仍具有他们在中央时的本来官职，表面上虽隶属于路，但他们可以直接奏上中央。所以严格来说，宋代是没有真正的地方官的。

三、各级皆设通判一人。各级皆设通判一人，一切文事政务，须由其连署，以收制衡之效。实则成为中央之代表。

制度之优劣

一、优点方面。

1. 夺回武臣拥有之地方政权。据《宋太祖本纪》："（建隆二年）太祖召诸节度使会于京师，赐第留之，而分命朝廷文臣出守列郡，号知州军事。"是所谓杯酒释兵权的故事。自此以后，地方官吏始得逐渐改用文臣，一惩五代以来，节度使把持地方政府权力之弊。

2. 将地方权力，完全收归中央。宋行三级制之划分，以上级为路，下有府、州、军、监，再下为县，均由中央直接派遣。所有地方每年之财赋收入，均皆悉数运解中央。简言之，宋代所有官吏均为中央办事，根本没有为地方办事之机构，更是达成宋中央集权目的之一途径。

3. 使地方官吏尽量发生互相牵制的作用。例如在一路之内，设安抚使以掌兵民，转运使以掌财富，提刑按察使掌刑狱，提举常平使以掌救恤；四个机关同时设置，不得互相禀承。又如在府、州、军、监正官以外，又设通判。一切关启文移，均须通判连署，始能发生效用，借以牵制正官。

二、缺点方面。

1. 在四司中，漕使即转运使最重要。地方财政，都在他手，他须把地方全部财富转运到中央去。在唐代，地方收入，一部分解中央，一部分则留在地方；宋代则不留。地方无储备，平常就很艰苦；临时地方有事，更不堪设想，使地方难有建设。

2. 宋代所谓的中央集权，是军权集中、财权集中，而地方则日趋贫弱，造成内重外轻的局面。制国之道，最重"大小相维"、"轻重相制"，以收中央与地方平衡发展的效果。宋代中央权力压倒地方，地方不能做事，国家之积弱随之。故金兵内侵，京都一破陷，全国便瓦解。不如唐代安史乱时，虽两京俱失，但因地方储积有足够车粮武器，故得以反攻。

3. 宋代之地方政府，虽袭唐制，但无论是制度上或官名上，都出现名目繁多之情形。如路没有首级地方官长，却分称帅、宪、漕、仓；又如中级之州，其下又分府、州、军、监四种名目，此为前代所无，其实军、监与州地位相同。总而言之，名目琐碎繁多。

4. 唐代的州县，只要奉承一个上司，即观察使；而宋代于路设四个监司，则要奉承四个上司，可想地方官之难做与无权。

第二节　元代行中书省的设置及其作用

行中书省制度之沿革

元代以边区民族入主中国，除保存路、州等旧称外，复于路、州之上，创设行中书省，以遂其分区宰割、管辖之意。盖元之行省制，既非远绍北朝，亦非师法隋唐，实系袭取近古金人之制而来。据《金史》卷三十四《地理志上·西京路》下云："皇统元年（宋绍兴十一年），以燕京路隶尚书省。"是为地方行政区直隶中枢之始。至金宣宗即位之初，河北、河东州县，多为蒙古所陷，而燕京亦成危城，乃于贞佑二年（1214年）自燕京徙都于汴，旋为应付蒙古之南犯，于是年十月，置行尚书省于大名府路，以统御河北州县。此虽系非常时期权宜之计，但为蒙古行省制开其先声。

行省乃行尚书省或行中书省之简称。蒙古太宗（窝阔台）三年，始立中书省，以耶律楚材为中书令；宪宗蒙哥之世，改为尚书省，复因金末之制，置尚书行省；元世祖至元四年，复改尚书省曰中书省，自是以后，所置行省皆指行中书省而言。

行中书省设置之原因

其一，据《元史》卷九一《百官志》："国初有征伐之役，分任民军之事，皆称行省，未有定制。中统至元间，始分五行中书省，因事设官，不必备。皆以省官出领其事。其丞相皆以宰执行某处省事系衔。其后，嫌于外重，改为某处行中书省。军国重事，无不领之。"由此可知，元初之行省，本系"置省典军兴之务，师还而罢"，后来以临时之设置，渐变为永久制度而成行省之制。因此由中央政府常派重臣镇压地方之上，实为一种变相之封建。

其二，蒙古因以外族入侵中国，故此不敢将政权分散，或把政权交给地方官，要完全掌握集中在中央。某地方出了事，就由中央宰相府派一两个人去管事。所以行中书省者，原称为行中书省事，即中书省分出于各地方之意，后遂为常置地方行政官府之名。同时又表示其管辖区域，成为行政区划之名，故创为行中书省，以遂其分区宰割之私意。

其三，盖蒙古灭金之后，国家草创伊始，时值非常，因效法金末非常之制度。即在既经占领之新疆，遣亲王重臣统治其地；对意图经营之区域，则遣宗室帅臣以主其事，号曰行尚书省。如宪宗蒙哥之世，因奄有大河南北之地，乃设"燕京等处行尚书省"；但此系权宜之计，非为常式。蒙哥之殁也，弟忽必烈嗣位于开平，建元中统，是为元世祖。元世祖中统元年（1260 年）初定官制，更分国内为十路宣抚司，二年罢之，三年改置十路宣慰司，寖成定制。又《元史》载："中统三年，置陕西、四川行省，治京兆。"是于诸路宣抚司之外，复置行省。大抵自中统三年（1263 年）以迄至元十三年（1276 年）平宋止，此十五年之间，元代地方行政采宣慰司与行省并行之制；其州县部分统属于宣慰司，部分隶属于继续增设之行省。

如至元八年（1271年），置西夏中兴等路行中书省，十年（1273年）尝置河南等路行省于襄阳。行中书省之建置，由渐次增加，而遍及全国。至元十三年以后，虽仍有更改，但行省已成为地方最高行政单位。及英宗至治元年（1321年），计有行中书省十一，曰岭北、辽阳、陕西、甘肃、河南、江北、江浙、江西、湖广、四川、云南、征东；其外以一中书省直辖路州，号称"腹里"。全国共分十二行政区，此十二行政区，历泰定帝、明宗、文宗而未改。逮顺帝至正十一年（1351年），刘福通倡乱于颍州，海内豪强，闻风响应，纷纷举事，自后天下骚然，而行省亦颇多增置。是元代末年，中国境内实有行中书省十五，合中书省计之，凡行政区一十有六。

行省统辖之范围及其官制

元既建行省之制，而曩昔之路、府、州（军）、县皆属之。唯行省与路、府、州（军）、县之间，统隶关系复杂纷繁，颇不一致，略如下表所示：

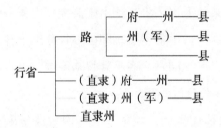

是元代地方行政区划，在行省之下，有以路统府辖州领县者；有以路统州（军）领县或以直隶府辖州领县者；有以路或直隶州（军）领县者；更有直隶州不领县而临民者。或为五级，或为四级，或为三级，或为二级。

元代行省详细官制有：

行省之宰相　中书省左右丞相、平章政事、参知政事，皆为宰相。自至元四年至十三年之间，行中书省之长官曰"中书省臣出行政事"，乃权宜之制。至元十三年平宋以后，地方制度渐趋稳定，出任"某某等处行中书省"者，亦皆为宰相，号称行省宰相。行省宰相掌一省之民财军政，举凡钱粮、兵甲、屯粮、漕运、军国重事，无不领之。终元之世，行省之置官与中书省差相仿佛，特中书省别有一中书令以典领百官会决庶政，为行省之所无。

宰相以下之官制　元代于重要之府州皆置为路，路设"达鲁花赤"与总管各一员；而总管纯为行政官，为达鲁花赤之副贰。两宋之府皆统于路，元代则升之直隶于行省，俗称"直隶府"，与路之地位相等，然亦有隶属于路者，是为散府。直隶府与散府皆置达鲁花赤一员以主政事，另置府尹或知府一员以为副贰。知府为带京官而司府事者，与宋制同。州亦有直隶州、散州之别，各分上中下三等。上州置达鲁花赤及州尹各一员，中下州则改州尹为知州，以略示区别。诸县亦别为上中下三等，皆置达鲁花赤及州尹各一员，以司民事。至边境之军，安抚司及蛮夷诸地之长官司，约当于内地之下州，亦置达鲁花赤一员，而其副贰之官则间有用当地之土著者。故元代官制，颇为繁杂。

行省长官人选及其制度之特点

元代地方之府州皆置为路，路以下之地方官，类皆蒙汉兼置；蒙人大权在握，而汉人则为之副贰。路设"达鲁花赤"与总管各一员。"达鲁花赤"即蒙语长官之意，常以蒙人为之；总管纯为行政官，多以汉人任之，以为蒙人"达鲁花赤"之副贰。是总管之官虽沿袭金人，但与金制有异。以下之府、州、县亦如此。

元代行省制度其他特点：

宣慰司与行省并行　元代省区辽阔，尤在边远之地，行省政令每多不及，是以行省或设宣慰司分道以总郡县。《元史·百官志七》："宣慰司，掌军民之务，分道以总郡县，行省有政令则布于下，郡县有请则为达于省。有边陲军旅之事则兼都元帅府，其次则止为元帅府。其在远服，则有招讨、安抚、宣抚等使，品秩员数，各有差等。"故宣慰司或可谓行省之分省。元世祖至元之初，行省与宣慰司并行。至元十三年平宋以后，宣慰司降级而隶于行省，变为行省与路州间之承转机构，加以道名。此类宣慰司之道，其数凡十一。

宣抚司的作用　宣抚司实系在边远区域，或因特殊事故而设立之非常制官署。其统辖之范围，则只限于某一路或某一较宣慰司为小之区域，其职权却小于宣慰司，且非常制之官署。根据《元典章》，将宣慰司之禄廪列入"诸色衙门"栏内，而与转运司、提举司、盐司、警巡院、儒学教授等副贰之官衙并列，当可知其性质矣。

肃政廉访使之道　元代除宣慰司之道外，又有肃政廉访使之道，肃政廉访使差相仿佛。此类肃政廉访使之道，凡在有路、府、州、县之处，曾普遍建置，有元一代，其数共二十有二，除中书省置有山东东西、燕南、河北等三道外，其余各行省，多则三四道，少则一二道。

分省制之设　元末天下大乱，四方豪强割据称王者比比皆是。元室为加强地方权限，稳固地方势力，除增置行省之外，复有"分省"之制。"分省"乃分中书省或行省之臣吏，出理该省之边郡。其建置靡有定规，如福建行省有建宁分省、泉州分省、兴化分省及延平分省，而江西行省仅有一分省立于广州，至中书省最多时置有分省十余。其措置之繁，可以想见。

明太祖起义兵统一天下后，初时以天下未定，仍因元之旧，采行"行中书省"之制，至洪武九年（1376年）六月，始改行中书省为"承宣布政使司"。据《明会典》所载，其年凡承宣布政使司十二。洪武十一年（1378年）正月，改南京为京师。十三年（1380年）正月，诛左丞胡惟庸，乃罢中书省。以中书省所领府州直隶于六部，"直隶"之名始于此。由上可得出如下结论：

第一，元代行省制以中枢宰臣兼理行省之制，实系明清两代督抚之权舆，亦为后世行省奠定始基。

第二，元代行省官制颇为庞杂，繁官冗吏，充斥于时；在中国史上，仅元魏之盛置官吏，差可比拟。

第三，元代行省，其地方区划分级之多，层次之繁，驯至流弊滋生。

第四，元代初时灭人之国，取人之地，随时随地建州郡；其后，因循相袭，无所改革，故其制度杂然并陈，不能谓之完备。

第三节　明清地方政治制度得失

明代地方政府组织

一、总督与巡抚。总督与巡抚，初设时均有表明其职务性质，并非官名。因其具有监察、考复的职权，类似御史的工作，与元代的行台御史相似，故下列各官，均加都御史与副都史衔，在《明史·职官志》中，亦附都察院之下。如"总督"、"总理"、"提督"、"巡抚"、"总督兼巡抚"、"抚治"、"赞理"等官，其初均系因事暂设，后渐变为固定官职，于是地方政治组织于三司外，又多一层官制。总督所管的事务较多，其辖区常超过一省；巡抚所管的范围，不过一省，或限定省内某些地方，故一省内不只一个巡抚。二者所辖的区域及职务，亦因事变动，故明代的总督与巡抚没有固定人数。

巡抚迁调必候代，而且对于任命之送达及到任日期均有严格规定。嘉靖三年（1524 年），"令各巡抚都御史遇有迁秩，或以忧去者必候代。新任代者，亦宜亟往；如违，言官劾奏。"

二、省与道。省设承宣布政使司、提刑按察使司、都指挥使司，是为三司。承宣布政使司，左右布政使各一人，从二品；左右参政，从三品；左右参议，从四品；均无定员。其下有部事、照磨、检校、理问、副理问，军器局、宝泉局、织染局各大使、副使一人。

全国除两京外，共有十三个承宣布政使司。布政使司为元代行中书省的改名，原来的行省渐变为区域名称，是行省之起源。故布政使司，也俗称行省。布政使俗称藩司、藩台或方伯，初设时为一省最高行政长官。

明初设各道按察司，置按察使等官。洪武十三年，改三品按察为正四品，寻罢；十四年复置，并置各道按察分司，设试佥事，每人按二县。凡官吏贤否，军民利病，皆得廉问纠举。

明初置各行省行都督府，设官如都督府，又置各都卫指挥使司。洪武四年（1371年），置各都卫断事司。八年（1375年）改各都卫为都指挥使司。宣德中增置万全都司，共十六都司。

三、府。行省以下的行政单位为府，府直隶于承宣布政使司。唯南京曾为国都，北京为国都，其府的组织异于他府，在府之上，不设布政使，南京称为应天府，北京称为顺天府。顺天府即旧北平府，洪武二年（1269年），置北平行省，九年改为北平布政司，皆以北平为会府。永乐初改为顺天府，十年，知府改为府尹，秩正三品，设官如应天。府有知府一人，正四品；同知正五品，通判正六品，无定员；推官一人，正七品。其属有经历、知事、照磨、检校、司狱各一人。

明代地方官时有增减，"成化九年（1473年）添设苏、松、常、镇、湖五州五府劝农通判、县丞各一员。寻复添设北直隶七十三州县、江西二十县、湖广十州县、河南十六州县，州判、县丞各一员，专理劝农"。

四、州与县。州有知州一人，从五品；同知，从六品；判官，从七品，均无定员。其属有吏目一人。"州辖里不及三十，而无属县者，裁同知、判官；有属县，裁同知"。《续文献通考》则称判官为通判。"知州掌一州之政"。州有直隶州、属州之分；直隶州同府，属州同县，州官品秩相同。全国共有二百三十四州。

县有知县一人，正七品；县丞一人，正八品；主簿一人，正九品。其属有典史一人。"知县掌一县之政，凡赋役、岁会、实征，十年造黄册，以丁产为差。赋有金谷、布帛及储货物之赋。役有力役、雇役、借请不时之役，皆视天时休咎；地利丰耗，人力贫富，调剂而均节之。"此外，明代又分县为三等，即上县、中县及下县。

清代地方政府组织

一、总督。地方政治区域的划分，以省为单位，省以下分道、府、州及县等级。此外尚有直隶厅、散厅。各行省除山东、安徽外，均有厅的组织；全国共有直隶厅四六，散厅九九。直隶厅的地位，稍逊于直隶州，其主官为理事同知或抚民同知。省以上又有总督，管理一省或数省的军事民政等。总督，从一品，并分别加兵部尚书或左右侍郎，兼右都御史或右副都御史衔，以表明其管理军事、监察地方的身份。

二、省。省为地方最高之行政单位，每省设巡抚一人，其下有布政使、按察使及提督学政等官。清初，全国共分十八行省；光绪时，台湾、新疆改建行省，又将东北改建为奉天、吉林、黑龙江三省，共有二十三行省。此外尚有内外蒙古、青海、西藏、察哈尔等特别区。光绪二十四年（1898年），"诏各省两司，仍专摺奏事。"（《清史·德宗纪》）又各省初置督学道，系按察使金事衔。雍正时，改省督学为学院，凡属部属任者，俱加编修、检讨衔，自是提学无道衔。清末，改学政为提学使，其地位在布政使之上。

三、道。道设道员一人，正四品。道或以地区设置，或因事务设置。以地区设置的，成为省与府的行政单位；以事务设置的，成为布、按二司以下的政治组织。各道亦互相兼职务，如直隶的天津道，本以地区划分，兼管河务；台湾道则兼理学校，甘肃的平庆道兼领驿盐，西安道兼理哈密屯田等。

四、府。府设知府一人，"掌一府之政，教养百姓，为州县表率。佐以同知、通判，曰清军，曰捕粮，曰水制，曰屯田，曰治农牧马，曰理事，各视其繁简而分掌之"（清朝《文献通考》卷八五）。《清史·职官志》载："掌总领属县，宣布条教，兴利除害，决讼检奸。三岁察属吏贤否，职事修废，刺举上达。地方要政白督、抚，允乃行。"知府，正四品，多以汉员充任。康熙时，以委置州县，专责知府，且行保举连坐法。雍正时，知府与同知且许言事，后废。宣统时，知府统领附廓县事。

五、州与县。州有直隶州与属州之别。直隶州与府同，唯无附廓县；属州与县同。州的长官均名为知州，"掌一州之政，与知县同为亲民之官。凡刑名、谷钱之事，无不亲理焉"。《清史·职官志》载："知州掌一州治理。属州视县，直隶州视府。州同、州判分掌粮务、水利防海、管河诸职。吏目掌司奸盗，察狱囚，典簿录。"直隶州知州，正五品；属州知州从五品。各省所设直隶州及属州，数目不同。

县设知县一人，"掌一县之政，亲理民务，其责任与知州同"（清朝《文献通考》）。《清史·职官志》载："掌一县治理，决讼断辟，劝农赈贫，讨猾除奸，兴养立教。凡贡士、读法、养老、祀神，靡所不综。县丞、主簿分掌粮马、征税、户籍、缉捕诸职。典史掌稽检狱囚。"

明清地方政制得失与影响

一、优点及其影响。

减除藩镇之祸。明代地方政制及军事制度之严密，很是合理，为历代所不及。以兵部主军政，五军都督府主军令，如同现在的军政令划分为二。而诸将只能在战时，统帅军卒，握有指挥权。战争结束，兵权随之交归中央，所有军卒仍散归各卫所。卫所的兵丁，在平时则以屯田自给。故将无私兵，兵无废才。而且大将出征，必由文臣监视。武人可以高封公侯，但不能入内阁，预机务。所以明代没有武人干政之乱，也没有藩镇之祸，直至明末，袁崇焕斩毛文龙时，仍以毛不受文臣监视为大罪。史载："明制大将在外，必命文臣监。尔专制一方，军马钱粮不受核，当斩。"可知当时地方制度，实有减除藩镇祸之功。

后妃不能干政，外戚不能预政事。明太祖即位之初，鉴于历代宫闱，政由内出，鲜不为祸，命儒臣纂修女诫，使后世子孙知所持守。太祖认为"后妃虽母仪天下，然不可俾政事"。及至欲官外戚，马皇后说："非才而官之，恃宠致败，非妾所愿也。"太祖及其皇后立下这个规矩，成为一代家法。所以万历时，戚臣郑国泰主张皇长子先冠婚，后册立。礼部尚书朱国祚说："本朝外戚不得与政事。册立大典，非国泰所宜言。"终明之世，外戚不能干政，故明代地方政制，亦不为他们所预事。

普查人口、丈量土地较历代完备。明代普查人口，丈量土地，亦较历代完备。洪武时所编的《赋役黄册》，至民国初年，仍旧沿用。洪武十四年（1281 年），"诏天下编赋役黄册，以一百十户为一里，推丁粮多者十户为长，余百户为十甲，甲凡十人。岁设里长一人，甲管一人，一里一甲之事，先后以兵粮多寡为序，凡十年一周曰排年。在城曰防，近城曰厢，乡都曰里。""每年有司更定其册，以丁粮增减而升降之。"又："册凡四，一上户部，其三则布政司、府、县各存一焉。上户部者册面黄纸，故谓之黄册。"总之，明代地方制度严密，故有利于普查人口及丈量土地。

削减布、按二司之势力。布、按二使，地位较重要，故其升迁调派均另有规定。据《明会典》载："凡在外布政、按察二司有缺，除右布政使转左不用陪外，其余例推二员，请旨点用。嘉靖四年题准，查照旧例，金事递升副使、按察使，参议递升参政、布政使，就于本省及附近省分转迁，不必骤更数易，以致奔走废事。"又布、按二使，同为地方官，但例不准兼摄，故以削减布、按二司之势力。

便于天子王室之统治。明代地方行政制度，一则使省之三司并立，分权而治，以收相互制衡之功；一则以省统府（直隶州），以府统散州及县，复以督抚监督各省，构成层层节制之系统。此乃取法北宋以来中央集权制度之精髓。此种制度，实有便于朱明天子王室之统治。

二、缺点及其影响。

巡抚常与地方官发生龃龉。巡抚初设，因职权不明，常与地方官发生龃龉。景泰三年（1452 年），太仆少卿黄仕隽言：'巡抚重臣，三司所行多受掣肘，况久或变节怠终。乞总敕大纲，无亲细事。唯从舆论，无执私见。其事妥民安之处，可以无设。三司权本重，巡抚初设，便多龃龉，尤不便于武官。"

按察使常骄兵悍持　按察使之职权既有权力，其司有金，周适天下，巡行风俗，于是骄悍无比。行路时，知府也须避道。成化年间，雍泰任山西按察使，"泰刚廉，所至好搏击豪强。太原知府尹珍途遇弗及避，泰召至，詈而数之。珍不服，泰竟笞珍。珍诉于朝，且告泰非罪杖人死，逮下诏狱。王恕请宽泰罪，会事经赦，乃降湖广参议"。又太祖时，单安仁为按察司副使，"上选安仁为副使，巡行浙水东。悍将狞卒横赋民粮，曰'寨粮'，务刻剥以蠹民。安仁置于法"。从上可知按察之权势。

列爵唯五之意尽亡。明代知府及知县不分等级，各改为同品，顾炎武认为不合理。顾炎武《日知录》卷八载："太祖实录，吴元年，定县有上中下三等。税粮十万石以下为上县，知县从六品，县丞从七品，主簿从八品；六万石以下为中县……三万石以下为下县，知县从七品，丞、簿如中县之秩。洪武六年八月壬辰，分天下府为三等。粮二十万石以上者为上府，秩从三品；二十万石以下者为中府，秩正四品；十万石以下者为下府，秩从四品。后乃一齐其品，而但立繁简之目。才优者调繁，不及者调简。"故古时列爵唯五之意，遂尽亡矣。

制度紊乱，政治日趋腐败。清代末叶，外为欧美潮流所侵蚀，内受民意压迫，在政治上曾有兴革，终为旧势力阻挠，未有成效。光绪二十四年（1898 年），实行维新宪法，如同昙花一现。嗣后虽仍有改革，不过粉饰延宕，不切实际。然清代之制度，虽多仿自明代，但是官制非常紊乱，上自中央之大学士、尚书，下至地方之司官、道、府，全可作为加衔。而且自藩、县以下各官，均可由捐纳购得，无怪其政治日趋腐败。

第四节　唐宋明清地方政制之比较

唐代地方政制，大体仍袭隋代。高祖元年（618 年），罢郡置州，复设总管府。七年，改总管府为都督府。

玄宗天宝元年（742 年），改州为郡。肃宗乾元元年（759 年），又复改郡为州。乾元以后，郡之名不复见于职方。而唐代地方行政区的划分，除州县外，又有府与道的建置。宋初，地方政区主要为州县二级制。太宗初年，虽仍有少数节度使，但只限辖一州，因此有节度州、刺史州之分。太宗末年，分全国为十五路，各置转运使以统之。于是地方行政区始确定为：一县，二府，州军监三路的三级制。府州之名沿唐制，军监则因于五季，而路则为唐代道之变制。

唐宋地方政制相异处

唐代于京都或帝王行幸所在之州置府，纯与政治因素有关；而宋则除政治原因外，复于军事或经济上之重要地区置府。上述乃唐代与宋代置府原因之不同。在唐代，府的地位虽比常州为重要，但其行辖数则与常州无异。而且终唐之世，所置不过十府。而宋代之府，则愈后愈盛，如至道三年仅有九府，至宣和四年竟增至三十九府。南宋之世，领域仅及北宋之半，然府数多至四十二。又北宋时所置诸府，辖县之数往往比常州为多，如河南府辖县十六。由于宋代府的盛置，府与州之差别渐泯；后世府与州之地方相等，府为州之异名，实肇于此。

唐代以州府统辖诸县，宋则于府州之外尚有军监。唐代沿边节度使领域曰道，其下设军，以使长之。其职责为掌一地驻守卫戍之事。中唐以降，沿边设军，逮唐末五代时，天下大乱，军人干政，内地亦设军。而边陲之军，遂由驻戍单位成为地方行政区域。

宋代之军监，则有相等于府州，下统县而上隶于路者，如京东路之淮阳军，统下邳、宿迁二县；亦有分隶府而比诸县者，如真定府属天威军，定州府属北平军。

唐代地方官与宋代地方长官权力之异。唐代地方长官在安史之乱以前为巡察、按察、采访等使，其职一如汉代的刺史。安史乱后，节度、经略等使取而代之，除军政外，更兼理民刑诸政，于是地方制度自虚三级而变为实三级；但此三级制乃因安史之乱所促成，非政府所愿。

宋自太祖即位后，极图集权中央，变三级为二级制。太宗太平兴国二年（977年），尽罢天下节镇所领支郡。至是唐末以来之节度、防御、团练等使，名存实亡。宋初诸路转运使之职本在理财，太平兴国以后，始令兼理民刑、军政及监察；真宗景德（1004—1007年）中，于各路置提点刑狱（掌狱讼）与廉按使（司监察），其用意在削弱各路转运使之权，又于西川路置安抚使以理军事。仁宗以后，各路均置安抚使，但废复无常。大体而言，北宋后半期路之长官有三：一曰转运使，二曰提点刑狱，三曰安抚使。南渡以后，诸路始划一，每路置转运使、安抚使、提点刑狱各一；唯三官职掌，与北宋稍异。

3. 唐代各道的观察使，对所部有黜陟监察之权。而观察使是由御史台派出去考察地方行政的，其初是中央的官，但被派往所地巡察后，因常年停驻于地方，故渐渐成为地方最高的行政长官。

4. 宋代各路根本无"元首性"的长官，而只由中央暂派四个监司官分掌职务。他们是"帅"，即安抚使，掌一路兵工民事，领运旅禁令，赏罚肃清；"漕"，即转运使，掌财赋；"宪"，即提刑按察使，掌司法，领狱讼曲直，囚徒详复；"仓"，即提举常平使，掌救恤，领常平义仓、水利敛散。由于他们分掌政务，不相统属，彼此互相牵制，不能自专。

唐宋地方政制相同处

其一，宋之路相当于唐代之道。唐太宗贞观元年（627 年），省并州县，又因山川形势，分天下为十道；玄宗开元廿一年（733 年），又增至十五道。宋初因唐制，分天下为若干道，《太平寰宇记》载：太平兴国中，分天下为十三道，曰河南、关西、河东、河北、剑南西、剑南东、江南东、江南西、淮南、山南西、山南东、陇右、岭南。《宋书·地理志》则云：淳化四年（993 年），分天下为十道。按唐之道，除开元廿年至天宝十四载之廿余年外，与实际地方行政无关，宋初亦然。然于淳化四年之十道，翌年即罢。其取道而代者，则为路制。

其二，宋之府、州、军、监，相当于唐代的州、府；宋的府、州、军、监，通称为郡，盖府、州沿袭于唐，实类秦汉之郡而已。

明清地方政制沿革

明初因袭元代的"行中书省"制，除以应天府直隶中书省外，凡置十二行省。至洪武九年（1376年），始改行省为"承宣布政使司"。明代的省设三司，即承宣布政使司、提刑按察使司、都指挥使司，分掌民政、财政、军政、刑法，然三司要听命于六部。至明末，全国共有十三个承宣布政使司；而布政使司俗称行省，初设时为一省的最高行政长官。行省以下设府，府乃直隶于承宣布政司的地方政府。府设知府，其下为同知、通判、推官。行省以上有总督与巡抚，有监察权。通常总督辖区超过一省，而巡抚辖区不过一省或省内限定的地区。府之下有州，州设知州，其下属为同知、判官。州分两种，一种为直隶州，直属于两京或布政使司，与府地位同等；一种为散州，直属于府，与县地位同等。州之下设县，县有知县，其属员为县丞、主簿、典吏。知县掌理一县的民政、财政。此外，明又分县为上、中、下县三等。清初地方制度，大体沿袭明代。清初，全国有十八行省；光绪以后，全国共有廿三行省。省之下分道、府、州及县等三级。此外，尚有直隶厅和散厅。至于官制方面，则总督之下，有巡抚、知府、知州、知县，大率与明制相同。总督管理一省或数省的军事和民政，并有监察地方的权力。省为地方最高的行政机关，其最高首长为巡抚，其下有布政使、按察使及提督学政等官。清初，全国共有十八行省；至光绪时，增至廿三行省。省之下为道，设道员一人；道因事务设置，成为省与府之间的行政单位。道以下为府，府设知府，多以汉人充任。府以下为州与县。州有直隶州和属州之分。直隶州与府同，属州则与县同。州有知州，县有知县，分掌州、县内民政及财政。

明清地方政制得失及其比较

其一，清除督抚间不和，以免贻误政事。清自中叶以后，布、按二司就法制而言，虽仍直隶于中央，然事实上渐演变为督抚的僚属，而督抚又常以事权冲突不睦。因此，于光绪末年至宣统年间，大改地方行政组织，以便改善上述的情况。凡巡抚与总督同省者裁之，给总督专主省政，凡巡抚与总督分省者仍主裁省政，所谓总督兼辖不过是行文关白而已。于是，主省政者，非总督即巡抚，事权统一，免督抚不和，贻误政事。

其二，地方政府行中央集权，其优点在易于统治，但其劣处是使地方财政枯竭。明代地方制度，一方面以总督、巡抚监各省，而复以省统府，以府统县，构成层层节制的系统；另一方面又使省的三司分权而治，以收相互制衡之效。这是极彻底的中央集权制，这样的制度，自然很方便统治，然其缺点乃是地方建设空虚。所以明代政治，往往政乱于上；若一朝遭遇流寇祸乱，即有土崩瓦解之势。

其三，清代则地方权大，且非中央集权，然仍有外重之患。清代地方制度，就其组织观之，虽与明代同为省、府、州、县。然清代之总督、巡抚，已经固定成为省的最高行政长官，拥有统治省的一切大权，而且布、按二司均皆编为督抚属吏。所以清代地方权力很大，虽然经历三藩之乱以及太平天国之役，而不至于覆亡。然其流弊，则为外重，容易造成藩镇之割据。

其四，明代地方政制严密，有助于废除藩镇割据。明代地方组织严密，以兵部掌军政，以五军都督府掌军令。将军只能在有战争时，可以统率士兵，握有指挥权；战争结束，其兵权亦随而瓦解。而所有兵士亦归其卫所，所以使将无私兵。且大将出征，必有文臣监视，武人更不准干预内阁机务，故明代没有藩镇之祸。

其五，明代地方制度的划分，有助于丈量土地和调查人口。明洪武时所编的《赋役黄册》，对于人口的调查和土地的丈量有很大的帮助。以一百一十户为一里，以丁粮最多的十户为长，其余一百户为十里，每户十人。

第七章　秦汉隋唐宋明监察制度

第一节　秦汉监察制度之得失

秦汉监察制度之优点

秦汉监察制度，承周代之遗规，而加以发扬，成为一种完美制度。其组织之周密，运用之适宜，均具特出之处。其可提出一述者，有下列数项。

其一，配合行政不使对立。监察之对象，为一般行政官吏，故监察官往往与行政官处于对立之地位，以致不唯无以辅佐行政，反足以牵制行政。秦汉监察制度则对于配合行政方面，特加注意，所以用副丞相（御史大夫）来掌管监察。副丞相是辅佐丞相的，决不牵制丞相。丞相统理天下，自需设置百官，分掌各事，而百官良莠不齐，难保其中没有违法；要政治进步，必须吏治澄清，故监察百官，清除弊病，即系辅佐丞相统理天下。丞相不能自己监察百官，乃以其亲近之副手为御史大夫，掌理监察百官之大权，与之配合。故御史大夫与丞相同是站在一边的，亦即监察与行政同站一边，两者并未立于相对的地位。故监察之作用，能够促进行政之进步，而不阻碍行政之发展，这是秦汉监察制度一大特色。

其二，上下一体，职无不监。欲弘监察之效用，必须不问上下内外，均应一体纳入监察之范围内，不能另有特殊之庇护，以破坏监察之完整。此点汉代颇能做到。后世监察往往只及于百官，而对皇室则无及监察。汉代不论御史、司直、司隶，对于皇室、贵戚、近臣，都可一体监察，这是汉代监察制度成功之处。

御史方面，特设御史中丞，居于殿中，察举非法。天子引之为亲近，视之为耳目，不因其职掌监察，常举劾自己亲信（贵戚近臣）之不是，而加疏远，摒之于外。御史中丞既能得天子之信任，故能发挥监察权力，内而皇室，外而州郡，都能切实监察。

至于丞相司直，也是"职无不监"，上自三公、贵戚、近臣，下至州郡官吏，甚至天子至亲之帝舅，都一体举劾。这些都是由于汉制不为特权划出一个庇护的禁地，以摒监察权力于外。全国上下内外，没有一人是在"治外"，故监察能够彻底，效用宏大。

其三，以卑督尊，励以厚赏。汉代监察之官，秩均不高。御史大夫虽号称三公，但丞相太尉，秩均万石，金印紫绶；而御史大夫仅中二千石，银印青绶。御史中丞秩千石，御史与刺史秩均六百石，但仍可监察秩高位尊之显官大吏，秩虽卑而权却重。秩卑则顾虑较少，能够冒险犯难，敢作敢为，以期有所建树；权重才可使监察有力量，无论官职大小，均可举劾，一体惩治，由此提高监察声威，使人人望而生畏，自警自制。御史大夫称职的，如遇宰相出缺，便可升补丞相之职；刺史成绩优良则可升补郡国守相等。厚赏之下，必有勇夫，人人都愿卖力而尽忠职守。

其四，职权独立不受牵制。监察官行使监察职权，假使要秉承上级指示办理，处处须受牵制，不能独立自主，势必严重妨碍监察的进行，减低监察的效用。汉制能充分地发挥独立行使监察职权的精神，乃是汉制的进步处。汉代监察官不唯可以按照自己的意志去举劾一般官吏的非法，就是对于自己的直属长官，如发现其不法之处，亦可以自主的劾奏其过。监察官还有言论自由，纵是纠弹不当亦无罪。

其五，多元监察相互纠督。汉代御史制度本已相当完备，但在御史制度之外，复设置丞相司直与司隶校尉，同司监察百官之任，遂构成一种多元的监察制度。其作用可使：监察更趋严密，这样可使吏治澄清，政治更为进步；监察官员相互牵制，这样可免职权过大，发生流弊；监察官员彼此纠督，以期振奋努力，不致腐化。

这种多元之组织的关系，配合安排是非常重要的，而汉代于此，颇有极为巧妙之安排。就三省间之位序而言，司隶校尉在丞相司直之下，在奉命之初，必须到丞相、御史两府去晋谒请示。凡属朝会，司隶与司直如遇丞相御史大夫到来，必须一同趋前迎候。这不是礼貌，乃是一种体制，如果违反便受严重制裁。

秦汉监察制度，既有上述各项特色，故在历史上有极辉煌的成就，创下了我国传统监察制度的楷模。后世监察制度，虽因革损益，常有改变，但大体上还未脱秦汉制度的范畴。秦汉监察制度之贡献，实未可等闲视之。

秦汉监察制度之缺点

秦汉监察制度，虽有其优点，但亦有其缺失。可得而举者，有下列数端。

其一，我国古代监察制度，包括纠弹与谏驳两个部分，可谓一枝独秀，上开前所未有之境界，下启百代相承之规模；唯于谏驳部分仅具雏形，尚无发展，殊觉美中不足。此盖由于君主时代，一切法制之设置，均须以君主之意志为依归。

其二，纠弹制度乃君主用以监察百官者，是由上而下的监察；谏驳制度乃给谏臣以监察君主者，是由下而上的监察。为君主者，自欲百官听命，未有违失，而不愿受人牵制，妨碍施为，此乃君主时代监察制度不免之缺点。迨至隋唐时代，制度始进一步发展，而成为较完备之谏驳制度。

其三，汉之监察制度，较秦尤为完备，在御史制度之外，复创丞相司直制度，及司隶校尉制度，此在监察实效上，固因组织严密，形成一种完备之监察网。然其组织系统，划分为之，一为正规之御史府系统，一为丞相府系统，一为君主直属系统，究觉组织纷乱，系统错杂，结果必至权力分散，互相牵制，殊足以影响正常监察之进行。虽汉代在三个监察系统之配合运用上，有适当之安排，未生大弊，然其分歧错乱情形，终究不是常规，故自汉以后，鲜有采用者。

其四，秦汉监察制度系由周代御史官职发展而来，而御史本为随侍君主左右之官职，乃君主亲近之臣，遇事随时差遣，故其职掌，极为繁杂。秦汉之御史府，虽成为专掌监察之机构，但仍未尽脱过去成例，故其职掌，除监察本职外，兼掌事项繁多，如草制律令、起草诏书、考课功绩、察举人才、督军专征、掌管权籍、接受奏事、治理、捕盗贼等等，均非监察之范围，而御史府自须兼理。此虽系承袭过去成例而来，但汉代御史府兼掌之职务，其范围之广，实已史无前例。

其五，秦汉御史纠弹制度，在汉武帝元狩五年（公元前118年）以前是极盛时期。自此以后，先后设置丞相司直、司隶校尉，分去御史之权，由是渐由盛而衰。迨至成帝绥和元年（公元前7年），改御史大夫为大司空，此制遂告衰落。及后，时而御史大夫，时而大司空，更改不已，此制遂告衰落，御史纠弹制度一蹶不振。此盖君主时代之必然结果。君主时代一切制度之创废兴衰，均以君主之利害为转移。御史本为君主左右亲近之臣，君主引为亲信，视为耳目，及至发展为规模较大之组织，成为政府之主要机构，遂与君主日渐疏远，失去君主之信任，故君主又援引其他亲近以代之。故汉武帝则设司直、司隶以分御史之权，继则用宦者主中书，设置内朝，丞相、御史大夫均不得参加，将大权移于一般亲近之手。中丞之官，于是不得居中制事，而同时之侍御史与部刺史并废矣。故汉代监察制之所以兴衰，胥视于君主亲近贤臣小人而定。

第二节　秦汉监察制度比较

纠弹制度方面的比较

御史大夫　汉袭秦制，亦设御史大夫，为御史之首长，位上卿。汉成帝绥和元年，因何武之建言，设三公官，分职授政，故改御史大夫为大司空。至哀帝建平二年（公元前 5 年），朱博奏请罢大司空，复置御史大夫以为百僚率，遂复为御史大夫。元寿二年（公元前 1 年），又改为大司空。后汉初，罢御史大夫。至建安十三年（208 年），罢三公官，乃又置御史大夫。至御史大夫治事之署，称御史府，与丞相府并称为两府，亦有称为御史大夫寺的；后汉称御史台或兰台寺。"后汉以来，谓之御史台，亦谓之兰台寺。"（《文献通考·职官考七》）

御史中丞　御史中丞为御史大夫之副，职责甚重；因为执法殿中，故谓之中丞。在成帝绥和元年，御史大夫转为大司空后，御史中丞始出外为御史台率。哀帝元寿二年，御史中丞又改名为御史长史，后汉仍复御史中丞之名。后汉废御史大夫，中丞遂为御史之首长。

西汉时，多与丞相长史会同办理；盖维持治安，保卫人民，本属丞相府事，御史中丞不过协办而已。至东汉时，御史中丞则多迳受命督率兵旅，征讨盗贼；还有自行募兵，以事征讨的。御史中丞，秩千石，西汉时亦有印绶，印常用在宫中钤盖诏记，唯系何种印绶则不详。东汉时为铜印青绶，戴两梁冠，与尚书令、司隶校尉朝会时均专席而坐，当时号称三独坐，权重位专，可以概见。

治书侍御史　自汉成帝废御史大夫以后，中丞已出外为御史台之首长。此时之治书侍御史二人，略等于过去之御史中丞及御史丞，似已为御史台之副首长。汉自成帝以后，治书侍御史之佐辅御史中丞，犹汉初御史中丞之副。故历代职官表认为治书侍御史参主台事，亦如清代副都御史之职。治书侍御史秩六百石，冠法冠，西汉印绶不详，东汉为铜印青绶。

侍御史　西汉御史员额为四十五人，其中十五人给事殿中，称为侍御史，住宿处所在殿北的石渠门外。东汉侍御史名额亦为十五人，其中二人要更直执法省中。"汉御史员四十五人皆六百石，其十五人衣绛给事殿中为侍御史，宿庐在石渠门外……"（《汉旧仪》卷上）西汉御史已有在朝廷纠察仪节之记载。东汉时，凡在郊庙祭典或举行盛大朝会与封拜仪式时，均由侍御史二人监威仪；遇有失仪者，便加以劾奏。

御史　汉惠帝二年（公元前193年），遣御史监三辅郡（京兆、左冯翊、右扶风），以九条察三辅不法事。每两年更调一次，十月到京师报告，十二月还任所。其所在各州更置监察御史。本来在汉初已省去秦时之御史，至此又恢复御史监郡之制。御史之人选，西汉多以刀笔吏成绩优者升任，东汉则由公府掾属选补；选补之期，在每岁冬月。而明习法令者，每能获得优先。东汉有督军御史，御史之奉遣督军者。

部刺史　以上所述，为御史监察制度属于中央方面的官职。而属于地方的官职，则为部刺史。秦时以监御史监郡，汉初省去不置。至惠帝三年（前192年），遣御史监三辅郡，其后各州设置监察御史，恢复秦时以御史监郡之制。到文帝十年（公元前170年），因监察御史不奉法尽职，乃遣丞相史出刺，并监督监察御史。但在监察之上又有监察，殊觉重复，行之不久，于武帝元封元年（前110年），遂停止御史监郡制。元封五年（前106年），乃设置部刺史。

因为以丞相史出刺，故称刺史。刺者，举也。《战国策·齐策》有"面刺寡人之过者"语。黄恭《交州记》谓："刺者，言其刺举不法。"又因当时刺史，不像秦之监御史监郡，每郡一人，而是将全国划为十三部，每部包括若干郡国，刺史分部周行督察，故称部刺史。《汉书·武帝纪》："元封五年，初置刺史，部十三州。"此时部刺史已与文帝时之丞相不同，丞相史属丞府，而部刺史则属于御史府，因部刺史是由御史中丞督率。成帝绥和元年，以刺史位仅下大夫，而监临二千石，轻重不相准，乃罢刺史，更置州牧。哀帝建平二年（前5年），复为刺史。元寿二年（前1年），复为州牧。东汉光武建武十八年（42年），复为刺史。灵帝中平五年（188年），又改刺史。

刺史秩六百石，官秩不高，而职大位重。成帝绥和元年，改刺史为州牧，秩二千石，银印青绶。《汉书·百官表》："武帝元封五年，初置部刺史，掌奉诏条察州郡，秩六百石，员十三人。"《渊鉴类函》设官部五十一："绥和元年，汉刺史为牧，银印青绶。"刺史秩卑赏厚，权大任重，可以向君主当面奏事，而郡守不能。君主对于刺史，还常有特殊赏赐，所以郡国守相，无不敬而畏之。刺史因秩不高，故多以朝臣职卑者为之。秩卑则顾忌较少，敢作敢为，以求成绩，而图上进。刺史秩虽卑而赏特重，凡任刺史九年者，即可举为守相。其特别优异者，还可擢登显位，所以多能奋发努力，不肯自弃前程。西汉刺史乘车周行郡国，居无定处，所以没有正式的机构，虽有所谓"治所"，"所止理事处"而已。到东汉，才有固定的办公署。

丞相司直之制　秦在纠弹方面，仅有御史制度。迨至西汉，始于御史制度之外，复设置丞相司直与司隶校尉，同司纠弹之任，成为一种多元监察制度。西汉设置司直与司隶，自武帝始。盖武帝时，感于御史制度不能适应当时情势，为欲加强监察，故探此多元监察之制。至于丞相司直之职掌，两汉不尽相同，兹分述如下：

其一，佐丞相举不法。西汉丞相司直的主要职掌，为佐丞相举不法。在以前，丞相是不需直接监察百官的，百官监察之责，全在御史府。现在丞相则要出面直接监察，与御史府成为两个并行的监察系统。而且丞相司直的秩位，还比御史中丞为高；御史中丞秩仅千石，丞相司直为二千石。同时，丞相司直监察的范围极广，所谓职无不监，凡属宫职，都在监察之列。

其二，督录诸州郡。西汉司直对郡国选举上奏人员，有考核当否之责，故龚胜为司直，郡国皆慎选举。东汉司直的职掌，已以助丞相督录诸州郡为主。而督录诸州郡，似又特重于诸州郡所举上奏人员之考虑。要察其能否，辨其虚实，以期必得其人；若不如言，即裁之以法。

其三，大司徒事。司直本是司徒的属官，地位在丞相长史之上（丞相长史秩仅千石），当系副司徒之任。所以司徒公出，即由司直行大司徒事，总摄群司，俨然宰相。司徒出缺，并以司直升补。

其四，督中都官。东汉在光武帝建武十八年，已经废去司直。经时颇久，直至献帝建安八年（203 年），复再设置。但此时的司直，只督中都官，不再领州郡，且不再隶属于司徒。所谓中都官者，即京师诸官府。

司隶校尉之制 司直设置之后，于武帝征和四年，又设置司隶校尉，使持节从中都官徒千二百人，捕巫蛊，督大奸猾。后罢其兵。元帝初元四年（前 45 年），去节。成帝元延四年（前 9 年），废去。绥和元年，哀帝复置，但仅名司隶，属大司空，比司直。后汉建武中，复置司隶校尉。据《西汉会要》载，其属官有：《汉从事（汉书·鲍宣传）》，掾（《汉书·赵后传》），史（《汉书·赵后传》），假佐（《汉书·王尊传》）。东汉时的组织，有从事、史十二人，假佐二十五人，分掌各事。东汉建武十八年，罢十三州州牧，广设刺史。但仅设十二州刺史，留一州由司隶校尉兼领。

谏驳制度方面的比较

谏大夫 谏大夫，本秦制；汉初，设大中大夫、中大夫，掌议论。武帝元狩五年，始仿秦制，设谏大夫，无常员，多至数十人。后汉光武增议改为谏议大夫。西汉谏大夫，秩比八百石。东汉谏议大夫，秩六百石。《汉书·百官表》："武帝元狩五年，初置谏大夫，秩比八百石。"《后汉书·百官表》："谏议大夫，六百石。"

给事中 给事中，秦制，乃属加官，并非定员。凡加有给事中之官衔者，即属中朝官。中朝亦称内朝，所谓内朝，盖起源于汉武帝时，武帝因喜在内廷决事，不便随时召集宰相大臣等到内廷商议，于是只得就亲近左右的人咨询决事，因而形成一种内朝。故凡三公、将军、九卿之加给事中者，均得参加内朝之集会。《通典》谓东汉省给事中，但据《后汉书》列传载，亦常见给事中之职，想在初期亦援西汉旧制后始省去，《通典》盖据后而言者。

早期之封驳 汉代虽有给事中,但还没有封驳天子诏书之权。在西汉封驳诏事,系由丞相为之。到了东汉,封驳诏书之权,则归诸尚书台。封驳诏书之事,两汉史籍虽常有记载,但并非专职。到了隋唐,封驳之任,才成为给事中的专责。

得失与影响

秦汉监察制度,为我国监察制度发展成功之第一阶段;而此一阶段之成果,即已异常辉煌。我们实不能以今日之眼光去严格批评古人,古人能于两千年前,即有如此进步之发展,已足独步世界,光耀寰宇。且监察制度在我国有长期之演进历史,而世界各地,迄今尚无此种完美制度。其故安在?尝观西方政治,特重权力,权力视如政治之生命;而其设施,则在维护其权力。而我国传统政治,则不重权力,而重职责,从事于政治者,其最注重之处,在如何尽其职。故孟子有言:"有官守者,不得其职则去;有言责者,不得其言则去。"西方政治表现的是"不得其权则去",而我国传统政治表现的则是"不得其职则去"。又因君有君的职责,臣有臣的职责,如何使每一官员均能尽其职责,便自然产生一种监察制度。及其对政治之影响巨大,足以使人人警惕,事事戒惧;即贵为君主,亦多所顾忌,不敢肆为。而我国历史上之朝代,其国祚动辄绵延数百年之久,监察制度实与有力焉。此制之施行,在我国已历史悠久,成效卓著,迄今西方亦有逐渐采行者;虽办法尚有差距,而其为监察制度之尽其职责则一。此即见我国监察制度之精神所在。

第三节 汉刺史由监察演变为州牧的原因与影响

汉刺史制的沿革

自秦有郡监之制;汉兴,无复每郡置监,只派侍御史出察,谓之监察史。后以监察御史多不奉法，又以丞相史出刺，谓之刺史。至武帝元封元年，御史止不复监。元封五年初，分十三州，置刺史，每州一人，假印绶。最初定制时，刺史仅以六条问事，非条所问，则不察；纯粹是由中央派出的地方监察官，内由御史中丞督部，出巡郡国则遵条问察。颜师古注引《汉官典职仪》云："刺史班宣，周行郡国，省察治状，黜陟能否，断理冤狱，以六条问事，非条所问，即不省……"其所察的对象，是墨绶以上的长史二千石，黄绶以下不察。所察范围须在上述六条之内。其滥用职权，超越六条者则为众所非，甚至吏民亦得揭言刺史之非。

刺史权任极重，可以控制二千石墨绶长史，事实上极易越权。初尚能加以裁制，如鲍宣为刺史，以所察过诏条免官。其后则因时因地因人因事仍多逾制，有时朝廷因时制宜亦间以诏令赋予刺史以六条外的职权。事例与故事累积之后，刺史的职权逐渐发展，渐由地方监察官，变为地方行政官；州由监察区域变为行政区域。秦汉地方政府本为郡县二级制，至是逐渐于中央与郡县之间发展出州牧刺史一级。刺史的实权既于郡太守之上，其名称或曰州牧，或曰刺史。于是地方政府便变成州、郡、县三级制度。这时的州牧刺史，属于地方官的性质，遂握有选举、考课、署史、黜陟、赏罚、狱讼等实权。

刺史职权的转变

其一，选举劾奏权的增大。依照原定六条，为监察二千石选署不平，奏二千石长史不任位者；其所选举奏言，尚须经过公府的复案。在西汉成哀之际，部刺史或州牧已被诏命选举。至东汉初，则复案不复委任三府，尚书专擅于内，地方选举劾奏之柄转归刺史。旧制州牧奏二千石长史不任位者，皆先下三公；三公遣掾吏案验，然后黜退。帝时用明察，不复委任三府，而权归刺举之吏。如明帝时马严上封事云："臣伏见方今刺史太守专州典郡，不务奉事，尽心为国，而司察偏阿，取与自己，同则举为尤异，异则中以刑法，不即垂头塞耳，采取财赂。今益州刺史朱酺、扬州刺史倪说、谅州刺史尹业等，每行考事，辄有物故。又选举不实，曾无贬坐，是使臣下得作威福也。故事，州郡所举，上奏司直，察能否以惩虚实，今宜加防检，式遵前制。"观此，可知选举奏劾之事，刺史权力之庞大与专擅。

其二，治狱、署置、黜陟诸权的侵鱼。依诏条，刺史只能监察二千石墨绶长史是否措施得当。但事实上刺史逐渐侵权，并进而越俎代庖。如史载"宣为中丞，执法殿中，外总部刺史"，上疏曰："臣窃伏思其一端，殆吏多苛政，政教烦碎，大率咎在部刺史。或不遵守条职，举错各以其意，多与郡县事，至开私门，听谗佞，以求吏民过失……'"（《前汉书·薛宣传》）。又："刺史行郡国，省察政教，黜陟能不，断理冤狱也。"（《汉官典仪》）由此可知刺史在听讼治狱署吏各方面的职权，无论其为诏令所赋予，或习行之后成为故事，显然已超出原定六条的范围。东汉顺帝永建元年，明诏幽、并、凉州刺史下察黄绶，所察官吏的范围遂扩大。

其三，固定治所和幕僚组织的形成。监察时代的刺史传车周流，无适治所，岁尽亲诣京师奏事。发展到东汉时代，转变成为地方行政官；这时有一定的治所，奏事但因计吏。《续汉志》云："诸州常以八日巡行所部郡国，初，岁尽诣京师奏事，中兴但因计吏。"又《通考》云："汉制刺史乘传周行郡国，无适所治，中兴所治有定处。"

初置部刺史时，没有掾属，法令规定，得择所部二千石卒吏与从事而已。但至元帝时，丞相于定国条州大小，为设吏员治中、别驾诸部从事，秩皆百石，同诸郡从事。自此以至汉末，掾属皆自辟举，幕府组织庞大，有别驾、治中、主簿、功曹、书佐、兵曹、部郡国从事史、典郡书佐、月令师、律令师，上计掾吏，皆州自辟除，通为百石。可见这是固定地方官的组织，而非监察之任了。

其四，兵权。东汉中叶以降，地方割据逐渐形成，太守都尉民军分治之制，早已破坏，地方主兵之权转归刺史、郡守。明令刺史领兵者，如建光元年，幽州刺史冯焕率二郡太守讨高句丽秽貊不克。永建元年告幽州刺史，其令沿边郡增置步兵，列屯塞下。调五营弩师，郡举五人，令教习战射。盖自安、顺以至桓、灵，刺史太守主兵专政的割据条件已形成。《后汉书·刘焉传》云："灵帝政化衰缺，四方兵寇。焉以为刺史威轻，既不能禁，且用非其人，辄增暴乱，乃建议改置牧伯，镇安方夏；清选重臣，以居其任……故焉议得用。出焉为监军使者，领益州牧，太仆黄琬为豫州牧，宗正刘虞为幽州牧，皆以本秩居职。州任之重，自此而始。"

其五，实则州任之重，寝假已久，非自此而始。大抵刺史权任的发展始于边远诸州，军、民、财、政，均由刺史或州牧综揽而形成割据。又汉末政令已不能统一，如袁绍以冀州牧与豫州、兖州刺史并举，荆州刺史刘表贡至京师，诏加表为荆州牧。是州牧与刺史并置，刺史位秩低于州牧，制度已乱，性质亦已全变。时州牧、刺史实际已远不止于地方官的性质，中央政权瓦解，他们便成为地方割据的诸侯领主；在这一区域，为最高的首长，权位父子世袭。刘昭《续汉志》注云："焉牧益土，造帝服于岷峨；袁绍取冀，下制书于燕朔；刘表制南，郊天祀地；魏祖据兖，遂构皇业。汉之殄灭，祸源于此。"正道出了当时州牧的实际状况。

刺史或州牧坐大的影响

由于社会经济的动摇，叛乱迭起，刺史、太守的主兵遂由边远州郡延及内部。刺史、太守既握军、民、财、政诸权，中央权力的薄弱已不复能加以统制。割据之局遂由刺史（或州牧）的专兵擅政而形成，各拥众数万；汉的中央政权，至此已无法维系，陷入一个长时期的分裂局面，以致成为三国鼎立之局，而下开魏晋南北朝长期分裂之衰世。

第四节　隋唐时代之御史台

沿革与组织

御史制度之设，主要任务为掌理监察，各代君主颇重视之；秦与西汉，犹能善用其制。秦中央置御史大夫（为三公之一），统辖所属监察中央官吏，地方置监察御史掌监郡。西汉中央亦置御史大夫（为三公之一），与丞相为正副之关系。所谓御史大夫，"掌副丞相"是也，并以副相之身份掌理监察。故《汉书·朱博传》云："御史大夫，位次丞相，典正法度，以职相参……"因其"以职相参"，故丞相行政之所在，即御史监察之所在。凡天子颁发诏书，同时下丞相御史；丞相有事上奏天子，由御史大夫连署。因其"上下相监临"，权能"监下"自不待言；即丞相之尊，亦可考案。复有御史丞及御史三十人居大夫专理百官事，并掌按验；御史中丞及侍御史十五人居殿中维护朝纲，又领部刺史十二人分察诸州。隋高受命，置御史台，以国讳，改中丞为大夫，员二人。前代御史多由台主自除，至是由吏部选用；依旧入直禁中。炀帝即位，多有改革，御史台之员职增改颇多，御史不复直宿禁中，侍御史唯掌侍从纠察；台中簿领，皆以治书侍御史主持之。唐因之而制度又变，对御史制度亦知其重要性。《唐会要》卷六"御史上条"："御史台正朝廷纲纪。一台台正，则朝廷治；朝廷正，则天下治。"唯唐代御史制度，在玄宗先天以前，屡有改易："（高祖）武德初，因隋旧制为御史台。（高宗）龙朔二年四月四日，改为宪台。咸亨元年十月二十三日复为御史台。（武后）光宅元年九月五日改为左肃政台，专管在京百司，及监军旅；更置右肃政台……令按察京城外文武官僚。……（中宗）神龙元年二月四日，改为左右御史台。（睿宗）景云三年二月二日，废右台。（玄宗）先天二年九月一日，又置右台，停诸道按察使。其年十月二十五日，又置诸道按察使，废右台。初置两台，每年春秋发使，春曰风俗，秋曰廉察。令地官尚书韦方质为条例，方质删定为四十八条，以察州县。载初以后，奉敕乃巡，每年不出使。"

职权之运用

唐代之御史制度，至玄宗先天以后始定制。其组织分大夫、中丞及三院御史共三十四人。其职权之运用如下：

御史大夫对台内御史有任用权，亦有劾免权，故御史大夫"掌以刑法典章，纠正百官之罪恶"，对官员有违法失职者，则劾奏之。

御史中丞为御史大夫之副，倘遇大夫有故，中丞则代知其事。故大夫之权，中丞几均有之，以任用权言，可自行荐请。唐制御史中丞，品秩正四品下，并非过尊；权大而秩不尊者，多乐用权。故中丞遇事弹举，无所顾忌；当典法之际，虽天子之尊，亦可面折而伸之。中丞除副大夫掌理科举百僚外，自玄宗开元末，更以中央官之身份兼任外官之京畿采访处置使。

侍御史职卑权重，故爱惜官位之念薄，而敢于做事。故虽属从六品下，然职掌纠举百僚，权任甚重；虽宰相之尊，亦照章劾奏。容或其本属长官，违反纪纲，纠举亦不例外；且三司推事，可以"往讯"，因此，侍御史多奉命调查罪状。

殿中侍御史掌殿廷供奉之仪；对失仪者，则依章处理之。并可以弹劾，且不专指失仪者，故其职务亦可按察非违。

监察御史掌分察百僚，因之必须有国法为依据，一旦失法，标准全无；故御史护法甚谨，虽天子之尊，苟破坏法律，亦必据理力争。唐之监察御史，固恒巡按十道，亦定按察规六条，上仍汉部刺史察诏六条之制。如：

察官人善恶；察户口流散，籍账隐没，赋役不均；察农桑不勤，仓库减耗；察妖猾盗贼，不事生业，为私蠹害；察德行孝悌，茂才异能，藏器晦迹，应时用者；察黠吏豪宗，兼并纵暴，贫弱冤苦不能自申者。

唐代监察制度之得失

监察机关旨在监察行政机关之违失，故监察机关应该独立，不仅不受行政权之干涉，且不应兼任行政职务，或其他行政人员亦不宜兼任监察职务。倘违反此原则，监察权便无法取得效果。但唐制御史台自玄宗以后，人员往往兼行政职务，并有行政官员兼任监察官者，例如：

其一，以御史大夫行政官兼。在理论上已失去监察作用，倘以宰相兼之，或其迁为宰相，如此，行政、监察权集于一身，更为不当。

其二，以地方官兼摄御史大夫。此不仅监察作用消失，且体制紊乱。

其三，以其他官职兼摄御史中丞者。

其四，殿中侍御史亦同样由他官兼知，则制度之紊乱可见。

如此，唐代监察制度之缺点大别有二：一为最高行政机关（宰相）压倒监察机关（御史台），使监察权不能发挥；二为监察官员与行政官员互相兼摄，使监察权不能独立。而造成玄宗以后之政治腐败，间接影响及唐之亡国，亦由于监察制度之失去作用使然。其尤著者，唐至德（756 年始）以后，改采访处置使为观察处置使，分天下为四十余道，诸道之沿革及其增减不一，但常兼刺史之职。而当时之刺史，皆兼治军戎，因此，观察官乃集监察、民政、军事大权于一身，实质上与节度使无异。据《唐方镇表》所载，节度使兼观察使，观察使改称节度使，其事例不胜枚举，以至唐代的观察使流为方镇而非监司之职矣，则直接造成方镇之形成，间接使政治腐败。而促使唐之亡，亦由于唐自玄宗以后，监察制度失去作用使然。

第五节　宋代监察制与御史台

御史一职，职司监察，宋代尤为重视，所谓"御史耳目之任"；"御史者，天子之法官也"；"台（御史台）谏为天子耳目，所以防壅蔽，杜奸邪"。不过，宋代虽重视台官，但御史台之组织，并不完整，且屡有改变。

御史台的组织

御史台"掌纠察官邪，肃正纲纪。大事则廷办，小事则奏弹。其属有三院：一曰台院，侍御史隶焉。二曰殿院，殿中侍御史隶焉。三曰察院，监察御史隶焉"。三院组织，与唐略同。台院之侍御史，宋则仅一人，下无其他属员，以一人主一院。殿院则有殿中侍御史二人，下亦无其他属官，亦称为一院。察院有监察御史六人，分察六曹，较唐虽少，但勉强可称为院。倘从组织形态上与唐比较，则宋之御史台，不能不说欠缺完整之体系。

兹就组织人员及职掌分述如下。

一、御史大夫。"宋初不除正员，止为加官。检校官带宪衔有至检校御史大夫者。元丰官制行，亦并除去。"

二、御史中丞。宋既不除御史大夫，唯以"中丞一人为台长"。且"无正员，以两省给谏权"。御史中丞又有由尚书兼者，亦可拜为专任，且专任御史中丞者，又恒命兼判其他官职。中丞既为台长，倘所兼判之官府发生弊端，将如何弹劾？可见宋天子之任官颇不察，因此往往滥使中丞兼职"知事"，致遭言官驳谏，或由中丞本人推辞。

三、侍御史。"一人，掌贰台政。"盖宋既以中丞为台长，则以侍御史一人副之也。"旧例，中丞、侍御史不并置。"但有由尚书户部郎官、礼部郎官、兵部郎官、刑部郎官或尚书工部郎官兼者。不仅由尚书省之郎官兼掌贰台政之侍御史，且命为侍御史者，尚可权判其他行政部局职务。但以一职掌监察副贰之身份，权判他部局之行政职务，或由其他行政机关人员兼判监察之副贰，在组织原则或形态上言，均属不宜。

四、殿中侍御史。"二人，掌以仪法纠百官之失。凡大朝会及朔望、六参，则东西对立，弹其失仪者。"

五、监察御史。"六人，掌分察六曹及百司之事，纠其谬误。大事则奏劾，小事则举正。迭监祠祭。岁诣三省、枢密院以下轮治。"

六、检法。"一人，掌检详法律。"

御史台职司监察，其成员之来源，能影响其监察效果。盖宋既不置大夫，以中丞为台长，中丞又多以给谏权摄。至于三院御史之选任，宋制是："御史官，须中行员外郎至太常博士，资任须实历通判，又必翰林众学士与台丞杂互举"，其用意在"众议佥举，则各务尽心，不容有偏蔽私爱之患"。夫学士之职，在宋代言，位属清要，与职司监察之御史，无利害关系。中丞为御史台长，属下之良莠，关系其政绩优劣，有利害关系，势必精察慎取以荐俊秀；除此之外，不得荐举御史。仁宗宝元二年（1039年）十二月，"诏御史阙员，朕自择举。"此虽非属常制，但其使御史地位超然之意，诚属可嘉。学士有举荐御史之权，但举非其人，仍须负责，因此学士荐举御史之例颇少。反之，中丞荐举三院御史之例甚多。若三院御史有败纲犯纪者，中丞得劾奏之。

御史台的权限

其一，劾奏权方面。宋时重视台谏之职任，尤对作为天子法官之台官，天子多听任之。因此，御史台之长贰，遇事时弹劾，无所顾虑。台方之长贰，既敢劾奏，其他诸御史，自然无所避忌；何况御史秩次较卑，秩卑权重，人必乐用其权。故上对宰执，下对郎官，无不据法弹劾。例如：

对宰执之弹劾。"（张）咏为御史中丞，承天节斋会，丞相大僚有违失者，咏弹奏之。""御史中丞王陶，弹宰相韩琦跋扈，罢为翰林学士。"

对三司使、枢密使之弹劾。"（包拯）迁谏议大夫，权御史中丞。张方平为三司使，坐买豪民产，拯劾奏罢之。""（王）沿方迁监察御史……时枢密副使晏殊以笏击从者，折齿……沿皆弹奏之。"

对尚书侍郎之纠劾。"（端拱初）会议事尚书省，（雷德骧）乘酒叱起居员外郎郑构为盗，御史奏劾，下御史台案问，具状，帝止令罚月奉而释之。"

对东宫官之弹劾。"（掌禹锡）迁太子宾客。御史劾禹锡老疾不任事，帝怜其博学多记，令召至中书，示以弹文。禹锡惶怖自请，遂以尚书工部侍郎致仕。"

对门下省之封驳官员、宦官及郎官之劾奏。"（曹修古）为监察御史……尝偕三院御史十二人晨朝，将至朝堂，黄门二人行马不避，呵者止之，反为所詈。修古奏之……帝闻立命笞之。"

对节度使、转运使、刺史之劾奏。"（钱惟演）改保大军节度使，知河阳，逾年请入朝，加同中书门下平章事。……御史中丞范讽劾惟演擅议宗庙，且与后家通婚姻。落平章事，为崇信军节度使，归本镇。"

由上列诸事观之，每经台官弹劾，天子多依所弹作适宜之处分，足见天子对御史台之重视。

其二，论事权方面。《宋史》三七八《胡舜陟传》云："御史以言为职，故自唐至本朝，皆论时事，击官邪。"可知御史之论事，系属职务有关之事。其在正官常击官邪，故其所论之事，亦尽为此方面者。就一般性的官场实情，或一般官吏之非行，向天子论述，期之有所明了之谓也。且御史之"论事权"，可不经台长而独立行之，且可风闻即论。至于御史所论之事，有就一般官常实情言之，有就官吏之非行、非才、奸宄、偏私言之者。其论事之结果，恒多发生作用，如御史中丞王拱辰，极论枢密使夏竦无功厚用，天子纳其言而罢竦。似此，"论事"又与"劾奏"发生同一效果。

前论监察御史虽不能言事，但遇其他台官以论事之结果遭打击时，亦可提出弹劾章疏。原则上御史论事，天子固多采纳；倘其所论，万一被天子拒用，以为天子不予信任，往往自请去职，始能保其人格，明其责任。宋之台谏官员有此风气，故台谏之地位得屹立不坠。

其三，考案权方面。所谓"考"者，即考察政绩、考校违失是也。所谓"案"者，即案问罪过、案治冤滥是也。宋代初年，可能因承五季之乱，一切典制，有失松弛，但及后，即以御史台而言，丞、杂颇能奋力职进。

对当代政制得失的影响

因天子宠重御史，北宋谏垣独立，兼领混杂，及台谏为人主耳目，与执政脱节，促使台谏合一，对付宰执，故"自庆历后，台谏官用事，朝廷命令之出，事无当否悉论之……执政畏其言……"兹就监察御史台对宋一代之影响分析之。

其一，相权受制，君权坐大。王禹偁曰："天下是非，付之台谏，其所进退宰相，皆取天下公议。台谏是则黜宰相……"北宋台谏弹罢宰相，史不乏书。仁宗明道二年，中丞范讽劾昭文监修相张士逊，士逊罢。庆历四年（1044年），集贤相晏殊为谏官孙甫、蔡襄所论，出知颍州。神宗治平四年，中丞王陶、司马光相继劾昭文监修相韩琦等"不押常朝班"，琦遂去国。

由上观之，台谏劾相，相即罢；相权每受制于台谏，尤以仁宗朝为甚。仁宗之世，不独台谏常劾宰相，"委任执政，台谏亦参议论"。宰相为台谏所支配，而台谏由天子亲擢，"司谏、正言，非特旨供职，亦不任谏诤"。则相权间皆受制于天子，天子反无人加以纠绳。由是帝权坐大，政治腐败。

其二，台谏之专横与党争。北宋，御史许以风闻，不加罪遣；谏官弹劾宰相，声望愈高。"建隆以来，未尝罪一言者；纵有薄责，旋即超升。"台谏目空一切，无所惮忌，常发空言不负言责。言无定则，只"随天下公议。公议所与，台谏亦兴之；公议所击，台谏亦击之"。互相攻讦，互为敌垒，遂成党争。仁宗朝：北宋党祸，滥觞于仁宗朝。其开之者为废后之争；余波所及，则有景佑与庆历之朋党。英宗朝：濮议之争。治平二年（1065年）四月至三年三月，此为新旧党争之张本。"元祐中，进用执政，多取濮议台谏，吕微仲、范尧夫、傅钦之、赵大观皆是也。"神宗朝：新法之争。熙宁初，神宗用王安石，行新法。自唐介始，旧臣元老，群起反对；附和安石者，复攻击旧党，遂酿成新法之争。哲宗朝：新旧党之争。元丰八年（1085年）八月，神宗崩，哲宗立，皇太后权同听政，罢新法。元祐元年（1086年）二月，司马光为相，用旧党，罢新党。元祐八年（1093年）哲宗亲政，新党再起。嗣后，新旧倾轧，党祸益烈。

其三，促成新法之失败。宰辅乃受天子与台谏上下压迫，纵有大才，无能为力。观夫熙宁新法之争，文、富、苏、马诸公，耿耿此心，实在国家，固未尝不可予后世以体谅。然而，其中又岂无逞私怀，附党论，未然斥其然，不然而强谓之然者乎？观刘琦、钱颛、李常、孙觉、吕公著（皆当时台谏）诸臣之奏章，可见其私心，皆有欲自附于君子之林者。而常佚、邓绾、唐坰、孙昌龄、王子韶之附王荆公得任台谏，又岂纯为公乎？新法之败，台谏责无旁贷焉。

第六节　唐宋监察制度之比较

组织与沿革之比较

唐宋两代，中间虽有五季之隔，以年代不远，故制度大致相同；唯对制度的运用方面，则稍有出入。至于监察制度，两代各分两部分，即中央之监察机关为御史台；地方之监察机关，唐称"采访使"。

唐虽因袭隋制，亦曰御史台，但高宗以来，其名屡有变易。如高宗龙朔中曰"宪台"；武后光宅初，改为"肃政台"，更分左右，"左肃政台，专管在京百司，及监军旅"，"右肃政台，则按察京城外文武官僚"。中宗神龙以后，改为左右御史；玄宗先天以后，定名曰"御史台"，不分左右。

唐代御史台之组织，设御史大夫一员，为正三品官，主持台务，"掌以刑法典章纠正百官之罪恶"。下辖三院：一为台院，二为殿院，三为察院。又设御史中丞三员，为正四品之官，皆佐大夫，为台之副贰。台院由侍御史六人组成，皆为从六品之官，掌纠举百僚，并择其中年资历较深者，加以"知杂事"之职；加是职者，有权处理台内人事事项，诸如"进名"、"迁改"、"令史考第"（即低级职员之考绩）皆掌之。当时称知杂御史为"台端"。殿院由殿中侍御史九人组成，为从七品之官，掌殿廷供奉之仪，正班列于阁门之外，可以说彼等是维持朝会官员纪律的。察院由监察御史十五人组成，为正八品官，掌分察百僚，并巡按州县。更于十五人中选择三人专察吏、礼、兵、工、户、刑六部，每人察两部，号曰"六察官"；盖以六部分主尚书省之政务，易生弊端，故特责成专人司察之。

宋仿唐制，亦设御史台，"掌纠察官邪，肃正纲纪"；下亦分三院，名称与唐皆同，唯内部编制人员，大为减少。台院则有侍御史一人；殿院唯有殿中侍御史二人；察院共有六人，分察六曹。

御史台官员之运用

其一，关于御史大夫，唐代之御史大夫主持台务，统隶三院，对台内御史有荐用权。如《旧唐书独孤郁传》云："……宪府故事，三院御史由大夫、中丞自辟，请命于朝。"便是显例。更有劾免权，如李景让"进御史大夫，甫视事，劾免侍御史孙玉汝、监察御史卢楠，威肃当朝"，即属一证。

宋代初年，虽有御史大夫，但"不除正员，止为加官"。于是"元丰官制行，亦并除去"，自是宋之御史则不置大夫。而宋初置大夫而不除正员者，盖以宋初承五季之乱，官名与职掌多不配合所致。元丰既新官制行，何以不正大夫之名实，而竟废除其官？既在史册上无积极之证明，只好从政制史上"惩弊改制"的途径寻求答案。

我国古代政治制度之变迁，除渐次演变一途外，尚有"惩弊改制"一途；亦即惩前期或前代政制之弊，断然改变本期或当代之制度。如西汉景帝惩七国之乱，断然剥夺诸王之行政及军事权；东汉光武惩王莽专政之弊，断然使三公无权，政归台阁（尚书）；曹魏惩东汉母后临朝，外戚势重之弊，而魏文断然诏示后族之家不得辅政。宋祖之施策，亦无不如此。如惩唐之节度势大，方镇权重，则使宋室子弟为使相（节度使带宰相衔者之称呼）；惩唐之宦者专横，危及皇室，则使士人充宣徽院使，管理宦官。凡此种种，有史例在先，前车可鉴。准此推论，宋神宗盖监于唐代中世以后，御史大夫无能掌持台纲，受制于宰相。就如代宗时崔宁为御史大夫，"以为选择御史当出大夫，不谋及宰相，及奏请以李衡、于结等数人为御史。（宰相）杨炎大怒，其状遂寝"。因此，御史大夫则不敢劾宰相之专国盗柄，纵有天子在后支持，而宰相罪状彰明，为大夫者，仍假辞回避，致天子大失所望。于是御史大夫一官，在监察制度中，宋神宗已目为无足轻重，故索性废之。

其二，关于御史中丞，唐代大夫既主台务，中丞则为副贰。起初，中丞尚有实权，如"温造为中丞，虽贵势，弹击无所回畏"。后来权相当国，中丞任命，不由权相之门，不敢就任。宋代既不置大夫，台务不能有人主持，故唯以"中丞一人为台长"，多不除正员，则以给事中（掌封驳之官）、谏议大夫兼之，曰"台谏"（有时台指御史台，谏指谏院）。

其三，关于侍御史，唐代之侍御史职掌纠举百僚，且官品不高，仅一从六品之官。彼等以秩卑权重，多乐用其权，劾倒了高官，则自己扬名；因劾而丢职，则卑位不足爱惜，此盖人情之常。如侍御史柳范据理以折太宗，侍御史杨玚护法以振台纲，皆属其例。宋既以中丞为台长，于是以侍御史一人掌贰台政；多不任专官，而以尚书省郎官兼知其事。吕端曾以考功员外郎兼侍御史，韩亿曾以司封员外郎兼侍御史，其例太多，不胜枚举。唯以为行政机关之僚属，兼监察机关之职务，诚属不宜。

其四，关于殿中侍御史，唐代之殿中侍御史，盖亦因秩卑权重，故纠劾无所回避，从两个例证中可以看到。李邕为"殿中侍御史，纠劾严正"。宋之殿史，其风格亦似唐代，如兵部侍郎许骧，因入朝失仪为御史所纠，不是真宗"特诏不问"，事态可能严重。

其五，唐代监察御史因有十五人，除"六察"之外，其余皆分察百僚，巡按州县。因此乃仿汉刺史察诏六条之制，定有按察条规六条：一为察官人善恶；二为察户口流散，籍账隐没，赋役不均；三为察农桑不勤，仓库减耗；四为察妖猾盗贼，不事生业，为私蠹害；五为察德行孝悌，茂才异能，藏器晦迹，应时用者；六为察黠吏豪宗，兼并纵暴，贫弱冤苦不能自申者。宋唯有六人，掌察六曹，兼及百司，不必巡按州县，故无六条之设。以唐宋之监察御史的官品言，唐为正八品，宋为从七品，官品皆低，唯职权则重，故能不避权责，无所回畏，宁愿奉法失位，而不肯曲法失名。如唐之监察御史韦思谦，曾劾中书令（宰相），褚遂良市地不如直；监察御史马怀素，曾劾罢宰相李迥秀敛赇诿法。宋之监察御史曹修古劾黄门失礼，黄门被笞；监察御史程元凤疏斥丞相郑清之的罪过，皆是显例。

结论与影响

综上所述，唐宋之中央监察制度，在组织方面，外貌相同，而编制人员有异，并皆能运用管子所谓"下得明上，贱得言贵"之法术，卑御史之秩，重监察之权，使之敢劾权贵，而不惜身位。唯唐中世以后，权相势盛，压倒监察权能。宋则惩唐监察失势之弊，宠重台谏；台谏论事权重，执政多畏其言，尤"自庆历后，台谏官用事，朝廷命令之出，事无当否悉论之。执政畏其言"。似乎监察权又居上风。由此可见，制度缺乏适当之制衡作用，则政治势力即不免发生此起彼伏，或彼起此伏之现象。

按理言之，监察官员，宜考其职责，较易收效。唐之采访使，在形式上是负专责的，不过在运用方面，往往以他官兼行，亦即以州刺史（州长官）兼行采访使事，这是不好的。宋代以转运使带"按察使"行监察职责，一身当二用，不免有顾此失彼之嫌。所以于"转运司"内又有"专知纠察州军刑狱公事"之设，专察讼案之违失。这未尝不是说明转运使不能兼顾的一种现象。后来又把该官独立为一司，升为"提点刑狱"，于是恒有职权混淆之弊。总之，唐宋监察制度，在西汉时代因法家思想并未绝迹，制度杂有浓厚的法家观念，巧妙运用商君之"利害不同"与管仲的"下得明上"的法术，从心理上产生自动监察作用。唐宋或用"下得明上"之法，但昧于"利害不同"之术，诚堪惋惜。

第七节　明代监察制度得失

弹劾制度，是中国政治传统和政治思想独特的结晶。其渊源甚古，概略言之，可分为两种：一是言官，职在谏诤君主，封驳诏敕，其目的在纠正朝廷的违失，节制君权，以免君主恣意苛虐人民；一是察官，职在监督百官，纠弹官邪，其用意在充当君主耳目，维护纲纪，借以防官吏的擅权误国。依据史实的演变，言官的产生，虽较早于察官，但在君主专制时代，由于君主专制日甚，言官因之逐渐衰微，而察官则日形扩张，终于言官被察官所并。因为历代虽不乏闻善则拜、从谏如流的开明君主，但多数君主均不欲其行为多受干涉与牵制；且天子之权威愈尊，地位愈隆，则与臣僚的距离愈远，戒惧之心则愈深。于是防范日严，耳目日众，监察之组织，遂日形扩大与严密。

监察制度的发展与沿革

《尚书·舜典》命龙作纳言载："帝曰：龙！朕堲谗说殄行，震惊朕师。命汝作纳言，夙夜出纳朕命，惟允。"是即后世纠察官之鼻祖。又《胤征》篇："官师相规，工执艺事以谏。"可见当时自公卿至百工均可各以其职谏，则吾国古代言路之广，似又不仅限于谏官而已。春秋战国时，御史官虽多掌记事之职，然《周礼·天官》之"小宰"，其职"掌建邦之宫刑，以治王宫之政令"。按郑注："小宰若今御史中丞。"又《周礼·春官》："（御史）掌邦国都鄙及万民之治令，以赞冢宰。凡治者受法令焉，掌赞书，凡数从政者。"小宰御史之职，虽与后世御史职掌不同，然其掌治令授成法，显为后世司宪之职所由出。

秦制，御史大夫与丞相太尉并列上卿，掌监郡。杜佑《通典》："初，秦以御史监理诸郡，谓之监察史。"汉御史大夫有两丞：一为御史丞，一为中丞。中丞之职，外督部刺史，内领侍御史，受公卿奏事举劾案章，即居殿中而察举非法者。后汉时，中丞和尚书令、司隶校尉朝会皆专席而坐。故御史掌纠察之职，实自秦汉始。

晋因汉制，以中丞为台主，与司隶分督百官，自皇太子以下，中丞无不纠。南北朝御史官属时有更张。隋改御史中丞为大夫，置御史台大夫二人，治书侍御史二人，侍御史八人，殿内侍御史、监察御史各十二人。炀帝时，御史台制多所改革，增监察御史员十六人。

唐代设御史台，与尚书、中书、门下三省并列，而独立于五监、九寺、六部之上，凡刑宪典章纠察弹劾皆掌之。宋虽因唐制，然御史永未除人，中丞亦多用他官兼理，其地位不独立，于是开台谏合一之端。元之御史与中书省、枢密院鼎足而立，但以御史台为掌黜陟之所，其长即为御史大夫。

明代官制虽多沿汉唐旧规，但监察机关之权甚高。"洪武十年，诏遣监察御史巡按州县"，开监察御史集弹劾、纠仪、巡察于一身的先河。洪武十三年（1380 年）正月，左丞相胡惟庸因谋不轨而伏诛后，太祖愤恨之余，遂罢左右丞相，以六部尚书任天下事，侍郎贰之，殿阁大学士只备顾问而已。至于监察机关则为御史及六科给事中，御史之职直隶于都察院，有都御史、副都御史、佥都御史及十三道监察御史之设置；六科给事中则独立为一曹。前者是监察内阁的机关，后者为稽查六部的机关。

明代监察组织及职掌

都察院 洪武时罢御史台，改设置都察院，下分：

一、都御史。据《明史·职官志》记载：都御史"职专纠劾百司，辨明冤狱，提督各道，为天子耳目风纪之司。凡大臣奸邪、小人构党、作威福乱政者，劾。凡百官猥茸、贪冒、坏官纪者，劾。凡学术不正，上书陈言变乱成宪希进用者，劾。遇朝觐、考察，同吏部司贤否陟黜。大狱重囚会鞫于外朝，偕刑部、大理谳平之。其奉敕内地，附循外地，各专其敕行事。"

二、副都御史及佥都御史：原俱襄赞都御史综理院务；都御史缺员时，副都御史则受命暂署院事，代行其职。永乐以后，副佥都御史常与各部侍郎奉敕出巡，考察在外诸司。宣德五年（1430 年），各有专设巡抚。景泰四年（1453 年），以镇守侍郎与巡按不相统属，定设都御史巡抚。嗣后凡在外巡抚，一部由外官升任，一部则自都察院派出。故都察院平时除一二"副院"或"佥院"，其余副佥都御史均常年在外，参与地方行政，非纯粹中央之监官。

三、十三道监察御史。据《明史·职官志》记载："主察纠内外百司之官邪，或露章面劾，或封章奏劾。在内两京刷卷，巡视京营，监临乡、会试及武举，巡视光禄，巡视仓场，巡视内库、皇城、五城，轮值登闻鼓在外巡按，清军，提督学校，巡盐，茶马，巡漕，巡关，儧运，印马，屯田。师行则监军纪功，各以其事专监察。"

四、巡按。"代天子巡狩，所按藩服大臣、府州县官诸考察，举劾尤专；大事奏裁，小事立断。按临所至，必先审录罪囚，吊刷案卷，有故出入者理辩之。诸祭祀坛场。省其墙宇祭器。存恤孤老，巡视仓库，查算钱粮，勉励学校，表扬善类，剪除豪蠹，以正风俗，振纲纪。凡朝会纠仪，祭祀监礼；凡政事得失，军民利病，皆得直言无避。有大政，集阙廷预议焉。"

六科给事中　明代给事中复唐宋旧制而扩张之，独立为一曹。《明史》载六科给事中："掌侍从规谏，补阙拾遗，稽查六部百司之事。凡制敕宣行，大事复奏，小事署而颁之。有失，封还执奏。凡内外所上章疏下，分类抄出，参署付部，驳正其违误。凡朝政得失，百官贤佞，各科或单疏专达，或公疏联署奏闻。乡试充考试官，会试充同考官，殿试充受卷官。遇决囚，有投牒讼冤者，则判停刑请旨。凡大事廷议，大臣廷推，大狱廷鞫，六科皆预焉。"其各科专职如下：

一、吏科。凡吏部引选，则掌科同至御前请旨。外官领文凭，皆先赴科画字。内外官考察自陈后，则与各科具奏。拾遗纠其不职者。

二、户科。监光禄寺岁入金谷甲字等十库钱钞杂物，与各科兼莅之，皆三月而代。内外有陈乞田土、隐占侵夺者，纠之。

三、礼科。监订礼部仪制，凡大臣曾经纠劾削夺有玷士论者纪录之，以核赠谥之典。

四、兵科。凡武臣贴黄诰敕，本科一人监视。其引选画凭之制如吏科。

五、刑科。每岁二月下旬，上前一年南北罪囚之数，岁终奏上一岁蔽狱之数，阅十日一上实在罪囚之数，皆凭法司移报而奏御焉。

六、工科。阅试军器局，同御史巡视节慎库，与各科稽查宝源局。

明代监察制度的优点

其一，御史谏官选任严格。所谓"徒法不足以自行"，任何制度，不论其设计如何缜密，若执行不得法，将必弊害丛生。而御史谏官之设置在于驳正君失，纠察官邪，防奸举弊，维护纪纲。故其人选当以清廉耿介，刚正敢言，不比不阿，认识大体，熟悉法律，富有行政经验，表率官常者为上选。明代的御史，初期既多以进士初授，其后更或由进士之被选为庶吉士者改授，或由进士出身之内官考选，且限制不用员吏出身者。要经考满、廷推等选任手续，又考选后须试职一年，始行实授。除了"王姻不内除"外，"大臣之族，不得任科道僚属，同族则以下避上"，也是限制之一。如正德时，给事中许诰以父为兵部尚书，遂改诰为翰林检讨。故一般御史均能对朝事君过，多所匡正。正统、景泰间，王振、石亨、曹吉祥等用事，御史切谏者接踵不绝。明末魏忠贤误国，言官如沈炼、徐学诗、左光斗等极言其权奸误国之非，虽斥逐罪死而咻咻者仍有其人，此亦终明之世，御史直言极谏之风称盛一代的缘由。

其二，御史权行使范围的限制。中国历代御史权的纠弹范围，不仅及于君主百官公务上行为，且及于私生活的言行。而纠弹的提出，不仅事后可得为之；即将成为事实，或有此趋向之时，亦得为之。即对风闻传说之事，均可纠弹。但御史权实际上的行使，若漫无限制，势必干涉行政；倘纠弹过密，动辄得咎，郡守不敢积极有所建树，只求消极无过。因此，御史权不得压倒行政权。明代因而制定《宪纲》三十六条，《刷卷条格》六条，举凡其出巡期限，所携随侍人员，沿途官府接应仪式，各种处事程序，监察对象，禁止事项，以及惩罚规定等，俱分门别类，胪列甚详。御史回道后，需将巡历所经之处，事务处理情形，列具事目，造册呈报都察院，由都察院堂上官依其所上簿册，逐项磨勘考察。称职者具奏照旧管事，不称职及过违期限者，参奏罢黜。如有违法，"罪加三等，有赃从重论"；若有失职，"杖一百，发烟瘴地面安置"。又为使各道监察御史劳逸平均，和防止其长按一地，日久情亲而弊生，对于御史出巡和其他常例事务，或一年一更，或三年一代，轮流担任。其依年出巡地方，亦均就各道员额，划分区域，一年一代，轮番巡按。另一方面，若行政权与御史权相结合，则彼此利害一致，官官相护。故明代对御史权的限制，旨在使御史机关与行政机关，互为表里，彼此相克相生，发挥高度的纠弹效能。

其三，秩卑而权重，禄薄而赏厚。御史职权的行使，易招怨尤；驳正君失，更可能遭受不测。而不愿树敌，以及避免危难，乃人情之常。若御史台宪，位高禄厚，则难免安于现状，诸多顾虑。所以明代的左右都御史正二品，月俸仅得六十二石；左右副都御史正三品，月俸三十石；左右佥都御史正四品，月俸二十四石；十三道监察御史正七品，月俸七石五斗；六科给事中正七品，月俸七石五斗；左右给事中从七品，月俸七石。实以位卑则人情激昂，权重则刺举无所回避，禄薄则爱惜身家之念轻，赏厚则人知激励。然而单是禄薄并不足以励其气，且易为人收买，故必须以位尊以劝诱，使其自觉前程有望，始不避怨尤与不测，勇于从事纠弹。明制：御史冠二梁加獬豸，笏用槐木，服用青色带豸补，其印文为绳愆纠谬，其位与二府同列，正是一例。于是终明之世，御史清慎谨严，临大节而不挠者比比皆是。如靖难兵变，监察御史魏冕偕同僚十人到殿前殴贼。涂祯巡监长芦，刘瑾命其党托取海物，侵夺商利。祯皆据法裁之。瑾怨，杖三十，论戍肃州。涂祯后因重创死于狱中。

其四，科参的设置。给事中要职在封驳；封驳奏章，又谓之科参，始自洪武十七年。明代之科道，除参与廷议、廷推外，给事中每日把各衙门御前面奏封进本章，均摘由类抄。早朝之时，并轮流执笔记录。而六部受命颁发诏敕政令，必经科参始能生效；六部日常行政，均经本科监临，核验签署。故其对各部行政，事前事后，均洞悉无遗；所提纠弹，六部不敢狡赖抗拒。明代纪纲的维持，多赖六科之力。诚如顾炎武所说："明代虽罢门下省长官，而独存六科给事中，以掌封驳之任。旨必下科，其有不便，给事中驳正到部，谓之科参。六部之官，无敢抗科参而自行者。万历之时，九重渊默；泰昌以后，国论纷纭。而维持禁止，往往赖科参之力。"

其五，监察御史、巡抚与巡按的设置。自永乐始，御史出使，加巡抚衔。当时都御史巡抚制与其时的边政、民事、河工所关甚要，如正德间右副都御史李承勋巡抚辽东，疏请修筑，会世宗立，发币银四十余万两，承勋先后命士卒凡为城堡各九万一千四百文，墩堡百八十一，开屯田千五百顷，辽东一带边防因固。其与民事有关者，以赈灾、屯田、治河为要。如成化六年（1470 年），京畿大水，有副都御史项忠发官廪以赈之，并设法劝输，得米十六万石，活民二十七万八千余人。嘉靖、隆庆两朝，宁夏、甘肃、宣府诸地得都御史杨博、王之诰等尽力屯政，民赖以安者不知凡几。弘治六年（1493 年），右副都御史刘大夏往张秋治河，自黄陵冈浚贾鲁河、孙家渡和四府营上流，以分水势，并筑长堤起胙城历东明、长垣至徐州，长三百六十里，水因大治。而且御史所至之地，照磨案卷，采访风俗，听取舆论，所以对地方弊害，官吏遗失，历历可举，切实可靠。故当纠弹临案之时，地方有司，只有伏首认罪。

明代监察制度的缺点

其一，职掌混淆。明代除由十三道监察御史巡按十三省布政司之外，又于每省设提刑按察使司。洪武二十九年（1396 年），全国分为四十一道，其后增至六十余道，但按察司虽掌一省刑名按劾之事，唯"大者暨都、布二司会议，告抚、按，以听于部院"。故按察使职掌，与掌一省民政的布政使，及掌一方军政之都指挥使的职权混淆。同时，按察使、布政使、都指挥使之上，又有总督及巡抚之设。后来巡抚兼军务者加提督，有总兵地方加赞理或参赞，所辖多事重者加总督。有总督兼巡抚，提督兼巡抚，及总理、巡视、抚治等员，皆加都御史或副都御史、佥都御史衔。明之巡抚总、督既已典兵，并司纠察，又参与行政，故万历以后，"边事日坏，病在十羊九牧。既有将帅，又有监司；既有督抚，有巡方，又有监视"。

其二，御史职权不独立。明代的御史是不能独立行使职权的。因为御史既由皇帝任命，也可由皇帝撤免，所以明代监察制度能否得"弹劾百司，纠察官邪"之效，全以君主之喜恶为依归。如太祖乃英明之君，然当胡惟庸有宠之时，虽有御史韩宜可劾之，而宜可乃以"快口御史排陷大臣"获罪下狱。成化时，御史项忠劾汪直被斥为民，至其失宠；徐镛劾之，直即被逐。天启时左副都御史杨涟和右佥都御史左光斗奏劾魏忠贤，两者均被削藩而死。

其三，科道并列。明代的监察官员，除了有都察院的十三道之外，又有直属皇帝的"六科给事中"，两者职掌及权力差不多，是以后世称其为"科道"。科道既于实际上同为风纪及言事之官，并同得参与廷议，皆号称言路，职掌混淆，又可互相纠弹，因而形成言路激越的风气，渐启科道之争。及神宗失德荒怠，群臣奏章甚多，神宗厌其哗嚣，一切留中不下；诸臣知封章之不复进御，更肆嚣张，遇事生风，竟以把持朝政为得计。《明职官表》谓："其始则争并封，争梃击，举国若狂，犹曰托词忠；继而争京察，争考选，则全主于引同恶而排异己。"其对明代纲纪的影响可见一斑。

其四，巡抚的派遣。明代有提督兼巡抚，总督兼巡抚，也有副佥都御史参与巡按之职，虽能照磨案卷，采访风俗，听取舆论，对地方弊害、官吏遗失及地方边政、民事、河工等多有建设，但我们不能把巡抚之职的功效看得太高。因为其本身多有专职，不能离开任所太久，于短时间内，清察一地的得失，不免有所遗漏。而且巡抚官员数目不管有多大，但总不能平均分布于中国及边区，中央官员亦不能到离首都太远的地方去巡察。环境与条件的限制，职务有所疏忽，实在所难免。

明代监察制度的影响

其一，对明代的政治影响。有谓"中外之官莫难于风宪，亦莫危于风宪"；因监察弹劾者易招怨树敌。故古代保障御史身体言论之法甚严，虽或弹劾天子，君主或予嘉纳，或曲予包容，以戮御史为大戒。明初政出正臣，刘基、宋濂、夏元吉等辅助有方，奸幸无能用事。但自正统以后，天子多不听命，御史如杨瑄、蒋钦、徐有贞等或受廷杖，或被遣戍，或诏下狱，于是权奸柄政，宦祸踵至。英宗时的王振，景帝时的曹吉祥，宪帝时的汪直，武帝时的刘瑾和熹宗时的魏忠贤皆势倾朝野，生杀予夺，国政紊乱至亡国。另一方面，明代科道并列，因职掌及权力差不多，及可互相弹劾，于是被弹劾的一方为求自保，必须巩固朋党以应付异己，亦以夸耀功绩，求见宠于天子，科道之争已甚激烈。其后会都御史李三才素得民心，然颇通贿赂，时东林学院的顾宪成，贻书大学士叶向高等，称三才廉直。攻三才者大哗，群指顾、叶等为东林党，而所谓齐、楚、浙、宣、昆五党皆以东林为公敌，联合齐攻东林。是为非东林党，所争者不过梃击、红丸、移宫案类，于国家民事毫无裨益。至熹宗时，魏忠贤用事，非东林党倚之以图报复，甘为虎狗儿孙而不辞。《明史·阉党传》云："自天启四年十月迄熹宗崩，毙诏狱者十余人，下狱谪戍者数十人，削夺者三百余人，其他革职贬斥者，不可胜计。"由此可见当时东林与宦官之争的祸害。此外，于宦官得宠权威时，御史弹劾多无结果，甚或下狱罪死。于是一部分御史但求无过，唯沉默是从；而冒险谏劾者，如左光斗、杨涟等忠良御史，却遭削藩至死。国家的忠臣正人尽去，实是明亡的最主要原因。

其二，对清代监察制度的影响。满清还未入关，便已仿照明代的制度设署都察院。统治中国后，鉴于明代科道之争为害甚大，于是把六科给事中并入都察院，成为台谏合一之制；并将明代的左右佥都御史裁撤，把明代的右都御史和右副都御史改由督抚兼衔。但是，清代的科道虽然已经合并，六科主要的分察京内各部院的文书，十五道除掉稽查京内各部院事务外，还分理京外各省的刑名。因此，科道的职权，在法理上还是分立的。此外，清代各省，除由十五道监查御史巡按外，并置提刑按察使司。其职掌为振扬风纪，澄清吏治，所至录囚徒，勘辞状，大者会藩司议，兼领阖省驿传。三年大比充监试官，大计充考察官，秋审充主审官。按察使为外设之监官，与掌一省之布政使，并称两司。而两者的任用，均系遇缺当补，由清帝亲裁。但其职务各自独立，并无纠缠混淆之处，较明代之按察使颇有改进。

其三，对中国君主专制政体的影响。中国历代设置御史台宪，借为君主补阙拾遗，驳正错失，使天子有所牵制和顾虑，防止统治中心的败坏。历代君主，虽因时代的进展，益趋专制，但自秦代统一六国，以至宋室南渡，君主禀其先祖创业的遗规，或碍于圣明君主，应纳贤谏的传统，其内心虽不欲御史犯颜干涉，但其言行作为不得不自我检束。明太祖废相后，并废谏职，但给事中不独掌握充分的封驳权，且与御史同负重责。所以御史奋其职守，面折廷争，纠弹君主之过失，死而不悔者，史不绝书。明末御史虽不能因弹劾而去权奸宦官，然揭示其奸，陈其恶于君前，使人人知其奸险勉而为善，其效用亦伟，否则盈天下皆刘瑾、严嵩之徒。且国家除元恶大憝外，作奸犯科者仍有其人，若无弹劾之制，则人人无所畏惧，国家纪纲能否振兴可想而知了。清代专制政体发展至最高峰时，给事中仍有封驳权，以及科道并得同时进谏。清代台规明文规定"即所奏涉虚，亦不坐罪"，所以中国的君主专制，始终未演变成为欧洲中世纪专制政治的残暴，监察制度实为重要的因素。

其四，五权分立的建议。孙中山先生认为外国实行立法权、司法权和行政权分立，还是不大完整的政治制度。如果能加上中国源远流长的监察权和考试权，便是最好不过。意在"集合中外的精神，防止一切的流弊"，使能达到"民有、民治、民享的国家"。而且我国古代弹劾权与君权分立但不独立，所以孙中山先生又提倡监察制度应该独立，由选举组成的一个高级独立的国家机构来行使。

其五，今日世界的监察建议权。中国历代御史有"批评政治得失，条陈时局意见"权，即今日民主国家议会所具有的建议权。"凡朝政得失，大臣至百官任非其人，三省至百司事有失当，皆得谏正"。又如今日议会对于所有行政或其他事件，均得向政府提出建议案。在采行议会内阁制国家，下议院向政府提出的建议案，政府若不接受，可能引起该院对于政府作不信任的决议。此犹如御史所条陈的意见，天子如不接纳，御史可能进一步提出弹劾案，借以追令政府就范。而且由于今日言论自由发展的结果，人人都享有建议权，而报刊杂志以及各种大众传播工具的进步发达，使舆论成为督促政府的原动力。舆论不仅可以批评政府的措施及官吏的行为，且可批评议会的工作和议员的行为。换句话说，代表人民监督政府的权力机关是议会，而代表人民监督议会与政府的权力机构则是舆论；与中国的监察制度一般，为国家政治兴衰之所系。

第八章　秦汉魏晋南北朝隋唐兵制

第一节　秦汉兵制

秦代兵制概略

秦穆公时，地处西陲，初通华夏，游牧尚多，与后世辽、金、元及清初之兵制相似，举家皆兵。壮男之军任战斗，壮女之军作工事置障碍，老弱之军任畜牧，可谓全国皆兵之制。及秦孝公即位后三年，因商鞅行新法，采用征兵制度，为秦国奠定富强基础。鞅之新法，大体受李悝之影响，其措施又与吴起相似。

一、秦统一前推行的商鞅新法。其内容可分为三大类。

1. 废井田，开阡陌，置三十一县。承认土地私有，奖励农民耕种，致粟帛多者复其身；使以耕秦之地，足食足兵。

2. 组全国人民，五家为伍，十家为什，定连坐之规法，互相监视。

3. 以军功定爵位，平民有军功者，各依据律令受爵赏；宗室非有军功，不得归军籍。昔以贵族任战士，今以平民一跃而为贵族，打破阶级观念，人民因而知道奋勉图强。商鞅新法，行之十年，民勇于公战，怯于私斗。

二、秦一统以后之兵制措施。

秦以坚甲利兵，挞伐天下，吞二周而灭六国，废封建而立郡县，建立大一统之中央政府，行中央集权政体。其政治之设施，在兵制上有一定之影响。其形式有：

1. 设太尉主管全国军事；中尉掌徼循京师，警备盗贼。设卫尉以掌宫门卫屯兵。设中护军、领军吏以分掌禁兵，典选武。设前后左右将军，以备征伐。

2. 秦实行寝兵政策，以收天下之兵，聚于咸阳；堕名城，决川防，夷险阻，免兵役，以消除封建时代之武装。北筑万里长城以防御匈奴，南拓两广百越，以扩南域，开创我国亘古未有大一统之局面。大体上，秦之兵制乃义务兵制，凡属及龄男子，皆服兵役。其制公平普及，与近代之征兵制，极为相近。

汉代兵制概略

中国历代国力之鼎盛，版图之扩张，当首推汉代。汉代对匈奴之征讨，实有赖于完整之兵制。两汉之兵制，大体因袭秦代。就规制与精神上而论，汉仍采行全国普遍的征兵制，然细节上亦各有不同。因为汉代全国军队，分为禁卫军、内地军、边防军三大类；外卫京国，内实京师，以为强干弱枝之势。其制为后世所遵行。汉代有四百年之长期统治，且为二千年之统一规模，奠定基础。其制兵运用之道，适其得宜。现就其类别试分述如下：

南北军 汉兴，置南北军于京师，即天子之禁卫军，共约七万人。南军由卫尉统领，专责守卫宫城和官署，其下分兵、郎二卫。兵卫由卫尉主之，以卫士及调郡国之正卒充之，旅费由中央供给。郎卫由光禄勋主之，除议郎外，余皆吏值执戟，宿卫宫殿，出充车骑。北军则由中尉领之，屯驻三辅地方，拱卫京师。这两支军队，大致是按兵役法自各地征调而来，而东汉则多属招募而来。而两汉以来，均设将军，以掌征伐，其等第为第一大将军，次骠骑将军，再次车骑将军，又次卫将军，又有前后左右将军及杂号将军。其下设部校尉、军司马，部下有假司马等。

郡国兵　汉京师禁军不常外出，战斗力以郡国兵即内地兵充之，以太守领之；将万骑，行障塞，治亭徼，屯卫边民，不以从征。然后来于东汉先后改变，成为州牧之割据。

屯田兵　汉之边防军即屯田兵。西汉初，例以内地之兵远戍边陲，是谓戍卒；行之既久，诸感不便，文帝乃募民充兵役。

另外，还有关于服役与免役，汉制采全民皆兵，凡男子年二十三至五十六者，皆有服兵役之义务，其中有正卒、更卒、戍卒及募兵等。

正卒　分卫士与郡国兵，均一生服役。先为材官、楼船、骑士，随时报到。

更卒　每年徭役一月。修路、造桥、筑城等乃其职责。

戍卒　乃徭戍，是边防军，戍边三日，否则出钱三百入官而代之。

募兵　因用兵西夷，京师空虚，乃增设八校尉，以胡越边鄙人充任，为募兵之始。

在免役方面。汉兵制乃男子及龄服役，但在特殊情形下可免役。例如：政治上有成就者；学术上有贡献者；军事上有功劳者；经济上有捐输者。

在指挥与调配方面，有如卜方面：

战时指挥权　汉制里，三公中之太尉，为军事最高长官；战时之高级大将军，皆临时派定。而北方之局部战事，则由郡都尉或县尉等统兵应战。东汉时，刺史也有统军权。

军队调发权　汉代军民合一，全国军队皆以郡为单位。太守主征发供应，都尉主统率训练。国有征战以虎符发兵，而中枢命将帅统率出发；事平，兵卒散归田里，将帅解兵柄，归还朝廷。

秦汉兵制得失与影响

秦汉兵制之优点如下：

其一，战斗力强。秦行商鞅之法，实施良好之征兵制度；废井田，开阡陌，奖励耕战，使民富足，勇于公战，怯于私斗，产生强大之军力。汉制男子二十始傅，二十三为正卒，五十六免。而民之一生，除少老外，中期均为强壮，而国家仅及龄征役，期满退伍；士皆精壮，而无老弱，故战斗力强劲。

其二，有防止拥兵自重之效。秦以强干弱枝政策行于世，又创丞相制，为一完善之中央政体；加上寝兵政策之收兵器，在政治上与军事进一步配合，而无拥兵自重之弊。汉之南北军集于京师，南军居内，北军居外，收内外相制、表里为用之效。郡国之兵，平时散于四里，有事出征，无事返农田而耕；故国家无养兵之患，亦无拥兵自重之出现。

其三，免除征戍之苦。秦统一后，采国民义务兵制，郡置材官，征兵于民，人人平等服征；制度公平，无征卒之苦。汉代每有征战，皆由近地调遣，士卒无远征之劳；衣食自备，国家少供应之劳；又有民间义勇军，国家有事，可自由参战，无苦于军备。

其四，严格挑选，纪律清明。秦行法家之政，事事以法封帅。兵虽义务，仍需要每遵法制；且时民勇于公战，故兵力强大，已为清明之体制。汉代每岁秋举行都试，凡壮丁均参加操演，为期一月；选拔人才，防滥竽充数，犯错者必加以处分，故兵必能精选。

其五，符合征兵制精神。秦之义务兵制，征兵于民，与汉代民年二十三为卒者，均符合征兵制之精神，且均为中央调派，与近世之征兵制无异。

其六，版图之扩展。秦以兵强建设国防，开拓边境，扩大版图。汉制人民有戍边之义务，故版图随之扩张。

秦汉兵制之缺点如下：

其一，赋役繁重。秦代为求保安，征戍卒，人民往建长城、宫殿等，如北筑长城而征戍三十万，南戍五岭五十万，骊山之役七十万，至兵不足用，民不聊生。汉制除服更戍、正卒、戍卒外，兵赋繁重，未及兵役者皆出赋二十银；以年五次以上计，算赋为一百二十银。赋税颇重，亦可自见。

其二，汉制免役过多，有减低兵士来源、有失公允之弊。

其三，州牧割据于汉。因郡国兵之破坏，致令州牧割据自立，汉兵制破坏，而汉代也趋于灭亡。

秦汉兵制对后世之影响如下：

其一，秦汉征兵制之成效，导致后世多相承采用，以强国防。

其二，秦汉之兵制，使国防力增，开拓边疆，扩展版图。

其三，因秦汉兵赋力役繁重，造成民不聊生，变乱事迭起，汉更因此形成奴隶买卖之社会现象。

其四，州牧之割据一方，促使汉亡，而奠定三国鼎立、下开数百年分列之局面。

第二节　魏晋南北朝兵制

三国兵制之得失

秦行义务兵制，汉兴因循未改，其制度公平合理，颇富有近代征兵制之精神。自王莽乱政，地籍户籍，渐渐散失。东汉初年，天下垦田，多不报实，又户口年纪，互相增减（见《后汉书·刘隆传》）。于是土地兼并之风渐盛；贫富悬殊，愈演愈烈。社会上一方面有代表大地主之豪宗强族；一方面又有流离失所之贫农，受豪族之庇荫，成为豪族之部曲，丧失自由民身份。故黄巾随之而起。至董卓专权，群雄割据，中央大权旁落，地方政权乘之而起，遂成三国鼎立。魏五帝四十六年（220–265年），蜀二帝四十三年（221–263年），吴四帝五十九年（229–280年），至司马炎篡魏，始复归统一。在此时期，天下由合而分，连年战争，人口锐减（汉顺帝时四千九百一十五万，三国时七百六十七万），实为中国社会重大转变期。向之公平普及之兵役制度，逐渐崩溃，而代以不自由、不平等之世兵制。其演变得失述之如次。

一、世兵制之形成。秦汉之义务兵制，至三国为之一变，由国军变为部曲，公兵变为私兵；由兵民合一，变为兵民分离。简言之，由公平合理之义务兵制，变为少数人服役之世兵制。此种变化之过程，由于汉末大乱，户口减少，兵员缺乏；而割据之群雄，为求制胜敌人，各自扩充兵员。遂将所辖人口，在管理方面，形成不相同之三系统：普通户、屯田户、军户。普通户属于州郡县政府，屯田户属于典农都尉或典农校尉，军户则属于军府或州郡代领。三种户口，对国家负有不同之义务：普通户服用租户调徭役，屯田户为国家种田纳租，军户为国家担任兵役。虽非如管子所谓"士之子恒为士，农之子恒为农，工商之子恒为工商之子"，而"兵之子恒为兵"，则渐次成为事实。父死子继，兄终弟及，魏蜀吴莫不皆然。虽世兵之来源不一，或出于招募，或出于部曲，或出于家兵，或出于奴僮，或出于质任，要皆取之不以其道，教之不得其法。经两晋而其弊愈甚，终酿成南北朝兵源不足，武力不竞，外族侵入，长期纷扰之局。

二、利用军权篡窃帝位。曹操乘汉献帝播迁之际，以勤王为名，自为丞相，兼集兵权、军政于一身。天子之禁军变为曹氏之耳目，遂得擅作威福，率意而行。后世权臣篡位，每师其故智，掌握禁军，以与天子为敌。盖自古以来二帝位之转移，只有禅让、征诛二途；其权臣夺国，则名篡弑，常相戒而不敢犯。至曹操既欲移汉之天下，又不肯居篡弑之名，于是利用禁兵，进胁天子；天子无寸兵以为卫，其子遂得以假禅让为扰夺。自此例一开，而晋、宋、齐、梁、北齐、后周以及陈隋皆仿之。甚至唐高祖本以征诛起而假代王之禅，朱温以盗贼起亦假哀帝之禅。自魏曹创此一局，而奉为成式者且十数代，历七八百年，真所谓奸人之雄，能建非常之原者也。

三、屯田兵之设置。魏蜀吴皆行屯田之制。昔汉之屯田，以边境为主，兹则普及于内地各州郡，专设典农之官，军粮赖以丰饶。王船山论屯田之利益有六："战不废耕，则耕不废守，守不废战，一也。屯田之吏士据所屯以为之乐土，探伺密而死守之心固，二也；兵无家室则情不固，有家室则为行伍之累；以屯安其家室，出而战，归而息，三也。兵从事于耕，则乐与民亲，而残民之心息。即境外之民，亦不欲凌砾而噬龁之；敌境之民，且亲附而为我用，四也。兵可久屯，聚于边徼；束伍部分，不离其素；甲胄器仗，以暇而修；卒有调发，符旦下而夕就道，敌莫能测其动静之机，五也。胜则进，不胜则退，有所止，不至骇散而内讧，六也。而粟米刍藁之取给，不重困编氓之输运，屯田之利溥矣哉。"（《读通鉴论》卷五）

四、质任与校事之弊害。曹氏攘夺汉祚，在内则有汉之旧臣，在外则有蜀吴之鼎立，上下互信不坚，故操用留质之制度，蜀吴亦然。凡出征将士，镇守方面，则以家属为质；如有反叛逃亡，即将其家属治罪，或没官为奴婢。《三国会要·魏制》云："魏州郡将吏及征伐将士，皆留质京师。"《魏志》卷二五《辛毗传》："文帝曾拟徙冀州士家于邺。"《李典传》："典宗族部曲三千余家，居乘氏，自愿请徙诣魏郡。"《毋丘俭传》："俭以镇东将军，领兵镇淮南，而将士家属，皆在内州。"此魏所行之质任也。

刘氏取蜀，质诸将并士卒妻子，然后率领黄忠、卓膺等进据涪陵，此蜀所行之质任也。

"吴以草创之国，信不坚固，边将屯守，皆质其妻子，名曰保质。"（见《吴志·孙皓传》注引《搜神记》）。又《吴录》云："孟宗迁吴令，时皆不得将家之官。"此吴所行之质任也。共信不立，互信不生，团结不固；立国之道，而无民信，虽有质任，夫复何益？

不特此也，曹操复设校事，调查军民隐事，为后世特务之嚆矢。《魏志》卷一四《程晓传》云："时校事放横，晓上疏曰：'昔武皇帝草创大业，众官未备，而军旅勤苦，民心不安，乃有小罪，不可不察，故置校事，取其一切耳。'"孙权亦任用校事。《吴志》卷二云："初，权信任校事吕壹，壹性苛惨，用法深刻……大臣由是莫敢言。后壹奸罪发露伏诛，权引咎责躬。"

五、更番休战之运用。诸葛亮受命托孤辅政，自维以巴蜀之地，欲中兴汉室，恢复中原，决非长期坐守，可以取胜；务须积极反攻，方能维持士气人心于不坠。然兵力既少，又欲长期保持坚锐之战斗力，乃采更番休战之法，以三分之二出征，三分之一休养，故能连年征战，而兵不疲劳。《文献通考》引章氏之言曰："以蜀之大，其兵常不过十二万，而所用八万，常留四万以为更代，蜀之强以不尽用之故。及蜀亡，尚有十万二千，数年之间，所折不过二万耳。"此则兵力运用之可供参考者也。

晋代兵制之得失

司马氏取天下于孤儿寡妇之手，上下荒怠，不知开创立国规模。虽东西晋历十五帝，享国一百五十六年（265–420年），而真正全国统一，不到十二年。故其兵制，在历代中最为紊乱；所经祸端，如八王交兵，五胡乱华，以及王敦、苏峻、桓温之叛，莫不与军制有密切之关系。举其重要者，约述如下。

一、世兵制盛行。世兵制起于三国，盛行于两晋。其士兵之来源，或出于招募，或出于强迫征发，或出于部曲，或出于奴隶、罪徒。而一入兵籍，即须服兵役；父死子继，兄终弟及。当兵者形成一特殊阶级，社会地位特别低贱；名宗大族，世为卿相，逍遥于兵役之外，身份最高。庶民仅向国家缴纳租税，亦可免服兵役，身份次之。唯军人被迫服役，身份最低，略与奴仆、罪犯相等。其不平等有如是者，故良民皆耻为之；士兵之质素，在历代中既较低劣，其数量复因阵亡、逃匿、私家分割、兵户解除等关系，而日益减少。兵役更趋破坏。此所以五胡之乱一起，怀、愍二帝辱死虏廷；而南渡后，无力恢复中原故也。

二、罢除州郡军备，大封宗室。武帝于平吴以后，一方面撤消地方军备，大郡置武吏百人，小郡半之。一方面封建同姓诸侯，大国三军，兵五千人；次国二军，兵三千人；小国一军，兵千五百人。名为仿效周制，实为惩魏之孤立，而欲多植宗室，以免为权臣所乘耳。唯大封同姓，乃有八王之构兵；削弱州郡，遂有五胡之乱华。及天下已乱，又恢复刺史典兵之权，寻设都督以当此之任。荆、扬俱置重兵，地方兵力较中央为大，内轻外重，致酿王敦、苏、桓之乱。及刘裕以方镇起京口，而晋祚移矣。

三、重用胡人，防范疏忽。自汉魏以来，五胡杂处内地。大抵匈奴、羯，多居今之山西；羌、氐多居今之陕西；鲜卑多居今之冀东。汉化之程度渐深，而参加中国军队者亦日众。唯种族之见，未尽泯除，所谓"匪我族类，其心必异"。晋武不但不从郭钦徙戎之论，反重用刘渊，使当都督方面之任。及刘渊倡乱，石勒继之；五胡云扰，中原鼎沸；两京不守，二帝被俘。东渡以后，南北分裂，造成十六国之纷争；虽有王谢先后当国，祖逖、刘琨、陶侃、温峤等之忠勤效命，而终晋之世，不能收复失土。重用胡人之祸，其深远有如是者。

综观两晋兵制，无甚可取，唯羊祜屯田与谢玄练北府兵二事，尚有一述之价值。"太始五年（269 年），以羊祜都督荆州军事，祜减戍逻之卒，以垦田八百余顷。其始至也，军无百日之粮；及其季年，乃有十年之积。"（见《通鉴·晋纪》），是为晋代屯田之有助于平吴者。又谢安在太元初，以谢玄练北府兵，破苻坚八十万众于淝水，延续东晋之命运多年。王船山言："谢安任桓冲于荆江，而别使谢玄监江北诸军事，晋于是有北府兵，以重朝权，以图中原，一举而两得之矣。"（见《读通鉴论》卷一四）当时民谣有云："京口酒可饮，兵可用。"可见北府兵之负有盛名。

南北朝兵制之得失

南北朝为中国兵力衰微之世，其所以然者，以兵民分离，而敢于言者，不得其宜故也。南朝承东晋之后，颇思反晋旧习，裁抑名门权贵，任用寒微。然风俗奢靡，政尚清谈，重文轻武之风，依然如故，对政治迄无远猷鸿图，汉代之政治制度，至此破坏无余。北族经五胡十六国长期混乱后，渐次接受中国文化传统，而士大夫之沦陷北方者，亦隐忍与之合作。经长期磨砺激荡，至元魏时，已触发新机运。立党里邻所长，以清户口之隐冒；行均田制，以裕民生而防兼并。西魏、北周，即以此为基础，创立府兵制，纳兵役于正轨，尔后隋承之以统一全国。兹将其得失分述如下。

一、南朝开国之君，皆出身寒微。刘裕伐狄新州，尝负刁逵社钱被执。萧道成自称布衣素族，萧衍与道成本属同宗。陈霸先初馆于义兴许氏，始仕为里司，再仕为油库吏，后虽借军权窃取大位，不为名士所尚。寒人掌机要者，虽能纲纪庶务，却无经国远猷。南朝诸帝又因鉴于东晋王室孤弱，军阀专横，故以外藩委之宗室。如宋齐喜用典签，而当时任典签者，率皆急躁倾险之人，或假其上以称乱，或出卖之以为功，威行州郡，权重藩君。梁诸王皆以盛年雄才，出任方面，非宋齐童稚可此。然侯景之乱，皆拥兵坐视，无复勤王之心。中央之所以节制者如何，于兹可以概见。

元魏所以能起自云朔，据有中原者，原借兵戎为重要之手段。然自定鼎伊洛，宗文鄙武，一般南下之鲜卑，竞尚豪华；而留戍北方之故旧，则役同厮养。此所以酿成六镇之乱。而各种大都督、各处大行台，又皆为军阀割据之根源。元魏之分为东西，以及齐周之分别代魏，皆莫离乎军阀之势力。

二、南朝兵士之来源，素无定制，大约以招募为主，至不足用，则征发民丁，三五取之，或尽数取之，或因聚会而取之，要皆出于一二人之意，而临时为法也。其次则发谪为兵，稍犯过失，辱及累世，远及旁亲。兵士之社会地位既低，素质亦劣，而欲责以恢复中原之任，宜乎不可能也。北朝政治之上轨道，自府兵制实行，兵士在社会上已恢复固有之地位，与发奴为兵，发谪为兵，在质素上自有天坏之别。自汉末以来，兵制紊乱，经此改革，始启新生之机，故能下开隋唐盛运。

第三节　府兵制之成立及其得失

隋代以前之府兵沿革

一、隋开国所持之武力主要为承受魏周之府兵。府兵组织的前身，本为追随魏孝武帝入关之北魏羽林军团；此军团之组成，乃由贺拔岳武川军团、李弼军团（即侯莫陈崇军团）及一部分六坊之众，都是鲜卑化很深的军队；其中心以构成府兵基本核心的武川系军团，乃六镇鲜卑拓跋贵族。永熙三年（533年）十二月，武川军团出身之宇文泰杀孝武帝后，部队由宇文泰统领，最初实力约在三万人左右。大统三年（537 年）沙苑会战，高欢以二十万众进犯西魏，泰迎击军队不满万人，大胜以后，不断补充。大统八年（公元 542 年）三月，正式成立六军；九年，西魏军队已增至十万左右。但同年与高欢军队交战，在邙山一役会战失利，损失惨重，使兵员补充更感困难。宇文泰乃广募关陇豪右以培军旅，此种新编之军队，均选择关陇地区有名望的汉人统领，至其当时统帅部之形式，为鲜卑旧日八部之制，立八柱国。除宇文泰本身实际为最高统帅兼柱国将军之外，于大统十四年（548 年），任命西魏宗室广陵王元欣为柱国大将军（仅挂虚名，无实权）。另委赵贵、李虎、李弼、于谨、独孤信、侯莫陈崇六人为柱国大将军。以分别统率六军，柱国大将军下有十二大将军，每大将军下有二开府，共二十四开府，合为二十四军；每开府下有二个仪同，共四十八仪同。据西魏末至周初之记载，一仪同约领兵一千。以此上推，一个开府领兵二千，一个大将军领兵四千，一个柱国将军领兵八千，六柱国合约四万八千人。

二、府兵发展至西魏。尽管府兵制在开始时，鲜卑化程度极深，兵士身份较之魏晋南北朝时为高，因而早期的府兵尚蒙有古代民兵色彩。但在西魏之府兵特质看来，已非过去拓跋氏拱卫平城的六镇防军，更非鲜卑早期的部落军形式，而是以禁旅姿态出现的中央禁卫军。此种情形，到北周武帝时，命弟齐王宇文宪往宇文护相府收兵符及诸簿书等以后，府兵正式直辖君主指挥。《周书·武帝纪》建德二年："改诸军军士为侍官。"

三、府兵发展至北周时。府兵之身份地位，较之北魏末年的府户大大提高。周武帝为了要扩大兵源，应付齐魏之对立局面，于是乃以均田上的"六户中等以上，家有三丁，选材力一人"来充当府兵，而使他们享有"除其县籍"、"无他赋役"等优待，来吸收农民充当府兵，而造成"是后夏人（汉人）半为兵矣"。故府兵发展至北周武帝时，已与均田结合起来。

四、府兵发展至隋代。早期的府兵是不能兼任农耕的，故在北周武帝以前，是兵农分离；其后既以均田户来充当府兵，又不欲使均田户放弃生产，自然要设土著军府，郡守也可以在"农隙教试阅"（《玉海》三八引《邺侯家传》："初置府兵不满百"，恐怕就是指开始成立土著军府一阶段而言）。在土著军府设置之初，尚是兵民异籍；至隋文帝开皇十年（590年），下令："军人悉属州县。垦田籍账，一与民同；军府统领，宜依旧式。"发展至此，凡是府兵，已成均田制中的农民；均田户固未必尽是府兵，而此时之府兵亦多属均田户。自府兵基础扩大后，至北周灭齐时，府兵已发展军力至近二十万；到隋文帝灭陈时，府兵已发展到五十万。这支军队其后成为隋唐帝国的主要军力，隋唐之盛衰，都与这支军队有很大关系。就大体而论，隋之兵制，乃参以魏齐周而进一步润饰之兵农合一化。所谓"兵农合一化"，乃指平时无战争发生而言；使有战事，兵农仍须分离，以确保发挥高度之战斗效能。其平时之时间分配，则为"三时耕稼，一时治武"（杜牧《原十六卫》）。作息则"时而讲武，岁以劝农；分上下之番，递劳逸之序"（白氏《长庆集》四七）。故"居闲岁则橐弓力穑，将有事则释耒荷戈"（《旧唐书》卷一九〇下《刘贲传》）。民十八受田，二十当兵，六十免役；又因府兵平日皆安居田亩，有事征发时，均能做到近不逾时，远不经岁。而当时之将帅亦皆临时派遣，使兵无常帅，帅无常兵；兵则不易作乱，将亦无法专擅。故隋得以北破突厥，西灭吐谷浑，南取林邑，东灭流求，皆得力于当时兵农合一之府兵制。

五、府兵发展至唐代，大体上乃承袭隋制而来，其主要任务为宿卫，即守卫宫城、王府、诸司；其次为镇戍，即戍守边境要地；或为征伐，即出征作战。武德初至贞观十年间，制度略有修正，较之隋代府兵制度更见完备，而府兵之人数亦较前增加。但至高宗显庆以后，战斗力日见消沉，开始有逃亡现象。唐高宗总章初年，刘仁轨伐高丽时，已上表指陈当时府兵之积弊。

隋唐府兵比较

然而，唐代之府兵究与隋代府兵有性质上之不同，近人岑仲勉先生著

《隋唐史》廿一节论及唐代府兵以为：

一、唐府兵不是普遍征兵，普遍征兵发自何兹全（1911—2011 年，历史学家）。使此议成立，则关内之府数断不至五六十倍于岭南；江南之府数，亦不至造成日后无兵可交之现象，今按此论甚确。府兵自西魏、北周以来，参与者除鲜卑贵族不在话外，即如汉族人士参加府兵，亦属当时关陇豪族。至其后渗入之农民，亦经严格之挑选，与有地区性之限制。隋唐以来，府兵虽正步上兵农合一化；所谓兵农合一，仅指府兵皆兼农民，农民未必皆府兵之意。

二、府兵之主要任务为宿卫。岑氏力引《新唐书·兵志》为证："其番上者宿卫而已。"又从十二卫职掌为宫禁宿卫之责，此断其主要任务为宿卫。谓宿卫为府兵主要任务之一则可，若以唐代府兵无出征、远戍则不能成立。试观刘仁轨《陈破百济军事表》一文，已明白指出当时府兵之任务除宿卫之外，尚有镇戍、出征之任务。

三、府兵不是兵农合一。岑氏此论，未敢赞同。今按治隋唐史者，首先了解自西魏、周、隋、唐以来之政治，有三大特征：政治上实行关陇本位政策，军事上推行府兵制，经济上实行均田政策。此三种政策联成一体，若岑氏所论："府兵不是兵农合一。"若谓隋唐以前非兵农合一，其说尚稳，否则殊难使人信服。至其后府兵制破坏原因，亦因均田制之破坏而受到牵连；因失去土地之府兵，生活无着，更无能力自置军备，遂有逃亡之事发生。

四、府兵在原则上为世兵征兵制。谓唐初之府兵一部分接受自隋代而来，另一部分则为太原从义之师。而其后于扩充过程中，亦似尝于指定区域采取拣选征充方法；但一经拣定，仍为世户。换言之，州内驻有此种世兵者，便为军府，凡军府地域都可适用乡亲递补的条件。按：府兵原则上为世兵，似颇可接纳，其实府兵创设之始，原则上均为世袭之鲜卑贵族及关陇豪右。《木兰诗》虽未必为北朝作品，或认为隋末唐初亦有可能，诗有"军书十二卷，卷卷有爷名"句，此非世兵制之有力证据？

五、府兵是游牧社会之落后兵制。充兵者，要自备许多物资。盖春秋至战国期间，我族尚未脱离游牧兵制。府兵仿自鲜卑，故后来契丹、蒙古，大致与之相同。朱礼云："当唐盛时，天下户口八百余万，而府兵四十万，皆自食其力，不赋于民。凡民之租调以奉公上者二十分之十九，其一为兵，是以国富民裕，亦不失其兵强也。田制既坏，府兵亦废，而唐常有养兵之困。"

府兵制之优点

唐府兵制之优点有三：其一，唐府兵，尤其关外诸府，虽分隶诸道，而其各折冲都尉，遥隶于中央各卫。四方有事则命将以出，事息而罢；兵散于府，将归于朝。故军士训练与军队调遣及军事指挥，三者皆划分清楚，使将帅无尊擅之弊。

其二，府兵训练之责，属之刺史，及各府之折冲；而调遣之权则仍属之中央。苟中央无调兵之兵符，则折冲无发兵之权；且折冲验符发契，又须会同刺史办理，以收互相牵制之效，国家亦无尾大不掉之患。

其三，府兵有空暇则调训，有事则征发。无事则力耕以积谷，既可自为赡养，又足以广县府之储蓄。故关中之兵虽居天下之半，而不至于疲国家养大量兵额，亦无须花费金钱者，此府兵制之优点在此。

府兵制破坏的原因

首先，府兵在社会上之地位不受重视。西魏、北周、隋及唐初，府兵地位甚高，太宗时更可于其中求取功名。《邺侯家传》谓："每府番上，（太宗）必引于殿庭，亲自教射，加以赏赐。由是用之，所向无敌。自初属六柱国，及分隶十二卫，皆选勋德旧臣为将军。有事则命统出征，故无绥训练备至，以取功名。"至高宗以后，"时承平既久，诸卫将军自武太后之代，多以外戚无能者及降虏处之，而卫佐之官以为番上府兵有权朝、要子弟能祸及次任之美官，又多不旋踵而据要津。将军畏其父兄之势，恣其所为，自置府，以其番上宿卫，礼之谓之侍官，言侍卫天子也。至是卫佐悉以借姻戚之家为僮仆执役，京师人相诋訾者，即呼为侍官。时关东富贵人尤上气，乃耻之，至有熨手足以避府兵者。"府兵发展至此，在社会人心目中已被视为羞辱的人物，府兵焉得不败坏？

其次，抚恤褒奖工作不行。唐初府兵出外打仗阵亡，军队立刻把名册呈报中央，中央政府亦马上下令给地方，派人到死难士兵家里慰问，给与赏恤勋爵，极尽哀荣；而在生时亦常给予褒赏，对军队士气奖励及鼓舞很大。后来这个奖励制度慢慢疏懈下来，军队士卒死亡未能速呈中央，中央及地方政府亦不一定派人抚恤慰问。对于阵亡的士兵忽视，而赏赐又不行，人心渐失。

第三，戍边不还。唐初府兵四方有事则命将以出，事解辄罢；兵散于府，不失田业。后来政府刻意开边，开边需要防戍边疆的军队，本来可以复员的府兵，变成没有解甲归田的机会。杜甫诗："或从十五北防河，便至四十西营田。去时里正与裹头，归来头白还戍边。"可见境况之惨。加上时出戍者多为殷实子弟，多斋缯帛自随，兵甲马匹亦是自备。边将诱之寄予府库，既拥兵自重，又杂使营私；昼则苦役，夜絷地牢，折磨戍兵，死而没收其财产。

第四，士卒积弱，不堪上番宿卫。旧制府兵皆富兵强丁，其后则渐成贫弱。政府对府兵较农民更苦瘁，自必贫弱，无力上番宿卫，遂至逃亡。加上唐初府兵戍边三岁而代，其后则增至六年；天宝以后，戍兵还归者十无一二，人民视之为畏途。

第五，禁军地位转趋重要。原因在于：一、中央集权的高度发展。统治权力日益集中于宫廷之君主及其亲信，于是在军队方面，皇帝亲军的地位在禁卫军中日渐提高，人数亦逐渐增加。太宗的龙武军、高宗的羽林军都是这一种亲军，朝夕不离左右。内外宿卫中，内宿卫转以禁军为重。其后武则天扩充为千骑，睿宗扩为万骑，玄宗正式成立万骑龙武军。张柬之推翻武周政权，亦靠羽林军成功。自此，宫廷权力在于谁掌握羽林军，然后才是诸卫以及州、郡、军、镇的兵。羽林军成为举足轻重的一支禁军。

二、君主亲信内侍。武后以内侍为飞龙使，掌管内政；又以内侍薛思简将兵戍均州。宦官参与军事，就是由于君主要亲自掌握军队。这种军队在各种亲卫军中选拔或扩充而成，由宦官掌领。玄宗以后，禁军统帅与监军的职位都落在宦官之手，此是军队皇朝直辖化，皇帝直辖化的畸形发展。府兵于是在军队中，退居次要的地位。

第六，封建统治的统治不稳。武则天当政以后，一般人列入盛唐时期，而忽视政治不稳这个事实，府兵制亦由此而破坏。府兵制度在其点兵标准，军府地域分布，番第规定以及内外宿卫的布置看来，似乎十分严密，但实际上充满矛盾。府兵制本身原先官品、勋阶的效用亦降低。一般官僚轻视府兵，少数人却借府兵权势为进身阶梯，更增加人们的轻视心理。在破坏过程中，出现两个现象：一是富人规避兵役，二是权贵子弟势凌将军。无论府兵法令规定如何严格，富人亦有办法雇贫民代役。拣点标准不能维持，兵额补充发生困难且质素低落，给养训练及番第皆连带受到影响，这是府兵破坏的一个要点。

第七，府兵质素的变化。富人规避兵役，雇贫弱代番，采用的是诡名替役的办法。根据唐代的法律，富人是有军名、征名，若不自行赴番，而由贫弱假名代役，军名与兵役割裂结果，富人有军名而无军役，贫人有军役而无军名；名为雇役，实际是把兵役负担全转移到农民身上。高宗显庆五年废兵（募兵），开始强制农民应役。以前对一般募兵是非强制性的，从军者多期望在战中获得官职、勋阶以得到赏赐。此后勋赏不行，或夺赐破勋，以至应役者，在军则"枷锁推禁"，在家则时被"州县追呼，无以自存"。富者不愿应募，州县即强制农民。募兵质素改变，影响渐及于府兵，由雇人代番，日益趋向蕃人避役，募兵标准不能实行，点名的标准亦名存实亡，而出现农民逃亡现象。

第四节　彍骑的成立与府兵

彍骑之编制内容

自高宗武后始，府兵之法寝坏，番戍更代多不以时，卫士稍有亡匿。至玄宗时，尤耗散不集，至不能供应宿卫。宰相张说见其无法整顿，乃请改以募兵宿卫。开元十一年（723年），取京兆、蒲、同诸州之府兵及未服役之白丁，加以潞州之长从兵共十二万，号长从宿卫，每岁二番；命尚书左丞萧嵩与州吏共选之。十二年，更号曰彍骑。十三年，分隶十二卫，号十二卫为六番，每卫万人。其制皆择下户白丁，宗室疏远之丁，品级职官之子，体格强壮，身长五尺七寸以上者充之。不足，则益以户八等五尺以上者，皆授田，免征镇赋役。为四籍，由兵部、州、县、卫分掌之。

彍骑之编制，以十人为伙，五伙为团；皆有首长，以才勇者为之。其初教习弩射，颇为严格，以合乎下列之要求为及第：

一、伏远弩，自能张弛，纵矢二百步，四发而二中。

二、擘弓弩，二百五十步，四发而中二。

三、角弓弩，二百步，四发而三中。

四、单弓弩，百六十步，四发而中二。

诸军居于营之左近，设置靶场，谓之射棚；士有便习者教试之，及第者有赏。

彍骑废弛之原因

其始于人事方面，观玄宗开元之治，任用良相，如张说改政事堂号中书门下，列五房分曹以主众务。就中枢机构之效能言，颇有助于制度之推行。迨李林甫为相，合并五房，专政益显；而天宝时之玄宗，又耽色好货，悉委政事于林甫之手。林甫妒贤嫉能，措置失宜，只为保住个人禄位，更欲杜绝边将入相之路，奏请胡人为边将。将军政付于藩将，形成外重内轻之局；而斯时中枢要员，反以为处于太平盛世，重文轻武，毫不留心世变。兵制坏而不革，即革亦不尽善，诚如陆贽所谓"承平既久，武备寝微"，卒使安禄山倾覆天下，彍骑又复废弛。

《新唐书·兵志》云："自天宝以后，彍骑之法，又稍变废，士皆失拊循……至无兵可交。李林甫遂请停止下鱼书（用以起军旅、易首长之鱼符）。其后徒有兵额官吏，而戎器、驮马、锅幕、粮秣并废矣。"

彍骑之得失

一、彍骑的出现是由于当时社会经济之影响。彍骑之兴替，自张说建议废止府兵，改用募兵，号为彍骑，实为唐代兵制之一大转变。因其初期，经过挑选，着重训练，一时称为劲旅。然以当时仅作局部之更改，无全盘改革之计划。其缺点在只有改革之名，而无改革之实；为时不过十三年，即见废弛。其间经安史之乱，唐代从鼎盛而衰降，在历史上为一大转掠点，其影响岂不少。

详考中国历代政治得失，多寄托于圣君贤相之是否在位；一制度之推行，亦由于人事之关系者甚大；而时代与社会经济之演变，更有牵连。唐初府兵制自然为军事上主要组织，但高祖太宗时，早已征募并行。玄宗时，改行彍骑，募兵日益推广，且更完全替代府兵。长征健儿不久变为与中央对立之镇藩武力，彍骑形同虚设；中央宿卫任务，完全由原从禁军发展之各种北卫军负担。此与当时均田制之逐渐破坏，户籍、地籍之移动，以及租、庸、调制之发生变化，实受时代与社会经济之影响。

二、府兵破坏，彍骑久废之失。高宗武后时，天下久不用兵，府兵制早已名存实亡。玄宗又募彍骑，以供宿卫。到天宝以后，又渐废坏。而节度使所领之地方兵，反日盛一日，至天子所领之兵，只有专供宿卫的禁兵，远不如一节度使之强。于是强臣悍将，无所忌惮；藩镇之祸，便由此而生。彍骑废数年，安史之乱发生，以后兵制混乱，形成边兵割据之祸，中央禁军入于宦官手。

府兵与彍骑之比较

一、征兵制与募兵制。唐代之府兵制是一种优良之征兵制度。府兵之成员，全为征召良家子弟而成。唐制民二十为兵，六十而免，选其少壮优良者，编入军府训练。于是，唐民每到二十岁便需要征为兵，至六十岁为止。府兵制破坏后，便实行张说建议之募兵制，于开元十一年，下诏招募天下壮丁，为国家宿卫，有优厚之待遇，改号曰"长从宿卫"。次年，改名彍骑。《新唐书》卷一七五《张说传》："时卫兵贫弱，番休者亡命略尽，说建请一切募勇强士，优其科条，简色役。"

二、任务之比较。府兵制的折冲府员有宿卫京师之责任，派员分批前往，轮流服役，名曰"番上"。并以各府所在地距离京师的远近，规定其番上的次数。离京师五百里的府，将应服宿卫任务的兵分成五批，更番前往，每月一轮。距京师五百里的府兵，每年至少要轮两次；两千里以外的府兵，每年只轮一次。因此，府兵除了要宿卫之外，还要负起戍边的责任。《新唐书》卷一七五《张说传》："时卫兵贫弱，番休者亡命略尽，说建请一切募勇强士，优其科条，简色役。不旬日，得胜兵十三万，分补诸卫，以强京师，后所谓彍骑者也。"

三、军备方面之比较。府兵所需衣服、粮食、兵器、用具，各由该府筹募自给。据上书："火备六驮马。凡火具乌布幕、铁马盂、布槽、锸、镢、凿、碓、筐、斧、钳、锯各一，甲床二，镰二。队具火钻一，驮马绳一，首羁、足绊皆三。人具弓一，矢三十，胡禄（载箱之器）、横刀、砺石、大觿（解结锥）、毡帽、毡装、行縢（裹腿）皆一，麦饼九斗，米三斗，皆自备。"但彍骑军队之军需品则由中央予以供给。

四、分布情形之比较。唐前期之府兵制，大体承袭隋代，而组织更为完密。高祖时，因国家草创，兵府只设于关内地区。到太宗，规模方才完备，兵府也扩充到全国各地。当时全国凡设兵府六百三十四个，名曰折冲府，各有自己的名号。六百个府的三分一，分配在中央政府附近，即关内。

其余三分二，则分布全国，而山西和其他边疆又比较多些。全国的折冲府，分属于十六卫。而彍骑之分布，以集中京师为主，共分十二卫六番。据《新唐书·兵志》说："开元十三年，始以彍骑分隶十二卫，总十二卫六番，每卫万人。京兆彍骑六万六千，华州六千，同州九千，通州万二千三百，绛州三千六百……郑、怀、汴六州各六百。"

五、优劣之比较。首先，府兵在唐代大约有四十至八十万之军，但不需国家一文钱、一粒米来给养，因为他们自己有田地。他们一面保卫国家，一面还自力生产，因此对于唐初的经济和军事能力贡献很大。《汉唐事笺后集》卷七："当唐盛时，天下户口八百余万，而府兵四十万，皆自食其力，不赋于民。民之租调以奉公上者二十分之十九，其一为兵，足以国富民裕，亦不失其兵强也。"

其次，府兵平时务农习武，每年冬天，由折冲都尉率领，作攻防演习。故精兵皆多，训练有素，而且有战事时，才由中央派将率领府兵，避免大将拥兵自恣、割据局面之发生，但却往往产生"兵不知将，将不知兵"之流弊。此外，要人民由二十岁当兵至六十岁，未免引起诸多流弊，因为六十岁已经年老，用作军队之用，则有损害府兵优良之质量，同时也是一种扰民之政策。

然而，彍骑是招募天下强壮的丁口作为军队，故消除了老弱残兵之弊，况且没有戍边的需要，故能专心一致保卫京师。但彍骑往往缺乏训练基础，而自始至终屯守于京师，缺乏战斗的经验，加以养尊处优，士气日见衰颓。及安禄山一反，不堪一击，而全军崩溃。

第五节　唐代边区的军事组织

唐代都护府之设置

唐代初年，在军事上，仍以府兵为主，边镇军队作用不大，亦非全属固定镇守一地。过去学者，每以为太宗时期已分天下为十道，又于军、镇、城、戍之兵分为十二道而置使处之，统之以都督，造成方镇割据之先河。朱礼《汉唐书笺后集》卷三："人以为府卫之法坏，而有方镇之兵，不知府卫之法成而方镇之形已具；府卫坏于内，而方镇遂成于外。内兵不足以捍外患，倚镇兵，其来非一日之积矣。盖太宗既分天下为十道，又于军镇城戍之兵为十二道而置使处之，总之以都督者，此其为方镇之兆，特待时而张尔。"殊不知太宗之分十道，仅在行政上作地理之划分而已，与边兵之形成无关系。至于《唐书·兵志》叙述当时戍边配备所分之十二道，亦全非于太宗时所置，今考之，除设置年份未详者外，如玉门军属河西，高祖武德中置；合川郡守捉属陇右，太宗贞观中置；河源、莫门、积石三军均属陇右，高宗仪凤二年（677年）置；云中郡守捉及大同军均属朔方，高宗调露中置；建康军属河西，武后嗣圣初置；清夷军属范阳，武后垂拱中置；丰安军属朔方，武后万岁通天初置；威武军属范阳，武后万岁通天二年（697年）置；天兵军属河东，武后圣历二年（699年）置；新泉军属河西，武后大足初年（701年）置；苛岚军属河东，武后长安中置；定远城、东城及西城均属朔方，中宗景龙中置；绥和、平夷二守捉均属陇右，玄宗开元二年（714年）置；洪源郡属剑南，玄宗开元三年（715年）置；安人军属陇右，玄宗开元七年（719年）置；瀚海军属北庭，横野军属河东，恒阳、北平二军属范阳，振威军属陇右，宁远军属剑南，均于玄宗开元时置；临洮军属陇右，昆明军属剑南，开元中置；威戎、宁塞、镇西三军属陇右，开元二十六年（738年）置；天宝军及平戎军属剑南，开元二十八年（740年）置；宁寇军属河西，天宝二年（743年）置；振武军属朔方，天宝中置。故就上述所知四十军镇，贞观以前只有三处，亦知唐初国防倚赖边兵之力不大。唐代为着应付外来之侵略，确保既得土地，先后于沿边设置都护府，以统治羁縻府州；府州首长，四都督刺史，多以蛮夷酋长为之而受各地都护指挥监督，综计先后设置之都护府如下：

安东都护府　其初设于平壤（今朝鲜平壤），设置目的在控制高丽诸府州及百济、新罗诸国。唐高宗总章元年（668年）九月，辽东行军总管、司空李勣平辽东，其高丽旧有五部，一百六十六城，六十九万七千户。至十二月，分为九都督府，四十二州，置安东都护府于平坏城以统之。并擢其酋渠为都督及刺史县令，与华人参理百姓；以右武卫将军薛仁贵检校安东都护，统兵二万以镇之。其间经剑平岑之叛，至上元三年（676年）二月，移安东都护府于辽东故城；先有华人任长者，悉罢之。仪凤二年（677年），迫于形势之需，又移至新域（今山西朔县西南）。武后圣历元年（698年），改安东都护府为安东都督府，以右武卫大将军高德武为都督。自是高丽旧户分散，多投到突厥与靺鞨方面，其地则没于诸蕃。神龙元年（705年）二月复为安东都护府。玄宗开元二年（714年）十月移于平州安置，天宝二年（743年）移至辽西故郡城。肃宗至德以后废置。（以上载于《旧唐书》卷三九《地理志》、《唐会要》卷七三"安东都护府条"）

单于都护府　治所设于云中（今内蒙古和林格尔西北土城子），领大汉以南之地，设置目的在控制碛南诸府州。高宗永徽元年（650年）九月，右骁卫中郎高品执车鼻可汗，处其余众于郁督军山，分其地与瀚海都护府同置。单于领狼山、云中、桑干三都督府，苏农等十四州；瀚海领金微、新黎七都督府，仙萼、贺兰等八州，各以首领为都督府刺史。高宗麟德元年（664年）正月敕改单于大都护府官秩都别"五大都督"，其后颇有改置，与安北都护府亦各有分合（唐时设置之姚州都督府、营州都督府等，作用亦在郡敕与绥抚蛮夷种族，与单于都护府性质相似）。

安北都护府　治所设于金山（今外蒙科布多境内），领大汉以北之地，其目的在控制碛北诸府。太宗贞观四年（631年）三月，分突厥颉利之地为六州，左置定襄都督，右置云中都督以统降房。五年（633年），阿史那咄苾败走后，其酋长与首领皆并将军五品以上者百余人，唯拓拔不至，遣使招慰之，使相属于道，其于诸酋长诸蕃上尊号为"天可汗"。于是复降玺书，赐西域拔北荒君长，皆称为"皇帝天可汗"。诸酋帅有死亡者，必下诏册立其后嗣，帅统四夷。贞观二十一年（647年）正月，以铁勒回纥等十三部内附，置六都督府等州。并各以其酋帅都督刺史，给于金鱼黄金为字，以为符信。乃自回纥以南，突厥以北，置邮驿，总六十二所，以通北荒。自此以后，又多有增置改隶与分废。高宗龙朔三年（663年）二月，移燕然都护府于回纥部落，仍改名瀚海都护府；其旧瀚海都督府移至云中古城，改名云中都督府，仍以碛为界。碛北诸蕃州悉隶瀚海，碛南并隶云中。总章二年（669年）八月改瀚海都护府为安北都护府。玄宗天宝八年（749年），移安北都护府于永清栅北筑城。武宗会昌五年（845年）七月，中书门下奏曰："塞北诸蕃皆云振武是单于故地，不可存其名号，以存戒心，臣谨详国史。武德四年（621年）平突厥后，于振武置云中都督，（高宗）麟德元年（664年）改单于都护，（武后）圣历元年（698年）改为安北都护，（玄宗）开元八年（720年）复为单于都护。其安北都护旧在天德，自（太宗）贞观二十一年在甘州迁徙不定，今请改单于都护为安北都护。敕旨从之。"故前后沿革变化颇多（详见于《旧唐书》卷三九《地理志》，《唐会要》卷七三《安北都护府条》）。

安西都护府 治所设于焉耆，后移龟兹（今新疆库车县），领西域诸国，目的在控制西域诸府州。太宗贞观十四年（640年）九月，侯君集平高昌国，于西州置安西都护府，治交河城。高宗显庆二年（657年）十一月，苏定方平贺鲁，分其地置蒙池、昆陵二都护，并其种落置列州县。于是西尽波斯，并隶安西都护府。并以贺鲁平，移安西都护府于高昌故地，至三年（658年）五月移安西都护府于龟兹。旧安西都护府复为西州都督，以统高昌故地。龙朔元年（661年），西域吐火罗款塞，乃在于阗以西、波斯以东皆置州督。州八十，县一百一十，军府一百二十六，仍立碑于吐火罗以纪其事。咸亨元年（670年）四月，吐蕃陷安西都护府，至长寿二年（693年），即复西安四镇，依前于龟兹置安西都护府。肃宗至德以后，河西、陇右戍兵皆征集即复两京。上元元年（674年），河西军镇多为吐蕃所陷，旧将李元忠守北庭，郭昕守西府二镇，与沙陀回纥相依，吐蕃久攻不下。德宗建中元年（780年），元忠与所遣使间道奏事，德宗许之。二年（781年），以元忠为北庭大都护，郭昕为安西大都护、四镇节度观察使。贞元六年（633年），吐蕃急攻沙陀回纥部落，陷北庭都护府，安西都护亦无援被陷。当其盛时，安西都护府有龟兹、毗沙、疏勒、焉耆四镇，并有月支、大汗、条支、天马、高附、修鲜、写凤、悦般州、奇沙州、姑默州、旅獒州、昆墟州、至拔州、鸟飞洲、王庭州、波斯等十六都督府之名，因其国王或部落长以统之（详《旧唐书》卷三九《地理志》，《唐会要》卷七三"安西都护府条"）。

安南都护府　治所设于交山（今越南河内），目的在控制交趾府州及海南诸国。高祖武德五年（622年），改隋之交趾郡为交州都督府。高宗调露元年八月，改交州都督府为安南都护府。武后大足元年（701年）四月，置武安州、南城州，并隶安南府。肃宗至德二年（757年）九月改为镇南都护府。德宗贞元七年（791年）五月，置柔远军于安南都护府。敬宗宝历元年（825年），安南都护李元善奏移都护府于江北岸，其拓植、绥抚之事，可于马植开成之际奏事中见之。如："开成三年，安南都护马植奏：当管羁縻州首领，或居巢穴自固，或为南蛮所诱，不可招谕，事有可虞。臣自到镇以来，晓以逆顺，今诸首领愿纳赋税。其武陆县请升为州，以首领为刺史，从之。""四年十一月，安南都护马植奏：当管经略押衙兼都知兵马使杜存诚，管善良四乡，请给发印一面。前代四乡是獠户，杜存诚祖父以来，相承管辖。其丁口税赋与一郡不殊。伏以夷貊不识书字，难凭印文。从前征科，刻木权用。伏乞给发印一面，今存诚行用。敕旨，宜依。"自李元善失政，交趾陷没十年，至咸通六年（865年），安南都护高骈，自海门进军破蛮军，始复故地（详见于《唐会要》卷七三"安南都护府条"）。

都护府设置之影响

总论唐代各都护府的设置，均有重要的影响。除各都护府对各地的直接影响外，现以积极与消极两方面详论之。

积极的影响有：

首先，扩大了中国的版图。唐代极盛时的疆域，据《新唐书·地理志》载："开元天宝之际，东至安东，西至安西，南至曰南，北至单于府，盖南北如汉之盛，东不及而西过之。"

其次，提高了唐帝国的国际地位。如四夷诸国称唐为"天可汗"，表示承认唐室的领导。甚至在安史之乱起后，唐国势已动摇，而西域诸国仍然出兵助唐，这都表示唐国际威信很高。

第三，促进中外文化的交流。一方面丰富了中国的物质和精神生活，一方面对其他国家的进步也有很大的帮助。

第四，发展了中外交通及商业关系。如唐时置安西都护府，打通了西域的孔道。商人来往西域，予唐境甚为安全，同时又可以与安南诸国往来，此其有利的影响。

第五，为后世留下了丰富的历史及地理知识。此尤其关于中西方面如《唐书·西域传》、《大唐西域记》、慧超《往五天竺国传》诸书。

消极方面的影响有：

首先，征戍之苦，又对外作战使人民死亡。唐曾先后因设各都护府而与西域诸国、东西突厥、朝鲜、安南、回纥、吐蕃等国交兵。频频的作战，除或多或少的伤亡外，又将士远事屯戍，终年离别，万里思归，可见人民对征戍困顿之苦。

其次，对外用兵引起财政负担，亦因此而削弱唐帝国之强大。

唐代节度使之设置

唐代继都护府之设以防外蕃之后，约于睿宗景云至玄宗开元年间，先后增设十节度使。节度使设置后，都护府之地位，渐渐变质，有隶属于节度之下者，如安东都护府，至天宝二年（743年）属平卢节度，至德后废；安北与单于二都护府，则于天宝初年属朔方节度；或有被外族攻陷者，如安西与北庭二都护府于至德以后，为吐蕃所陷。而唐代边兵至天宝元年时，已很明显地处于十节度之控制，外重内轻之势已成。就史料所知，天宝元年十节度设置之位置、作用，及其配备之军马，仍大概可考见。西北方面，需制驭吐蕃、突厥、契丹之故，兵力尤多，各镇节度所统之兵力多至四十八万，马八万匹。

平卢节度　所辖平卢军、卢龙军、榆关守捉、安东都护。治所设于营州（今辽宁朝阳），目的在控制室韦、靺鞨等部族。兵力三万七千五百，马五千五百匹。

范阳节度　所辖经略军、威武军、清夷军、静塞军、恒阳军、北平军、高阳军、唐兴军、横海军。治所设于幽州（今北京），目的在控制奚、契丹等部族。兵力九万一千，马六千五百匹。

河东节度　所辖天兵军、大同军、横野军、岢岚军，云中守捉。治所设于太原（今山西太原），目的在协助巩固朔方以御北狄。兵力五万五千，马一万四千匹。

朔方节度　所辖经略军、丰安军、定远军、西受降城、东受降城、安北都护、单于都护。治所设于灵州（今宁夏灵武），目的在控制突厥等部族。兵力六万四千七百，马一万四千三百匹。

河西节度　所辖赤水军、大斗军、建康军、宁寇军、玉门军、墨离军、豆卢军、新泉军、张掖守捉、交城守捉、白亭守捉。治所设于凉州（今甘肃武威），目的在控制回纥、吐蕃等部族。兵力七万三千，马一万九千四百匹。

陇右节度　所辖临洮军、河源军、白水军、安人军、振武军、威戎军、漠门军、宁塞军、积石军、镇西军、绥和守捉、合川守捉、平夷守捉。治所设于鄯州（今青海乐都），目的在控制吐蕃等部族。兵力七万五千，马五千五百匹。

安西节度　治所设于龟兹（今新疆库车），目的在控制西域诸国。兵力二万四千，马二千七百匹。

北庭节度　所辖瀚海军、天山军、伊吾军。治所设于庭州（今新疆吉木萨尔北），目的在控制突骑施、坚昆、默啜等部族。兵力二万五千匹。

剑南节度 所辖天宝军、平戎军、昆明军、宁远军、澄川军、南江军、益州团结营、翼州、茂州、维州、柘州、松州、当州、雅州、黎州、姚州、悉州。治所设于益州（今四川成都县），目的在控制吐蕃、蛮貊等部族。兵力三万零九百，马二千匹。

岭南经略 所辖经略军、清海军、桂管、容管、邕管、安南府、长乐经略、东莱守捉、东牟守捉。治所设于广州（今广东广州），目的在绥靖夷獠，控制南海诸国。兵力一万五千四百。

从上列设于开元以后之治边十节度观之，西北方需制驭吐蕃、突厥、契丹之故，兵力分配较重。各镇节度之总兵力多至四十八万，马八万匹。此外尚有长乐经略兵，一千五百东莱守捉兵，东牟守捉兵一千，以上二守捉乃备东北诸国登陆诸口岸之用。计北边兵力为二十一万零七百，马三万四千八百匹。西边兵力十一万七千，马二万七千一百匹。西南方兵力十万零五千九百，马一万二千六百匹。东边兵力三万七千五百，马五千五百匹。南边兵力一万八千九百，马一万五千四百匹。合计共边兵四十九万，马八万匹。每岁发山东壮丁为戍卒，缯帛为军资，开屯田，供糇粮，设监牧，畜马牛，军城戍逻，万里相望，防御实力极为坚固。然自此以后，唐之精兵，悉聚于藩镇，据一方以专征伐，既有其甲兵，复有其人民，成尾大不掉之势，卒召安史之乱。及郭子仪、李光弼等，移西北镇兵进府平内乱之际，边境空虚，吐蕃、回纥遂得乘机入侵，使外患复炽。此诚所谓府兵内制，边兵外作。自此以后，捍御外患全是藩镇之兵，府兵时代成为过去。

府兵与镇兵之比较

若就府兵与镇兵两者比较观之，在本质上，府兵较胜于镇兵。

其一，府兵乃直隶于中央之军队，藩镇兵乃隶属于地方之军队。唐之府兵，虽散在诸道，然折冲都尉均是隶于诸卫，乃是内任官，故官志列于卫之后，不与外官同。故府兵平日虽散居各地，折冲都尉与刺史均负训练之责；且府兵之调动，权在中央，折冲都尉又遥隶于中央。因此，府兵实是直属中央之军队。但藩镇军不但平日接受边将之训练，且调动拣择之权亦在边将。尤以安史乱后，藩镇多自行募兵训练，如淮西李希烈之李家军，河东马燧练河东兵，西川李德裕之选"雄边子弟"等，地方藩镇色彩甚浓厚，均由节度使调动。

其二，府兵之部署，以关内居多，而用意亦多在保卫京师。至于唐折冲府之数目说法虽多，但总在五六百之间。关内置府特多之作用，以为举天下不敌关中，则居重驭轻之意明矣。《唐会要》卷七二"府兵条"："关内置府三百六十一，积兵士十六万。举关中之众，以临四方。"故在府兵制度下，中央的控制以及护卫京师之武力特强。及此制破坏后，边区节度使地位渐见强大，藩镇兵力扩张，开元时，沿边镇兵常六十万。天宝元年，边兵亦达四十九万，但中央兵力反而空虚；原先内重外轻之势，一反而为外重内轻。

其三，府兵之纪律良好，纵使受到不平等待遇，心怀怨怼，唯以暗顾家园，终不敢反叛。而藩镇之兵出于招募，当兵者既无家室之随顾，复无宗族之系念，乃无所顾忌，唯利是图，于是军纪败坏，祸乱丛生。《全唐文》三七八"李泌议复府兵条"："山东戍卒，多斋缯帛自随，边将诱之，寄于府库，昼则苦役，夜絷地牢，利其死而没入其财。故自天宝以后，山东戍卒还者什无二三，其残虐如此，然未曾有外叛内侮，杀帅自擅者，诚以顾恋家园，恐累宗族也。……及李林甫为相，奏请军皆募人为之（推藩镇兵），兵不土著，又无宗族；不自重惜，忘身徇利；祸乱遂生，至今为患。"尤在安史乱后，藩镇兵新将悍，将帅皆自为推举，军纪荡然。藩镇兵既不直接受中央指挥，中央对国防武力遂失去控制。

其四，府兵制规定将帅皆临时派遣。无事之时，将居于卫，兵散于各折冲府；兵不识将，将亦无兵；平时兵受折冲都尉教练，有事则受将帅指挥；事毕将归于卫，兵散于府。将既不能长期专兵，府兵始真正属于国家之军队。但藩镇军由招募而来，不仅无退伍之规定，且常驻一地，不许逃走，又不许转到他军之中。兵既久戍一地，而节度使之任期时间又渐久，于是将与兵之关系密切，将帅遂能利用兵士维持其地位。《通鉴》卷二一六"天宝十载正月条"：诏以安西节度使高仙芝为河西节度使，代安思顺；思顺讽群胡割耳刺面，请留己，复留思顺于河西。《旧唐书》卷一一四《朱瑱传》："上元三年，肃宗召瑱入京。瑱乐襄州，将士亦慕瑱之政，因讽将吏、州牧、县宰，上表请留之。身赴诏命，行及邓州，复诏归瑱。"且有在安史乱后，利用藩镇军以扩张一己之势力对抗中央。故所谓府兵内铲、边兵外作者，即此理。

汉义务兵制与唐府兵之比较

相异之处有如下几点：

其一，多寡粗精之不同。汉全国及龄男子，皆有服兵役之义务，故凡农皆兵；换句话说，所有人民均是兵。故此数量较多，但质素则良莠不齐。故汉兵胜在量多。

唐府兵是籍六等之民之有才力者充之，故凡兵皆农。因唐兵受来源所限，故数量不多，但均为高质素的士兵，故唐兵胜在质素而不是数量。

其二，享受权利义务之不同。汉行义务兵制，人民无受田之权利，而有当兵之义务。唐府兵则人皆受田，且免其身之租庸调。

其三，服役年限长短之不同。汉代人民二十三岁至五十六岁，皆须服役二年。唐限定年二十服役，六十乃免。

其四，指挥系统不同。汉都尉隶于地方之郡守，郡守称为郡将。唐折冲府隶于中央之诸衙，郡守不兼兵柄。

相同之处有如下：

其一，汉义务兵制和唐代的府兵制，皆是兵民合一之制；唯前者凡民皆兵，后者凡兵皆农。

其二，汉唐之兵制均能影响其国之盛势。换句话说，此二代国势之强盛，同样彪炳史册，皆因其良好之兵制的缘故。

　　汉兵分为三种：南北军（禁卫军）、郡国军（边郡兵）、屯田兵，为汉军之三大系统，而由中央统一指挥之。唐军不分，以一种兵制通行全国。即是说，于某一时代兵行某一种军队制度。

　　终汉一代，兵制如一，其间虽有转变，但只是枝节而已，并未完全改变兵制。唐代则兵制交替。有唐一代，兵制凡三变：始盛时是府兵制，至府兵废而行彍骑，彍骑又废而行藩镇之兵，及其末，皇帝亦自置禁军于京师。

　　汉以太尉为最高军事长官，南北统于卫尉中尉，以卫京师；遇有征伐则调州郡之兵，命将率以出。唐以兵部总将军政，诸兵分统于折冲府，有事则命将出征，事毕则罢。各折冲府皆隶于中央诸卫，故在划分职权之中，两代皆寓有合分之妙（统兵者无发号施令者，不可使任征战之事），此皆有以杜专擅而防乱萌之意。

　　汉制，卫士旅费是由中央供给，而戍兵费用却要自己负担。唐制亦是如此，士兵随身武装配备军人自办。汉兵制发展到末期，由于武帝时对外用兵，兵源不足，派调困难，故改行募兵法。唐代府兵虽以精锐著称当时，震铄后世，然不久即趋于腐败，故亦改行募兵制（彍骑）。

第九章　宋元明清兵制

第一节　宋代国运与兵制

宋代兵制在我国历史上，可算是比较无建设的一代。自太祖即位以至于南渡亡国，辽夏金元相继入侵，举国精力疲于应付异族，始终不能有所振作。统计两宋立国有三百二十年之久，但始终未能脱离贫弱命运。若与汉唐盛世相比较，强弱颇为悬殊。考其所以致此之由，宋在开国以前，燕云十六州即为辽人所据，北方屏藩尽撤。建都开封，固为失策；又鉴于唐末五代长期混乱局面，欲力除藩镇跋扈之弊，于即位后，将禁军将领石守信、王审琦等兵权解除，又削弱藩镇势力。但因矫枉过正，后患遂生，既迫于对外形势，不能不多养兵；又无长远计划，建立良好兵制。以致散尽天下之财，养天下无用之兵。兵愈多，则财愈困，国势愈弱，外患愈深。在此循环影响下，始终无法收复失地，只能维持和议，输岁贡以求苟安。而宋代的亡国与兵制的成败，有密切关系。现将宋代兵制导致亡国的原因分析如下。

政制缺点对兵制之影响

首先，由于削藩与边患。宋初节度使得补子弟为军中牙校。太宗即位，即召诸州府籍其名，送阙下补殿前承旨，以贱职羁縻之，于是藩镇再不能遣亲吏在诸道来回贸易。太宗一方面使各州不相统隶，一方面于太平兴国二年四月，诏转运使考察诸州，凡诸职任，第其优劣；寻复遣使分行诸道，廉察官吏。转运使本司漕运之事，诸州长吏皆为所制，至此权力便提高了，结果是太祖对边将"丰之以财"和"重其权"的精神动摇。边将再不能借贸易图利，这当然是一种政治上轨道的措施；但边将应付强敌，实需财用，故须从别些途径上使他们有足够的财用，这便是太祖"丰之以财"的原则。但太宗并未注意及此。而另一方面，太宗使转运使与亲信察官吏善恶，边将亦在廉访之列，可见太宗对边臣控制的严紧，使他们的权力，显然不及太祖时那么"专"和"重"。上述的事，都是真宗朝对边将寡恩与疑贰的先声。

另外，太祖朝所倚重的边将，地位都不很高，只是沿边置巡检使。巡检使的武职位本无关紧要，这是太祖不使边将自重的精神的动摇。"文武柄分持"的精神，就是枢密院职权被侵夺的先声。此外，在太宗朝，兵制上出现了两种趋势：一是文臣渐握兵权，二是藩兵和乡兵渐被重用。前者由于太宗提高文臣的权力地位；后者由于征伐与边患的影响，和以夷制夷政策的运用。

其次，重文轻武的影响。自唐代藩镇拥立，降及五代，造成"国擅于将，将擅于兵"局面。宋太祖以陈桥兵变，黄袍加身而登九五，终于认识军人干政之危险。因为既可以由军人拥戴而得天下，未尝不可以由军人之反叛而失天下。故即位后第一要务就是压制武人，重用文士。但重文士之结果而侵夺到相权，轻武人而又不能用兵，以致宰相无所作为，武臣不能立功。为宰相者，既不能统辖军事，又不能预闻财政；因宋代制度，只由枢密院、三司使分掌军财大权，复受谏台之牵制。为武臣者，空挂名衔，赐第留住京师，终其身不得赴任。

另外，武人不受社会重视，风气影响下，造成"好仔不当兵"之观念，而兵亦往往称为"贼配军"，以致战斗力全失；或因政治之腐败，反而成为内寇。此见宋代养兵虽多，亦不能起作用，所有地方政府首长，无论各府州县，亦由文人充任。其时江淮之郡自毁城郭，收兵甲，撤武备。书生领州，大郡给五十人，小郡减五人，以充常从，号曰长吏，实同旅人；名为郡城，荡若平地。故金兵一入寇，汴京即弃守。甚且"敌骑至一州则一州破，至一县则一县破"。皆平日重文轻武之过，亦兵制上之一大缺点。

第三，中央集权过甚的影响。宋初为着统一中央政令，在政治方面，废除节度使，地方长官专用文臣；各州设置通判，县令由朝官兼涉；所用地方官吏，全由中央罢免。在财政方面，各地设置转运使，掌一路之财富；除地方开支以外，所有财富全部解送京师。在军事方面，拣选各州县兵士之武艺高强、体健者送中央补禁兵，老弱者留州县是为厢兵，但大体上亦归中央直接指挥。于是吏政、财政、军政完全操于中央，虽然可免藩镇割据之弊，但因此而产生之缺点极多。因为中央与地方，如人身上之心脏与四肢，若四肢强健，然后可防卫心脏；未有四肢瘫痪，而可以防卫心脏之效者。宋之政制既尽取之于民，又不使社会有藏富；地方政府，全无余财。欲国之强莫如多财与多兵，而中央与地方之间亦必须平衡发展，但宋代则军政、财政完全集于中央，地方政府无财无兵，何能应付变乱？直至南渡以后，诸将领兵于外，稍自揽权，财力渐充沛，兵势自壮，高宗、秦桧乃急急收武人兵权，以集中君权为务，以至不惜屈膝于金人，残害忠良。而心脏既弱，四肢亦随之萎缩。

第四，募兵制之弊。有宋一代兵制，乃错误地采用募兵法；当宋代推行募兵制之始，已发生流弊甚多。太祖太宗鉴于五代藩镇之祸，乃多派禁兵以戍守，又使其更番相代，循环来往，乃习劳苦。而将亦不得专其兵，大率三岁而一迁，远者至数千里，来往调动频繁；月禀、岁给之外，又需供其粮食，以致农民竭于征求，役卒疲于馈运。又平民应募配刺之后，妻子家人皆许托之营伍之中；及至衰老，皆受国家供养。但士兵大多在四十以后，渐失去战斗力，故一兵士平均有二十年空食政府的粮饷。如此推之，养兵十万，则有五万无可用之兵；屯兵十年，则有五年是无益之费。此种弊制，尤其在北宋期间，终未能改。又因宋代采行募兵之制，一遇凶岁，则州郡吏只拣选其壮健者，送中央以为禁兵；其体弱者留地方为厢兵。而地方官以征人多者有赏，在民穷时，则争投之；故一经凶荒，则有留于田亩者，非老则弱。而官方以为不收为兵恐为盗，苟求一时之不使为盗，以致造成军队战斗力大减。

第五，冗兵坐食的影响。历代开国之君，在天下安定后，无不采取复员政策，以减轻军费负担。但宋代则恰恰相反，军队不但未能裁减，且有增加之势。自太祖开国时二十万，至仁宗庆历年间总数达一百二十五万九千，养兵之费颇为惊人。英宗治平年间，全国约数六千余万，而禁军、厢兵之费用，共达五千万，占全国税入六分之五。故王安石以为不能理兵稍复古制，中国无富强之理。南宋时，北方沦陷，税收不及北宋一半，而养兵达一百六十万，超过北宋时代最高兵额，国库更难负担。又由于北宋建都于开封，在地势上，无国防可言，非有重兵不足守，造成国恃兵而立。而兵以食为命，食以漕运为主，故其时之人民，无论远近，凡舟车所至，人力所及，莫不输聚于中央。聚百万无用之兵，互百年无事而成，国家安得不困，民财安得不尽。

第六，招边民为军与京师缺兵的影响。政和七年（1117年），王黼、童贯用燕人马植之谋，建议联金伐辽，徽宗从之。京师的禁兵，多调上前线，而且唯恐不足，更纳辽常胜军，复招后汉儿为义胜军，形成外驻重兵、京师空虚的危险现象。一旦与金人破裂，旧有兵不能战，常胜军、义胜军又叛，金人便势如破竹，直捣汴京。京师缺兵，自然不能坚守。故宋室南渡，实由于军队的内重外轻转变为"外重内轻"所致。

自宣和北伐以来，军队开边的很多。正兵大量戍边，童贯、谭稹等尚嫌不足，以燕云之人勇悍可用，故寄以捍卫京师之任，这便铸定了不可补救的错误。因为燕云边民，虽是汉人，但久陷契丹，多已同胡，几与蕃人相若，失去了原有的忠君爱国观念，视易主投降为等闲。徽宗不察，竟重用之，怎能不踏上悲惨的道路。故徽宗取边民为军是很不智之举，考其弊有三：

其一，这些新纳和新招的军队，待遇都很优厚，以致政府大伤财用；而义胜军的俸给优厚，则又超过常胜军。

其二，北宋到了徽宗、钦宗时，经济亦濒于崩溃。朝廷既重视常胜军和义胜军，对他们待遇优厚，便不能不削减禁军的衣粮。然而常胜军和义胜军的衣粮亦不能赡足，因此两种军队都感觉不满，而生离异之心。

其三，上述的结果，便是遇敌时有兵不能战，新招兵迎降；后者更是北宋军事和政治的致命伤。由于徽宗重视所招的"汉儿"，多用以防守边要地方，而"汉儿"易降，金人便很容易长驱南下。京城藩篱尽撤，不得不靠本城力量防御，可是那时重兵在外。京师守备废弛，实由缺乏兵将所致。

第七，裁兵运动的失败。范仲淹的《十事疏》中，虽没有明显指出裁兵的必要，但韩琦却极力主张裁兵，并且实行把羸弱老兵拣退。在韩琦之前，并非没有提出裁汰冗兵的，但都未能积极地成为一种运动。到了庆历五年（1045年）二月，仁宗正式接纳韩琦等的提议。第二次大规模的裁兵运动，在皇祐元年，由枢密使庞籍与宰相文彦博主持。此外，杨皆、何郯、包拯、范镇、司马光等大臣，都附和裁兵之议。神宗即位，王陶、王举元等纷纷请求汰兵，于是第三次裁兵运动在积极地进行。熙宁三年（1070年）十二月，神宗召枢密使文彦博等于资政殿，定各路兵额；各路兵既有了定额，便可以阻止军队的增加。综观北宋自仁宗庆历开始大量裁兵，历英宗、神宗两朝不绝，所裁减之兵，应是不少，但结果裁兵运动不能持久，而兵数屡减屡增。其原因有二：

其一，边事未了，边臣屡请增兵，故虽今日减兵，明日便即增募。结果，"欲减冗兵而冗兵更多"。

其二，裁兵运动的阻力很多，其中最主要的是边臣借口恐怕退兵作乱。由于反对裁兵的很多，主张裁兵的偶一松弛，政府随即增募军队。因此军队的数目始终不能减少。

第八，保甲法罢废的影响。墨守成法，多坐以待毙，故改革多可以图强。王安石颇知其道理，故实行保甲法，欲以民兵革除募兵之积弊。先行之中央附近，其次推及地方，以至全国。未及十年，受训民兵达七十多万，占全国户口比数甚高；实施之普遍，前所未有。当是时，外有辽夏之侵迫，内有募兵费用之重担。但兵愈多，而战斗力愈弱，不足以对外，但却骄横于内。故以兵农合一之保甲制度，训练民兵，替代募兵，若假以时日，不难恢复唐代府兵之优点。但宋代实行之际，操之过急，两丁抽一，以致民劳太重；五日一操，防碍农事，此所以引起反对之借口。其后司马光为相，罢保甲法，民兵又衰。此后宋代更积弱不振，导致蒙古入侵中国。故保甲法之兴废，亦与当时中国之盛衰颇有关系。

兵制上的缺点

首先是禁军作战力的转移。太祖制兵，禁军最为精锐，驻在京师；地方除戍守驻泊外，没有禁军之设，而就粮之兵，亦不甚多。但到真宗、仁宗时，各地纷置就粮禁军；加以北人寻衅，不得不外遣重兵，故宿卫之兵日形单薄。那时各地所置的禁军，大都由乡兵和厢军升格而成。各地纷置禁军，是由于边患日迫，禁军缺乏的状况引激而来。但此时之禁军多怯懦不善战斗，作战主力转移到乡兵、藩兵和厢兵身上。真宗、仁宗两朝的禁军，已缺乏了原有的特色和勇武精神。此后，乡兵代替禁军出戍成为常事。至于禁军怯懦不能战的原因有四：

其一，新募之兵，质素欠佳。所募多杂市井中人，怯懦不足以备战守。

其二，承平日久，人不习战。虽屯戍之兵，亦临敌难用。

其三，禁军的升补标准降低。由于边患严重，原有禁军不足用，于是厢军、乡兵纷纷升为禁军。此外弓手、役夫等，皆有可能升为禁军。如此，禁军和乡兵、厢军的性质和能力，已是相差不远。

其四，拣军者只务多不务精。太祖拣补之制，颇为严格，至真仁两朝，则拣选不精，苟且充数而已。禁军的作战能力既然日趋下滑，渐亦不为人所重。

其次是士卒的冗滥。太祖时兵最少，亦最精锐；真宗以后，兵数开始锐增而渐趋疲弱，不善战斗。冗兵在真宗时更显得严重，考其原因有三。

其一，和议与边患的影响。真宗、仁宗与辽夏和好以后，军政武备有废弛的趋势。由于边备不修，兵不习战，不幸战事再爆发时，便觉得兵不足用，而有增加之必要。为了应付边患，边境的许多城垒，便需大量戍兵防守和役兵修筑，因此只有增兵一途。

其二，募兵的流弊。北宋的募兵者，所在设旗给赏，长吏、都监专视之；募兵者为了得赏，难免滥加招募。故其间老弱病患短小怯懦者，不可胜数。

其三，天灾的影响。如一旦发生天灾，农民失业，流离失所，便成为了招募的对象。真宗、仁宗时，每遇天灾，或岁谷不登，政府一面为了设法安置那些难民，一方面为了实际需要，便广泛招募他们为军队。然而冗兵的弊害，简要来说，亦有两点：

其一，在经济上而言，冗兵使国计民生为之窒息。略计中等禁军，一卒岁给约五十缗，十万人岁费五百万缗。庆历五年，禁军之数比景祐以前增置八百六十余指挥，四十余万人，是岁增费二千万缗。后来辗转增创军额，厢军与禁军数目几等。此其岁增衣粮之负担，皆出于民力，则天下安得不困？

其二，在战斗上言，冗兵不足以御外侮。但凡选兵严则必不多，募兵多则必不精，故庆历间新募的兵，多市井无赖之徒，实不能战。

第三，置将法的流弊，综合来说，则有四点：

其一，置将使兵卒疲于训练，缓急时不能得其死力。

其二，置将养成士卒骄惰，本意想训练武艺，而结果竟孱弱不知战。

其三，将官侵害地方权力，州县长吏、总管等，对所部士卒不相统摄，往往不得差使，有事时地方反无武备。

其四，置将使官吏重设，虚耗禀禄。元丰二年，定州路安抚使薛向便说过：置将官后，公使钱不赡，乞加公使钱。而上述四点弊端中，亦只有后二者稍为得到改善。驯至徽钦用兵，更见骄弱不足用了。

综观北宋承五代积弱之局，开国即见国势不振。论者多以北宋积弱，归咎于兵制。北宋的冗兵和边费，将政府和人民的财力物力，耗费殆尽。但北宋的冗兵所以发生，决非由于兵制的不良，而是根于兵制的破坏。太祖的兵制，是以务去冗兵为原则的。冗兵的问题，在真宗、仁宗以后，才显得严重。边患虽强，但非不能拒敌，而真宗与契丹定盟后，上下皆务苟安，虽曰治世，而兵制已大坏。在军事上说，辽夏愈强而北宋愈弱。

然而制度不能一成不变，但可惜愈变愈坏，就算有雄才大略之君，忠心辅国之臣，奋起针对时弊，而加以改革或创置，亦只是头痛医头，脚痛医脚；此病未除，他病又起。如仁、英时韩琦创义胜，神宗时王安石之团结保甲，置将官，都是为了事实需要而行，怎料流弊更深。因此，北宋兵制愈发展下去，就愈紊乱，以致后来内外兵力渐不能平衡，由强干弱枝而转为枝干皆弱。故北宋虽无藩镇之祸，而帝王有蒙尘之辱者，原因在此。

第二节　宋代保甲的兴废与影响

"保甲"之名，确立于宋；其本意在寓兵于农，以济当代募兵之穷。但此制度推行时，其效用便渐趋繁复，如助征役之效，节徭役之繁，成比户相察之政，杜奸宄藏匿之患，种种效用，不一而足。现分述如下。

宋代保甲制度产生的背景

首先是兵制方面。当太祖即位之初，惩五代积弊，大改军制，定天下兵为禁兵、厢兵、乡兵、蕃兵。神宗以前，所谓厢兵者，皆用备守卫，无大战斗力。而乡兵之设，尤有类似于农村保安警察之性质。此种兵之性质，在宋兵制组织上言之，确具优点，但出之以募集招致之方法，则仍非所以致长治久安之策，此其缺点之所在。由这缺点所暴露的病象，至神宗时，尤为显著。安石保甲法中，教民"习武艺"、"备守御"诸端，要皆胎化孕育于此，而具有推陈出新的意义。

其次是地方政制方面。宋之地方制度，在县以下的组织，有里有乡有户；户与户之间，无令相连，唯各置长正一人，名之曰"户长"。在里则置"里正"，于乡则有"乡书"，但其职责，仅掌课督赋税。他如属于乡村警备，或守备性质之事，则分别交予当地居民，与当地驻军，以职司其事。遇有战阵防御之役，大率由乡兵负担。遇有逐捕盗贼，则由耆老、弓手、壮丁分责。至于州县司曹诸杂职，以及虞侯拣掏等人，则各以乡户等第差充，不复役力于里正等。故在此种情形之下，里正、乡书等的效用极微，且职权与待遇低微。上述乡户之义务或责任，不过是繁扰的役民名目，使人民疲于奔命。另一方面，乡书等之蚕蠹馋渔，亦正多假以私便。此皆宋地方政制分工不当之大缺陷。至神宗用安石行保甲，修差役，里正、乡书、耆老、壮丁等职务，渐并入保甲范围。故保甲法中，"以保丁捕盗"，以"甲头催税"诸端，都是以济旧制之弊穷而兴。综上两种关系，保甲法创兴于宋，安石虽具有其力，但神宗以前地方政制的缺陷与兵制的失宜，实与此颇有关系。

安石兴保甲之原因

首先是为了解决节财、减兵两政策的分歧。宋自太宗以来，屡受契丹屈辱，赠输岁币，财用日竭。及神宗即位，颇思以图强，举安石变行新法。保甲法者，亦即安石六种新法之一。当新法未颁行以前，神宗亦曾有裁兵之举；但既已裁兵，又为何行保甲法？此中问题，则又不仅系于冗兵的如何裁汰的一方面，乃在裁汰后，如何安定社会的方策。因裁废的兵士日多，则地方秩序问题遂起，保甲法遂应运而兴的原因在此。

其次是为了解决募兵、民兵两政见的冲突。自太祖迄于神宗初年，募兵名额，已由不满二十万人之数，增至一百万多；尤以开宝、庆历之间，其数激增最巨。治平初年（神宗即位元年），虽有削减，但全国军队总额，尚有一百六十万余。当时兵多之患，既为事实，故裁兵之说，亦甚嚣尘上。然何者之兵应裁？何者之兵当并？何者之兵制宜废？何种之兵制可留？何者之兵卒尚堪酌用？何者之兵卒悉遣归农？这皆主募兵制与主民兵制者，所引为争论的要点。按其时一般政论，有主张罢免民兵（即乡兵），有主张多裁募兵（厢兵、禁兵之类），有主张废募兵之制而兴民兵之制，有主张乡兵、厢兵皆废，且缩减蕃兵、禁兵之额，而以编遣为目的。此等政论的中心人物，除王安石的绝对主用民兵外，其余则有苏轼、司马光、韩琦、欧阳修、范镇、叶适诸人，各尚主张，竞夸实理。总言之，当时政见庞杂，莫衷一是。诸贤虽同感于兵之罪恶，与兵之所以当裁之故，然兵裁以后，安置与绥靖之法，则皆无以善后。尤其兵制上的缺点，更无一人能言补苴而导之实行者。但安石的保甲法，则较为切实，遂应运而兴。

第三是为了除盗。安石办保甲之意，本欲以改革兵制；而其入手，则先自实行地方自治，以保甲组织为人民自治的警察组织。质言之，即先欲以保甲组织清除奸盗，安定民生。

第四是为了省财费。依安石计算，训练保甲（民兵）之费，仅当养兵、募兵费用十之一二。若此法能行，可济宋神宗以前国家财用匮乏之弊。

保甲法的内容

安石所行的保甲法，其性质有二端：其始则为除盗自治一体的警察，即所谓"警察性质的保甲"；其后则为使民渐习为兵以代募兵的民兵，即所谓"后备兵及国民兵性质的保甲"。

"警察性质的保甲"　熙宁三年十二月，司农寺详定《畿县保甲条例》。条述内容如下：

一、编制方面。凡十家为一保，选主户有才干心力者一人为保长。五十家为一大保，选主户最有心力及物产最高者一人为大保长。十大保为一都保，仍选主户有行止材勇为众所服者为都保正，又以一人为之副。保内如有人户逃移死绝，并令申县；如同保不及五户，听并入别户。其有外来人户入保居住者，亦申县收入保甲。本保内户数足，且令附保；候及十户，即别为一保。逐保各置牌书其人户及保丁姓名。

二、选丁办法方面。主客户两丁以上,选一人为保丁;两丁以上,更有余人身力少壮者,亦令附保,与材勇为众所服,及物产最高者,亦充保丁。

三、训练方面。除禁兵器外,其余弓弩等,许保丁从便自置,学习武艺。

四、服务与连坐。每一大保,逐夜轮差五人,于保内往来巡警,遇有贼盗,昼时声鼓,大保长以下,率保丁追捕。如盗入别保,递相击鼓应接袭逐;凡告捕所获,以赏格从事。同保内有犯强盗、杀人、放火、强奸、掠人、传习妖教、造畜蛊毒,知而不告,论如五保律。其余事不干己,除敕律许人陈告外,皆无得论告;虽知情,亦不坐。若于法邻保合坐罪者,乃坐之。其居停强盗三人以上,经三日,同保内邻虽不知情,亦科不觉察之罪。如有申报本县文字,并令保长输差保丁齐送。

"后备兵及国民兵性质的保甲" 除其编制、选丁两项内容,全与前者相同外,至其训练及服务等内容,则较前者繁重甚多。盖前者以捕盗贼相保任,而未许以武事上番也。后者旨在改募兵为征兵,以建立后备兵及国民兵也。故于训练方面,后者保丁除肄习武事,教习战阵外,每岁且由所隶官期日阅试武艺。在服务方面,除以捕盗贼相保任外,且得上番。兹更就《宋史·兵志》六保甲所载,撮要分述之。

一、教阅试比法。熙宁四年(1071年),始诏畿内保丁,肄习武事。岁农隙,所隶官期日于要便乡村乡试骑步射,并以射中亲疏远近区为四等,骑射校其用马。有余艺而愿试者听。艺未精愿候阅试,或附甲单丁愿就阅试者,并听。

熙宁九年(1076年),枢密院请自今都副保正、义勇军校三年一比选,县考其训习武艺及等最多,捕察而盗贼最少者上于州,州上所辖官司,同比较以闻。或中选人多,则择武艺最优者。

元丰二年(1079年)十一月,始立《府界集教大保长法》,总二十二县为教场十一所。大保长凡二千八百二十五人,每十人一色事艺,置教头一。凡禁军教头二百七十,都教头三十,使臣十。弓以八斗、九斗、一石为三等。弩以二石四斗、二石七斗、三石为三等。马射九斗、八斗为二等。其材力超拔者为出等。当教时，月给钱三千，日给食，官予戎械、战袍，又银楪酒醪以为赏犒。

元丰三年（1080 年），大保长艺成，乃立团教法，以大保长为教头，教保丁焉。凡一都保相近者，分为五团，即本团都副保正所居空地聚教之。以大保长艺成者十人襄教，五日一周之。五分其丁，以其一为骑，二为弓，三为弩。

二、上番法。熙宁五年，以右正言知、制诰、判司农寺曾布言，诏主户保丁愿上番于巡检司者，十日一更。疾故者，次番代之。月给口粮薪菜钱，分番巡警。每五十人轮大保长二、都副保正一统领之。都副保正月各给钱七千，大保长三千，日教阅，夕比之，当番者毋得辄离。本所捕逐剧盗，虽下番人亦听追集，给其钱斛，事讫遣还。毋过上番人数，仍拆除其上番日。巡检司量厢军给使，余兵悉罢。应上番保丁，武技及第三等以上，并记于籍；遇岁凶五分以上者第赈之，自十五石至三石为差。十一月，又诏尉司上番保丁，如巡检司法。

保甲法施行的经过

一、熙宁三年（1070 年）十二月，立保甲法。中书言："司农寺定《畿县保甲条例》……仍乞选官行于开封、祥符两县，团成保甲，候成次绪，以渐及他县。"诏从之（《长编》卷二十八）。既行之畿甸，遂推行于永兴、秦凤、河北东西五路，以达于天下。熙军四年，诏废陕西保毅，此时保甲，已渐有播行边远的倾向。至于畿内，亦于是时始有保丁习武事，定期训练之举，又更事赏罚，以资激劝。五年，因曾布之议，始有分番隶巡检司、尉司之令。六年夏四月甲午，命知青州临朐县刘温泰等八人，分往齐、徐、濠、泗等十四州排定保甲。同年秋七月乙卯，司农寺言："酸枣等县民诉免保甲巡宿，今欲遇追捕贼盗即声鼓，保长以下暨同保竭作；如入他保，亦鸣鼓应接，其巡宿听免。"从之。十一月壬子，司农寺请襄邑、酸枣、尉氏、长垣、封邱、太康、阳武、开封、祥符九县保甲教习阵法，依咸平等县例入见。从之。又同月戊午，司农寺言："开封府界保甲，以五家相近者为一保，五保为一大保，十大保为都保。但及二百户以上并为一都保，其正长人数，且令依旧，即户不及二百者，各随近并隶别保。诸路依此。"从之。同年，诏开封府畿，以都保置木契，左留司农寺，右付其县，凡追胥、阅试、肄习则出契。又诏行于永兴、秦凤、河北东西五路。七年（1074年），二月己丑，诏五路缘边州军及大城寨居人，依乡村法团社立保甲，更不教阅，专令觉察奸细。八年，"改隶保甲于兵部，增设同判一人，主簿二人，干当公事十人，分按诸州；其政令则出于枢密院。"九年，"令广南东路枪手，毋过万四千人，余以为保甲。"自熙宁十年（1077年）至元丰元年（1078年）两年之间，保甲行政，无甚足录。

二、元丰二年（1079年），始立府界，集教大保长之法兴。府界法成，继推之三路。元丰四年（1081年），"诏五路义勇，悉改为保甲"；同时府界河北、河东、陕西三路，举行会校保甲。元丰六年（1083年），"诏保甲愿充弓箭手者听，其见充弓箭手与当丁役，毋得退就保甲"。元丰八年（1085年），因司马光、王岩叟等疏免保甲，关于保丁教练选拔、提举、教阅诸事，皆有所更改。

三、元祐元年（1086年），"府界三路，保甲人户五等以下，地土不及二十亩者，虽三丁以上并免教"。自元丰八年至元祐元年，为保甲罢行之期。元祐八年（1093年），河北弓箭社，亦渐废置，北边军政弛怠。绍圣二年（1095年），御史中丞章惇，奏乞教习保甲，月分差官按试。崇宁四年（1105年），近畿教阅之事，因有苛扰，复诏免举。政和五年，以各地骚扰之弊时起，遂有改委诸路提刑、提举人员之限定，以事督责、结保、约束之任，并于告密之法，亦有阐明。至于靖康，则为钦宗即位之元年，内忧外患，相逼而至。其时北宋社稷，已不可保；民间保甲，自无所谓督练之制。故就上述过程中，概见宋代民兵实力之兴替。

第三节　元代兵制得失与影响

蒙古虽起自汉北，文化低落，然其能征伐四方，成立强大之蒙古大帝国，此与其卓越之军事组织不无关系。元代兵制，大体仍袭辽金北族之传统，以部族为单位，更有杰出之领袖成吉思汗及其子孙，能统领强大之骑兵，建立本部及四大汗国。传至世祖忽必烈，又灭南宋，入主中国；在兵制措施上，较之辽金，更具规范。现分论如下。

元军力强大之原因

其一，体力、精神优越。蒙古人原属室韦别族蒙兀部，向居漠北。当地气候严寒，干燥且多沙漠，不产五谷，其民族受此地理环境影响，以游牧为主，因而锻炼成一副刚健的体格，和艰苦尚武的精神。凭这体力和精神，于是便纵横驰驱，所向无敌。

其二，训练有素。蒙古对于战技之训练，特别注意，且尤能持之以久，此与其先天与后天之培养有关。他们从小便接受骑射、战技之严格训练，又常从围猎中训练其灵活地运用战略；兼以蒙古人生存于风沙苦寒的草原，自然环境的陶冶，使之对季节候风的转变，水源、植物的了解，均有极深的知识。运用于战场上，则攻无不克，战无不胜。

其三，纪律严明。蒙古人更重视军士之绝对服从，遵守秩序，行动迅速。战场的军纪，至为严整；遇有逃亡或战时不战而肆掠者，皆处死刑。当时欧洲诸国，以其无组织、无训练、不知服从、不知战术的半裸兵卒，以抗拒拥有如此卓越战技，熟知战术，久戎战阵，训练有素的蒙古精骑，无怪其不旋踵即土崩瓦解。

其四，将才卓越。除了纪律严明、意志统一之外，又有英明的人物领导，如太祖成吉思汗，太宗窝阔台，世祖忽必烈等，皆才气纵横；又其对人才大事培植，所有优秀干部，均调至中央或司令部服务，如第二次西征，尽集皇子、诸王、驸马随军，即为显例，故勇将既多，才且卓越。

其五，体国如家。蒙古各部落之酋长皆系世袭，其将领皆是宗室、亲王、外戚、勋臣。易言之，皆大小之部酋也。军队以部族为单位，部酋分领其兵，为其私人之部曲，对于部内有直辖之权，对于部外具独立之势。各部落拥戴一共主以为其首领。此制使部落能联合为一，"体国如家"，公而忘私，又有杰出之领袖，则兵马极强，纵横驰骤。

其六，全国皆兵。蒙古兵制，是行全国皆兵之征兵制，"其法，男子十五以上、七十以下无鳏寡尽签为兵"。男丁为兵，他们要逐水草而居，不论贵贱，生活行动，完全一致。此习惯，对于青年子弟作战之训练，关系尤大。而老弱及妇女，则留在后方，或随队服务，上下一心，故其人力、物力，从不困乏。

其七，兵器精良。蒙古于攻金时，尽搜中国技术人才，尤以制火药、刀枪、弓箭、船舰等技工。他们的装备有如震天雷（火炮）、飞火枪、牛皮洞子等新式攻坚的武器，又配以蒙古所产之名马，矫捷之骑兵，故能攻无不克，战无不胜。

其八，善用战术。蒙人善用战术，每至一地，先派商旅担任间谍活动，试探布置，然后进军。遇作战意志坚强者，则浮其高级官吏，宠以高官厚爵，担任宣抚工作，借以分化其团结力量，然后施以个别击破。或则诱敌，或待敌疲困，施予突袭；行动奇捷，往往出敌人不意，故其所在，必能克敌。

蒙古军及其兵制之重要性

首先，蒙古以其兵制及军事上之训练及组织，使其由一个寂寂无闻之游牧部族，跃然成为世界触目之民族。可见其兵制除了有过人之成就外，对于蒙古部族亦具重要性。由于其强大之战斗力，使蒙古兵威不但远闻至欧洲各国，甚至南宋亦亡于蒙人之手。而空前庞大之大帝国，亦赖以建立；不但使欧亚震惊，在世界史上也占一重要地位。

其次，蒙古是以武力得天下之民族，亦凭其武力使一个小民族征服其他比之文化较高之民族，此为蒙古所以强大之原因。但立国后仍以武力统治，全无政治理想，所到之地只晓破坏、摧残而不知道怎样去组织、控制，中央和地方间无统一之法令可循，以为武功可以控制一切反抗，终招覆亡之祸。此其武力之所以做成其初胜后败之原因，可见其武力尚未能运用得宜。

第三，中西之交通发达与文化之能互相交流，与蒙古之武功亦有很大关系。因蒙古帝国疆土辽阔，政令难传，故设立"驿传制"，使中西交通通行无阻，商旅往来频繁，商业亦随之发达。

第四，蒙古之兴，由于有刚健的体力和勇武刻苦的精神。但自从战胜各文化国以后，生活骄奢，习于逸乐，以前善骑射、耐劳苦的遗风，消失殆尽，所以被征服的民族一有异动，便不能维持而陷于崩溃。可见蒙古帝国乃建筑在武力上之王国，以武力及强大之兵力为支柱，当此一支柱慢慢被侵蚀动摇时，此帝国亦不能维持。况蒙人只晓军事组织，不晓政治理想，因此，只能以武力军事镇压，而未能有效地统治人民。

元代兵制之得失

首先，蒙古为游牧民族，逐水草而居，习于勤劳，精于骑射；举族男子，尽以为兵，上马则冲锋陷阵，下马则屯聚牧养。以马为生存之工具，亦以马为战斗之工具，生活条件与战斗条件一致，此其所以强也。

其次，蒙古人又利用"忽烈而台"制度，以建立强有力之中央政权。所谓"忽烈而台"，乃一种会议，就各部首领之英明勇武而有魄力者，共同拥戴选立之。故能发愤为雄，既以捍卫国族，复以经略疆土。

第三，蒙古为求便于统治，特设行中书省，以统辖郡县；凡钱粮兵甲屯种漕运军国重事，无不领之。元代行中书省有十，每省丞相一员，由中央拣派重臣任之。此种以中央临制地方，实为一种变相之封建。汉唐州郡地方政府之地位，固渺不可得；而中央与地方共同推进国政之精神，尤丧失殆尽。不特此也，世祖忽必烈，定军民异属之制，以万户府镇抚司、领戍兵，以知府、县尹领民事，以遂宰割之私心，亦开文武分途之弊制。影响所及，明清两代，因袭不改；自汉至宋，文武官内外参用之制，遂被破坏。

第四，元代军队，分为宿卫镇戍二大系统。宿卫诸军在内，镇戍诸军在外；内外相维，以制轻重之势。又无论宿卫、镇戍，皆立屯田，以资军饷。或因古之制，或因地之宜，计为枢密院所辖者十三处，田一万五千顷；大司农所辖者三处，田二万七十余顷；宣徽院所辖者四处，田二万五千余顷。其他河北、山东、山西、辽阳、河南、陕西、甘肃、江浙、四川、云南、湖广等地，全国总计一百二十余处，屯田之军，遍及内外。故国家无养兵之费，而军食赡足。唯蒙古军队探马赤军，得地最多，汉军每户二三十顷，多用驱丁贴户耕种。后以出戍地区移动，逐渐变卖破产，已失屯田之本意矣。

第五，怯薛为天子亲军中之亲军，即禁军，称番直宿卫，或简称番士，因受皇帝之宠任，遂多骄纵不法。有越职奏事，为人求官，紊乱选举法者；有包庇豪民，规避徭役，使投身宿卫者；有营私蒙蔽天子者。种种情形不一而足。循此以降，腐败益深，虽省台大臣奏请整顿，但因怯薛在宫中根柢既深，牢不可破。加以仁宗崩后，宗室内讧，大臣争权，怯薛之士，愈益骄横。昔日曾以抑制宦官有功，今则身蹈宦官之所为。

第六，元代兵制除了全国皆兵之征兵制外，更设立"万户"、"千户"、"百户"及"牌头"等四级军区，由于成吉思汗深知"上阵还须父子兵"，故此各军区之区分，乃按氏族，或数个关系密切的氏族，分别组成。所以每当作战时，由于相互的亲谊情深，救护支援之力，极为惊人；而当战况激烈时，亲谊的战死，而产生敌忾同仇的战斗力至大。蒙古军力之所以可怖，实根源于此。

第七，元以文化落后之部族，依靠武力，统治中国；对于汉人，特别歧视。号为亲军之怯薛，专用蒙古人，数额不足，始以色目人代之，以不用汉人为原则。军队驻防，亦以蒙古军及探马赤军，屯戍腹心之地，而以汉军及新附军，屯戍江淮以南及边徼之区。种族之见特深，阶级之分甚严，此为元代与汉唐盛世判然不同之处。汉唐之强，初非专恃强大，黩武开边；

对四夷，采怀柔政策，实有"天下一家"之恢宏气度。故边疆民族乃至殊方异域之人，沐浴于汉族之文化者甚众。蒙古帝国之版图，虽较汉唐二代为大，然不知"以马上得天下，不能以马上治之"之政治哲理，徒以狭隘之种族观念，作残暴之军事统治。如立里甲之制，二十家为一甲，以蒙古人任甲长，监视汉人；又多立防禁，不准汉人习武艺、持兵器、田猎与夜行。"压迫力愈大，反抗力亦愈大"，迨明太祖高倡"驱逐胡虏，恢复中华"之口号，元人即土崩瓦解，狼狈北逃。

第四节　明代的国运与卫所制

卫所制创设之时代背景

明太祖出身布衣，消灭群雄，驱逐胡虏，恢复中华；设官定制，规模毕具；典章文物，灿然可观。成祖迁都北京，亲征蒙古，远使南洋；威德远被，四方宾服。受朝命而入贡者，殆三十余国；版图之大，国势之强，汉唐以后，所未有也。就军事方面而论，明初推行的卫所制，颇为世人所称道，但经历史之洗练，由养军三百万基本上自给的卫所制，到军兵费完全由农民负担、国库支出；由定额之卫军到无定额之募兵；从世袭用兵，到雇募用兵，实为明史上一大事。迹其兴亡演变之由，虽曰由于人事之不济，要亦由于制度之未尽善耳。今就其时代背景，制度内容得失，及破坏原因，与唐府兵制之比较及其对明代衰亡的关系，逐一论述之。

明太祖即皇帝位后，刘基奏立《军卫法》（《明史》卷一二八《刘基传》），《明史》卷八九《兵志序》说："明以武功定天下，革元旧制，自京师达于郡县，皆立卫所；外统之都司，内统于五军都督府。而上十二卫为天子亲军者不与焉。征伐则命将充总兵官，调卫所军领之；既旋则将上所佩印，官军各回卫所。盖得唐府兵遗意。"明初沿袭唐制。太祖洪武元年（1368年），用太史令刘基言，立军卫法，大体上，实是从府兵制演变过来，以符合实际的需要。

卫所制之内容与组织

卫所制度之内容与特点，是平时把军力分驻各地方，战时才命将出师；将不专军，军不私将，军队属于国家。兹就明代卫所制度之内容，分述如下。

卫所的组织　卫所为明初军事上之基本组织，其编制以保甲法为基础。明制保甲称为里甲，每里十甲，每甲十户，又甲首一户，每里共百十一户。卫所之编制仿此。据《明史·兵志二》卫所记："天下既定，度要害地系一郡者设所，连郡者设卫，大率五千六百人为卫，千一百二十人为千户所，百十有二人为百户所。所设总旗二，小旗十，大小联此以成军。"而卫，为一兵团单位，设有指挥使，辖五个千户所，共五千六百人；每千户所辖十个百户所，每百户所设总旗二；每总旗辖五十人，小旗辖十人；各卫又分统于都指挥司，简称都司。

洪武二十六年（1393 年），定天下都司卫所，共计都司十七、行都司三、留守司一，内外卫三百九十二，守卫千户所六十五。成祖后，多所增设，共计都司十六、行都司五、留守司二，内外卫增至四百九十三，守御、屯田、群牧千户所三百五十九，各依其方位，分隶于五军都督府。

所谓五军都督府者，即左、右、中、前、后都督府是也，为最高统军机关，设有左右都督、都督同知、都督佥事。明太祖初下集庆，置行枢密院，自领之；又置诸翼统军之帅府。寻罢枢密院，改置大都督府，以兄之子文正为大都督，全国卫军都属于中央的大都督府，节制中外诸军事。旋又以其权太重，于洪武十三年在南京将大都督府改为五军都督府。成祖北迁，于永乐十八年，又在北京立五军都督府。

都指挥使司，为地方最高军事机关，统辖省内各卫所，与管民事之布政司，管刑事之按察司，并称三司。设都指挥使一人，都指挥同知二人，都指挥佥事四人，隶属于五军都督府。与五军都督府平行之机关为兵部，设有兵部尚书、左右侍郎各一人，下设武选、职方、车驾、武库四司。

兵将的调整　兵部与五军都督府职权之划分。大抵五军都督府总兵籍而不与调发，兵部得调发而不治兵。详言之，兵部有发号施令之权；五军都督府有统率之权，而无发号施令之权。

将属于五府，兵统于都司，遇有征伐，则由兵部选将充总兵官，调卫所军领之；既旋将上所佩印还于朝。合之则呼吸相通，分之则犬牙相制，与唐之府兵制颇为接近。

明初开国，武臣最重；武臣出兵，多用文臣参赞。正统以后，文臣地位渐高，出征时由文臣任总督或提督军务，经划一切；武臣只负责领军作战任务。从此文臣统帅，武臣领兵，便成定制。

兵士的来源　明初卫所军士的来源，大概可分四类："从征"，太祖起兵时之基本部队；"归附"，明初削平群雄所得之部队及元之降军；"谪发"，因犯罪迁隶为军者；"垛集"，按人口一家五丁或三丁抽一之原则所征之兵。

关于从征、归附、谪发，《明史》卷九〇《兵志二》记："其取兵有从征，有归附，有谪发。从征者，诸将所部兵，既定其地，因以留戍；归附则胜国及僭伪诸降卒；谪发以罪迁隶为兵者，其军皆世籍。"从征和归附两类军士，都是建国前后的旧军；谪发一项则纯以罪人充军，名为恩军，亦称长生军。

关于垛集军，这是卫军最大的来源。《明史》卷九二《兵志四》说："明初垛集令行，民出一丁为军，卫所无缺伍，且有羡丁。……成祖即位，遣给事等官分阅天下军，重定垛集军更代法。初三丁已上垛正军一，别有贴户；正军死，贴户丁补。至是令正军贴户更代，贴户单丁者免，当军家赡其一丁徭。"

以上四者，皆为世袭兵，子孙相承；世代人军籍，不得更易。其居址限于指定之卫所，非经特准，不能迁徙。直系壮丁死亡或老病，则由族丁或余丁替补；如住在卫所之军户主家死亡，须勾取原籍族人补充。军人有特殊社会身份，其户口称为"军户"，属于都督府，与民户之属于户部者不同。民籍和军籍的区分极为严格。

军饷的筹集　明初卫所之军，一律屯田；所有粮饷，概由屯田收入支
给。虽各所卫军总数达二百七十余万，国家财政，仍能保持收支平衡。洪
武二十一年，天下卫所屯田，岁得粮五百余万石；官俸兵粮，皆于是出。
太祖尝曰："吾养兵百万，要不费百姓一粒米。"二十五年，规定内地屯军，
二分防守，八分耕种；边境屯军，三分守城，七分垦殖。

永乐二年（1404年），更定天下卫所，屯田守城军士，视其地方险夷
要僻，以量人屯守之多寡。临边而险要者，则守多于屯；在内而夷僻者，
则屯多于守；地虽险而运输难至者，亦屯多于守。

中国之地，东至辽左，北抵宣大，西达甘肃，南至蜀滇，极于交趾，
中原则大河南北，在在兴屯，每年收获量，除供给百万大军外，尚有盈余。
《明史》卷七十七《食货志》载："初永乐时屯田，米常溢三分之一；常操
军十九万，以屯军四万供之。而受供者又得自耕边外。军无月粮，是以边
饷恒定。"

军屯之外，在边境复有商屯。洪武时户部尚书郁新，以边饷不继，而
于内地给以盐引；商人领得盐引，可以贩卖营利，政府亦节省粮运之劳费。
后商人以远道输粟于边，费捐过大，乃募人耕种边上间田，即以所获给军，
候取盐引，而边储以足。惜正统以后，由于边患日盛，劳役日多，豪势侵占，
官吏需索，卫士逃亡诸原因，军屯商屯，逐渐衰废。

卫所制之优点

在明代初期，卫所的军费基本上是自给自足的，军饷的大部分由军人
屯田收入支给。在国家财政收支上，军费的补助数量不大；虽然全国的卫
军总数达到二百七十余万的庞大数字，国家财政收支还能保持平衡。遇有
边方屯田的收入不敷支给时，由政府制定"开中"的办法，让商人到边塞
去开垦；用开垦出的谷物交换政府所专利的盐引，取得买盐和卖盐的权利，
商人和边军双方都得到好处。由是军皆屯田，以田养兵；有事则战，无事

则耕，暇则讲武；官俸兵粮，皆由是出。

五军都督府掌兵籍而不与调发，兵部得调发而不治兵，有事则命将统总兵官，事已则将还于朝。兵归卫所，故将不知兵，兵不识将，革除了五代以来藩镇专擅之弊。

卫所制之缺点

军人有特殊身份，因而兵多骄纵，不免残民以逞，日久荒于操练；更有兼营他业者，于是战斗力全失。军伍世袭，子孙相承，自幼而老，终身服役；虽收安民乐业之效，难免养成骄惰之习，羸弱之躯。

再者，军农两分，一经被命为军，即需子孙服役；事之不公，无逾于此。而且充军者，住在被指定的卫所，直系壮丁死亡或老病，便须由次丁或余丁替补；如全家死亡，复须向原籍勾捕族人替补顶充。

另外，垛集、谪发之军，背乡里，别骨肉，分发天下卫所；远者万里，近者亦千里，致水土不服，疾病丛生。军伍远戍万里，生活困苦不堪。

还有，官军权要，侵占屯田，私役军士，克扣月饷，军士不胜其苦，死亡逃窜，十居其八，以致屯垦无人。其实卫所屯田，固相为表里者也，今军士逃亡，屯政荒废，卫所遂破坏。

卫所制破坏之原因

明初创卫所制度，划出一部分人为军，分配在各卫所，专负保卫边疆和镇压地方的责任，军和民完全分开。中叶以后，卫所制日渐破坏之原因，大抵有如下数点：

其一，武臣职位的低落。太祖鉴于五代武臣跋扈，故多以文人主军事，在政府的用意，是以文臣制武臣，防其跋扈，结果武臣的地位愈来愈低。正德以后，幸臣戚里多用恩幸得势，愈为所轻；在内有部、科，在外有监军、总督、巡抚，重重弹压。五军都督府职权日轻，将帅如走卒，总兵官到兵部领敕，必须长跪；"间为长揖，即谓非体"。到了末年，卫所军士，虽一诸生，都可任意役使；由是人皆耻为兵，卫所制度逐渐破坏。

其二，地方军政长官权力日小。各省都指挥使是地方的最高军政长官，统辖省内各卫所军丁，威权最重。在对外或对内的战事中，政府照例派都督府官或公侯伯出为总兵官，后总兵官渐渐地变成固定，冠以镇守的名义。总兵是由中央派出的，于是指挥使领地方的军事统帅后，在战事时，政府又派中央大员到地方巡抚，后来巡抚也成固定官名，驻在各地。其后又有御史或副金都御史涉军务，不但原来的都、布、按三司成为巡抚的下属，其后又派阁臣（大学士）出来督师，权力又在总督之上。这样层层叠叠地加上统辖的上官，原来的都指挥使和总兵官自然而然地每况愈下，权力日小，地位日低，在地方上，自然无所建树，军政更见松散。

其三，军伍家眷生活的困苦。明代军士的生活，我们可用太祖的话来说明，他说："那小军每一个月只关得一担儿仓米，若是丈夫每不在家里，他妇人家自去关呵？除了几升做脚钱，那害人的仓官又斛面上打减了几升，待到家里血本过来呵，止有七八斗儿米。他全家儿大大小小要饭吃，要衣裳穿，他那里再得闲钱与人？"（《大诰·武臣科敛害军第九》）。正军衣着虽由官库支给，家属的却需自己制备。一石米在人口多的家庭，连吃饭也不够，如何还能顾及衣服；甚至病无医药，死无棺殓。再加以上级的剥削和虐待。假如有办法，他们便不顾一切，秘密逃亡。

其四，世袭之不公，军士多逃亡。除从征和归附的军士外，谪发和垛集是强逼从军的。他们被威令所逼，离开所习惯的土地和家族，到一个辽远的陌生环境中去，替统治阶级服务，一代一代地下去，子子孙孙永远继承这同一的命运和生活，因此大部分的军士发生逃亡的现象，特别是谪发的逃亡最多。

其五，不良官吏的压榨，军伍生活困苦，民不思为军。据正德时王琼的观察，逃亡者的比例竟占十之八九。他以为初期经大乱后，民多流离，失恒产，乐于从军；同时法令严密，卫军不敢逃亡。后来政府不能约束官吏，卫军苦于被虐待、剥削，加之乡土之思，遂相继逃亡。当日卫军不仅被卫官私家役使，甚至被逼为朝中权要种田，月粮既被克扣，又须交纳月钱，供上官挥霍。隆庆三年（1569年），萧廪出核陕西四镇兵食，发现被隐占的部伍至数万人。军士无法生活，一部分改营为工人商贩，以所得缴纳上官；大部分不能忍受，遂使成军之亡匿情形，非常严重。

其六，漕运之弊于卫所。从永乐迁都北京以后，每年须用船运东南谷米数百万石北来，漕运遂成明代要政。明代以漕运为永制，宣宗即位后，定南北卫军分工之制：南军转运，北军边防；特设漕运总兵，用卫军十二万，东南军力由此大困。江南军士"多因漕运破家"。年输值运，有月粮，有行粮，一人兼二人之食。故岁有二十五万三千六百不耕而食之军，南北卫军因之都废弛不可用。

其七，班操之破坏于卫门。中都、大宁、山东、河南附近各卫门，轮班上操；春班以三月至八月还，秋班以九月至二月还；有月粮，有行粮，一人兼二人之饷。故又岁有廿万不耕而食之军矣，此卫所制之破坏于班操在此。

其八，客兵之破坏卫所制。一边有事，则调他边之兵以应援，谓之"客兵"。应援者食近边之薪饷，其家口又支各边之旧饷，是一军而用三饷也。卫所之所以破坏于"客兵"之理由在此。

其九，民壮制之出现。卫所军既不能尽保国养民的责任，"民壮制"遂应需要而产生。令各郡县选民壮，而由有司训练，遇警调发，官给行粮。但其后民壮办理不善，人民不苦赋而苦役；又因地方性之物限，不能越境远调，遂改用募兵，倍其饷糈，以为长征之军。卫所之制，便完全破坏了。

其十，将弁纨袴统率下之种种弊端。在京卫军的情形和班军一样困于役作，在一群贪婪的大监和纨袴的将弁统率之下，发生了种种弊端。第一是占役。军士名虽在籍，实际上却被权贵大官所隐占，替私人作工服役，却向政府领饷。第二是虚冒军籍。本来无名，却被权贵大官硬将家人假冒。第三是军吏的舞弊。军士在交替时，军吏需索重贿，贫军不能应付，虽然老羸，也只好勉强干下去；精强子弟反而不得收练，以此军多老弱。第四是富军的贿兵。有钱的怕营操征调，往往贿托将弁，把他搁在老家；贫军虽极疲老，只能勉强挨命。积此四弊，再加上在营军士的终年劳作，没有受训练机会，名虽军士，实则工徒，结果自然营任日亏，军力衰耗，走上崩溃的途径。开国不过一百四十年，冗怯军多，政府中人异口同声亦以为不可用。

卫所制破坏与明亡之关系

卫所军经过长期的废弛而日趋崩溃，军屯和商屯的制度也日渐破坏，渐渐地不能自给，需要由国家财政开支。其后情形愈加变坏，政府也日渐溃亡。现兹述卫所制破坏与明衰亡之关系。

其一，军士之大量逃亡。永乐十二年（1414 年），明成祖曾申说此弊："十月，已上谕行在、兵部臣曰：今天下军伍不整肃，多因官吏受赇，有纵壮丁而以弱充数者，有累岁缺伍不追补者，有伪作户绝及幼小纪录者，有假公为名而私役于家者。遇有调遣，十无三四，又多是幼弱老疾。骑士或不能引弓，步卒或不能荷戈，缓急何以济事！"（《明成祖实录》卷一五七）。卫军士逃亡，以致卫所兵员不满千余，一千户所不满百余，一遇事变，便手足无措；倭寇起后，登陆屠杀，如入无人之境。充分证明了卫军完全崩溃，而需有募兵之举，促成明室日后财政、政治上之困境，而趋于亡国。

其二，各种军制相继败坏为害民生。卫所军士之不断逃亡，使统治阶级感觉恐慌，努力想法挽救，于是有"勾军"与"清军"之出现。不到四十年，这两种制度又丧失效用，不但不能足军，反而扰害农民。奉命勾军的官吏，自身也成逃军；军籍也散失了，无法勾捕。政府虽然时派大臣出外清理军伍，清军条例也一增再增，规定非常严格，军籍也愈来愈复杂。在明代前期，最为民害的是勾军，无钱无势的平民生活困苦不堪；而其后大举清军时，其害更甚，人情大扰。卫所制度之完全崩溃，致使民生陷于水深火热中，形成民变祸害，促使明之灭亡。

其三，卫所制败坏，形成国家财政完全破产。明初实行军屯、商屯，故能不费民力，而民食赡足。军屯和商屯两种制度不久便日趋废弛，国库也不能维持其独立性，而为内廷所侵用。军屯以势豪侵占、卫军逃亡而破坏，商屯则以改变制度而废弛，至此，卫军衰而募兵增。政府既需补助卫军饷粮，又加上兵的饷银，国家经费，入不敷出，只好采取饮鸩止渴的办法，量出为入，施行加派、增税、捐纳种种弊政。农民于缴纳定额的赋税以外，又加上层层军兵费的新负担。万历初年，经过张居正的一番整裁节冗费，国库渐渐充实。但张居正死后，神宗惑于货利，一面浪费无度，一面用兵朝鲜；兵费浩大，国家财政到了破产的地步。

其四，卫所制败坏后各项赋税激增，人民生活艰苦，经济纷乱形成流寇。正统以后，边陲多事，支用渐繁，由中央补助岁费，名为"年例"。正德时，军需杂输，十倍前制。嘉靖时，北有蒙古入寇，南有倭敌之侵扰，军事较前骤增，乃增加田赋银税。万历年间，每年国家收入四百万两，岁出四百五十余万两，而用兵朝鲜，历时七载，支出费用至七百八十余万两。崇祯十年，增兵十二万，增饷二百八十万，名为"剿饷"；十二年，又议练兵七十三万，于地方练兵，增饷七十三万，为"练饷"。但兵愈增，饷愈绌；人民赋税愈重，而兵愈不能用。迨流寇四起，建州军兴而亡国。

其五，兵为将所用。明代末年，民穷财尽，卫所制败坏。朝廷在内外交逼、非常危殆的局面下，需要增加庞大的兵力。将帅到处募兵，兵饷都由将帅自行筹措，发生分地分饷的弊端；兵皆私兵，将皆藩镇，兵成为扩充将帅个人权力的工具。于是形成中央军力空虚，导致亡国。

其六，边防、海防的崩溃。明代之卫所制度，注重防守北边，备蒙古入侵，腹地军力已极弱。至卫所制渐败坏，边防和海防的兵备，在正德时已非常废弛，开原尤甚，士马才十二，墙堡墩台圮殆尽。将士依城堑自守，城外数百里悉为诸部射猎地。蓟镇兵额到嘉靖时，因逃亡也十去其五；沿海海防，尤不可问，一有事故，便手足无措。故明室晚期，常有外敌倭寇入侵，皆由于此，而导致明亡局面。

其七，卫军废弛，外患频生。卫所军日趋崩溃，所募之兵又多冗弱，神宗时又尝对外用兵，军力的损耗不需问，国防更脆弱不堪，容易引起外来的侵略。明室终为满族所亡，实由于卫所之废弛也。

其八，导致民变的发生。卫军不能战，需要募兵，兵的数量愈多，费用增加，仍旧需由农民负担。这些负担年复一年的递加，国家全部收入不够军兵费的一半，只好竭泽而渔，无止境地增加农民的负担；更因增兵而筹饷，因筹饷而加赋。赋是加到了农民头上，但官吏的严刑催追和舞弊，迫使农民非参加反叛不可，终于引致历史上空前的晚明民变与暴动。政府虽倾全力镇压，新兴的建州部又趁机而入。在内外交逼的情势下，便颠覆了明室的统治权。

第五节　明卫所制与唐府兵制之比较

唐府兵制及明之卫所制，均为世人称道之良好兵制。此两制在不同的时代背景下产生，也是切合实际需要而设，故在其内容、效果以及优劣之处，亦略有异同。兹将两制要点比较如下。

两者相同之处

论兵制者，尝言明代卫所制，深得唐府兵之遗意。其相同之点，现分析如下。

其一，唐于诸道分设折冲府，而内统于诸卫；明于各地分设都司卫所，而统于五军都督府。

其二，府兵皆受世业田，卫军皆得田屯种。

其三，唐兵籍分掌于左右卫，而兵符调发则听之兵部。有事则命将率诸府之兵以出；事毕，则将上所佩印还于朝，兵还于府。明五军都督府掌兵籍，而不与调发；兵部得调发而不统兵。有事则命将总兵官以出；事毕，则将还于朝，兵归卫所。

两者不同之处

其一，士兵来源不同。唐代府兵制选民为兵，凡属各府区之民，年二十为兵，六十免役。以强壮的人去充任，质素好，勇于作战，深得寓兵于农之意。卫所制兵的来源可分四类：一曰从征，太祖起兵时的基本部队；二曰归附，明初平定群雄所得之部队及降卒；三曰谪发，因犯罪迁隶为军者，四曰垛集，按人口一家五丁或三丁抽一之原则所征之兵。卫军世袭，当军者称为"军户"兵，民因以划分。

其二，兵士质素之不同。府兵二十而役，六十而免，故兵较精壮。卫军自幼至老，终身服役，故兵多羸弱，而军伍屯田与世袭，则又师承元代之故智者。

其三，兵额之不同。唐代府兵数目，众说纷纭，至今仍未能确定。谷霁光《唐折冲府考校补》结论：唐有六三〇府。大概唐折冲府在安史前有重复者、合并者、分支者，故六三〇府之数目似未可确定。卫所军丁的总数，在政府是军事秘密，绝对不许人知道，甚至掌治军政的兵部尚书和专司纠察的给事御史也不许预闻。就《明太祖实录》卷二二三记载：洪武二十五年（1392年）的军数超过一百二十万；洪武二十六年（1393年）以后的军数，按卫所添设的数量估计，应该在一百八十万以上；明成祖以后，约在二百八十万左右。

其四，府兵与卫所编制之不同。据《唐书·兵志》卷五十及《通典》一五一考云："凡府三等，兵一千二百人为上，千人为中，八百人为下。府置折冲都尉一人，左右果毅都尉各一人，长吏、兵曹、别将各一人，校尉六人。士三百人为团，团有校尉；五十人为队，队有正；十人为火，火有长。"凡有府设立者，男二十岁服役，平时耕田，冬季习战，六十岁退役。每府府兵所需衣服、粮食、兵器、用具由各该府筹募自给，据上书："火备六驮马。凡火具乌布幕、铁马盂、布槽、锸、镢……行滕（裹腿）皆一，麦饼九斗，米二斗，皆自备。"卫所编制以保甲法为基础。明制保甲称为里甲，每里十甲，每甲十户，又甲首一户，每里共百十一户。卫所之编制仿此。据《明史》卷九十二"卫所"载："天下既定，度要害地系一郡者设所，连郡者设卫，大率五千六百多人为户所；所设总旗二、小旗十，大小联比以成军。"平民一被佥发充军，便世世子孙都入军籍，不许更籍，不许变易。民籍和军籍的区分极严。民户有一丁被垛为军，政府优免他的原籍老家的一丁差徭，以为弥补。军士赴戍所时，宗族为其治装，名为"封椿"钱。在卫军士除本身为正军外，其子弟称为余丁或军余，将校的子弟则称舍人。军士日常生活由政府屯粮支给，按月发米，称月粮；其多少以地位高下分等差。月盐有家者二斤，无者一斤（《明史》卷八二《食货志》之"俸饷"）。衣服则岁给冬衣棉布、夏衣夏布，在出征时则例给棉袄鞋裤。

其五，制度不同。府兵是由政府征调府兵区中富有人家的壮丁组织而成，并有规定的退役年龄。明代的兵制为卫所制。所是一种统兵的机构，遍设于各省；卫则是由所组合而成。卫所的士兵，皆有军籍，与百姓分离，这一点有些像唐代的府兵制。但卫所兵最初的来源，则异常庞杂，有的是太祖起兵时从征的部伍，有的是群雄士卒的归附，此外还有因罪而隶兵籍的。士兵及卫以下的低级军官，均为终生职，且父死子继，世袭罔替。这又是两种兵制大不相同之处。

其六，两制特色之不同。据岑仲勉《隋唐史》廿一节指出，府兵主要有五特点：府兵制非普通性征兵；府兵制主要任务为宿卫，非战争；府兵制非兵农合一之制，兵兼农而已；府兵制原则为世袭征兵制；府兵制乃游牧社会落后之兵制。

而明卫所的特点却有：全国卫所兵，平时由指挥使统领，均直属京师前后左右中正军都督府；卫所兵平日屯田练武，保卫地方。遇有战争，由兵部派总兵官率卫所兵出征，战事结束，还任于朝，兵士回卫所。

其七，经济来源的不同。据岑氏《府兵制研究》，谓此为邻里资助之习惯，国家不费半文而养巨大兵额。据朱礼《汉唐事笺集》："当唐盛时，天下户口八百余万，而府兵四十万，皆自食其力，不赋于民。民之租调以奉公上者，二十分十九，其一为兵。是以国富民裕，亦不单其兵强也。"至于府兵平时给养方法有二：一是士兵经常狩猎，所得各归其人；其次凡队正以上（包括兵曹、别时等）皆有职分田，队正副八十亩，折冲都尉，上府六百亩。明初卫所军，一律屯田，所有粮饷，概由屯田支给。洪武二十五年规定，内地屯军，二分防守，八分耕种；边境防军，三分守城，七分垦殖。

其八，任务方面比较。唐府兵除了有事出征外，便是从事耕作。但卫所兵则不同，都司卫所之所在地者，纯为军士机构；但边区的卫所，则多兼理民事。如辽东都司，其卫所均有实土；万全、陕西两都司的卫所，其地大都为实土。此种措施，目的在求军政的统一，便于作战。可见卫所军的任务，除作战外，还得理政事，任务比府兵繁重。

第六节　清代的兵制

满人起于东北，为历代北族之后继；故其兵制，系承继北族之传统。八旗行举族皆兵之制，凡隶于旗者，皆可以为兵，实乃辽金元制度之后继者。无签派、招募、补充之繁，而能收用兵之实效，此其所以强也。其后入主中原，恃部族军队为统治全国之工具。所有八旗军，皆用满人为驻防将军，绿营将领亦多用满人充任。现分论如下。

八旗兵释义与组织

旗系清代初年特有的组织，是部落的划分，是行政单位，也是军事之编制。八旗乃清太祖努尔哈赤所创。八旗即正黄、正白、正红、正蓝，和后来增加之镶黄、镶白、镶红、镶蓝，合共八旗。清太祖天聪九年（1635年），增编蒙古八旗，其官制仍与满洲八旗相同，兵额约有二万四千五百人。清人未入关时，在关外亦有编收的降兵将，列为汉军八旗。故清在关外时，共有汉满蒙廿四旗，计有兵员约十万人，而入关后则增至廿五万人。各旗皆以旗统人，亦即以旗统兵。兵民于清初是不分的，亦即是说，全民皆兵。而军事领袖，亦即为行政长官。故其组织单纯而严密，指挥灵活，作战力甚强。清之能以少数民族，代明有天下，得力于此种政治、军事合一制度不少。

八旗编制，以十人设一长，每三百人设一牛录额真，五牛录额真设一扎兰额真，五扎兰额真设一固山额真，总领七千五百人。每个固山额真，设左右梅勒额真；八个固山额真，亦即为八旗。八旗的兵均为旗主所私有，行政事务由八旗联合为治。天命五年，即明熹宗天启元年（1621年），改牛录额真为备御官。迄太宗统一八旗，为八旗共主，令八旗所有固山额真八人，与诸贝勒偕主议事。各旗又设大臣四人，以二人料理国政，审断讼狱；不出兵防驻，仍需接受差遣，而居则审理讼辞。

八旗实行戍卫制。在中央方面，顺治帝定鼎中原，以部分旗兵专任京城守卫，以部分驻扎形势要冲，以镇抚各地，旗兵遂有京营和防营之别。满州八旗中尤以正黄、正白、镶黄为上三旗，由天子亲率，选其中材武出众之子弟，分班入值，各为侍卫。其中优秀者，日侍禁廷，名御前侍卫；稍次者为乾清门侍卫；其他值宿宫门者，分以三旗侍卫充之，以领卫大臣统之，此即所谓郎卫。康熙廿九年（1690年），以武进士技优者，拔置为侍卫，偕三旗值宿。此外前锋统领、辖管护军营，掌宿卫、清跸及宫禁传筹、内禁门启闭之事。内府三旗之前锋营、护军营、骁骑营，掌守卫随后之事。八旗部统辖之骁骑营，掌各处值班巡徼之事，此即"兵卫"。郎卫及兵卫均属于京营。兵卫之中，专卫禁苑之中，为八旗护军营及内府三旗护军营。又有火器营、健锐营、巡捕营、虎枪营、防范兵等。

在地区方面，八旗驻防之地，自畿辅以至各省，东三省、蒙古、新疆包括在内，有畿辅驻防兵，东三省驻防兵，各省均驻有防兵及藩部兵。驻防地大致分为三等：各省省会所在设将军一人统领全省驻防之旗兵，其下有都统、副都统、协领、佐领等；次要者为各省重镇，但只设都统或副都统以领之，兼辖附近各处驻防之旗兵；再次者，为各省要害之地，其主官为城守卫或防守卫。亦有不设城防守卫，而只设协领、佐领以统之。各处驻防之旗兵，少则一二百人，多则四五千人。

汉兵的编制

首先是绿营之编制。绿营兵全为汉人，以绿旗为识别，驻扎各省及边疆之地，兵额约有五六十万。军官有提督、总兵、副将、参将、游击、都司、守备、千总、把总等名目，受督抚的节制。清初征伐，多用旗兵，其后日渐腐化；康雍以后，作战以绿营为主。及至乾隆末，川楚教匪乱起，绿营兵亦不堪一击，唯赖乡勇应战。太平军起，清室全仗乡勇组成的湘军和淮军，始得戡平大乱。

其次是乡勇之编制。自咸同时代湘淮军先后建立，勇营遂与八旗绿营鼎足而三；其后清室威内御外，全仗勇营。八旗绿营，而恃刀矢弓为利器，火枪不过为补助品；勇营也不全恃火器。太平军之役末期，李鸿章驻军上海，始以外人组织常胜军，采用西式武器，克服苏、常，颇赖其力。其后淮军平捻，也多采用洋枪。同治末，李鸿章任直隶总督，模仿西法练兵，购置新械，设立军事学堂，颇能耸动一时。但所学的仅是西人的皮毛，加以将士骄惰，暮气已深，遂有甲午之战的大败。

第三是新军的编制。新军的编制，以军为最高单位，每军辖两镇，每镇辖两协，每协辖两标，每标三营，每营四队，每队三排，每排三棚。官长则军有总统官，镇有统制官，协有协领官，标有统带官，营有营带官等。每镇官兵，共有一万二千五百十二名。清廷本拟置三十六镇，但限于经费，未能完全成立。其后清廷并练兵处、兵部为陆军部，北洋各镇归兵部直辖。

汉兵制的得失

八旗本身为一种特殊阶级，与汉人处于对立之地位；驻防旗兵，禁与汉人来往。复规定"旗丁给与世禄口粮，只许为官为兵，不得为工为商"。

就外表而言，备极优崇；就实际而言，不啻自绝其计。由于时日既久，人口日增，常备兵额又有定限，于是旗人闲散游荡者，何止千万。此辈既骄惰成性，与生产脱节，政府又无以给其欲而遂其求；事育无资，俯仰皆窘。其趋于腐败堕落，殆为必然之势。

太宗征藩部，世祖定中原，所用皆八旗兵。入关以后建立绿营，圣祖平南部，世宗征青海，高宗定新疆，旗兵之外，辅之以绿营，此二重兵制也。太平军起，旗营兵皆腐败不可用，各省团练，遂相继成立，此三重兵制也。道咸以后，海关大开，屡战屡败，向之所谓团练者，平内乱有余，御外侮不足，又有新军之编练，此四重兵制也。虽制度屡更，泄沓如故，只知补罅漏，不能作彻底之改革。架床叠屋，法令分歧，徒见兵制之紊乱而已。

乾隆时，清代武功，已达顶点，而弱点亦丛生。大小武职均虚额名粮。各省养兵，耗费全国正供之半，而兵伍尚不足正额三分之一。其公开者，且借口以所扣名粮，作为武职养廉与兵丁赏恤之用，而暗将所扣名粮，放款生息。他如营勇之补署，不考技艺之优劣，以奔走应付为能。挑补兵丁，以老弱与吸食鸦片者滥竽充数。加以署杂役，侵占兵额，兵丁月饷，复被官长苛派。训练视为具文，游惰习为故常，甚至平素驾驭无方，兵丁挟制千把，千把挟制参游。赡顾因此而生，废耗因此益甚。虽经大吏随时整顿，然而相习成风，其奈积重难返何？

湘军、淮军之成立也，以书生为将领，以农夫为丁，发扬将校团之精神，居然削平大乱，建立殊勋，不可谓非历史上之奇迹。其招募乡男，规定由带兵官直接挑选，亦能收上下信任、将卒亲睦之效。尤以建立后方勤务之制度，增加部队之机动力量，值得嘉许。但以将领用私人名字，作为军队之标帜，如湘军鲍超（号春霆）之霆字营，淮军刘铭传之铭军等，实开军官私有军队之恶例。

及后编练新军，徒知仿效西人之洋枪大炮，袭取皮毛，不能从根本上打破种族畛域，树立宪政规模，实施征兵制度。选将用人，又不能开诚布公，此其所以终无成就在此。及新军参与起义，清室随以灭亡。《清史稿·兵志》谓："满人以兵兴者终以兵败。"盖见兵制与国运关系之重要。

绿营与湘军的兴替

清末袁世凯之所以得势及其出卖革命，甚而欲称帝；或者说中山先生为首的革命，所以不能彻底成功，民主宪政之不能推行也。政权不能由人民公意所产生，袁世凯为首的北洋军阀，取得政权的本钱，就是枪杆子。但这种形势的造成，亦非一朝一夕所致。我们不妨从清代后期军事体制的转变，以了解这种历史背景与渊源之所自。

清代在咸丰以前，国家常备兵为绿营，其后湘军之所以替代绿营地位，并非仅靠在平定太平天国时，曾建下了煌赫的功勋。而是绿营兵经太平天国之乱以后，其制度已到了衰老的境地，而渐为新兴的湘军所替代。

首先，就营制上说，绿营兵不善编制，每营编制，没有定规可遵，兵数多寡悬殊；号令不及，遇有事时，抽调成军。故太平军发难，时人对绿营有"军兴调发，而将帅莫知营制"之感。而湘军则仿戚继光的"束伍"成法，分营立哨；营哨所辖，均有定数。营以上则辖以分统，分统隶于统领，统领隶于大帅；系统分明，极事编制。所以湘军制度，临阵指挥，用众如寡，易收臂使指应之效。绿营则无异人自为战，难于指挥。

其次，绿营营制，不立长夫与棚帐之制；故行军则索民夫，住民房，不免于骚扰。湘军营制中，则特立长夫之制与棚帐之制，使行军有长夫供运输，驻营有棚帐供住宿，故能秋毫无犯于民间，成为有纪律的军队。

第三，湘军长夫之制，除了行军不致扰民之外，其每营长夫额定为一百八十名；凡营中杂役，都归长夫操作，使兵士得以全副精神用于战守方面。既去绿营惰瓠之习，复杜绝了从前绿营将弁借端冒占名额的流弊。故募一兵便得一兵的实用，定一名额即有一名额的实数，与绿营绝不同。

第四，绿营兵士月饷太薄，不能赡养家眷，使兵士不得不另营他业以谋生计。湘军士兵则来自田间，和绿营世兵不同，负担既较绿营为轻，而月饷却较绿营兵多出三倍。所以湘军兵士在营无家室牵挂，得以全力专心操练，一洗绿营士兵挂名兵籍、形同市佣的积弊。

第五，绿营平时养兵军费虽少于湘军，而战时军费则用兵千名，每月约需银七千两。湘军则平时、战时一律不过五千七百余两。以战时论，湘军用兵千人，每月军费尚少于绿营。故湘军的饷章，平时则士饱马腾，战时则节省国费。较之绿营饷章，平时薄饷，徒以弱军士；战时靡费，徒耗国帑为胜。

第六，绿营将领每有借过往应酬及营中杂费等事摊派兵士的事件。湘军饷章则于统领营官俸饷之外，另定有公费银两，凡营中办公杂费，都取给于此，故将领便不得有所借口以剥削士兵。

第七，在营规而论，绿营文法太繁，士兵编籍入伍，伺应差使，专请仪节；湘军则文法简单，营规只有数条，军士唯事征战，不应差使，朴诚耐苦，具军人勇敢之风，而无衙门差役之习气，与绿营渍染官气的情形不同。他如湘军扎营之法与校营之制，都曾经曾国藩博稽古法，酌古订今，重为是制，此与绿营兵无成法可遵者不同，因此湘军能替代绿营而支配军队制度有数十年的时间。

清代兵为将有的起源，实始于湘军。湘军所以造成兵为将有的现象，盖由于制度使然，因湘军制度渊源于明代的戚家私军制度，其兵士之来源出自招募。故兵必自招，将必自选；统领由大帅挑选，营官由统领挑选，哨弁由营官挑选，什长由哨弁挑选，兵士由什长挑选；故其兵弁但知有营哨官，营哨官但知有统领，统领但知有大帅。于是各有宗派，非其所统，即不能相沿袭。如王闿运说："湘军之可贵者，各有宗派，故上下相亲。"又说："从湘军之制，则上下相维，将卒亲睦，各护其长。其将死，其军散；其将全，其军完。"因此这种制度，正与绿营兵皆世业，将皆调补的制度相反，所以便把绿营制度下所造成的兵归国有的局面，一转而为兵为将有的局面。那时，湘军将帅对于自己招练的军队，都认为是自己的武力，他人不得调拨，即国家也不能随便征调，如曾、胡诸人比喻以为"营头归人，犹女子许嫁"。到了李鸿章的手里，更变本加厉了；他的淮军，只知道唯鸿章个人马首是瞻，虽曾国藩亦不能指挥。鸿章握淮军兵权三十余年，及卒，袁世凯遂以淮军余裔创立了北洋新军，终于利用其兵力转移清祚，并夺取革命的果实。

第十章　汉魏南北朝隋唐选士制度

第一节　汉代教育

汉代教育政策背景

春秋战国纷乱的局面，至秦汉而得统一；秦汉为汉民族极盛时代，在中国历史中所占地位异常重要。夏曾佑曰："中国之教，得孔子而立；中国之政，得秦皇而后行；中国之境，得汉武而后定。三者皆中国之所以为中国也。自秦以来，垂二千年，虽百王代兴，时有改革，然观其大义，不甚悬殊。譬如建屋，孔子奠其基，秦汉二君营其室，后之王者，不过随事补置，以求适一时之用耳，不能动其根本之理。"盖春秋战国为中国社会变动最大的时期，至于秦汉，则此种变化已经完成，适应此种新社会之制度已逐渐成立。秦统一虽仅十五年，而十五年中，其政体对于后来中国影响极大。废封建立郡县之制，一也；官制，如相国、丞相、太尉、御史大夫等之重要官职，均自秦定，二也；朝仪刑法，多沿袭秦代，三也。汉之政制，大体均因秦之旧，而将其过于残刻者废除，所谓仅去其太甚者，根本上并无变更。例如封建之制，汉初虽略实行，而终于废止；叔孙通之定朝仪，尊君抑臣，虽称杂采古体，实际因袭秦仪；萧何作律，杂撮秦法。可见汉初之政制是仍秦而来，其精神实质均是一贯的。

春秋战国为旧制度崩溃时期，秦汉为新制度完成时期。春秋战国各家学说并兴，互相攻击，莫衷一是；秦汉则选择一种或数种学说而调和之，以树立中心思想。春秋战国各种新制度，虽均已萌芽，而各自为政，无统一办法；秦汉则根据实际情形，杂采儒法两家理论，而完成其统一。故秦汉政制，能树立两千年中国政制之规模。中国政治社会，经过春秋战国急变时代，至秦汉以后，则趋静止状态。农业技术，农村组织，均无巨大改变。农业为经济重心，商业亦相当重要，历代多采取重农抑商政策，然农民问题并未因此而解决。所以两千年来，中国有两个主要问题：对内为农民问题、粮食问题、土地问题；对外为异族侵略问题。大乱的因素，似以此两种为主因。教育与政治有密切的联系，故可以互相影响。综言之，汉代之教育政策，是继承秦代之思想统一运动而来。所不同者，秦代之统一运动，包含法家的成分较多；汉代之统一运动，包含儒家之成分较多而已。

汉代大力提倡教育之原因

中国教育制度自西周重礼乐，春秋的养士，以致汉代的独尊儒术、罢黜百家、大兴学校，都是中国教育制度的演变过程。但至汉代中国才有正式的教育，国家方有统一的教育制度，如设太学、五经博士等。究其大盛之原因，有以下数人作用较大。

陆贾　陆贾是汉高祖时的上中大夫，常在高祖前称说《诗》、《书》。高祖尝骂他："乃公在马上得之，安事《诗》、《书》！"陆贾道："马上得之，宁可以马上治之乎？"并历举古代成败为例，而说："乡使秦已并天下，行仁义，法先圣，陛下安得而有之？"才把骄矜的汉高祖弄得"不怿而有惭色"。于是命陆贾为其著"秦所失天下彼得之者何及古成败之因"以上。陆贾遂著《新语》十二篇。每奏一篇，高祖未尝不称善。其书以仁义为本，政术为用，无为为归；渊源于儒，折衷于道。书中亦曾两次说到"兴学校"，故陆贾应是自西周后最先提出兴学校的人。

贾山 设太学以养士的教育制度，汉文帝时，虽尚未发生，然其时之"君主教育"思潮，甚为浓厚，不能不算是一种特殊现象。提出此种主张的最初是贾山。先是文帝以公元前 179 年即位，适逢次年十一月"晦，日食"，乃下诏举贤良方正能直言极谏者。而被举来之人，往往只陪皇帝射猎游宴，盖此仍为战国卿相"蓄养士类之遗风"。贾山认为这种情形是不对的，于是上书要求改善。他的意思是要他们"定明堂，造太学，修先王之道"，换言之，就是要汉文帝这般人读书，从事学问，提倡教化，不要跟他游宴射猎。而他所说的明堂太学，是皇帝修学之所，绝不是后来董仲舒所倡的养士太学。

贾谊 在贾山上书之后，文帝六年时，贾谊上疏陈政事。有可为痛哭者一，可为流涕者二，可为长太息者六。疏中亦曾讲到帝学及太子教育的重要。他说移风易俗非俗吏所能为，但亦未主张造就治术人才以为之，只注重太傅、太师与太学。他认为只要太子因得师保之助，而能贤明，将来便能为贤明的皇帝，政治就可以有为。与贾山见解，如出一辙。

晁错 他更明言皇太子读书太少，而主张授皇太子以教育。贾谊、晁错都是文帝最开明的贤臣，他们既一致主张君主教育的重要，而不提及一般人的教育，足见当时的时势要求，原来如此。

汉有天下后，惩秦之孤立，于是分封诸将为王，封建组织重现。然而这是违背社会进化原则的，所以不久又一一被汉廷所翦灭。但同时又立了同姓子弟，便把社会不安的现象，一直留到文帝时代。文帝初年，虽曾讨平济北、淮阴之变，但列国之势，仍胜于中央。故贾谊有"一胚之大几如腰，一指之大几如股"之喻。他和晁错都主张中央集权，都极力主张政治势力之真正统一，在这种要求之下，所以极需要有贤明的君主，因此君主在此种情形下，亦需接受教育。

汉初行黄老，与民休息，但至汉武帝时则大兴儒学。此种情形皆由于儒家教育有等差，贵秩序，扶阳抑阴，尊君抑民，于专制政治之驭民，最为适合。而法家之术，虽有利于集权政治，然彼主"用君"而不主"尊君"，彼以国家为前提而不以君主个人为前提。用法家之道，则利骤而显，危亦乘之，非君主所能堪。再者，法家立身态度，宜非人君所能安，所以法家事君之态度，宜不为人君所喜。黄老之术亦不为雄才伟略之武帝所喜。故儒家为君主所乐用，人民亦爱其简而易安下，再加上士人如董仲舒之大力提倡，便成了汉代独尊之学术主流。儒术之兴，便需设太学，纳贤士之情形便出现。所以儒术之盛，间接地助长了汉代教育之发展。

秦始皇死后，天下大乱，至汉高祖刘邦时才把纷乱之局再归统一。但接着又需蕲灭诸侯，讨平叛变，直至文帝时始得安定，与民休息。其去始皇之死，已三十年。这三十年干戈扰攘中，维系教育之一线命脉者，唯有私家教学；换言之，私家教育，并未因乱离而停顿。如陈胜起兵，叔孙通"面谀"脱虎口而逃亡，后来率弟子百余人降汉，并为汉定朝仪。是虽在兵乱之中，叔孙通尚教领学生。又汉高祖五年，既诛项羽，列国俱降，独鲁不下，汉王率兵围鲁。鲁中诸儒，尚讲诵习礼，弦歌之音不绝。此皆乱离之际，私家教育，并未中断之证。是故汉承私家教学之遗产，所以在发展教育上亦得以作为借镜。

高祖二年尚未称帝时，曾令民除秦社稷，立汉社稷，施恩得赐民爵，举民年五十以上有修行能率众为善者，立以为"三老"，与县令、丞尉、从事相教，终身不必再充鯀戍，并以每年十月为赐酒肉与三老之期。这原是因袭秦代的一种制度。秦制"十里有亭，亭有长，十亭一乡，乡有三老"，三老是用以长教化的。汉高祖的措施，第一自然是对于征服地的一种布置，第二也可见教化之事对政治方面有迫切的需要。

西汉教育之得失

西汉是西周以后第一个建立统一完整教育制度之朝代。从历史上看，西汉虽有一个完整的教育制度，但亦不免有其偏失之处，现先论其优点。

其一，西汉之教育思想，以儒家学说为中心；儒家之要义备于经典，故经典的教育思想，即儒家之教育思想。而儒家之主要思想是"尊君敬祖"，所以儒生都是以修身齐家治国平天下之道为目标。因为有统一的学术思想，在政治上亦发生了很大的作用。儒家学说因而得到君主的提倡，又得到士民之爱好，因而大盛。儒术既然发达，儒生都努力于经典的解释，因而派系之分亦同时出现。最显著莫如今古文家之争。但亦有不全受经学支配，而能融合各家学说自成一家之言的，如董仲舒、扬雄、淮南王等。尤以董仲舒的《春秋繁露》，对中国道德伦理方面，有深切的影响。

其二，儒家之术，以维持社会为目的；《诗》《书》《礼》《乐》，遂皆为孔子时之教材。孔子死，弟子亦分散传布其学。韩非子《显学篇》云："孔子之后，儒分为八：有子张氏、子思氏、颜氏、漆雕氏、仲氏、公孙氏、乐正氏。"《史记·儒林传》云："自孔子卒后，七十子之徒，散游诸侯。大者为师傅、卿相，小者友教士大夫，或隐而不见。故子路居卫，子张居陈，澹台子羽居楚，子夏居西河，子贡终于齐。如田子方、段干木、吴起、禽滑厘之属，皆受业于子夏之伦，为王者师。"古人为学虽重师传，然口授抄写，难免讹误。而学者又每欲润饰发挥，借以自显于当世，于是经学虽同发源于孔门，而推行流传，亦遂因乡土风气之异同，分为若干派别。班固云："昔仲尼没而征言绝，七十子丧而大义乖。故《春秋》分为五，《诗》分为四，《易》有数家之传。"先秦之世，盖已如此。然建元五年立五经博士时，《书》《礼》《易》《春秋》均只一家，《诗》则有齐、鲁、韩三家，共为七家；其后辗转传授，各有增改。西汉末的五经博士，遂有十四家。其余派别尚有未蒙得立者，当时虽难免有入主出奴、纷呶争竞的现象，然亦正可证明经学之发达。

其三，自秦以来，中央最高首领为天子，而实际负行政之责者则为丞相。从字义言，丞相皆贰之意，丞相即副天子也。天子世袭而丞相不世袭，天子为全国共戴之首领，不能因负政治责任而轻易调换。丞相乃以副贰天子而身当其冲，最好为君相皆贤，否则天子以世袭不必贤，而丞相足以弥其缺憾。纵使君相皆不贤，而丞相可以易置。如是则一代政治不致遽坏，此秦政之又一特色也。汉初政治，往往有较秦为后退者，如宰相必用封侯阶级，即其一例。如萧何、曹参、陈平、周勃、张苍等皆军人也。卫青、周亚夫、刘舍皆功臣子嗣侯，其先亦军人也。则汉初丞相显为军人阶级所独占。武帝始相公孙弘，以布衣儒术进，既拜相乃封侯，此又汉廷政制一绝大转变。其先唯军人与商人成为政治上两大势力，至是乃一易以士人，此尤见其转向文治之精神，确为汉武一朝复古更化之最有关系者。其实所谓古者，并非古学校、察举、黜陟诸制，贵族世袭时代皆无之，其论杂出于先秦诸子，而备见于《王制》篇中。《王制》乃汉文帝时博士所为，然则汉武一朝之复古更化，正是当时一种崭新之意向。

其四，西汉时重德行，人才辈出。汉代不论诏举的"贤良"，或察举的"孝廉"，都特重德行，故所选的官吏，虽有滥进，而廉洁有为者居多。故一时名贤辈出，如董仲舒、公孙弘、薛广德、韦贤、匡衡、皇甫嵩、许荆、刘矩等，均其著者。而诠选客观，不分贫富。汉代的评选权，虽操于州郡刺史、太守之手，不过在当时有一不成文法，就是州郡长官，避用本地人，而被选者必须是闾里所推重者。同时两汉举士，不分贫富贵贱，不限地区畛域，除商人、罪犯及服丧期未满者外，均有被选资格。至于分区定额，公平有度。汉铨选制，已渐做到按人口比例分区定额，由中央至地方均有定额的配量。如人口多的郡国，配额较多；人口少的，配额自少。公平分配，不分远近。

其缺点方面有如下。

其一，汉立察举制初意，廉吏应出于乡官小吏，如非有真正的才学，不足以应朝廷的诏举。故郡县大多不愿意荐举，而求应此种荐举的人也很少。有些郡国迫于功令之严，往往荐举大吏，如宣帝黄龙元年（前49年）诏书中说："举廉吏，诚欲得其真也。吏之百石，位大夫，毋得举。"此可见当时朝廷意在奖励小吏。而郡国乃以位至大夫、俸至六百石的大吏充数，故诏书中始有此项纠正；则当时对于举廉吏一事，已不免近于敷衍塞责。

其二，汉初行黄老之术，至武帝时独尊儒术，罢黜百家，造成儒术崇高之地位。当时天下初定，有一统的思想，是可以巩固当时政治地位的，而且更适合雄才伟略的武帝的要求，所以儒术独尊，在当时是很合理。但很可惜，儒家思想在汉中叶后，已渗透了阴阳谶纬之术，使原纯粹学术思想的儒术，形成含有浓厚迷信色彩的民间道术。再者，由于汉初之独尊儒术，形成只有儒术才是正统的思想，其他的都流为附庸。在学术上，儒术固然得到美满的成就，但亦促使其他学术思想得不到应有的发展，造成学术与文学之混淆，更使学者思想严重僵硬化，得不到自然的发展。

东汉教育之得失

东汉继承了秦及西汉之遗风，各种政体亦走上了轨道；而最值得称道的，莫如东汉之教育制度。它不但承受了秦及前汉之优良学风，更培养了纯朴优美的士风，这是东汉教育成功的一面。然而亦引起不良的后果，如清议引起的党锢之祸，以及魏晋时期之清谈玄学都是间接受其影响。现先将其优点分析如下。

其一，学僮要习《孝经》、《论语》，本可以不再读书，从事他种职业，或为小吏。但若欲继续深造，便须进受一经。盖自武帝罢黜百家，儒术见尊，儒家经书，成为学者所必须肄习。光武九岁入小学，后往长安受《尚书》于中大夫庐江许子威；王充手书既成，辞师受《论语》、《尚书》。经明德就，谢师而专门，均系专研一经，而已有太学的程度。

其二，东汉时做官与授徒，并不违背；读书人尽可一面做官，一面授徒。如张玄、丁恭、魏应、张兴、楼望、李膺皆是。特别是弁长，自为博士及任河南太守；诸生讲学者常有千余人，著籍者前后万人。又欧阳歙拜扬州牧，迁汝南太守，在郡教授数百人。都是同时做官，同时又教授学生。既可做官，又可授徒，这是东汉教育制度的优点。

其三，汉儒说经，重在能发挥呵难。《汉书·儒林传》赞曰："一经说至百余万言，大师众至千余人。"《汉书》注引桓谭《新论》云："秦延君能说《尧典》，篇目两字之说，至十余万言。但说'曰若稽古'三万言。"此虽系一特例，而汉代经师以善说为贵，于此可见。

其四，汉代做官，是一种职，然教书却同是职业。教书的，虽收学生费用，但当时风气，教师是不尽恃学生费用以维持生活的。教书只是读书人的副业，读书人或出仕，或退而耕种，并不以教书为谋生工具。因此，他们可以尽把所知教授学生，而不为利禄所引诱，这点对东汉学子进修方面，有很大好处。

其五，东汉选士除袭西汉旧制，遇日食、地震、天变之时，诏举贤良方正外，仍定察举孝廉、秀才之制。此外则有考试博士弟子与明经的制度，是西汉所没有的。顺帝阳嘉元年诏："试明经下第者补博士弟子。"桓帝建初诏："诸学生年十六以上，比郡国明经试次第。"是明经得举后，仍要考试；考不取的，可以补博士弟子。而博士弟子也可以考明经。据此，则东汉时考试与教育，已有互相为用的趋势；直至科举时代，尚袭此制。

其六，东汉教育制度，最为后人所推崇的，莫如士风之纯朴优美。东汉士大夫风习，为后世所推美。他们实有尽多优点，但细为分析，似乎东汉士大夫常见的几许美德高行，不外如下：

1. 久丧。三年之丧，自西汉中叶始渐见推行。东汉则行丧三年为常事，甚有加倍服丧者，甚至有行服二十余年的。

2. 让爵。亦始于西汉，东汉更多见。盖此时重孝廉，让爵推财，则孝与廉兼尽矣，故人争慕为之。然让者固高，受者斯卑。临深为峻，以人之污，形己之洁，实非平道。

3. 推财。兄弟互相推财，而不独占，实是东汉士风美好之一点。其人如薛包、李充等。

4. 避聘。如刘矩、鲁恭皆与让爵推财，迹异心同也。至其他却聘为高者，不胜具举。

5. 报仇。其事如崔琼、魏朗、苏不韦等。古者刑不上大夫，故贵族阶级相互有隙，不得直于法庭，则以私斗决之。墨家非礼亦非斗，儒家重礼故不非斗。然至秦汉以下，自可诉于官；不理于官而辄自仇杀，此为慕古而失其意矣。

6. 借交报仇。其事如何容、郅恽等。礼有之，父母在，不许友以死；则父母而亡，固可以死许友。以死许友，即指借交报仇也。

7. 报恩。此可分两类：一为急难，一为服丧。其事如李固弟子郭亮为急难一例；李恂、乐恢为郡将，荀爽为举主服丧一例等。

8. 清节。如范廉、范冉、种暠等，其他高节异行不胜举。大体论之，则东汉士风之优美亦首推士大夫的清节操守行为。

缺点方面则有如下。

其一，东汉察举制之弊，由来甚早。明帝永平元年（58 年），樊倏即谓："郡国举孝廉，男取年少能报恩者；耆宿大贤，多见废弃。"可见汉初，选举已被官吏把持。至东汉时情形之坏，可以想见。再者，贵戚权势之操纵选举，其结果必是一面造成不好的学风，一面不能不注重考试。

其二，汉初设学的目的，原是养士储材，俾得英俊。按此目的，宜可使太学教育的人，俱可供社会国家之用；而治术人才之供给，似应以受教育者首当其选。然而事实却不如此。汉代政治领袖在高位者，不是刘氏宗亲，便是立有武功的领袖，至其所属之治术人员，则通常均以文吏为高，而儒生不能与之此。并盖所谓："刀笔之吏，秦及汉初，俱显然同具势力。"时至东汉，文吏与儒生其在社会之地位，更为不同。左雄改革察举的建议，"诸生试家法，文吏课笺奏"，即是将文吏与儒生两种人并称。大概儒生之社会地位，迥不能比于文吏。此即教育的结果，不能适如其目的，使其效率不大。同时也见两千年前的汉代，学用已不能相符。

其三，从察举出身的官吏，大多具有才能，或品行清高，或直言极谏，他们对于政治，甚为关心。东汉和帝以后，由于宦官与外戚互相争权，以致朝廷腐化。他们为了要挽救国家，遂互相标榜，与太学生勾结，结为朋党，联合对抗宦官与外戚，但为宦官所讳忌，结果引致党锢之祸，因此士人被消灭殆尽，影响东汉之国运。

其四，汉教育之本身，只能造就"守信经文，滑习章句"之儒生，不能因时致用。而当时社会上亦有种种困难阻碍，不能使人用其所学，尽其才能。此即所谓"三累三害"。《论衡》卷一《累害》篇云："夫乡里有三累，朝廷有三害。累生于乡里，害发于朝廷。古今才洪行淑之人，遇此多矣。何谓三累三害？凡人操行，不能慎择友，友同心恩笃，异心疏薄，疏薄怨恨，毁伤其行，一累也；人才高下，不能钧同，同时并进，高者得荣，下者惭恚，毁伤其行，二累也；人之交游，不能常欢，欢则相亲，忿则疏远，疏远怨恨，毁伤其行，三累也。位少人众，仕者争进，进者争位，见将相毁，增加傅致，将昧不明，然纳其言，一害也；将吏异好，清浊殊操，清吏增郁郁之白，举涓涓之言，浊吏怀恚恨，徐求其过，因纤微之谤，被以罪罚，二害也；将或幸佐吏之身，纳信其言，佐吏非清节，必拔人越次，迕失其意，毁之过度，清正之仕，抗行伸志，遂为所憎，毁伤于将，三害也。"

其五，汉代教育思想，以儒家为中心。汉儒治经，疲于故训，学者已生厌倦之心；加以儒家大义，经新莽的伪乱，使人益加怀疑。东汉外戚宦官为祸甚烈，士子受戮，人民受祸，士气已经不振。迄乎晋代，北方野蛮民族侵入中原，政治纷乱，国难日深，佛教思想遂得乘虚而入。其哲理与老庄相近，可以引起士子之信仰；佛家人生观有三世报应诸说，是以安慰受苦难之人民。故佛老易于流行，儒家思想亦尚有相当势力，遂成儒释道三家思想并行局面。此儒释道三家思想在魏晋南北朝的清谈玄学方面，曾发生了很深厚的影响。故魏晋时清谈玄学之形成，亦可说是继东汉后政治之动乱与清议之风所促成的。

两汉学风比较

学风为教育的结果，社会环境的产物，但是某种学风既经成立，亦足以影响社会政治。所以学风与社会政治之关系很密切，而且互为因果。讨论学风，是以一般士子所表现的行为与气节为准，而不是以少数特殊的人为准的。所谓优良风气，是说大多士子所表现的风气是优良的；所谓卑劣的学风，是说大多数士子所表现的风气是卑劣的。若以此为准，我们可以说两汉学风是优良的。

两汉学风有两种特色：第一，汉代富于保守精神，一切均遵古训。第二，汉代思想统一，学术定于一尊，故当时学者少革新之学说。汉代思想虽倾于保守方面，然亦有其优点。

汉人治经，极重应用；论政处事，以经典为准则。如董仲舒以春秋决狱，张汤、儿宽以古义决狱等，可见汉代处事，极重经义。迄东汉渐有注重章句而忽略微言大义之趋势，"学""用一致似不及西汉。王充《论衡·程材》篇说："儒生栗栗，不能当剧，将有烦疑，不能效力。力无益于时，则官不及其身也。将以官课材，材以官为验。是故世俗常高文吏，贱下儒生。"此言儒生之缺乏实用政治知识技能也。王充虽不同意世俗之见，然亦确认儒生有短处。故曰："夫儒生不览古今，何知一永不过守信经文，滑习章句，解剥互错，分明乖异。"可见"学""用"相违的现象，在东汉已相当普遍。

讲学之注重实用方面，东汉或不如西汉；士子之节操方面，西汉似不及东汉。顾炎武在《日知录》中说："汉自孝武表章六经后，师儒虽盛而大义未明，故新莽居摄，颂德献符者遍于天下。光武有鉴于此，故尊崇节义，敦厉名实，所举用者，莫非经明行修之人，而风俗为之一变。至其末造，朝政昏浊，国事日非，而党锢之流、独行之辈，依仁蹈义，舍命不渝，风雨如晦，鸡鸣不已，三代以下风俗之美，无尚于东京者。故范晔之论，以为桓灵之间，君道秕僻，朝纲日陵，国隙屡启。自中智以下，靡不审其崩颓；而强权之臣，息其窥盗之谋；豪杰之夫，屈于鄙生之议。所以倾而未颓，决而未溃，皆仁人君子心力之为。可谓知言者矣。"顾氏之论，确切合当时事实，东汉士子之临难不苟、成仁取义之精神，千载之后，读其传记者，鲜不受其感动。东汉士风淳美为西汉之莫及，但亦因此而引致两次党锢。自此以后，士气日渐消沉，而汉室亦与之俱亡矣。

第二节 汉代郡国察举制及其得失

察举制的起源

察举制度，最早始于汉高祖十一年（前196年）的求贤令，其下诏曰："盖闻王者莫高于周文，伯者莫高于齐桓，皆待贤人而成名。今天下贤者智能，岂特古之人乎？患在人主不交故也，士奚由进？今吾以天之灵贤士大夫定有天下，以为一家，欲其长久，世世奉宗庙亡绝。贤人已与我共平之矣，而不与吾共安利之，可乎？贤士大夫有肯从我游者，吾能尊显之。布告天下，使明知朕意。御史大夫昌下相国，相国酂侯下诸侯王，御史中执法下郡守。其有意称明德者，必身劝，为之驾，遣诣相国府，署行义年。有而弗言，觉免。年老癃病勿遣。"其后朝廷屡诏公卿郡国察举贤才。执行察举之权，从中央三公五府九卿，到地方州牧守相，皆有其责。不过中央的察举贤才是偶然的，例如在文帝二年（前178年），因日食之故，乃下诏举"贤良方正，直言极谏"者，而地方则是经常的。察举是一种由上而下的选拔，选拔的标准是以品行为主，其品行则多根据地方的舆论，所以乡评具有很大的影响力。

汉行察举制之目的

其一，防止外戚与武臣之专横。汉高祖自秦末起义以来，代秦而有天下，又与项羽相争而后得天下，乃多得于诸侯之力。故自即位后，不得不分封诸将，以酬其劳。时天下初定，干戈未宁，不遑庠序之事。此种政治，下及汉兴数主，殆皆未改。及至高后孝文，犹复功臣用事，故渐行荐举辟召，以防治之。自此以后，寒士文人，始有进身之机会；功臣外戚之势，稍赖以防抑焉。

其二，选拔廉官吏，以巩固汉室。汉高祖即位之初，朝廷内大多功臣均是不识文墨的武夫，因此国家缺乏有才学的文臣来管理国家之行政和财政。此外，又鉴于秦代因孤立而亡国，高祖特行察举之制，以选拔贤能官吏，命诸郡守举贤者，否则便受到处罚。

察举制的科目

汉代察举制，名目繁多，没有一定的规律，往往因一时的需要或因时君的好尚，即开设某科，但大体却分为三类。

首先是贤良方正。此为汉代选士的一种重要制度，在汉文帝二年，诏举"贤良方正，直言极谏"之士。为此制之始。以后，朝廷往往有所诏举此等"贤良方正，直言极谏"之士，其立制的初意，似仿战国时代招贤于世胄选以外别开一格。由诸侯、公卿、郡国选送的人才，经天子策试的谓之"特举"，亦称"特科"或"制科"。故每逢国家有大事发生，皆特别下诏，令公卿、郡国举贤良文学之士，天子亲自策试，以定高下。后代的科举制，即沿袭此种制度而来。

其次是孝廉。"孝廉"即孝子、廉吏的简称。孝廉之举，始于汉文帝十二年（前168年），诏举"孝悌"、"力田"和"廉吏"，分别荣赐帛匹和米粮。至汉武帝时，因董仲舒的《对策》在元光元年始令天下郡国举孝子、廉吏各一人，后以应诏举荐者无多，甚至无人举荐，复于元朔元年（前128年）再下诏，严令地方遵行，以后遂成为常选定制。到东汉时，更明白规定每郡平均户口二十万，岁举"孝廉"一人，大约大郡两人，小郡一人。后来"孝廉"日多，选拔渐滥，往往名不符实。

第三是茂才。"茂才"原名"秀才"，其等级较"孝廉"为高，有如后世之进士，初属于特举之列。其制乃始于汉武帝元封五年（前106年）下诏曰："盖有非常之功，必待非常之人。故马或奔踶，而致千里；士或有负俗之累，而立功名……其令州郡察吏民有茂才异等，可为将相及使绝国者。"其后宣帝、元帝数遣巡使天下，举秀才异能特立之士。东汉光武帝建武十二年，诏三公举"茂才"各一人，光禄勋举"茂才"四行各一人（所谓四行，乃"敦厚"、"质朴"、"逊让"、"节俭"也），监察御史、司隶、州牧，岁举"茂才"一人。以后乃列为常举。到章帝建初元年诏曰："茂才孝廉，岁以百数。"

察举制之得失

其一，优点方面有如下。

1.使有能之士得进身之机会。汉代察举制，没有一定的规律，国家一旦发生大事，例如需要外交人才，朝廷便特意延访精于此类的人才，用以搜罗贤俊，咨询治理，因而使具有奇才异能之士，都有进身的机会。朝廷能借察举网罗所有怀才不遇之士，在政治上能起"消纳"作用，同时亦可削减外戚与武臣的专横。

2.人才辈出。察举除"贤良方正"、"孝廉"、"茂才"之外，其他科目，名目繁多，大抵随皇帝之意旨，应当时之需要，而命名求才。其中有文有武，例如"直言极谏"（武帝建元元年诏）、"勇知兵法"（成帝元延元年诏）等等。由此可知朝廷用人唯才，有"募求"的政治作用，所以没有冗官冗吏的情况发生；是以人才辈出，奠定汉室富强的基础。

3.思想比较自由，所议关乎实用；由于察举制并没有一定的规则，皇帝可任意选用贤俊之士；同时，帝王准许他们上书直谏，因此思想比较自由。而这些贤俊之士，所议多关乎国家治安政策，例如在汉武帝建元元年，诏"直言敢谏"者，而董仲舒此等贤俊之士，所提议治国的良方，一一为武帝所用，遂奠下汉室富强的基础。

4.取人重德行，形成士风淳厚。汉代察举孝廉，是由地方官推举孝子廉吏上奏朝廷做官，而这些孝子廉吏，大多品行良好，性格纯良。事实上，此制是有"奖励"的政治作用。东汉时，由于光武帝提倡气节，对于气节之士加以奖赏；同时特别注重"孝廉"一官，官吏多由"孝廉"一科出身。因此，影响到东汉士风的淳厚，同时更可避免私人恩怨。

5.抚慰边陲，调和文化。察举孝廉一科，起初所举人数之多寡，是由当时的郡国人口而定。其后至东汉和帝时，鉴于边区蛮夷人口日益增多，以致蛮夷与汉人错综交杂，遂变为按人口（包括蛮人在内）比例而岁举"孝廉"。此对抚慰边陲，调和文化，有着很大的影响。

其二，缺点方面有如下。

1. 廉吏的荐举渐趋浮滥。汉代立察举制初意，廉吏应出于乡官小吏，如非有真正的才学，又不足以应朝廷的诏举，故郡县大多不愿意荐举，而求应此种荐举的人也很少。有些郡国迫于功令之严，往往荐举大吏，如宣帝黄龙元年（前49年）诏书中说："举廉吏，诚欲得其真也。吏六百石，位大夫，毋得举。"此亦可见当时朝廷意在奖进小吏，而郡国乃以位至大夫、俸至六百石的大吏充数，故诏书中始有此项纠正；则当时对于举廉吏一事，已不免近于敷衍塞责了。

2. 禄利诱人，激成阿谀虚伪之风。察举孝廉一科，是由地方高官所推举，但此制行之过久，不免流弊丛生。于是一些贵人势家，为了要得孝廉一官，乃巴结地方高官，阿谀奉承；在人人纷纷仿效之下，遂造成社会阿谀虚伪之风。

3. 誉望相矜，造成虚声竞进之习。汉代的察举，最重道德，尤以孝廉一科为甚，但因实行此制太久，流弊率告产生。各人为了把自己的人格、声誉提高，以便博取孝廉一官，乃假意行善、行孝，甚至父盗子名，兄窃弟誉，骨肉相给，朋友相诈，借此以赢得虚名，以博取官职，遂形成社会上虚声竞进之习。

4. 引起东汉党锢之祸。从察举出身的官吏，大多具有才能，或品行清高，或直言极谏，他们对于政治，甚为关心。东汉和帝以后，由于宦官与外戚互相争权，以致朝政腐败。他们为了要挽救国家，遂互相标榜，与太学生勾结为朋党，联合对抗宦官与外戚，为宦官所讳忌，结果引致党锢之祸。结果，士人被消灭殆尽，而东汉亦因此而灭亡。

察举与征辟制度之比较

察举制度之内容得失已见前述，兹就征辟制度之内容而比论之。

其一，特征。特征是皇帝对于高才重名的人，征而用之；往往躐等而开，不拘资格。武帝之征枚乘、宣帝之征疏广均其例也。

其二，辟举。辟举是公府对其掾属，郡县对其曹僚，皆自荐举而自试用之。考行察能，以次迁补，或二千石，入为公卿。关此本书已有论述，不再赘言。兹欲说明者，辟举为吏，常继之以考课；或因其才而迁之，或因其廉而迁。盖如前所言，为吏而能剸繁决剧，才知是才；而能临财不私，方知其廉。所以汉代举官以才或以廉者，必在其人既仕之后。例如赵广汉少为郡吏，举茂才为平准令，察廉为阳翟令，以治行尤异迁京辅都尉，守京兆尹。即广汉既辟举为郡吏之后，因廉而为阳翟令，又为京辅都尉，守京兆尹，甄别廉不廉与才不才必在为吏之后。这是汉制的优点。

察举、征辟二制异同之比较如下。

其一，两制相异之处有：

1. 选用人才之标准不同。察举选人以贤良孝廉为标准。所谓贤良是取其德，或取其知，所选者要贤良方正，或直言极谏的。所谓孝廉即孝子廉吏，临财不私，知其廉。征召选人，以其人之才德为标准，能剸繁决剧方知其才。辟举则无一定之选人标准。

2. 选用人才方法不同。察举于策选贤良方面，由皇帝下令公卿、郡守和诸王侯选荐贤良之士，经皇帝加以策问，对策合格后，即由政府委以官职，选期无定。于孝廉方面，政府命令郡守，每年选荐孝子廉吏各一人，保送到京师，由政府授以适当官职。征召是皇帝或朝廷闻知高才重名者，即直接指名征聘，委以重任。辟举是公府对其掾属、郡县对其曹僚，或二千石之长吏，皆可自辟曹僚；即相府郡守机关，亦由主管自行选用僚属。

其二，二制相同之处有：

1. 二制俱不是以考试作为定断士人之才能，且均是一种选举制度。由第三者以客观之眼光来观察士人之才能、名声、德行或文才，而推举于朝廷；或朝廷自行寻觅才德之士，授以官职。所谓察德行、重实事，举则任职，选从郡县吏，所谓乡评里论。此二者相同之处也。

2. 察举之得失，总而论之，大抵其得有三，而失则有二。人才辈出，一得也；思想比较自由，所议关乎实用，二得也；取人重德，而亦不轻文艺，三得也。禄利诱人，激成阿谀空虚之风，一失也；举望相矜，造成虚声竞进之习，二失也。东汉征辟制度之下，人民重视德行，提倡气节，有很多优美之风习，如久丧、让爵、推财、避聘、报仇、借交报仇、报恩、清节等等。然一些稍有才学者，过分造作，故意居严穴，冀得官爵；在上者亦以征辟清高者以夸耀自重。上下交相利用，有损士子人格。

第三节　东汉左雄对选举的改革

改革的原因

汉初的察举，虽有"贤良对策"的制度，其余如"孝廉"、"茂才"等科的被举人士，到即拜官，有选无试，只能谓之荐举。但此制逐渐发生流弊，有不能不另行设法以图补救的趋势。到后汉顺帝阳嘉元年，尚书令左雄即创议改制，其所上奏议说："郡国'孝廉'，古之（贡士），出则宰人，宣协风教。若其面墙，则无所施用。孔子曰'四十不惑'，《礼》称强士。请自今，'孝廉'年不满四十，不得察举，皆先诣公府。诸生试家法，文吏课笺奏，副之端门，练其虚实，以观异能，以美风俗。有不承科令者，正其罪法。若有茂才异行，自不可拘年齿。"

规定"孝廉"限年课试的法则，在公卿郡国荐举以后，即加以甄试，此为考试制度化的滥觞。当左雄改制时，反对的人自然很多，如黄琼、胡广、张衡、崔瑗、郭虔、史敞等，大致以为选德之科，一变而为试文之举，舍本逐末，人才日败（均见《后汉书》）。但事实上，改制以后，颇能收到良好的效果。《后汉书》载："自左雄改制后，牧守异法，莫敢轻举。十余年间，察选清平，号为得人。"如济阴太守胡广等十余人，皆坐谬举免黜；独汝南陈蕃、颍川李膺、下邳陈球等三十余人得拜郎中（见《后汉书》）。

其后王琼为尚书令，以雄所上"孝廉"之选，专用"儒学、文史"于取士之义，犹有所遗，乃奏增"孝悌"及"能从政者"为四科。至是，则前汉的"贤良"、"孝廉"两科，已同归入岁举中，不过统以"孝廉"目罢了。

改革的内容

此项制度不废主观的察举，兼用客观的考试，在时代进化来说，乃是必然的趋势。一方面使布衣下吏皆得到政治上的出路，足以奖拔人才，鼓舞风气；一方面使全国各郡县人士有机会得到平均参加中央政府服务，对大一统政府的维系，尤为有效。而最重要的，则在朝廷用人，渐渐走上一个公平客观的道路，使政府性质慢慢超出王室私亲的关系而趋向独立涂辙。兹综合此项制度的规模略述如下。

第一，"孝廉"、"茂才"察举人口比例的规定。

1. 郡国人口二十万以上的，岁举一人；四十万以上的，岁举二人。更多的依此类推。

2. 郡国人口不满二十万的，二岁举一人；不满十万的，三岁举一人。

3. 小郡人口二十万，并有蛮夷的，岁举二人。

4. 沿边郡人口十万以上的，岁举一人；不满十万的，二岁单一人；五万以下的，三岁举一人（《通典·选举》）。

第二，察举者的资格。

1. 内官。三公、光禄、中二千石、监御大夫、将军，每科所举，各有定额。

2. 外官。州牧、郡国守相，其任职未满者不得察举。顺帝时，令郡国守相视事未满岁者一切得举孝廉吏。

第三，不得被察举者的规定。

1. 吏六百石以上，不得举为"廉吏"（宣帝时规定）。

2. 侍中、尚书、中官的子弟和赃吏的子孙，不得举为"孝廉"（桓帝时规定）。

3.年岁以四十为最低限，但有"茂才异行"的，则不拘年龄。

第四，考试的规定。

1.诸生试家法。

2.文吏课笺奏。

3.副之端门，练其虚实。

第五，不举和谬举的处罚。

1.不举的处罚。武帝元朔元年（前128年）诏书中说："朕深诏执事兴廉举孝，今或至阖郡不荐一人。其与中二千石、礼官、博士议不举者罪。有司奏议曰：'不举者，不奉诏，当以不敬论；不察举，不胜任也，当免。'"

2.谬举的处罚有：

竟宁元年，张谭为御史大夫；阳朔三年，韩立子渊为执金吾。后皆坐选举不实，免；绥和元年（前7年），遂义子赣为左冯翊，坐选举，免；元寿元年（前2年），梁相为大理，三年，坐除吏不次，免。

照以上讲例看来，知汉世官吏不能选举不实，否则受到贬降、免官甚或依律论的处罚。但相反方面，如因选举得人，不仅被选者将卑以政府的职位，而选举者亦将因荐贤而得到嘉赏。例如胡广以"孝廉"为左雄所察举，到京师试章奏，安帝以广为第一，并传诏奖誉左雄，以嘉其功。

第六，改制后仍有的缺点。

"孝廉"之选，因汉代初年非常慎重，故有阖郡不荐一人，令有司议不举者罪，其难进如此。但天下事，往往利之所出，弊以随之。史册所载，自左雄改制后，也发生以下的弊端：

1.牧守畏法，恐所举不贤，因而受连带的罪名；或因嘱托者多，顾此失彼，并罪于人。故宁愿奉诏不举，放弃其察举权。

2.即使迫于功利之严，不敢不举，姑举容悦软滑之流，以图塞责，不致大为债事；或选门阀贵胄，借以交欢当道，纵有差跌，彼辈自能教护不致连坐。

3.受公卿、朝贵、外戚等的嘱托，不敢不举；非为市恩，聊以免祸。

4.专举少年能报恩的人士，以为日后党援。

5.迫于清议，怯于月旦，不敢自为衡鉴，专取虚声哗众之士，以邀誉避谤于奔竞浮嚣之徒，结果遂造成党锢之祸。

上述种种，皆为后汉季世所发生的流弊，欲救此弊。殆有二法：一如曹操、诸葛武侯的专校功能，但此只可施之于考课之时，而不能用之于选拔之际；一如魏毛玠的选举，"拔真实，斥华伪，进逊行，抑阿党"，"虽于时有盛名，而行不由本者，终莫得进"（《三国志·魏志》）。然不能考之于其乡里，而徒就其典选者的耳目所及，终亦不免为矫伪者所欺蒙。此所以到了曹丕执政柄时，即创立九品官人法的制度。

对两汉察举的影响

两汉的察举，以"贤良"、"孝廉"二科得人最盛；而"孝廉"的察举，常较"贤良"为难，其变革也较多。大抵"贤良"合于"直言极谏"、"文学"、"高第"诸科，其取之也以言，故多加策试；"孝廉"兼有"茂才异行"、"至孝"、"笃行"诸科，其取之也以行，故重在考察。言采易见，而德行难知；策试可凭，而考察难见，于是不得不用公平客观的考试方法以补选举之不足；故选举法制的变迁，即逐渐趋向于考试一途，此亦由于时代的趋势使然。光武帝时，岁察"廉吏"、"茂才"，有似考试期间的雏形。章帝时，恢复"四科辟士"之法，有似考试分科的雏形。和帝时，按人口比例为察举的标准，有似考试名额的雏形。顺帝时，从左雄的建议，初令"郡国举孝廉，限年在四十岁以上，诸生试家法，文吏课笺奏"，更有似于考试年龄和笔试科目限制的雏形。夷考以上各项法制的由来，大多数有鉴于选举所发生的流弊而创设的。初以"考廉"之选，应者寥寥，或"万家者县，无庭令者"，或"阖郡不举一人"，于是有逐岁察举的制度；但"选举不行，奸佞未生"（光武帝建武中元二年诏），"刺史守相，不明真伪"（章帝建初元年诏）。于是有"四科辟士，辨诘职事"的制度；又恐举额不均，于是有"按口分配"的制度；又以"郡国举孝廉，率取年少能报恩者，耆宿大贤，多见废弃"，于是有"限年试才"制度。因"孝"、"秀"诸科，皆先举后试，非以自由竞争的方式入选；"贤良"一科，多征已仕，鲜及布衣，其策试求言，究不以考试为唯一的进身途径，均非凭才取士。所以汉代的考试，只能说已开考试制度的先河，仍不能脱离选举的羁绊而独立行使。

汉代设科的用意，含有"募求"、"消纳"、"奖励"等等的政治作用。如武帝时，屡募"能使西域绝国者"，即有张骞等应诏；后来就有很多人往来绝域，遂开发了西域，这就是"募求"的作用。如因灾求言，令对策者极言得失，甚或廷对与公卿辩论时政得失，如桓宽的《盐铁论》，即应举者和大臣廷辩的议事录。又如怀才不遇之士，恐其辍耕太息，或因国家为难，皆借察举网罗这班人才，就是"消纳"的作用。至于"奖励"作用，如重劝孝，举"孝行"；重惩贪，举"廉吏"；重修文，则举"文学"等。以上三种政治作用，在汉代收效很大，后来历代的大政治家多仿效这些办法。此外尚含有一种重大作用，就是甄别人才，蔚为国用。用一种客观的测验方法，来判断各方面所举的人是否贤能，这一作用，不独可以判断贤否，而且可以避免恩怨，成为后世考试制度的精神所在。

第四节　九品官人法之创设及其得失

九品中正的解释

建安二十五年（220 年）十月，曹丕受汉禅，改元黄初，尚书陈群以天朝（按《资治通鉴今注》，天朝系指汉朝）选用不尽人才，乃立九品官人之法。州郡皆置中正，以定其选；择州郡之贤有识鉴者为之，区别人物，第其高下。此一制度自产生至隋代开皇中废止，历时三百六十余年，蔚为我国选士制度重要之一页。常人以"九品中正"一词，代表官制名称，颇欠正确。今案九品中正，应分别为"九品"与"中正"的先后解释不同；因先有九品的官阶，然后设中正或大中正。换言之，九品官人法才是这个制度的名称。所谓九品官人之法，据唐杜佑《通典·选举二》："九品之制，州郡县俱置大小中正，各以本处人任诸府公卿及台省郎吏有德充才盛者为之，区别所管人物，定为九等。其有言行修著则升进之，或以五升四，以六升五；倘有道义亏缺则降下之，或自五退六，自六退七矣！是以吏部不能审定核天下人才士庶，故委中正铨第等级凭之授受，谓免乖失及法弊也。"此一制度，无形中将察举之权，从州郡守宰之手转移给中正。《御览》引《孙楚集注》："九品汉氏本无，班固著《汉书》序先代贤智以九条，此盖记鬼录次第耳，而陈群依之以品坐人。"唯《史记·李广传》称李广为人在下中，看来此时已用品第分别人物；是否亦受佛家影响，则不可而知。坊间大中教科书莫不如此。但是以上上、上中、上下等分别人品的错误亦并非全无根据，因胡三省注《通鉴》时，便以上上、上中、上下等解释九品。

清赵翼撰《二十二史札记》"九品中正"条亦云："魏文帝初定九品中正之法，郡邑设小中正。州设大中正，由小中正品第人才，以上大中正；大中正核实，以上司徒；司徒再核，然后付尚书选用。此陈群所建白也。"由此更可知中正掌握推荐人才之权，而用人之权操之尚书。但郡中正由各郡长官推选，至晋代，大小中正例由司徒选任，而大中正亦可推荐小中正。中正必须是二品官，中正更须是现任官，而且是中央官。不过，中正虽由司徒选任，而司徒亦可兼任中正。大小中正均设有属员，称为访问，替中正到各地调查入品人之家世、人品与近况、才能等。

九品官人法之创设动机

考九品官人法之制，起因固多；然归纳言之，约为四端。

首先，适应后汉末士族流徙新环境之要求。就本乡中德充才盛者，任中正品第人物，一则可达选拔人才之目的，兼可保留汉代乡举里选之精神。据《通典》记载："魏文帝为魏王时，三方鼎立，士流播迁，田人错杂，详核无所。延康九年，吏部尚书陈群以天朝选用，不尽人才，乃立九品官人之法。"又据杜佑云："九品之制，初因后汉建安中，天下兴兵；衣冠士族，多离于本土；欲征源流，遽难委悉。魏氏革命，州郡县俱置大小中正。"

其次，改进汉末察举制之颓风。后汉察举之弊早即发生，如明帝永平元年（58 年），樊儵谓："郡国举孝廉，率取年少能报恩者；耆宿大贤，多见废弃。"可见汉初选举已为郡国官吏把持。及曹操秉政，由于渴求人才，乃有三次求贤之令。但以制度革创，用人未详其本，是以各引其类，时忘道德。故何夔有见及此，乃疏议改革，用人应重乡评，分别贤与不肖。

第三，抑制后汉浮华标榜之风气。后汉党锢之祸起，士人固然受到摧残，然起初士人掌握清议，互相标榜，品第人物，形成社会舆论力量，如李膺、许劭、郭泰诸人，为当时士人之领袖。李膺欲以天下名教为己任，后进之士，有升其堂者，皆以为登龙门。又如许劭好共品题乡党人物，每月辄更有品题。因此，士人为急功求名，乃不务实学，竞浮虚名，如此自难发掘真正人才。及曹魏当政，令毛玠典选举。玠颇有拔真实，斥华伪，进逊行，抑阿谀之决心。其后曹丕嗣位，对于后汉朋党亦有批评。

第四，巩固曹魏政权。东汉二百多年培养出来的大族与士风，到此时已成为操纵选举的标准，诸如朋党交游，名士清议的权威，皆足以左右当时的政治，更是出身低贱的曹氏的绊脚石。《晋书·刘毅传》陈九品之弊云："置州都者（州大中正），取州里清议，咸所归服，将以镇异同，一言议。"就是要统一舆论与选举标准之意。同书同卷又云："清平者寡，故怨讼者众。听之则告讦无已，禁绝则侵枉无极；与其理讼之烦，犹愈侵枉之害。今禁讼诉，则杜一国之口，培一人之势，使得纵横，无所顾惮。诸受枉者抱怨积直，独不蒙天地无私之德，而长壅蔽于邪人之铨。"可见九品官人法之设，具有巩固曹魏政权的积极意义。

虽然官人法之创立，系适应当时政治环境之要求，亦具革新汉末选举之旨意。若中正官能持之公正，举贤为任，则亦不失为选士之一种良法。惜乎人谋不藏，创建之初，并未详细厘订中正官评品人才之具体标准。而中正官若评品不实，心存偏私，并无限制与惩罚条律，致士族占据，举官之后，自然促成垄断仕进局面。所谓"上品无寒门，下品无世族"矣！故中正制度推行未久，即遭受当时人士之反对；而后世之评论者，更无论矣！但此情况在魏世尚未见严重，到了晋代，垄断风气已成，下及东晋南北朝，中正之位皆落世族门阀之手，益形成"上品无寒门，下品无世族"的局面。

九品官人法之缺点

晋承魏制，在察举孝廉之外，继续推行九品官人法。唯魏初推行该制未久，即有夏侯玄（夏侯尚之子）提出反对与改进之意见。玄谓："中正铨衡之机于下，而执机柄者，有所委仗于上；上下交侵，以生纷错。"（《魏志·夏侯尚传》）。及晋武帝之际，有严斥九品官人制度之非，并主张罢废者，推刘毅为著。毅以魏立九品，系权时之制，未见得人，而有八损，毁风败俗，无益于化，曾上疏陈九品之制有三难八损，兹摘其要点，录之如后（详见《晋书》卷四十五《刘毅传》）：

一、"臣闻立政者以官才为本，官才有三难……人物难知，一也；爱憎难防，二也；情伪难明，三也。今立中正，定九品，高下任意，荣辱在手。操人主之威福，夺天朝之权势。爱憎决于心，情伪由于己……附托者必达，守道者困悴……是以上品无寒门，下品无世族……慢主罔时，实为乱源。损政之道一也。"

二、置州郡者，取州里清议，咸所归服，将以镇异同，一言议。不谓一人之身，了一州之才，一人不审便坐之。若然，自仲尼以上，至于庖牺，莫不有失，则皆不堪，何独责于中人者哉……驳违之论，横于州里；嫌仇之隙，给于大臣……损政之道二也。

三、本立格之体，将谓人伦有序，若贯鱼成次也……今之中正……坐成其私……乃使优劣易地，首尾倒错。推贵异之器，使在凡品以下；负戴不肯，越在成人之首。损政之道三也。

四、置中正，委以一国之重，无赏罚之防。人心多故，清平者寡，故怨讼者众。……今禁讼诉，则杜一国之口，培一人之势，使得纵横，无所顾惮。诸受枉者抱怨积直，独不蒙天地无私之德，而长壅蔽于邪人之铨。

使上明不下照，下情不上闻。损政之道四也。

五、一国之士多者千数……而中正知与不知，其当品状，采誉于台府，纳毁于流言。任己则有不识之蔽，听受则有彼此之偏……所知者以爱憎夺其平，所不知者以人事乱其度……损政五也。

六、凡所以立品设状者，求人才以理物也，非虚饰名誉，相为好丑……于限当报；虽职之高，还附卑品；无绩于官，而获高叙。是为抑功实而隆虚名也。上夺天朝考绩之分，下长浮华朋党之士。损政六也。

七、凡官不同事，人不同能；得其能则成，失其能则败。今品不状才能之所宜，而以九等为例……若状得其实，犹品状相妨……况今九品，所疏则削其长，所亲则饰其短誉徒结白论，以为虚誉。则品不料能，百揆何以得理，万机何以得修？损政七也。

八、前九品诏书，善恶必书，以为褒贬……今之九品，所下不彰其罪，所上不列其善；废褒贬之义，任爱憎之断；清浊同流，以植其私……惩劝不明，则风俗污浊，天下人焉得不解德行而锐人事？损政八也。

故刘毅曾慨乎言之曰："选中正而非其人，授权势而无赏罚，或缺中正而无禁检，故邪党得肆，枉滥纵横。虽职名中正，实为奸府；事名九品，而有八损。或恨结于亲亲，猜生于骨肉；当生困于敌仇，子孙离其殃咎。斯乃历世之患，非徒当今之害也。"

实施方面的弊端

此制就其本身而言，在实施方面，亦不免有种种弊端。

一、此制在当时立法的本意，原为曹魏时代的人才蓄于国都、军府而定的补救办法。但各州大中正为中央官的兼职，一般士庶求出身的，皆须奔集中央，专候品第不能返回乡里，致失时机。

二、此制初意，本欲使官人之权不操在下面，但各郡中正皆操管辖区域所有人物的品状。"品"是在籍的履行，"状"是居官的才能和绩效。这样一来，郡中正可一手包办士庶已仕未仕的品级，其结果转使在下面的小中正持有官人进退的权柄。

三、居官的才能和绩效，州郡中正势不能一一亲自查考，仅凭手下人的陈报，又何足为凭？而况士子才能是内蕴的，如不能遇有一显身手的机会，则虽有高才异能之士，而屈居贫贱的地位，又从何有表现呢？

四、此制对于士子，仅凭其在籍的履行和在官的绩行，而学术方面，概置之不闻不问，则世家的白丁，也将较寒门的鸿儒易于获得进身之阶了。

五、州郡中正以一人之耳目，网罗全境的人才，以为品第，事实上不得不凭其门第，兼采虚誉，以资诠衡。即欲以大公至正的居心，来处理数目众多而情形异常复杂的人事问题，畸轻畸重，恐亦有难期周密之憾。

六、以上就此制本身在实施方面，已不免有种种弊端，更何况为中正者又或快意恩仇，受纳货贿，结交朋党，人选日轻。于是正论湮而怨讼敌仇之事且因之而起，此又行法者玩弄权势所发生的流弊，不一而足。

优点方面的检讨

在曹魏初行此制的时候，总比以前漫无标准，各自援引私人的陋习好得多。至于中正簿上，为什么要把做官的人一起登记品评呢？这又因为要把当时已经滥用不能称职的一批人清除出去。当制度建立之初，吏治澄清，这都是陈群建议创立此制的一番苦心，因此"九品官人法"就其当时救弊的原旨而言，也不能算是一种坏的制度。况且中正之设，其所论唯在德行，重清议，据行实以登上其品第，以是立名教之防。使知名勇功之士，不敢有裂冠毁冕之为。如下列数事，可为例证。

一、陈寿遭父丧，有疾，使婢丸药，客见之，乡里以为贬，坐是沉滞累年。

二、阎缵父卒，继母不慈。缵恭事弥谨，而母疾之愈甚，乃诬缵盗父时金宝，讼于官，遂被清议十余年。

三、谢惠连爱幸郡吏杜德灵，居父忧，赠以五言诗十余首，坐废，不豫荣伍。

四、郗诜笃孝，以假葬违常，降等一品。

以上所举事例，其惩勤之严如此，《文献通考》亦病其法太拘。其他类似事件，则不胜枚举。如《晋书·孔愉传》载："初，愉为司徒长史，以平南将军温峤母亡遭丧不葬，乃不过其品。及苏峻平而峤有重功，愉往石头诣峤，峤执愉手而流涕曰：'天下丧乱，忠孝遂废，能持古人之节，岁寒不凋者，唯君一人耳。'时人皆称峤居公而重愉之守正。"愉之执持，何尝有妨峤之宣力；而使名教之防更严，岂能谓为无益？若云其所谓名教，本不足存，此则又当别论，实不能以责当时之士。抑且考论辈行，使登用雁行有序，则足以息奔竞之风，原不可谓无价值。故综论此制的优点有三：注重乡里的清议；铨定方法谨慎；吏部官人的便利。

总之，此制最初立法的本意，不过是一时权宜之计，但因施行时间一久，大小中正品评人物时，就不免瞻徇私情，爱憎由己，以致为豪门贵族所把持，不复再以品德学识为标准，只以门阀势力的大小为高低了。当时刘毅上疏所言九品有八损，而官才有三难之说，对于此制之缺点，真是说得淋漓尽致，体无完肤。在此种"上品无寒门，下品无世族"的畸形政治制度之下，以致形成魏晋南北朝的门阀政治。中正制度助长门第，拥护中正制度，这便是权贵阶级与势族高门，为巩固自己的地位，互相勾结，包围天子，岂肯使天子废除此制？此实为中正制度积弊而不能更革的主要原因。由是人才无由上进，国家政治又怎能纳入正轨？所以魏晋南北朝时代的社会，也就集"贫"、"弱"、"乱"的大成而已。

对当代及后世之影响

在政治方面有如下影响。

首先，九品官人法是魏尚书陈群所创，以九品论人才。吏部根据由小中正及大中正所核定的人才调查表之等第和评语来斟酌任用，分别黜陟。这样一来，官吏之任命与升降，比较有一客观标准。而此项标准，则依然是根据各地方之群众舆论与公共意见，依然保留汉代乡举里选之遗意。至于代表群众与舆论的贤人而实不贤，中正而并不中正的，则是另一回事。至少在曹魏初行此制时，总比以前漫无标准、各自援用私人好得多。一时制度建立，吏治澄清，曹家的统治基础，与此制度的建立很有关系。

其次，南朝时代的高门中人，本来没有坚强的毅力，故当胡族蜂起，则各人引身趋避；若值权臣篡位，则各改面事人，谈不上有甚么功臣的产生，也没有殉难的节士。至于北朝的士族，本来就是比较困苦，而无法南迁的人士，后来又以胡汉通婚和杂居的关系，造成一种混血新种，更以汰弱留强的关系，结果逐渐养成一种比较南朝为健实的气质。人才由潜植而长成，终以有隋唐的统一局面出现。而南北朝士族的出现，对九品官人法也发生着重大的作用。

对社会方面的影响有如下。

首先，九品官人法既以九品论人才，则上品却出身甚易，且易升显位；下品则出身甚难，结果遂致官人的登进，但以门第为依据。而这些高门的子弟，又多半只能以家风世德或文学虚声为华饰，而不能于政治、经济、军事、文化或民族国家诸大业方面，有远大的眼光，或干济的才能；品格方面更是难有充分的修养。所以自整个历史上的人才演进看来，两晋南北朝，除了佛教中人或若干文学家和儒生外，可说是人才比较不振的时代。

其次，九品官人法把人才分为九等，标准本来十分难定；担任中正之职者，未必个个是德充才盛之人。果如是者，品评的等级，怎能得当？倘社会上士庶既已对立，则被品评的人才，上品者必属于士族一边。这么一来，九品中正，便成了士族拥护自身利益的良好工具，成为他们的护身符。政治上的优越地位，遂为士族所垄断；平民进身的机会极微，以致人才被扼杀。而世族凭借其优越地位，不任事而当大任，使政治日趋腐败。

第三，士族与庶族界限既严，以致不通婚姻；而寒门欲高攀门第，往往以财贿赂，求婚士族。当时豪门嫁娶，奢侈成风；平民效之，遂致贫者不能娶妻，乃有敛钱助娶之举，促成社会浮奢的风气。《晋书·阮修传》："修居贫，年四十有余，未有室，王敦等敛钱为婚，皆名士也。时慕之者，求入钱而不得。"又高门大族既世膺显要，因而土地与财产，集中于高门大族。此种现象发展下去，贫富悬殊益甚；社会混乱，一发不可收拾。

第四，由于九品官人法对士族有利，所以士族们特别注意他们的族谱或家谱，因为它们是士族们被品评的根据。谱既成了选人的凭据，那么任何人家，为子孙出身计，当然把家谱弄得很光荣。于是小姓冒大姓，庶姓入士族，作伪状，造巧籍，转成了风气。《南史·王僧孺传》云："宋元嘉二十七年始以七条征发。既立此科，人奸互起，伪状巧籍，岁月滋广，以至于齐。患其不实，于是东堂校籍置郎、令、史以掌之。竞行奸贷，以新换故；昨日卑细，今日便成士流。"

第五，自晋室南迁之后，南北双方社会的矛盾与斗争，同时加深。一方面是南来的中原大族与原居东南地区的大族，各耀门第，互不相融；而陷在中原之士大夫，又互相标榜，以别于入侵之异族，民族矛盾益甚。另一方面是士族与寒门鸿沟难除，形成尖锐的对立。

第六，魏晋南北朝时，由于此制之推行，政府用人，只问家世；官位高下，须以家谱为凭。查家谱后，如确系世家士族，定做大官！因此之故，政府又派人选姓氏谱，以为用人的凭据。于是家谱、族谱由是而兴。顾炎武《日知录·杂论》姓氏书注引沈约的话谓："晋咸和以后，所书谱牒，并皆详实。"又说："魏九品中正法行，于是权归右姓。有司选举，必稽谱牒。……此南朝谱学之源流也。"

察举、征辟与九品官人法优劣之比较

汉代察举、征辟与魏晋九品官人法二制互有优劣，现将之比较，有如下述。

其一，汉代州郡察举之权操诸地方官吏，而州大中正为中央官之兼职。故士庶求出身者，于察举须归于地方，于中正则须奔集中央。就察举而论，其优点在于地方长官责任更重；因其时之地方官吏，除行政管理外，还要为国家物色人才。此举使各地官吏更能留心吏治，而孝廉又得被举至中央

之机会。唯后期于地方上，请托舞弊丛生，地方官吏又多以主观作选拔标准，察举、孝廉之义全失。

九品官人法起初亦为杜绝此弊而生。文帝时，尚书陈群鉴于离乱之世，人才多集于中央，故以中央官为中正，由彼推选其本乡流亡至中央者，供备中央之用。此制不失为于离乱时一权宜办法，唯至司马氏一统天下后，选举权应复归地方，但当时世族门第势力已成，此制竟为其巩固地位之护身符，造成魏晋间"上品无寒门，下品无世族"之门第政治，使寒士难有进身仕途之机会。

其二，察举为士人进身仕途之初步，中正制则不论已仕未仕，皆以入品。孝廉于汉代，只需经过察举及中央策问或考试，便可做官；日后之升降，全依其表现而定。故处高位者对其下属操控之权。九品官人法则不然，无论已仕与否，均以中正官之评语为吏部作升黜之凭借，故官吏升降之权实操于中正官之手，而非彼等之上司也。这样混淆了考课诠叙与选举，故做官者各务奔竞，袭取社会名誉，却不论其官职与实务，其上司也莫奈之何。

其三，汉察举、征辟，已始有用人标准，如应辟者必为贤良，或察举者必为孝廉；客观与否，则因时或因人而异。九品官人法，分人才为九品，并加评语，由小中正襄助大中正核实后，呈送吏部，吏部遂依其品评分别任用或黜陟。如是官吏任命与升降，较为客观；而此标准则仍因各地群众舆论及公共意见，依然保留汉代乡举里选之意。

其四，察举、征辟使中央地方得以平衡发展，而九品官人法则使地方人才集于中央。汉制规定，全国各地以其人口之众寡，作出察举孝廉之定额，中央政权，故开放至各地。无论是经济文化落后或进步之地区，一率因人口之比例。察举孝廉至中央，致使中央政府，有全国各区人民之参与，不致偏重一地，故中央政府乃能代表着全国性、全民性之政府。这样既可使大一统之局维持，而全国各地声教相通，风气相移，使各地文化水准，走向平均融和。而九品官人之法则缺乏此优点，因各方人才，为着易于受大中正之品评，纷至中央，使地方无才，使中央与地方之联系脱节，吏治败坏。

第五节　隋唐科举的沿革与内容

隋代科举之沿革

我国选士制度，至隋唐为一大变，魏晋南北朝时之九品官人法与门阀制度，至此已开始动摇。苏绰辅佐后周时，虽已渐渐革除了过去不合理的选士制度，但不彻底；至隋文帝时，首先进行改革。"至于闾阎秀异之士，乡曲博雅之儒，言足以佐时，行足以励俗，遗弃于草野，埋没而无闻，岂胜道哉……其令州县搜扬贤哲，皆取明今古，通识治乱；究政教之本，达礼乐之源。不限多少，不得不举；限以三旬，咸令进路。"开皇七年（587年）又制定诸州岁贡三人，工商不得入仕，但仍有阿私门第情形之存在。炀帝大业二年（606年），置进士科策试诸士，于是奠立了科举取士基础。三年（607年），下诏明令废除门阀，注重才艺。自此至唐代，诏举之科目渐增多，臻于大备。至于隋之选士，为州郡策试于前，朝廷策试于后。此与汉魏南北朝之选士先由州郡保举，然后由朝廷策试者略有不同。故知隋代之科举已发展至纯粹之考试阶段。

唐代科举之沿革

唐因隋制，其取士之法有三。由于学馆每每有名无实，而制举又无一定之试期，于是士人多集中于乡贡一途。故"生徒"与"乡贡"两类考试经常举行，谓之"常科"。"制举"考试谓之特科。常科考试之主管机关属于尚书省礼部，谓之省试。玄宗开元二十五年（737年），以主试之考功员外郎官望低微，遂改由礼部侍郎主考。嗣后每年十一月举行考试一次，礼部试毕，仍需送中书门下详复，此后遂成定制。其"贡举"、"制举"、"生徒"

三种考试办法如下。

"贡举"考试　由地方州县官府逐层考选士子送礼部，由礼部再举行正式考试，故"贡举"考试亦称为"乡贡"。各郡贡士之数目为：上郡岁三人，中郡岁二人，下郡岁一人。有才能考无常数。其常选之科类，据《新唐书·选举志》载："有秀才，有明经，有俊士，有明法，有明宗，有明算，有一史，有三史，有开元礼，有道举，有童子。"而明经之别："有五经，有三经，有二经，有学究一经，有三礼，有三传，有史科，此岁举之常选也。"但在唐代之所谓岁举常选，则仅为秀才、明经、进士、明法、明书、明算六科。六科之中，更以"秀才"一科考试较严。有举而不第者，有坐其州长之规例。故自贞观以后，遂无人敢于轻举。开元中虽尝复举秀才，但不久亦废。其他五科之中，则以进士、明经两科为最盛，而此两科又以进士为最高贵。然则科举发展至唐代中期以后，何以独推进士科为最高贵？此间非仅以门第之渐次衰落，实具有多方之因素所系。兹分析如下。

一、隋炀帝始设进士科，仅试策问，与明经科相同。高宗调露二年，刘恩立奏二科并加帖经，进士又加杂文（即诗赋），其间虽曾略加改制，但不久即恢复旧制。此为唐代进士考试之常式。而进士科于诗赋之外，亦兼经术。可见进士科之初设，本与明经科无轩轾。据《唐六典》所载两科有关考试之内容如下：

科目	初试	二试	三试
明经	帖一大经（《礼记》或《左传》）及《孝经》、《论语》、《尔雅》，每经帖十条，能通五条以上者入取。	口问大义十条，能通六条以上者入取。	答时务策三道，取粗有文理者予以及第。
进士	帖一大经及《尔雅》，每经帖十条，能通四条以上者入取。	试诗、文、赋各一篇。	试时务策五道。

从上表比观之：

1. 初试明经多帖两经，初试及格之标准亦较进士多一条。

2. 二试明经只问经文之大义十条，但进士需试诗、赋、文章各一篇，故进士科之合格标准又难于明经科。

3. 三试策问，进士科合格标准比明经多增两道。

就大体而论，帖经但论工力，诗赋则工力、天才具备始可；故明经科虽在初试合格标准难于进士科，但进士科之工力、天才兼备条件，明经科未必达到。

二、考试之方法。本来两科相异点不大，明经、进士两科，由于时代之变迁，或制度人事之转换，逐渐发生歧异。且某种方法施用于某科，仅属定制之偶然性，及其施行稍久，进士渐见优胜，明经落后之趋势渐见形成。明经试义之时，独令口问，对答之失，覆视无凭；且明经试策只需粗通文理便可中取。遇有不负责任之主司，便不难徇情作弊。进士试诗赋限韵，需独出心裁，此口试专凭默记者，难易大有差别；且进士及第人之文策，须送中书门下详覆，防弊亦较明经精密。

三、进士试，大抵千人得第者仅得一二；明经则倍之，得第者为十之一二。又大和四年格，进士不过廿五人；大和八年格，明经不过一百一十人。大抵取录进士之数，平均每年总数不过三十，故时称"三十老明经，五十少进士"。何况隋开皇三年以后，海内一命以上之官，都经吏部除授，自然需要安插若干士人。故权德舆谓：取明经初不限员，而一般急于求禄资生者多出其途。趋之既多，取录自然不能不放宽，因此更易为人所轻视。

四、朝廷制典对于两科升沉影响亦非常大。唐文承六朝骈俪之体，高宗以后，虽然风气渐革，但高级治道行文，或除授制敕，依然保存旧习。诏敕起草者，初为中书舍人，玄宗时，始渐移其重要部分于翰林学士。机密文件，有时直须宰相执笔。骈文与诗赋性质相近，若粗有文理之明经出身安能胜此重任？因之，进士实较明经钻研较广，悬格稍高，名额又较少。《通典》称开元廿四年（736 年）以后，进士科渐难，自是实情。若再就客观方面而论，人情每贵难而贱易，进士之所习，每能适应于上层工作，仕途自然易于发展，于是社会渐形成轻视明经而重视进士。

制举考试　制举即两汉以来朝廷特诏所举之"贤良方正"，所以选拔特出人才，并非经常设置之科举，乃由天子临时标其名目而亲策试之。唐自高宗显庆三年（658年）诏举"志列秋霜"科，韩思彦及第，此为制举科之开始。开元贞元间，颇为盛行；至宣宗大中十二年（858年），李藩放"博学宏词科"止。二百年间，制举共有六百十三目，约可分为文（计有十五科）、武（计有八科）、吏治（计有十二科）、长材（计有五科）、不遇（计有九科）、儒学（计有六科）、贤良方正（计有八科）七类。各科名目虽异，考试内容则大致相同。唐初试以文策，玄宗天宝十三年（754年）以后，加试诗赋各一道；临试之日，或在殿廷举行，天子亲临之，贡士之殿试自此始。考试用糊名，中考高第者，特授以美官，其次予以出身，劣者黜落。开元时期，海内晏安，士耻不能以文章显达，其应诏而举者，多则二千，少亦不下千人，录取机会百之一而已。但取录人数并无定额。先天二年（721年）玄宗初即位，宣劳使所举诸科九人。贞元十年（794年），贤良方正科十六人。但于天宝十年（751年）九月，玄宗御勤政楼，试怀才接器举人，则又通场下第。

制举为科举中之最高者，有中了明经进士以后，又中制举科者。有一人连中数科者：如李怀远、孙逖远连中四科，裴守真连中六科，张鷟连中七科，员平千、陆元方、崔融、阳峤则连中八科。贞元十年，贤良方正所十六人。裴垍为首，王播次之，隔一名为裴度，崔群、皇甫镈继之。六名之中，连得五相，唐代三百六十九名宰相，其由制举出身者计有七十二人，由此可见唐代制举科之重要与高贵。

生徒考试　生徒试即为中央六学、二馆等学校之学生，由国子监祭酒每年挑选学业有成就之若干人送礼部应省试；和在地方州县学校之学生，由长史挑选学业有成就之若干人送礼部应省试。唐初规定凡士子应常贡，只问学力，不限学校内之学生；但至文宗太和年间，凡公卿士族之子弟，须先入国学肄业，方准应明经、进士考试。武宗会昌年间，又规定不论中央或地方一切须由学校出身方准应试，此为考教合一之先例。影响所及，唐代后期五十余年间，学校和科举之关系反较密切。省试中取以后，送入国子监读书，酌加津贴，然后于尚书、吏部覆试，及格后才能擢用授官；不及格者，再过三年应试。如韩愈三试于吏部无成，则十年犹布衣。故此又为唐代考试及格后，再加训练之先例，亦为后世进士馆教习之先声。

第六节　唐代科举之得失与影响

汉魏南北朝与隋唐选士之比较

若论隋唐之建立科举制度，就历史演进而言，具有重大之贡献和价值，兹约其要分述于后。

首先，隋唐以前，国家对于人才之选用，在两汉为乡里选举制，在魏晋南北朝时期为九品官人法；两者都是经有司（刺史、太守、中正等官）之荐举，如出身寒门或怀才而不为有司赏识的，则终生不能入仕途。但在隋唐科举制度下，士子可怀牒自进，有类于近世考生自由报名，而获平等考取之机会。其最足以奠立考试制度之基础者，为考试权之独立行使，不受任何势力支配。如唐玄宗要为进士王如泚改官，宣付礼部宣与及第，而中书门下牒礼部，应依例考试。故唐代对于考试实具珍贵之贡献。即为自由竞争与考试权独立之行使，使有志之士获得自动而普遍之参政服官机会。

其次，唐代科举制度所分之科目甚细密，常选者近二十种之多，较之两汉州郡察举，和魏晋南北朝之中正铨衡，则甚为公平，且客观而合理。但在州郡察举与中正铨衡制度下，每易受主观情感所支配，而产生爱憎好恶私见之存在，每每做成所选拔者，未必都是贤良或人才；加以荐举者常为地方势力所包围，致使被举者，尽成豪门望族，寒素士子难有进身机会。

而科举取人乃用考试方法，完全依据客观尺度作取舍标准，考官不能任意出入，故自隋唐奠立科举考试制度以后，凡具有真才学者，不难脱颖而出。此实足以救"乡里选举"之穷，防"九品官人法"之弊，乃中国政制发展史上一大进步。

第三，隋唐以前，选举人才，主以"品行"和"德望"为标准，乃一种德治主义之政治观。德治主义并无客观标准，且有德未必有才干。既无行政才干，何能做官？隋唐采行科举制度，分科细密，确定从政人员应注意经、史、文学，和身、言、书、判等条件，故不仅要有德，并且要有才。《新唐书·选举志》谓："凡择人之法有四：一曰身：体貌丰伟。二曰言，言辞辩正。三曰书：楷法遒美。四曰判：文理优长。四事皆可取，则先德行；德均以才，才均以劳。得者为留，不得者为放。五品以上不试，上其名中书门下；六品以下始集而试，观其书、判。已试而铨，察其身、言；已铨而注，询其便利而拟（其官）……"

第四，唐代科举考试，除考卷成绩以外，尚有所谓温卷制，其作用在使考官不仅据考试成绩，且更参考平时习作以为取舍标准。如杜牧、尹枢、白敏中等，均非注重场中试卷，而全以平时作业考取。《唐摭言》卷六《公荐条》："崔郾侍郎既拜命，于东都试举人，三署公卿皆祖于长乐传舍；冠盖之盛，罕有加也。时吴武陵任太学博士，策蹇而至，郾闻其来，微讶之，乃离席与言。武陵曰：'侍郎以峻德伟望，为明天子选才俊，武陵敢不薄施尘露！向者，偶见大学士十数辈，扬眉抵掌，读一卷文书，就而观之，乃进士杜牧《阿房宫赋》。若其人，真王佐才也，侍郎官重，必恐未暇披览。'于是搢笏朗宣一遍。郾大奇之。武陵曰：'请侍郎与状头。'郾曰：'已有人。'曰：'不得已，即第五人。'郾未遑对。武陵曰：'不尔，即请比赋。'郾应声曰：'敬依所教。'既即席，白诸公曰：'适吴太学以第五人见惠。'或曰：'为谁？'曰：'杜牧。'众中有以牧不拘细行间之者。郾曰：'已许吴君矣。牧虽屠沽，不能易也。'"如此，益见唐代科举，又为客观中之客观；对真才实学之士子取录，又不仅限于考试方面。

唐与宋元明之比较

唐代科举较之宋元以下为严格者，即登第后，并不表示授官（释褐）。此制本来起于高宗初年，王鸣盛《十七史商榷》卷八一"登第未即释褐条"："唐制得第后不即释褐，或再应皆中，或为人论荐，然后释褐。"此条极为中肯，如《新唐书·选举志》云："选未满而试文三篇，谓之宏辞；试判三条，谓之拔萃，中者即授官。此盖指登第后未得就选，故曰选未满，中宏辞拔萃即授官……昌黎以贞元二年始至京师，八年方及第，故历四举三选，则公自得第后，于贞元九年十一年，凡两应博学宏辞试，皆被黜……进士甲第从九品上，乙第从九品下。彼时进士初选，大约得校书郎或县尉，二者皆九品，故公望得九品之位也。礼部试进士，吏部中书试宏辞，皆用诗赋……足证吕氏（云）唐制登第不即释褐，再应皆中然后释褐……唐时士子登第后，得官之难若此。"故此论足证唐代科举得人之盛，乃才学、能干兼备而后可，非宋元以下科举可比。

科举考试制度之弊端

唐代科举虽具有上述之特点，而又较之汉魏南北朝或宋元明科举优胜之事实已无可否认，但并非表示绝无缺点，且影响于当代及后世政治者非少。其黑暗情状与今世无异，试分言之。

首先，由于科举考试阅卷时有偏差，试卷又不糊名，使取才欠真实。由于阅卷甄士之不足凭信，使人对考试失去信心。时又有所谓"公卷"之例，举子可先以"自己"文章送呈京师之达官贵人，以采名誉，观素学。到临场应试时，可以不问试艺之高下，专取知名之士，谓之通榜。其榜帖也可以托人为之，如陆贽知贡举，梁肃、崔元翰所推荐者皆予录取。韩愈负文名，延誉举子，往往得售；流风所煽，全国士子奉弊制以谒典客者，投上"自己"文章，名曰"求知己"，如是而又不问，则再如前所为，名曰"温卷"，如是又不问，则执贽于马前，自传"某人上谒"，其卑躬屈节之情状，可笑可怜。或有走门路，通关节以求必得；或豪气骂吻，游贵势之门，望贵势而畏之，而既得则肆意轻薄者。如高锴侍郎知贡举（开成元年至三年），裴思谦凭权宦仇士良荐函争得状元，既及第，宿平康里赋诗作乐之情形，不值一哂。

其次，唐代科举取士，除制举以外，由学校出身者曰"生徒"，由州县选送者为"乡贡"。生徒与乡贡皆须会试始得及第，二者之间初无分别。"乡贡"所取之人，皆未经六学馆训练，而其效果与卒业于六学馆者相等。考试中试后，其荣誉高于生徒。此举无形中造成唐代学校教育不能发达之最大原因。玄宗时曾下诏乡贡、明经、进士须向国子监谒先师，受学官开讲问义。又诏诸州贡举人省试不第者，令其入学补习。天宝十三年，竟停止乡贡，诏天下举人，若得充乡试，皆须补国子学生及郡县学生，然后听举；其不由国子及郡县学者，不得授官。但不到三年，又恢复贡举。其后历文宗、武宗诸朝都想把学校和考试混一，唯积重难返，徒具空文，学校亦虚有其名。影响所及，历宋、元、明、清，学校不发达之原因，亦应自唐代开始。

第三，唐代以前举士即为举官，但唐代举士另由礼部为之，举官由吏部为之。礼部试合格，只能取得进士、明经等之出身，具有任官资格，而真正授官者尚需待吏部铨选。在取得进士、明经等资格以前，其科举程序尚须经县试、册试、礼闱、殿试，而选试五种之多，迂回曲折，束缚过严；且科举及第以后，吏部选人，待选者多，任用者少，于是时有贿赂。苟得任用，其官位亦不高，使新进者，仕途多滞。《新唐书·选举志》："初，吏部岁常集人，其后三数岁一集。选人猥至，文薄纷杂，吏因得以为奸利。士至蹉跌，或十年不得官，而阙员亦累岁不补。陆贽为相，乃惩其弊，令吏部据内外员三分之一，计阙集人，岁以为常。是时，河西、陇右没于虏，河南、河北不上计，吏员大率减天宝三分之一，而入流者加一。故士人二年居官，十年待选。"

第四，唐代科举考试，科目既繁，如明法、明宗、明算诸科，颇能拔取真才，切合实用，但其后仅发展推行明经、进士两科而已，明法一科亦随之而废。当官所需之知识技能，在文官考试中，遂至全然不占地位，专以帖经、诗赋取士；仅在试学者以帖字为通经，而不穷其义旨。考文者以声病为是非，而唯择浮艳。此种过于偏重文艺，务记诵，炫耀辞章而废实学之取士方法，使选出者，轻浮与不修德行者居多；风气所染，甚至拈花惹草。《北里志序》谓："京中诸妓籍属教坊，凡朝士宴聚，须假诸曹署行牒，然后能致于他处。唯进士设宴顾吏故便，可行牒追。其所赠资则倍于常数。"盖知当时进士狎娼，既占如许便宜，而又可任意邀游北里。李肇《国史补》谓："进士既捷，列名于慈恩寺塔，谓之'题名'；大宴于曲江亭子，谓之'曲江会'。因之，唐代科举取士不仅未能选拔真才，时之所谓进士，人格、文章两皆堕落。"黄梨洲《行朝录自序》谓："唐末黄巢兵逼潼关，士子应试者，方流连曲巷中以待试。其为诗云：'与君同访洞中仙，新月如眉拂户前。领取嫦娥攀桂子，任从陵谷一时迁。'"如此看来，唐代之衰亡与进士人格颇有关系。

另外，据《文献通考·选举二》载引赵匡《举选议》指出其缺点实在不少。谓："进士者时共贵之，主司褒贬，实在诗赋……故士林鲜国体之论，其弊一也。又人之心智，盖有涯分，而九流七略，书籍无穷。主司征问，不定程限，故修习之时，但务钞略，比及就试，偶中是期……故当代寡人师之学，其弊二也……其口问义，又诵疏文……而当代礼法，无不面墙，及临人决事，取办胥吏之口而已。所习非所用，所用非所习。故当官少称职之吏，其弊三也。举人大率二十人中方收一人，故没齿而不登科者其众；而杂色之流，广通其路，此一彼十……故受官多低下之人，修业抱后时之叹，待不才者何厚，处有能者何薄？崇末抑本，启昏窒明，故士子舍学业而趋末技，其弊四也。收入既少，则争第急切，交驰公卿，以求汲引，毁訾同类，用以争先。故业因儒雅，行成险薄……亏损国风，其弊五也。大抵举选人以秋初就道，春末方归，休息未定，聚粮未办，即又及秋。正业不得修习，益令艺能浅薄，其弊六也。羁旅往来，糜费实甚，非唯妨缺正业，盖亦隳其旧产，未及数举，索数已空，其弊七也。贫窭之士在远方，欲力赴京师，而所冀无际，以此揆度，遂致没身，使兹人有抱屈之恨，国家有遗才之缺，其弊八也。"

科举黑暗产生之后果

由于唐代科举考试之黑暗与不合理现象，间接影响于后世治道不必多论，就以影响于当代而颇有促使唐代衰亡者如：

一、造成党争原因之一。清儒顾亭林《日知录》卷十七"座主门生条"谓："贡举之士，以有司为座主，而自称门生。自中唐以后，遂有朋党之祸。会昌三年十二月二十二日，中书覆奏，奉宣旨不欲令及第进士呼有司为座主，兼题名、局席等条，疏进来者。伏以国家设文学之科，求贞正之士，所宜行敦风俗，义本君亲，然升于朝廷，必为国器。岂可怀赏拔之私惠，忘教化之根源！自谓门生，遂成胶固。所以时风浸坏，臣节何施？树党背公，靡不由此。"李德裕虽身系朋党之争，亦深知其弊端之所在，谓："岂可怀赏拔之私衷，忘教化之根源。自谓'门生'，遂成胶固。所以时风浸薄，臣节何施？树党背公，靡不由此。"故德裕不欲呼有司为"座主"，奉宣旨拟止之。清儒王船山《读通鉴论》更谓："贡举者，议论之丛也。小人欲排异己，求可攻之瑕而不可得，则必于此焉摘之，以激天下之公怒，而胁人主以必不能容。李德裕修其父之夙怨，元稹佐之以击李宗闵、杨汝士，长庆元年进士榜发，而攻讦以逞。于是朋党争衡，国是大乱，迄于唐亡而后已。"导致政治深结私怨，植党相顷轧者凡四十年，此为唐代贡举倡行而产生之流弊。

二、为虎作伥。由于唐代科举考试之黑暗与不合理，入仕之途亦太少，使士人欲在朝廷争取官职之愿望，实现极为困难。于是基于此地不留人，自有留人处之情况，士人多投向藩镇求出路。而藩镇对于来投之士人极为重视，如柳公绰为山南东道节度使时，郑朗沦落，公绰首辟朗。李山甫于咸通中数举进士，不第，乃往依魏博节度使乐彦祯任幕职等等。可见士人功名未显，或不得志于中央，而为藩镇所乐用。但士人之趋向藩镇，对于中央，直接或间接均产生不利。盖士人为国家社会之中坚分子，历代将相人才多出其中，若对中央一向恭顺之藩镇，尚会将其辖地之人才，荐之于朝廷；反之，一向对中央跋扈之藩镇，不仅不会将已得到之人才荐给朝廷，且更进而向中央争取人才。如德宗时，两河跋扈，藩镇甚多，竞引豪杰，士之喜利者多趋之，用为谋主。故藩镇日横，天子为吁食。故士子不得志于中央者，常北游河朔，为跋扈之藩镇效力。李益不得调，乃游燕，幽州节度使刘济辟为从事。所谓"感恩知有地，不上望京楼"之失意者，北走河朔，乃当是科举社会之常情；河朔藩镇得大批才士之效力，如虎添翼，跋扈益甚。不仅可以武力开拓地盘，且可借士人之助而建立其内部政治基础，增加其脱离中央图自立之野心。

三、失意而作乱。至如因举进士不得志于科场，含恨于心，以至铤而走险的亦很多。懿宗咸通年间，李山甫因举试不第，流落朔方，为乐彦祯从事，怨恨朝廷执政李振屡举不第，怨恨缙绅之士，乃向朱温进言："此辈常自谓清流，宜投之黄河，使为浊流。"乃聚缙士贬官之三十余人，一夕尽杀之于白马驿，投尸于河。其起因亦为贡举失败而生祸。黄巢屡试不第，积怨而叛唐，终酿成大祸。《七修类稿》卷三七"菊花诗条"："《清暇录》载黄巢不第有菊花诗曰：'待到秋来九月八，我花开后百花杀。冲天香阵透长安，满城尽带黄金甲。'"亦因失意而蓄意谋反一例证。

唐代科举与门第

唐虽已废九品官人法，然门第观念仍在；社会政治上，高门与寒门仍有分野之争议。自魏晋南北朝行九品官人法，造成门第深见，及隋唐之世，改以科举取士，以功勋代门阀，不复循九品官人之法，然士大夫门第之见仍深，社会政治上高门与寒门仍有分野之争议，可见于有关之史实如下。

一、太宗下令修《氏族志》。六朝时重门第，隋唐本身起自胡族，对高门大族甚表不满，因此太宗时下令礼部尚书高士廉（俭）修《氏族志》。

进忠贤，退悖恶；先宗室，后外戚；退新门，进旧望；右膏粱，左寒唆。合二百九十三姓，千六百五十一家为九等。书成，以崔干为第一等，时北方大姓有崔、郑、王、卢、范，南方大姓王、江、朱、张。据《唐会要》卅六："太宗谓曰：我与山东崔卢家岂有旧嫌也，为其世代衰微，全无官宦人物。贩鬻婚姻，是无礼也；依托富贵，是无耻也。……我今定氏族者，欲崇我唐朝人物冠冕，垂之不朽，何因崔干为一等……"可知门第观念深入民间，潜伏力量大；天子虽不喜旧族，而大臣修《氏族志》时，犹以退新门，进旧望；右膏粱，左寒唆为原则。

二、李义府妄改《氏族志》。李义府妄改《氏族志》，一以当时有军功者为主，遂遭缙绅大夫之鄙视；盖成见未破，新贵地位，要不能与旧望相拟也。《新旧唐书合钞》卷一三三《李义府传》云："初，贞观中，太宗命吏部尚书高士廉……修《氏族志》……颁下诸州，藏为永式。义府耻其家代无名，乃奏改此书……重修。……遂立格云："皇朝得五品官者，皆升士流。"于是兵卒以军功致五品者，尽入书限，更名曰《姓氏录》。由是缙绅士大夫多耻被甄叙……关东魏、齐旧姓，虽皆沦替，犹相矜尚，自为婚姻。义府为子求婚不得，乃奏取陇西李等七家不得相与为婚。"可知自昔所传之高门世族，虽以冠盖沦替，而余威未息，虽以贵臣子弟之求婚，而士族旧望，犹不降格与婚也。

三、太宗下诏禁买卖婚姻。一般人士既以与高门大族通婚为荣，大族亦往往自高声价，买卖婚姻。太宗贞观十六年六月乃下诏禁之，曰："问名唯在于窃赀，结缔必归于富室。乃有新宦之辈，丰财之家，慕其祖宗，竞结婚媾，多纳货贿，有如贩鬻……其自今年六月禁卖婚。"实则大族之女，多恃势骄横，唯世人并不因此气馁。此与大族通婚为荣之社会风气，虽经明令制止，然风气未见稍减。

四、高宗下诏七姓十家禁婚。高宗显庆四年，李义府因向高门求婚不遂，上告于高宗。帝下诏曰："后魏陇西李宝，太原王琼，荥阳郑温，范阳卢子迁、卢泽、卢辅，清河崔宗伯、崔元孙，前燕博陵崔懿，晋赵郡李楷，凡七姓十家，不得自为婚姻。"且规定凡嫁女受财，必须根据品位。三品以上不得过绢三百匹，四五品不得过二百，六七品不得过一百，八品以下不得过五十。皆充作嫁女妆奁之用，夫得受女家财。然经此压抑，高门本应衰落，然反之益自矜贵。唐皇帝亦许为高门，高宗宰相李敬玄三娶皆为山东旧族。宰辅之臣亦如此，余者更无论矣。

五、武后之册立。武后本小姓，高宗拟册立为后，即受大臣反对；反对立则天者为长孙无忌及褚遂良。《新唐书·褚遂良传》曾记其言曰："陛下必欲立后者，请更择贵姓。"赞成者李勣及许敬宗。无忌为帝舅，握大权，积为武将，欲得权，故投帝所喜，曰："此陛下家事，何必更问外人。"长孙无忌及褚遂良本身为寒姓，竟提及请立大姓为后，可知当时门第势力之大。及则天握大权，为求报复，乃大量扩充科举，倡诗文取士，提高小族地位，造成小姓新兴贵族阶级。由此可知武后之册立与门第之争有关，而朋党之争则又更甚焉。

科举制度下的唐宋社会

其一，唐代耕读社会之产生。唐代科举考试的主要科目，为明经和进士等科，它的性质，先以选拔通才，使及第以后，再加以种种经历，而可以成为专才。因为所考的范围，并不专门难进，所以分散在各地的农家子弟，只要能够刻苦读书，也可以得到应考及第的机会。而一部分的官吏，以至工商中人，也常常以购置庄园为退身余地。因而耕稼读书，渐渐联为一体；而成为耕读的人家，社会的一切奸商，也多以他们为依归。这种耕读融和的人家，越到后来，就越为发展。科举制度的耕读社会，就是这样产生出来的。

其二，拥有大量庄园的耕读人家。唐代耕读人家，有些是拥有大量庄园的阔人，他们本身因为服官的关系，常将庄田的工作，委之家人，或委之庄客佃户耕田以纳租。如《太平广记·陶岘传》所载："开元中，家于昆山，富有田业。择家人不欺能守事者，悉付之家事。"便是其例。但这些不自耕田的庄主，有时也会到庄上去观看一切。如《太平广记》引《唐人传奇》记学究卢涵说："开成中，有学究卢涵家于洛下，有庄于万安山之阴。夏麦既登，时果又熟，遂独跨小马造其庄。"便是其例。这些富有田庄的阔人，往往也有传了几代便家道中落，而将田地和书籍，或家中僮仆，一并卖给别人的。如《太平广记》引《北梦琐言》记唐五经的言论说："唐咸通中，荆州书生号唐五经，学识精博，实曰鸿儒；取徒五百，以束修自给。常谓人曰：不肖子弟有三变：第一变为蝗虫，谓鬻庄而食也；第二变为蠹虫，谓鬻书而食也；第三变为大虫，谓卖奴婢而食也。"便是其例。但这些普通的耕读人家，也还是以自耕的山农为多。

其三，唐时分家析产的制度。唐时也盛行分家析产的制度，许多耕读人家，往往将家产平均对分给诸子，而且还将分家的意识载在遗嘱上面。如曾为玄宗时名相而自科举出身的姚崇，便是其例。《旧唐书·姚崇传》说："姚崇薨，年七十二，谥曰文献。崇先分其田园，令诸子侄，各守其分。仍为遗令以诫子孙，其略曰：比见诸达官，自亡以后，子孙既失覆荫，多至贫寒。斗尺之间，参商是竞；岂唯有玷，乃更辱先。庄田小碾，既众有之；递相推依，或致荒废。陆贾（汉人）、石崇（晋人），皆古之贤达也，所以预为定分，将绝其争。吾静思之，深所叹恨。"姚崇的提倡分家，是有其重要用意的。从此中国社会，便以分家时须得同族亲属的承认，和拨给若干为祭祀、祠守和坟山的蒸尝，乃至各房依次继承或兼祧的关系，而加强家族组织的维系。这是耕读社会与家族制度相互融和的由来。

其四，耕读社会对当代及后世的影响。耕读社会的主要精神，就是要无形中将科举考试与农村维系，联为一气。

1. 对唐末五代的影响。使散在农村的读书分子，得以科举出身的关系，而可不断地跃起；而退休的官吏，或工商中人，也以有庄田的关系，而常会返回农村。田地由勤劳的农民或仕宦与工商中人不断的购置，而常有集中的趋势，但又以分家析产的关系，而常使饱和适中分散。这使耕读人家比较能够长久维持。唐末至五代十国，虽说当时已是兵争扰攘，衰乱极了，然而整个社会，尚不至即形瓦解，就是因为五代时的后梁和后周，都很注意农村复兴和科举考试；而各地割据政权，亦多能努力于这种传统的政策。如据蜀的王建与据闽的王审如，乃至于据粤的刘隐等，于发展农垦，抚辑流亡外，更见推行科举考试的制度。所以耕读的社会，并没有随李唐帝位的被篡而完全崩溃。

2. 对宋代的影响。一直到了宋太祖统一中国，更是致力发展科举制度。为求达文治的途径，不但录取进士的名额尽量扩充，而且及第以后，即刻给他们任职，并增加他们的官俸，更给他们以种种的荣誉，使每届应考的人，多数都是由各地农村勤苦读书而跃起的。他们及第服官以后，慢慢地成为新贵士族，不但在政治常发生相当的影响，而且也和唐代一样的更为购置田园，以为日后退身的寄托。这些散在农村或退居农村的读书分子，平日也常有倡设义仓或常平仓等，以为社会的救济机构；有时也倡设社会或重要书院等，以为培养人才的机构。有资产和田地的人家，如子孙多丁，要分家析产，也必先拨出相当的田地，为赠赐和学田，以奖励贫苦子孙和作为读书应试的基础。这是耕读社会的一大特色。而倡建宗祠，修撰族谱等，则更为努力。这使中国耕读社会的形态，更为固定。

3. 对宋末、元的影响。宋代因为过分的制裁地方军事力量，而长期豢养在中央的大量兵额，又是糜贵多而战力拙，终于为金人和蒙古所压制，而无法抵抗。以金人的攻下汴京，乃由北宋而转为南宋。以蒙古人的攻下临安，而南宋又转变为元代。这时整个中国为蒙古军事管制所统辖，自然社会的秩序，也受了很大的影响。蒙古军队驻防的所在，和重要的城市，都把许多政治上和经济上的特权，和较好的田地，分配与蒙古人和色目人或僧侣等特殊阶级，造成了很大的不安；但是距离驻军较远的农村，则受害较小。而元人在统一中国的前后，又尝以谋臣的劝告，而仿行科举考试的制度，所以中国传统的耕读社会也还是有一部分的存留。虽则元代对于科举出身的人士，也是不见重用，但是只要科举考试的制度存在，耕读人家的社会作用，还是有的；何况元人的统治，为时不久，又以群雄的起义而转变为明代了。明代统治国家的政策，大多数还是仿效唐人制度，而加以修改的。所以中国社会，在元明时代，大体说来，也是耕读社会型的。

4.对明、清的影响。明代科举制度，较之宋代，还要来得系统完备。它把考试的阶段分为四段：一为童试，二为乡试，三为会试，四为殿试。因为各级的考试，都有一定的时距，所以应考的人，都获得充分准备。而各地农村的聪颖子弟，也自然而然以读书应考为生活重心，这使社会上的耕读人家也更为活跃。而科举考试的传统，又往往限定凡家世不清白或本身仍为工商中人的，则不得参加，这使工商中人，为要争取地位，不能不叫自己的聪颖子弟，参加读书应试。这样一来，中国耕读社会的气氛，更为浓厚。到了明末，满洲人乘机入关，统一中国。虽然他们在社会政治上，是采取满汉对立的分化政策，然亦因为要安定社会，和维系人心，所以另一方面也采取和明代一样的科举政策。而且为转移学术思想的风气，康乾二朝，并尝于普通科举外，加设举行博学鸿儒一类的科举。耕读社会的气氛，不但没有给冲淡，而且更为浓厚所以就社会本质来说，明清时代，也还是耕读型的社会，同时都受到科举考试制度的影响。

第十一章　宋代至清代的科举与教育

第一节　宋代科举得失与影响

宋初诸帝特重科举原因

宋初诸帝为什么特重科举？考其原因约有四端：

其一，消弭士子之反抗心意。如何消弭才俊之士之反抗，亦其重要。宋初之重科举，亦具有此种慧义。宋王栐云："唐末进士不第，如王仙芝辈倡乱，而敬翔、李振之徒，皆进士之不得志者也。盖四海九州之广，而岁上第者仅一二十人，苟非才学超出伦辈，必自绝意于功名之途，无复顾籍。故圣朝广开科举之门，俾人人有觊觎之心，不忍自弃于贼盗奸凶。开宝二年……诏礼部阅贡士十五举以上曾经终场者，具名以闻。庚戌诏曰：'贡士司马浦等一百六人，困顿风尘，潦倒场屋；学固不讲，业以难专；非有特恩，终成遐弃。宜各赐本科出身。'此特奏所由始也。此后士之潦倒不第者，皆觊觎一官，老死不止……况进士入官，十倍旧数，多至二十倍。而特奏之多，自是亦如之。英雄豪杰，皆汩没消磨其中而不自觉，故乱不起于中国而起于夷狄，岂非得御天下之要术欤？苏子云：'纵百万虎狼于山林而饥渴之，不知其将噬人。'艺祖皇帝深知此理也……"

其二，由于士子出路之要求，而作优予牢笼之计。唐末五代数十年间，政治紊乱，社会不安；士皆伏于草野，居穷守约，无由得显。宋既统一海内，于是欣然而起，其出路的要求，为自然趋势。太祖初并不知对此点之利用。开宝三年，见进士只取八人，而未及第者多，乃诏赐诸科十五举以上，终场者司马浦等一百六人，并赐出身；然后知取士额数，可以任意增益。自是以后，名额渐广，而诸帝亦利用此点，定下优予牢笼之策。如乾德元年，准应试九经者可以再举，诏有"悬科取士，固当优容"的话。开宝六年，江南进士林松雷说试不中格，时吴越尚未统一，以其间道来归，并赐"三传"出身。咸平三年，对于曾经御试及年赊五十者俱为取录，其中即有五代晋天福时随计考者。论者谓推恩之广，近代未有，宜乎士皆趋之，而得人称盛。

其三，惩于五代之分崩，而定轻武重文之政。宋太祖本是周朝的点检，徒以陈桥之役，黄袍加身，为诸将所拥戴。既有天下，惩于五代之分崩离析，莫不由兵强将傲，故即位之后，南征北讨，务在削平海内藩镇，一味以弱兵弱将为事。但士既不能由武备进身，便不得不使其以文事自显，因遂提倡文教。诸帝既重视科举，宋真宗更作《劝学诗》以励天下。其文云："富家不用买良田，书中自有千钟粟。安房不用架高梁，书中自有黄金屋。娶妻莫恨无良媒，书中有女颜如玉。出门莫恨无随人，书中车马多如簇。男儿欲遂平生志，五经劝向窗前读！"此种以名利劝学的政策，效力之大，捷于影响。贪图名利之读书目的，不久之后，便成了风气。

其四，由于内政外交之需要，而谋治道长久之术。宋初建国，内政既有用人之需；而南则江淮未宁，北则辽夏侵逼，外交上亦亟待人才。宋太宗尝与宰相薛居正谈治道长久之术，太宗曰："莫若参用文武之士。"太平兴国二年御试，遂以"训练将"为赋，"主圣臣贤"为诗，示文武参用之意。但此所谓武，已是"文字"化了之武，而非真武，不过可见太宗之意，仍在得文武全才。又太宗尝谓侍臣曰："朕欲博求俊彦于科场中，非敢望拔十得五，止得一二，亦可为致治之具矣。"当时盖除科举之外，别无得才之术。

在此种政策推动之下，其重视科举，岂不甚宜？且所谓治道长久之术，非仅在积极方面之得才。

宋特重进士科原因

宋代考试科目名称虽多，但比较普通的为贡举诸科。贡举诸科又以明经、进士两科为最普通，而进士较明经更为重视。明经为"学究"之类，侧重经义的记忆；进士则侧重才华。两科考试，礼遇相去极远。礼部贡院于考试进士时，设位供张甚盛，有司具茶汤；考试明经时，则尽撤帐幕毡席，亦无茶汤，渴饮砚水，致举子的口唇尽成黑色。故欧阳修有"焚香礼进士，撤幕待明经"之语，于此可见待遇明经的苛刻了。其原因并非朝廷有意为难他们，乃防毡幕和供应人私传所试的经义；因曾有此类事件发生，故预先加以防范（沈氏《笔谈》，《通考》卷三十一）。诸科就试，均禁"挟书"。进士虽禁"挟书"，而"玉篇"、"切韵"则不禁，且不加搜索；因进士科的考试，并不注重记忆，所以"挟书"的影响并不大。而宋代沿袭唐科举制度，诸科并设，颇有拔取专门人才之意；其后逐渐演进，化繁为简，卒归于进士科一途，实具有下列原因。

其一，才识有通才和专才的分别（重视通才之学）。凡人的才识，有通达的才具，有专门的才具。通达的可用之于一般的事务官，专门的可用之于一定的技术官。"进士科"所取的为通才，所试的为策论、经义和诗赋，虽未必切于实用，然其人非通文律、识义理、明古今的，即不易中选。"明经"诸科，但能默记条文，熟习方技，即能应选；其人是否聪秀和入政以后能否历练通才，都不能预先知道。而当官治民，有时非一技一艺之长所办理。故明经入仕，止于学官，其他诸科，也各按照所考的类科去做事。因其用途的"通"、"专"，致生仕途之显晦。所以唐代的进士录取名额，仅占应考人百分之一二；而登为宰相、仕途显达的，则占百分之六十。宋代的宰相，更多属进士出身。当时有"焚香礼进士，撤幕待明经"的谚语，亦足见当时人心目中所存观念的轻重了。

其二，试事有难易的判断（特重文艺之学）。"进士科"试策论、诗赋和经义，说到容易，则同为诵读的学问；说到困难，则"进士科"须泛览经史，博涉古今，而且必须先能了然于胸中，然后才能了然于笔下，非有十年以上的诵读、记忆和理解并重的不为功。至"明经"诸科，所应诵读的书籍，是可以指定的；其准备的方法，也可以走捷径。聪颖的一二年，鲁钝的三四年，就可把应对的条义，略诵于口而简书于策。习之者既易，则应之者自多；应之者多，则录取标准即难。太滥，则得官的机会不易；太苛，则应考人的雄心日沮。所以宋代虽沿袭唐代，诸科并设，而上下之间，虚应故事，也不过视为杂途。因此二者，取专才不如通才，试诵读不如试文艺，故以进士一科更为进士人所重。

宋代科举及其得失

宋初之科举制度，虽大体因袭前代，然有一特殊事实，即当时对于科举之特别提倡。严其考试，广其名额，厚其荣利，其影响于后世甚大。兹综合此期间太祖、太宗、真宗、仁宗四朝提倡科举之事实，分述如次。

其一，首创殿试之制。殿试之制，亦起于此时。开宝六年（973 年），李昉知举，放榜后，下第人徐士廉等打鼓论榜，太祖遂覆试之于讲武殿。以后殿试，遂为常例。昔唐武后虽曾于殿前试士，然不过下行其事，以取士誉，非于考功已试之后，再试之意。其后礼部所取士，虽失详覆而复放榜，亦均未曾再试。至此则省试以后，复应殿试。开宝八年覆试礼部所定合格人名次，别为升降，于是省试、殿试之分益显，而有省元、状元之别。殿试制行，诸帝均亲阅试卷。雍熙四年，太宗阅试举人，累日方毕，以宰相屡请，始诏命春官知举。咸平三年（1000 年），真宗亲试举人，临轩三日无倦色。此俱可见宋初诸帝之特重科举。

其二，察举孝廉之退免。察举之制，起于西汉，东汉以后，已不能循名责实，汉末魏晋伪冒滋多。隋立进士科，孝廉之制，近于废止，但政府慕孝廉之美名，尚时或有察举之诏。唯既以文艺取人，士之精华果锐者，皆尽瘁于记问词章、声病帖括之中。其不能以进士、明经自进者，皆椎朴无文之人；欲别求进身之途，乃夤缘州郡，以应孝廉之举。唐太宗贞观十八年，曾引诸州孝廉问以帝王政术，及皇太子问以参说孝经事，并不能答。然时尚未废孝廉之制。迨宋太祖开宝八年（975 年），诏诸州察民有孝悌、力田、奇才、异行或有文武才干者以闻，次年诸道解送七百四十人。太祖诏翰林学士李昉等于礼部贡院，试问所习之业，皆无可采。而濮州以孝悌荐名者二百七十人，太祖骇其颇多，召问于讲武殿，率不如诏，然犹称素能习武，遂覆试以骑射，乃皆陨越，颠沛失次。太祖顾谓曰："止可隶兵籍。"一众见既无官可做，又要当兵，皆号告求免，乃悉令退去；而劾官司滥举之罪。自此以后，遂益轻察举，而重考试。

其三，诸科名额之增加。唐代每年及第极盛之时，无过五十人者，居常只一二十人。宋太祖时，每年及第初亦仅一二十人。开宝六年（973年），李昉知贡举，取宋准等十一人。太祖不悦，召覆试于讲武殿，取诸科九十六人，皆赐及第；人数之多，开一创例。然至太平兴国二年（977年），宋太宗初即位，思振淹滞，谓侍臣曰："朕欲博求俊彦于科场中，非敢望拔十得五，止得一二，亦可为致治之具矣。"于是礼部上所试合格人姓名，太宗御讲武殿覆试，竟取进士一百九十人，诸科二百七人，十五举以上一百八十四人，共五百人，为自古所未有。从此以后，每年取人，皆有数百。端拱元年（988年），礼部已取进士二十八人，诸科一百人。榜既出，谤议蜂起。太宗恐遗才，召下第人覆试，又取七百人。淳化二年（991年）第一甲竟有三百二人，皆赐及第。咸平三年（1000年），真宗亲试举人，临轩三日无倦色，得进士四百九人，诸色四百三十余人；又试进士五举，诸科八举，及曾经御试或年逾五十者，得九百余人，共千八百余。总之，宋初之取士，大有只恐人少，不嫌取多之势。

其四，特奏名及赐出身之恩例。当时以应举为士子之唯一出路，故一举不第，明年再试。其屡绌于礼部，或廷试所不录者，积前后举数而为之差等。遇皇帝亲策士时，则别籍其名以奏，径许附试，故曰"特奏名"。

有时于屡举不第者，又特有"恩例"。开宝三年（970年），太祖诏赐贡士，及诸科十五举以上终场者司马浦等一百六人本科出身。太平兴国二年（977年），诏十举以上至十五举进士诸科一百八十余人并赐出身。此皆特例，为后世恩科之始。

其五，及第后之恩赐。唐代进士及第，醵金宴赏于曲江亭；宋仿其故事，而其金改由官赐。开宝六年，太祖赐及第者钱二十万以张宴会，并立即授官，不必如唐之再试吏部。太平兴国二年，得进士五百余人，皆赐绿袍靴笏，赐宴开宝寺。太宗又自为诗二章赐之。进士及九经授将作监丞、大理评事，通判诸州，其余皆优等注拟。五年，前二十三名授通判；八年，第一甲授知县；雍熙二年，第一甲为节察推官。端拱元年覆试遗才；取七百人，用白诏纸书其名氏赐之，令权知诸县簿尉。淳化三年取进士三百余人，诸科八百余人，宴赐御制诗三首，箴一首。又诏刻《礼记·儒行》篇赐近臣及诸进士。前四名授通判。授官之崇卑，虽无定例，然已无应试吏部之苦。而当时取才唯进士诸科为最贵。名卿巨公，皆由此选。登上第者，不数年辄赫然显贵。计仁宗朝十三举中，每次甲第三人，共三十九人；其后不至公卿者，仅只五人。科举之荣利，盖已实际增高。

其六，抑贵族子弟之登第。唐代科举，虽甚发达，然而重关节，采素望，一种原为平民而设之制度，反为贵族所垄断。宋惩其弊，力抑贵族子弟之登第。高祖时陶毅之子邴擢上第，帝曰："闻毅不能训子，邴安得登第？"乃诏："食禄之家，自登第者，礼部具析以闻，当令覆试。"太宗雍熙二年，令考官亲戚别试，以防关节。是岁李昉、吕蒙正之子皆及第，太宗以彼等势家，不宜与孤寒竞进，皆罢之。端拱二年，有中书吏人应试及第者，太宗以其已有官职，令夺所授敕牒，并诏禁吏人之应举。此后贵族势家不得登第，遂成定例。仁宗景佑中，韩仪参知政事，其四子省试俱已合格，奏名应殿试。韩仪启请尽免殿试，谓："臣教子既已有成，又何必诏示四方，以为观哉。"颇得仁宗喜欢。

宋科举教育及其流弊

宋代考试制度尚有两项重要的变迁，兹分别略述如下。

首先是经义、诗赋、策论的争端。宋代初年，"进士科"以经义、策论、诗赋和杂文并试，而最注意的在诗赋，逐场淘汰劣等。仁宗宝元年间，李淑奏请以四场通较工拙，不得以一场的得失为去留。欧阳修主张先策论，后诗赋，逐场决定去取。当时一般人多以诗赋声韵易考，策论汗漫难知，天子乃下诏一依旧制。到了神宗熙宁二年（1069年），王安石议罢诗赋，以经义策论进士，苏轼、赵抃争之甚烈。安石说："若谓此科尝多得人，自缘仕进别无他路，其间不容无贤。若谓科法已善，则未也。今以少壮时，正当讲求天下正理，乃闭门学作诗赋。及其入宫，世事皆所不习。此乃科法败坏人才，致不如古。"于是神宗即采纳安石的建议，罢诗赋而主策论，废帖、墨而考大义。其式一变，使数百年来帖、墨、记诵的陋习未除，而经文中又有经义的新制作。专用经义取士，凡十五年。但改革后却得不偿失，考经义反而不如考诗赋，王荆公也不免有"本欲变学究为秀才，不料变秀才为学究"之叹了。哲宗元佑元年（1086年），复以诗赋与经义并行，至绍圣元年（1094年），复罢诗赋专用经义，凡三十五年。南宋高宗建炎二年间，则虽覆试诗赋而仍兼试经义，以致诗赋、经义、策论的争论，一直到宋末犹未平息。平心而论，以文取士，则经义不如策论，策论不如诗赋；以实取士，则三者都是末技。根本的要图，仍在学校是否能培育人才。

其次为学校与科举的互为消长。神宗时，诏以"三舍法"取士，罢州郡科举法。又徽宗崇宁三年（1104年）下诏："将来科场取士悉由学校升贡，其州郡发解及试礼部法并罢。"自此岁试"上舍"悉差知举如礼部试。四年，诏将来大比，更参用科举取上一次。宣和元年（1119年）复科举，罢"三舍法"，唯"太学"之用。

以上二事，皆是以证明科举和学校的并行。一般士子贪图速成，多弃学校而就科举，宁愿呕尽心血，争一日之短长，不肯积分坐三年的岁月，结果仅取得迂疏无用的空文，以致激成罢科举的议论。但如专以学校发解，或专以学校取士，则又容易发生下列弊端：

一、专以学校发解的流弊。

1.学校有名无实，流为科举化。每逢大比之年，寄籍学校的黉舍为满；考试一停，生徒尽散，博士倚席不讲。

2.自修人才，无进身之阶；学校以外的人才，无法登庸。

二、专以学校取士的流弊。

1.造成特殊阶级的政治。宋代当时即有"利贵不利贱，利富不利贫，利少不利老"的谚语。

2.造成党祸。黉舍万间，集聚京师；上千公卿，旁交诸郡；更相朋党，劫持朝议，流为党锢之祸。所以学校和考试二者如何配合得宜，至关重要。窃以为学校的目的，在培育人才；考试的目的，在选拔人才。二者是相辅而成，缺一不可。

三、侥幸成风，士无实学。(《通考》卷三) 真宗景德二年诏云："贡举之门，因循为弊，躁竞斯甚，缪滥益彰……仍委礼部贡院，自今科场，务精考试，无容滥进，用革浇风。"又仁宗天圣二年（1024 年）诏云："学犹殖也，不殖将落。逊志务时敏，厥修乃来。朕虑天下之士或有遗也，既已临轩较得失，而忧其屡不中科，则衰迈而无所成。退不能返其里间，而进不得预于禄仕，故常数之外，特为之甄采。而狃于宽恩，遂隳素业，颓弛苟简，寝以成风，甚可耻也。自今宜笃进厥学，无习侥幸焉。"若据录诏文所言，间接看到宋代过重科举的后果。

第二节　唐宋科举之比较

隋文帝杨坚即位后，废除魏晋以来的"九品官人法"制度，令地方官举秀才，并加以考试，然后任用。炀帝设进士科，士子可自投考，考试及格，便可任官。此项始于隋代的科举制度，到李唐时更加完备。士人投牒自进，共同竞争，皆凭考试；合格则取，不合则去，高低贵贱，一准于此。至宋，虽然大体也沿袭于唐，但两者优劣异同，颇有出入。现将唐宋科举制度作一比较于下。

资格问题的比较

唐代选官，分文武二途。文选由吏部，武选由兵部。应两部之试者，必须有出身资叙。出身有两种：第一种是贵族的家世，及已有官阶勋绩者；第二种由"乡贡"出身者，他们多是"怀牒自列"的一般百姓。凡欲应试者，可于其所在的州县报名，参加中央考试；唯一限制是报名者不得为商人或工人，当时则称为身家清白。当然并兼未经触犯国家法律在内。至宋代，鉴于五代之乱，故特别提倡科举。严其考试，广其名额；奖励平民，抑制贵族。"贡举"的士人，没有特别资格，只要他不是大逆者，没有疾病。此外，缌麻以上亲，及诸不孝不悌，隐匿工商异类，僧道归俗之徒，皆不得应试。

一、应试人来源的比较。唐代应试人的来源，可分由官学出身及不由官学出身二种。生徒：由京师之太学二馆及州县诸学，选其成绩优良者，选入京师尚书部礼部受试。贡举：考生不需入学，先试于州县，及第则选往京师覆试。制举：由天子亲自策问，宋大抵沿袭唐制。常贡：与唐大抵相同，士人首先经州考选，才贡入礼部。学选：由太学三舍选充，直接试于殿试。由此可知，唐宋取士之途，大抵没有多大差别。

二、试期的比较。唐代考试选，试期无一定，大抵每年一次。至宋则略有不同。宋初并无一定，有时隔一年或二年；直到英宗时，才定为三年一试。

三、科目之比较。

1.常科。唐代贡举之科目有秀才、明经、进士、开元礼、三传科、史科、明法、书学、算学，道举、孝廉、童子科。唐科目虽多，而有司取士之法，亦因时而增损，各有不同。起初秀才科最高；贞观中，有举而不第者，坐其州长，由是废绝。自是士族所趋，唯明经、进士二科而已；二科之中，又以进士为贵，得人亦最多。及至宋代，科目日趋简单，有进士、九经、五经、开元礼、三史、三礼、学研、毛诗、明法九科。至神宗熙宁年间，安石变法，欲罢科举，专取人于学校；故罢明经、三传等，唯留进士一科。

2. 制科。唐代制举科目繁多，《玉海》卷一百十五谓七十六科；《困学纪闻》卷十四谓多至八十八。盖制科之设，纯依天子所好，随时定名，鲜有成例。及至宋代，太祖时只置三科；景德二年，增至六科；仁宗时，又增为天圣十科。

科举内容比较

唐代的科举，科目繁多，因而考试内容更繁杂。现取其最普通之科目——明经与进士二科，与宋作一比较。

一、进士科。唐代进士试时务策五道，帖一大经。策全通为甲等，策通四、帖过四为乙等。后来改试诗赋和帖经，高宗时加试《老子》。

宋除试墨义外，试诗、赋、帖经及对策。及至范仲淹因唐以诗赋取士而致"进士的浮薄"，因而改为"先策，次论，次诗赋"，通考为取，而罢帖经、墨义，一年后罢之。熙宁四年，安石始罢诗赋、帖经、墨义，改为经义。其后议臣力争，乃分经义、词赋为二科，其中几经废兴，卒以二科并行。

二、明经科。唐代明经试先帖文，然后口试；经问大义十条，答时务策为三道。玄宗时，加试时务策，及大义十帖。宋代除墨义外兼考律令，至王安石变法时，此科被废。

三、名额之不同。唐代士人及第不易，隋唐初设进士，岁取不过三十人。咸亨上元中增至七八十。开成中连岁取四十人，又复旧制；进士以外，明经中科者，亦不过百人。

宋太宗时进士科多至一百九十人，诸科二百七人。真宗咸丰五年（1002年）取进士三十八人，九经诸科一百八十人；两科共二百十八人。其后取录名额随时变动，有多至五百余人。此之唐代增加者甚多。

四、考试程序不同。唐代士子入仕之程序有三：贡举法先经县试、州试，再试于礼部，合格后再试于吏部，然后出身授官；生徒法则通过礼部后，亦要通过吏部及第，才可仕官；制举则无任何程序。

及至宋，程序简化，礼部试合格后，不需经过吏部之考试，合格者为进士，立刻释褐，最后至"殿试"（盖宋制礼部试后，恐取士不公，天子覆试于殿廷，略有黜陟，但例不黜落）。由此可见，唐宋科举程序最显著不同者则为宋不需经吏部而直接入仕。

五、糊名之制。唐代考制，有公卷通榜制，此制最初还有博采舆情、广征众意的好处，但至末流，不免发生弊端。为了防弊，宋代便有取消"公卷"办法，而实行考试"糊名"。从此，考试取录的标准，不凭考官的好恶，但看考生的成绩。

六、唐保留切实之遗风，而宋则不然。唐代考试在礼部，分发任用在吏部；礼部及格，未必即获任用，因而仍多经各衙门长官辟署，在幕府做僚吏，而借此对政治有一番实习。宋代则因经历五代长期黑暗，人不悦学，故朝廷刻意奖励文学，重视科举，只要及第便得美官，因此反而没有如唐代般还能留得两汉以来一些切实历练之遗风美意。

七、待遇与出身比较。唐代凡公卿士族子弟，须先入"国学"；肄业后，应"明经"或"进士"考试。"省试"取中后，入国子监读书，酬加津贴，然后试于吏部。一般平民百姓，需经县试后，再试于礼部，合格后，亦尚需试于吏部，然后可以入仕。其择人标准有四：一曰"身"，取其貌丰伟；二曰"言"，取其言辞辨正；三曰"书"，取其楷法遒美；四曰"判"，取其文理优良。合此四条件者，方可及第，故常有屡试屡黜者。其中格人，仅补畿赤丞尉。不中格者，或例赴选曹之集，或应地方官辟署；俟外任有著者，再正式转入仕途。

两者影响的比较

一、相同之处。

1. 阶级制度之铲除。魏晋以九品中正考核人物，结果重门阀而轻孤寒。科举取士，待天下人一律平等，无论何人，除有犯罪及其他服贱役者，皆可投牒自进，自由应考。一旦及第，皆得有参政之机会，不致高官美爵，为士人所把持。又以自由竞争，教化因之普及，人人皆可致身通显。

2. 祸乱减少。科学是一般平民百姓入仕之途，所以弄至士人趋于科举之途。父子兄弟相教，皆念兹在兹，因而宏献上略，奇谋雄武，无所措施。故祸乱当可减少。

3. 鼓励士人的上进。科举中人，既为士大夫之特殊阶级，又有免赋税、笞刑等特权；中进士后，更可安享尊荣，高枕无忧，故人人皆慕之，而争自兴奋。由此可见其勉人上达之力甚大。

4. 增加朋党之祸。中国朋党之祸，多与科举有关联。唐宋之时，科举与朋党几成不可分割之势。因登第难，则赖关节；赖关节，则需朋党。此登第有赖于朋党也。而权术之上，欲争权柄，必有势力；欲增势力，必广党羽。此朋党之有赖于科第也。唐时，应试之人，以有司为座主，自称门生，结党营私，靡不由此；牛李党争，为祸烈而时亦久。宋代新旧党派之争，如王安石、司马光等，皆假考试之名，以行其学说，扩展其势力。

二、不同之处。

唐代门第势力仍盛，此时推行考试，应考的多是门第贵胄。高门子弟在家庭中受家教薰染，并亦早懂得许多政治掌故，一旦从政比较有办法。到晚唐，高门大族衰落，应考的人多是寒窗苦读的穷学生；他们除留心应考的科目，专心在文选诗赋或是经籍记诵上，国家并未对他们有所谓教育，门第家训没有了，政治传统更茫然不知。至宋，门第全消失了。白屋书生，骤然中式，进身仕途；对实际政治，不免生疏。

第三节　宋代书院盛衰与影响

书院沿革与兴盛原因

"书院"一名，起于唐代。古代书籍，多用竹简布帛，或赖纸抄，均不免有缺脱讹误，故校书之事甚重要。既需校书，必赖藏书。故汉有东观、兰台、石室、仁寿阁，隋有嘉则殿，至唐则称为书院。作为修书之所，与后世图书馆相类，而绝不似后世之学校。至于唐宋书院之产生，大抵由于下列原因。

其一，世乱失学的原因。唐末五季，干戈扰攘，迄无宁岁。虽归来子序张穆之《触鳞集》曰："五季文物荡尽，而鲁儒犹往往抱经伏农野……太祖皇帝既定天下，鲁之学者始稍稍自奋……"可见当时学校荒废，士子失学，故有自动择地读书之需要。南宋王应麟云："前代庠序不修，士病无所于学，相与择胜地立精舍为群居讲习之所。"又云："国初斯民新脱五季锋镝之阨，学者尚寡，海内向平，文风日起。儒老往往依山林即闲旷以讲授，大率多至数十百人。"由于宋初诸帝，只倡科举而不推兴学校，故书院稍后始盛。

其二，禅林精舍之影响。唐代佛法大盛，佛徒每依山林名胜之区，勤修禅道。庙寺之作用，常集众多之僧侣，渐具佛家学校之规模。此显示对于儒者，无论个人修学及教育青年，俱无需专恃官家之所。重以时世乱离，官学失守，士人聚众讲学，实赖禅林精舍之影响不少。

其三，印刷术发明的结果。由于印刷术发明的结果，仿唐初集贤、丽正之意，欲藏书院中，便于讲习。则"书院"之名，亦因"书"而得。宋初各书院，虽皆渊源于唐或五代，但其以书院见称，实在宋开国十余年后。自公元976年至1009年三十余年间，方是书院创立时代。考书之印刷，虽起于唐，而官本九经之刊印，实于后唐长兴三年（932年）直至周广顺三年（953年），首尾二十一年始成。前距宋之建国仅七年，则书院至宋初方盛。

北宋六大书院概述

宋初有四大书院，但各书所载微有异同。《文献通考》以白鹿洞、石鼓、应天、岳麓为四大书院，而于嵩阳、茅山后来无闻。据《玉海》则列嵩阳而遗石鼓。故宋初书院，著名实有六间，皆起于私人之创建。兹略述如下。

一、石鼓书院。在湖南衡阳北二里石鼓山，旧为寻真观。元和中州人李宽结庐读书其上。宋至道中，郡人李士真援宽故事，请于郡守，于故址创书院，以居学者。

二、白鹿洞书院。在江西南康府北十五里庐山五老峰下。唐贞元年间洛阳人李渤与兄涉隐于此，尝养一白鹿自随，人称白鹿先生。后渤为江州刺史，就其地创台榭，遂名白鹿洞。南唐升元中建学置田，号"庐山国学"，命国子监九经教授李善道为洞主。宋太平兴国二年（977 年），知江州周述言庐山白鹿洞学徒常数千人，乞赐九经肄习，诏从其请。

三、嵩阳书院。在河南登封县太室山下，五代周时建。宋至道三年（997 年）赐名太室书院，颁书赐额。景祐二年更名嵩阳书院，王曾奏置院长。

四、岳麓书院。在湖南善化县西岳麓山下。宋开宝九年（976 年）潭州守朱洞建，咸平二年（999 年）州守李允则益崇大其规。复奏书院修广舍宇，请下国子监赐书，从之。祥符五年山长周式请于州守刘师道广其居。

五、应天府书院。在河南商丘县城西北隅。宋真宗大中祥符三年（1010 年），应天府民曹诚即戚同文旧居建屋百五十间，聚书数千卷，博延生徒，讲习甚盛。府奏其事，诏赐额曰"应天府书院"。命奉礼郎戚顺宾主之，以曹诚为助教。

六、茅山书院。处士侯遗营书院于江宁府三茅山后十余年，天圣二年（1024 年）王随知江宁府，奏请于三茅齐庄田内量给三顷充书院赡用，从之。先生殁，遂废弛，居空徒散。

宋书院特盛的原因

南宋末叶书院大盛，除宋初四大书院与淳熙中白鹿洞书院之兴复为前驱引发之外，其本身还有以下原因。

其一，官学的败坏。关于此点，朱熹有谓："太学者但为声利之场，师生相视漠然如行路之人，间相与言亦未尝闻之以德行道艺之实。"虞俦所谓："士子游学，非图铺馔，以给朝夕，则假衣冠以诳流俗。"官学既如此败坏，当然有些洁身自好者，不愿从事，所以就有自动设学的要求。黄宗羲《明夷待访录》叙述书院兴盛的原因说："其所谓学校者，科举嚣争，富贵熏心，亦遂以朝廷之势利，一变其本领。而士之有才能学术者，且往往自拔于草野之间，于学校初无与也……于是学校变而为书院。"

其二，官学经费的困难。当时官学，员生廪给，概归官家担负，很是不赀。就在私立者，也有资助。崇宁兴学，州郡聚学粮已日不暇给，南宋财政更难。虽宋高宗谓"朕不惜百万之财以养士"，究竟不免因实际之困难，而有动摇。官学或兴或辍，诸生无所仰食，而往往散去，岂不令有心人气馁。所以自动筹款置田设学的书院，应时而生。当时政府虽曾有收庙产以兴学，但亦丁事无补。"养士之需，致于以天下之力奉之而不足"，朱熹更认为不可，但他觉得也不能使为士者"终岁里饭而学于我"。所以自给自足的书院制度，渐见兴盛。

其三，崇儒的影响。自动的与反科举的精神，早就潜藏在宋儒之讲学语录之中，成为一种潜势力。北宋诸儒，多半反对王安石与科举制。他们的身心性命之学，又反对现实。因为自动讲学效果，声势很盛；崇信的人，日渐见多。到了南宋，很多地方替北宋诸儒立祠设祀，也有很多学生散布各处，读书讲学。开禧以后，这种读书讲学和祀贤之所，往往变而为书院。如阜阳之西湖书院，是欧阳修游宴之所，这可说是书院兴盛之本身原因。

其四，禁道学的反动。讲学一派，既反对王安石及现实政治，所以在南宋曾有几次道学之禁。当时目之为"道学"或"伪学"。宁宗庆元二年

（1196 年），禁用伪学党，削修撰朱熹官，贬谪甚多。至嘉泰二年（1202 年），弛伪学党之禁，复贬谪的信官以后，过去受压抑的自动讲学精神，不再沉寂。于是主张讲学的，索性建立书院。所以南宋书院自白鹿洞复兴以后，寂然无闻二十余年，而到松弛禁伪学之后的宁宗开禧间，再见兴盛。

书院的贡献与影响

日儒稻叶君山谓："书院之设立，实为中国学术文化筑坚实之基础。盖从此真正之学问研究所，不在学校，而在书院。于是教育独立，渐成群众化；学术进步，乃臻于突飞猛进之地步。"由此可知宋代书院的重要性。

一、对教育方面的影响。

1. 刺激官学的兴起。宋代由于书院的日益发达，渐引起中央政府对地方教育的注意。另一方面，社会日渐安定，向学的青年日增，而书院名额有限，遂使部分有心教育的地方官，开始仿书院之制建学，延师以教百姓。政府亦下诏鼓励州郡立学，促成了中央政府兴起地方教育运动。

2. 影响官学的内容。南宋，由于官学疲弊而书院教学成功，一般学者皆远离官学而教授于书院；学子亦乐于就读。部分州县教授，见及于此，相继采书院教育的学规、教材及教法等，用之于官学。迨理宗绍定三年（1230 年），乃正式取书院所重的义理之学，入于内外官学。至景定四年（1263 年），又下诏令诸"书院山长并兼州学教授"。至是书院乃正式与地方官学合而为一，而书院之学规、教材、教法等，亦正式为官学所取用。

二、对学术方面的影响。

1. 兴起孔孟之教，并提高孟子的学术地位。宋代由于中央政府的偃武修文，儒学渐苏，儒者相率以兴复孔孟之道为己任，竭力排斥佛老，并利用书院讲学。南宋以后，儒学随书院的广被而益盛，并深入民间，同时亦因书院讲学推崇儒家孟轲之说，使孟子的地位高升至仅次于孔子之位，历元、明而不衰，使儒家思想控制了此后的社会。

2. 使理学得以保存与传播。宋代理学导始于北宋，迄南宋庆元年间。

政府曾下令严禁理学，在当时之政治压力下，理学不得立足于官学，但理学并未因禁绝而衰落，盖因书院的讲学未受到严重的干涉。一些被称为"伪学党"的学者，仍能利用书院以传播学说。由于此辈学者不畏权奸，方使理学得以借书院的保存而不坠。更由于书院之传播，遂使伪学解禁后，一变而成通行有宋天下，为求学士子争相研习的学术。刺激所及，元初之主政者，亦纷以北方未知义理之学为憾，而相与建书院于北方，并访求宋之遗儒，以讲授理学。于是程朱理学逐渐广被于元人统治下的中国学术界，进而使理学成为官定之学，历元至明，其势不衰。

3. 促成理学各派的分立。《同谷三先生书院记》云："宋乾淳以后，学派分而为三：朱学也，吕学也，陆学也。"此外，尚有湖湘之学、南轩之学。由于有书院以供学者传播其理论，并造就接班人，方使各派的学说纷立，并向四方传播。因此书院无形中促成了理学各派的分立与发展。

三、对社会之影响。

1. 提倡道德教育，维持社会纲纪。书院讲学目的之一，即欲改良沿袭隋唐以来的不良世风。故其教育学子特重生活的教育及人格的养成。《日知录》有言："宋自仁宗在位，四十余年，虽所用或非其人，而风俗醇厚，好尚端方。"唯是神宗以后南宋一百余年间，中央政府小人当权，政治腐化，幸赖书院师生共同努力，维持社会风纪，感化地方百姓，所以地方上大体仍维持清明的治绩，社会上颓废的风气不至太甚。

2. 发扬爱国精神。历代民风，宋代虽较文弱，但在爱国的行动表现上，依然有许多可歌可泣的爱国事迹。如岳飞之抗金、文天祥之抗元，这正代表着书院的成功，使百姓皆具有为国牺牲的高贵情操，激励民间的爱国精神。

3. 自佛寺中收回民间的教育大权。宋以前，一辈厌世而欲隐居求学的儒者，多寄居佛寺为修读之所。南宋中期以后，书院大量设立，因而此辈不满官学的学者乃相继往书院就读。政府并将许多寺庵改建为书院，没收其田产，拨赐书院为养士之田，遂使自唐季以来即落于寺院手中的教育权，再度收归于一般平民阶级的士大夫手中。

四、对后世之影响。

1. 开宋以后六百余年学术思想之先河。南宋诸儒集理学之大成，相继倡导其学于书院。宝庆以后，朱学更盛；元代中叶，程朱理学更盛。而书院的教材，亦以理学为依归，甚至被定为标准经注，而为科举之根据，理学遂成为中国学术思想的主流。书院自由讲学之风，亦随之延续。

2. 使汉人握有元代文教大权，而促成元之速亡。元以文化较低的民族，入主中国，遂使许多宋代旧有制度，相继为元人沿用；书院讲学之风，亦随之入元。而书院所讲者，又为传统之中国文化，甚遭受种族歧视所压迫的汉人敬慕，乃竞相入书院从学，书院遂握有元代的教育大权。又因主持书院者多属汉人，汉人遂得控制了元代民间教育、学术及思想，并得以借教育民众之机会，宣扬汉民族固有的文化，孕育着浓厚的内诸夏、外夷狄之思想，更促成了元代之速亡。

范仲淹对宋代学术教育的影响

范仲淹改革虽失败，但其对宋代学术教育的影响，颇能尽到承先启后的责任。现特择要试为述说，或可略供留意宋代教育学术人士之参考。

一、对于后学奖掖。有宋一代，大儒辈出，先生及欧阳永叔等为时较早，稍迟则有胡安定讲学苏湖，孙明复讲学泰山。先生及永叔从政之日多，讲学之日少，故黄梨洲、全谢山作《宋元学案》列举安定、泰山为宋学开宗。安定、泰山二人与先生关系，均极密切；先生对于二人敬而爱之，多方予以扶持，使其为道益宏。仲淹早识安定，守苏州时，首建郡学，聘安定为师，并令诸子从学。景佑初，荐安定以白衣应对崇政殿，授试秘书校书郎。嗣后经略陕西时，又辟安定为丹州推官。平时通书论学，未尝间断。先生与泰山相识亦早，并曾特予激励。后先生又荐泰山有经术，宜在朝廷，因除国子监直讲，召为迩英殿只侯说书。

胡安定讲学苏湖达数十年，从学者逾千人，东南学风遂盛。泰山门人亦众，并有石守道、刘长民、文彦博、祖无择诸人传其道，北方之学乃奠定基础。小程子入太学，安定方居师席，亲炙日久，遂开洛学之先。关学则始于张横渠。全谢山谓范文正导横渠入圣人之门，尤为有功，盖即指此。可见先生对于士林奖掖，不遗余力，因而学者益知奋发，此实为当时学风转变之主因，亦为影响宋代学术发展最深远者。

二、对于兴学的贡献。我国学校制度，历史悠久，及至唐代，更为完备。但自安史之乱，日就荒废，代宗时已成为"弦诵之地，寂寥无声；函丈之间，殆将不扫"。后经五代，益形衰落。宋在开国数十年间，对于科举颇为注意，但对兴学则未重视。范氏早年刻苦读书，深知一般人士就学困难，而私人得师尤为不易，因此，对于兴学设教，认为要图，尽力提倡，在早年上《执政书》中即有此种主张。

1. 先生提倡兴学之主张，在其参加政事以前，未被采用。但于其任官所至之处，则均首先为之设学，并为延聘良师。后先生守苏州时，又首建郡学，聘胡安定为师。当时士人方尚辞赋，苏学则立经义、治事二斋。经义斋择疏通有器局者居之；治事斋人各沿一事并可另兼一事，如边防、水利之类。苏州郡学设立经过情形，先生年谱有以记载。后先生之子纯礼复将苏州郡学加以扩充，其规模之宏，甲于东南，而人才亦辈出。

2. 至其谪居饶州、润州等处时，亦皆为之建立学校。其在饶州建学情形，年谱亦曾载称。在润州时亦为建学，《与李泰伯书》曾谓："今润州初建郡学，可能屈节教授？"按先生在外任官各地，迁徙甚勤，所至之处，为时均暂，但必先为兴学延师，可以见其对于教育人才之重视。及先生参知政事，于是普遍设立学校之主张，得以实现。

三、对于科举的改进。我国历代选拔人才办法，秦汉采用选举制度，隋唐改为科举。宋兴以后，艺祖曾拟采用察举与考试并行办法，于开宝八年诏诸州察举孝悌力田、奇才异行或有文武才干者以闻。次年各州选送七百四十人，试问所习之业，均无所取。自此以后，遂轻察举而重考试。科举既为选录人才之主要途径，故考试内容及方法甚为重要。先生对于当时科举办法，认为必须加以改进，然后方能广罗人才。其改进意见，要点有三：一为在考试之前，须先有教育之道；二为考试内容应以才识为主，而以文艺为副；三为考试于才识之外，更须注重德行，并应考察于平日。此种主张在早年上《执政书》中已略论及。唯当时居朝人士认为考试以文艺取士，简而易行；如先兴学教育，并注意考察平日德行，则事繁难举。因而避难就易，不肯加以改革。直至先生参加政事，其改进科举之意见始见发生影响。

四、对当时士风的激励。《宋史》谓士大夫忠义之气，至于五季，消失殆尽。冯道身事四姓十君，视丧君亡国，未尝屑意，犹自称长乐老，叙所得阶勋官爵以为荣。张存义媚事朱温，甚至妻妾子女为其所乱，不以为愧。及唐灭梁，又贿赂庄宗刘后、伶人、宦官等，以保禄位。彼等身居高位，皆不知人间有羞耻事，而当时论著多不以为非，且为之原；则唐末五代士风颓坏，道德堕落之情形，可想而知。至宋兴，艺祖之得位，太宗之传位，皆难避免非议；故虽有褒韩通，次表卫融，范质、王溥犹有余憾。至北宋中叶，士气始有转变，趋尚名节；《宋史》称："一时士大夫矫厉尚风节，自仲淹倡之。"可见当时士风之转变，其来盖有因。然先生之能矫时俗，厉风节，非托于空言，乃着之于行事。兹略举其一生苦学、孝亲、惠族、处友以至从政立朝各项事迹，即能见其以身垂教，影响世道人心之深远。

仲淹从政数十年，常谓士当先天下之忧而忧，后天下之乐而乐。虽以诤言屡遭窜逐，亦以忠正屡被擢用。其居外任官，为政忠厚，所至有思，尤以敦风俗、兴民利为急务，《年谱》及《言行拾遗》各书所载仲淹从政事迹颇详。如谪守鄱阳时，以名教厚风俗，敦尚风义，州人仰慕咸向倾之，久而不变。守苏州时，疏五河，导太湖入海，以除水患，民久受其益。为兴化令，筑通、泰、海诸州捍海堤，长数百里，以卫民田；民感其恩，往往以范为姓。其在朝廷，则以忠直敢言，树立风声。如请巡行视灾，则曰："宫掖中半日不食如何？"谏策太妃为皇太后，则曰："天下且疑陛下不可一日无母后之助。"斥宰辅吕简夷为政不公，而遭窜逐，但陕边军兴，则与之共同尽力国事。欧阳修等素为同调，但荐为宰辅，则以执政不可由谏官得，固辞不拜。由此种种，可见仲淹之仁爱忠正，无处不足为人风范。顾亭林《论宋世风俗变迁》谓自仲淹等"以直言谠论倡于朝"，"于是中外搢绅，知以名节为高，廉耻相尚，尽去五季之陋"。

第四节　明代的考试制度

明代的考试制度，承唐宋已有的基础，益以长期迈进，故制度方面的发展，较为完备。兹先将其优点略述如下。

优点方面

首先，考试的程序，更加完整。自"童试"、"乡试"、"会试"以至"殿试"，形成一贯的体系。"乡试"以下，与"学校"相辅而行，类似现在"学校考试"；"乡试"以上，则为任用考试。经"童试"录取后，始为入学生员；其后有经选贡至"国学"的，一如"升学考试"。有由"乡试"举选到礼部的，必先经过"考科"，有如正试前的"甄别试"；而在学生员均有"岁考"，更如"学年考试"。凡经"乡试"正式选拔的，咨送礼部"会试"，及第后，更由"殿试"分定鼎甲。于是考试的历程始举。又"乡试"后有"覆试"，"殿试"后有"朝考"，"庶吉士选馆"或"教馆"时有考，"差遣试官"有考，在朝"翰"、"詹"有考，其他如选用"教习"、"中书"、"州县官"等职，亦皆有考。足以证明考试的围范，适用至广。"太学"本最高学府，而以"科举"的形式进退之；"翰林"本"科举"极峰，而以"学校"的精神教育之。于是学校科举化，科举学校化；"学校"与"科举"二者之间取得密切的联系，相辅而行，成为历史上最完美的考试制度。

其次，考试的方法，更趋周密。明代的"科场规程"甚繁，防弊的方法亦至密。从考生所带的考具起，即有定制，以防"怀挟"。而入场时有"搜

检"，进场后有"封锁"、"巡逻"，交卷时有"弥封"、"誊录"，"乡试"、"会
试"揭晓以后，更有"磨勘"。这些严杜舞弊和侥幸的方法，真是无微不至。
其或稍有情弊，一经举发以后，动遭星议，且不惜严刑峻法加以惩治，使
人不敢稍存尝试的念头。因此考试的信誉，更能赖以发展。

第三，注意人才的培植。明初开国，即注意振兴"学校"。"国子学"
实为储才之所，并无毕业的期限，以师儒督其学，以世务练其才，随时选
仕，不拘资限。如"太学生的拨历制"即深得"仕学相长"之意，对于"铨
叙"和"学校"二者之间的联系，实从古以来唯一重用学校人才的时代。
世徒以明太祖定"八股试士"之制，遂谓其欲使天下英才腐心于无用的空
文，殊不知当时事实并不如是。徒以后来偏重"科举"而"学校"又有纳
粟之例，品流日杂，学校生员始不为天下所重。

第四，进士入翰林制，与考试制度相配合，颇能收培养人才的功效。
"学校"培育人才，在应考以前；翰林院培育人才，则在应考及第以后。这
是很值得称道的一种优良制度。

缺点方面

以上所述各点，为明代考试制度的优点；但尚有若干缺点，而为当时
和后世的人所诟病，兹略述如下。

其一，明代的考试内容，注重"经义"，而又以朱子"四书集注"为
标准，这实在是因为"诗赋"只论工拙，比较近于客观；经义要论是非，
是非转无标准。于是不得不选定朱子一家之言，以为是非的准则；但又因
人人能讲，则录取的标准更难确定，遂于四书经义中演变出"八股文"来。
其实"八股文"犹如唐人的律诗，文字必定要有一定的格律，才能见到技
巧，评定工拙，然后才有客观的取舍标准，这是当时取士衡量优劣不得已
的一种办法。可是演变所及，其发生的流弊甚多。顾亭林《日知录》言之
甚详。他说："举天下而唯十八房之读，读之三年五年，而一幸登第，则无
知之童子，俨然与公卿相揖让；而文武之道，弃如弁髦。嗟乎！八股盛而

六经微，十八房兴而廿一史废。昔闵子骞以原伯鲁之不说学而卜周之衰，余少时见有一二好学者，欲通旁经而涉古书，则父师交相谯呵，以为必不得颛业于帖恬，而将为坎轲不利之人，岂非所谓大人患失而惑者欤？”同书又说：“时文败坏天下人才，而至士不成士，官不成官，兵不成兵，将不成将，夫然后寇贼奸宄得而胜之。”说明了八股文的空疏无用，足以败坏人才，无待吾人置评。不过所应注意的，这完全是“八股取士”的不当，而非考试制度本身的不当。换句话说，这是考试内容之不当，而非考试本身之有问题。

其二，明初考试所立之法则，实非专尚时文。《日知录》又说：“《太祖实录》：洪武三年（1370年）八月，京师及各行省开乡试。初场四书疑问，本经义及四书义各一道（洪武三年开科，以大学‘古之欲明明德于天下者’二节，孟子‘道在迩而求诸远’一节，合为一题，问二书所言乎天下大旨同异，此即宋时之法）。第二场：‘论’一道。第三场‘策’一道。中式者后十日，复以五事试之，曰：‘骑’、‘射’、‘书’、‘算’、‘律’。骑，观其驰驱便捷；射，观其中之多寡；书，通于六艺；算，通于九法；律，观其决断。……真所谓求实用之上者矣。至十七年，命礼部颁行‘科举成式’……文辞增而实事废，盖与初诏求贤之法稍有不同。而行之二百余年，非所以善述祖宗之慧也。”

由此可见明代初年的考试，尚且有拔取学以致用人才之意。到了后来，则借此羁縻多士，徒重形式上的整齐严密，而对于教育人才的“国子学”逐渐懈弛，有名无实。以致“学校”为“科举”所夺，学术则为“制艺”所夺，考试本以甄拔人才，结果反为锢蔽人才、败坏人才之工具，而为人所诟病。尤其在郑和七次出使西洋，和意大利传教士范礼安、罗明坚、利玛窦相继东来以后，当时已知西方有“天文”、“历算”讲学，而不能及时改进考试的内容和学校所修的课程，坐失时机，徒尚虚文，以致国步未能与时俱进，良可惋惜。

明代之翰林院与庶吉士

就明制而论，翰林院可谓其中尤堪称述者。翰林院之设，较早始于唐，其先本内廷供奉士林技术杂艺之所，此犹秦汉初年之博士及郎官而已。《旧唐书·职官志》言翰林院有合练、僧道、人祝、术艺、书奕，各别院以廪之；亦有名儒学士，时时任以草制。乾封以后，始号北门学士。元宗初，置翰林待诏，掌中外表疏批答和文章。此则犹汉武帝侍中内朝名任文学之士也。嗣后乃选文学士号翰林供奉，分掌制诰书敕。此则以内廷渐分外朝之权，正与汉武以侍中诸文士参与国政夺宰相权相似。在唐宋元诸代，翰林实为当时政府一种储才养望之职。

至明代，翰林院规模，益臻完备；经进官、史官均归入翰苑。翰林院更明显的变成了中央政府里唯一最高的学术集团。这一个集团，与王室保有紧密关系。内阁学士，即从翰林院分出。英宗正统七年，翰林院落成，当以礼部定位，以内阁固翰林职也。嘉隆以前，文移关白，犹称翰林院，以后始竟称内阁。至詹事府官职，亦为翰院旁支，与侍讲、侍读等同为王室导师。至此，翰林院成为一更有意义的创作，则为庶吉士之增设。

翰林院有庶吉士，正如国子监有历事生，以诸进士未更事，俾先观政，熟练后始任用。大率进士第一甲得入翰林，而二甲三甲得选为庶吉士。自有庶吉士而翰林院遂兼带有教育后进之性质。翰林院本为储才养望之地，明初尤能不断注意到社会上的名儒，网罗擢用。皇帝以及储君，时与翰林学士接近，即可受到一种学术上之熏陶，又可从他们方面得到政治上有价值的意见或忠告。

翰林学士除为讲官、吏官修书视草等规定的职务外，如议礼审乐，定制度律令，备顾问，诤得失，论荐人才，指斥奸佞，以常获从幸，尤见亲密，实多有匡救将顺之益。而一辈翰林学士，又因并不负有行政上实际的责任，而望荣地密，从容中秘，得对古今典章沿革，制度得失，恣意探讨，以备一旦之大用。而庶吉士以英敏后起，亦得侍从台阁，受一种最名贵而亲切的教育，实在是国家培植候补领袖人才之一种好办法。在贵族门第教育消失以后，在国家学校教育未能切实有制度以前，此种翰林院教习庶吉士的制度，实在对于政治人才之培养，极为重要。

明代翰林院与科举亦互有关系，分述如下。

其一，明代凡在科举殿试中成绩优异者，可进入翰林院进修。如状元授翰林院修撰，官从六品；其探花、榜眼授为编修，官从七品；二甲、三甲成绩优秀者，授翰林院庶吉士，食禄七品。未得入翰林院者，可接京官，如给事中、御史、太常及国子博士等，或外调授府推官、知州、知县等。

其二，翰林院，实为国家储才之所，其所任修撰、编修品位虽不高，但其资望则极受重视；而庶吉士亦得入内阁办事，借以吸取经验以备国用。

其三，明代对翰林与进士出身极为重视，若非出身翰林进士，就不能当大官，遂形成科场上有品流之别。凡出身进士及第者，谓之清流；举人以下，是谓浊品，难望有当大官之机会。

清代之翰林院

清代之翰林院制，大抵源于明制，此为后来清代不少名贤学者培养之地方。翰林院"掌制诰、文史，以备天子顾问。凡陈书讲幄，入承儤直，出奉皇华。职司綦重也"。

掌院学士从二品，满汉各一人。侍读、侍从、讲者，满员各三人，汉员各四人。另有修撰、编修、检讨、庶吉士，员额无定。其属有主事、典簿、孔目、待诏、笔帖式。

掌院学士掌国史笔翰，备左右顾问。侍读学士以下掌撰著记载，祭告郊庙神祇，撰拟祝文。恭上徽号、册立、册封，撰拟册文、定文，及赐内外文武官祭文、碑文。南书房侍直，尚书房教习，咸与其选。修实录、史、志，充提调、总纂、纂修、协修等官。

翰林之职，初隶内院。顺治元年设翰林院，定掌院学士为专官，置汉员一人，兼礼部侍郎衔；并置侍读等官，皆汉人为之。十五年增置满人掌学士一人。先是诏辞命多领院事，尚书、侍郎、左部御史俱可兼摄。此后历朝沿袭，或有修改增减。

明清翰林院制度之得失

首先，翰林院制，重法而不重人，限制了一些学问好、修养佳的士人，因未能进入翰林院，而无法展其做大官的抱负。

其次，因只有进士及第的士人才可进翰林院为大官，故科举场中也渐分了流品，养成一种流品分界之观念。

第三，翰林院为储才养望之地，为增加与培育明清两代许多贤达的地方。

第四，皇帝以及储君时与翰林学士接近，既可受到一种学术上之熏陶，又可从他们方面得到很多政治上有价值的献议或忠告。

第五节　宋元明科举比较

隋文帝统一中国以后，鉴于九品中正选拔人才之流弊，遂推行科举考试制度。隋以后之唐、宋、元、明、清各代都因袭了隋的科举制以选拔人才，然各代之科举各有其本身之特色，现将宋、元、明之科举考试作一比较。

科举的内容

宋科举大体分明经与进士两科。进士科中，宋代除试墨义外，试诗、试赋，并有帖经及对策。及范仲淹改为"先策、次论、次诗赋"，而罢帖经、墨义，一年后罢之。熙宁四年，安石始罢诗赋、帖经、墨义，改为经义，其后议臣力争，乃分经义、辞赋为二科，其中几经废兴，卒以二科盛行。明经科中，除考墨义外兼有律令，至王安石变法时，此科被废。

元科举定制于仁宗皇庆二年。其考试内容，蒙古、色目人第一场经问五条，《大学》《论语》《孟子》《中庸》内设问，用朱氏《章句集注》；

第二场策一道，以时务出题。汉人、南人第一场为明经。经疑二问，《大学》、《论语》、《孟子》、《中庸》内出题，并用朱氏《章句集注》。经义一道，各治一经。《诗》以朱氏为主，《尚书》以蔡（沈）为主，《周易》以程（颐）氏、朱氏为主。以上三经兼用古注疏。《春秋》用三传及胡（安国）氏传，《礼记》用古注疏。第二场古赋、诏诰、章表内科一道。古赋诏用古体；章表四六，参用古体。第三场策一道，经、史、时务内出题。

明代考试亦以诗赋、经义、策论为对象。这些经义、策论初无固定形式，但到宪宗成化以后，始限定格律。一篇文章之中，要分成破题、承题、起讲、提比、小此、中比、后比、大结八段。举子不只要照此格式书写，而字数亦有一定，时称"制义"，俗称"八股"。

应举人的资格

宋代鉴于五代之乱，故特别提倡科举。严其考试，广其名额；奖励平民，抑制贵族。"贡举"的士人，没有特别资格，只要他不是大逆人，没有疾病；此外缌麻以上亲，及诸不孝不悌，隐匿工商异类，僧道归俗之徒，皆不得应试。

元代的学校采积分制。平日所积分数，高等生员最初以国子监学正录用诸职相处；此后则三年一次，依科举例入"会试"。故"国学"的出路，仍以科举为归宿。应举者年在二十五以上，且是乡党称其孝悌，朋友服其信义，经明行修之士。

在明代，举子为"国子学"生和"府州县学"生员学有成就的。儒士来任的，官未入流的，皆由有司申举性资敦厚、文行可称的应举。如为学校"训导"，专教学生的，和罢闲官吏，倡导之家，居父母丧等，俱不许入试。

考试的时间

宋代科举考试，初无定制，有时每年举行，有时隔一年或二年；直到英宗时，才定为三年一试。

元代除特科外，"乡试"、"会试"、"廷试"都是三年举行一次。

明代每三年举行"大比"一次，分为乡试、会试、殿试三个阶段。

科举的程序

宋代科举程序简化，经乡试、州试之后，再试礼部。合格后不需经过吏部之考试，合格者为进士，立即释褐，最后至"殿试"。盖宋制礼部试后，恐取士不公，天子覆试于殿廷，略有黜陟，但例不黜落。

元代科举程序计分"乡试"、"会试"、"廷试"三种。"乡试"规定从本贯官司于诸色户内推举年及二十五以上，乡党称其孝悌，朋友服其信义，经明修行之士，结状保举，以礼敦遗。诸路府或徇私滥举，并应举而不举者，监察御史、肃政廉访司体察究治。典试事宜，由中央大员主持，全国十一行省共选合格者三百名赴"会试"；其次是"会试"在首都举行，计取百名；再经"廷试"以定等第。其他如"荐举"亦屡见施行。

明代科举，已构成依时依地依级的完整系统，分述如下。

一、初级为童试，在所属府州县举行，中式的称秀才。

二、第二级为乡试，在所属省会举行，中式的称举人。

三、第三级为会试，在京师礼部举行，中式的称进士。

四、第四级为殿试，由天子亲于殿廷出题命试。中选分三等：一等一甲三名，为状元、榜眼、探花，赐进士及第，即授翰林院修撰或编修；二等二甲若干名，赐进士出身；三等三甲若干名，赐同进士出身。

待遇的比较

宋代考试制度，有一大特点，即礼部试之后，直接入仕，不需再试吏部。宋鉴于五代军人之跋扈，故国策以重文轻武为主。宋代进士一登第，即释褐，不但授官，而且有很优厚的待遇和隆重的宴会等来庆祝。

元代的考试制度中，凡蒙古人由科举出身的授从六品。色目人、汉人、南人递降一级，并赐进士恩荣宴于翰林院。

在明考试制度中，考中的待遇，传制唱第。状元授翰林院修撰，榜眼、探花授翰林院编修。二三甲考选庶吉士的，皆为翰林官。其他或授给事、御史、主事、中书、行人、评事、太常、国子博士，或授府推官、知州、知县等官。举人、贡生不第入监而候选的，或授小京官职，或授府佐和州县正官，或授教职。

优点方面

第一，魏晋九品中正考选人物，造成门阀政权；唐代接六朝余绪，门第势力尚存，故虽有科举取士，而应考者多是高门子弟；及至宋代，地方势力消除，门第势力瓦解，于是平民子弟，白屋书生，皆能中式进入仕途。从此士人得有参政机会，不致高官美爵为富门所把持。宋代特别厚待士大夫，中进士后便可尊享荣华富贵，故人人皆慕，由此可勉士人上进之心。

第二，元代科举有融洽文化之作用。蒙古族的习尚，渐渐融于汉化，而很多经书亦借此翻译。借着考试制度为媒介，使汉蒙的文化更为普及和同化。

第三，科举到明代程序更为完整。自"童试"、"乡试"、"会试"以至"殿试"，形成一贯的体系。"乡试"以下，与学校相辅而行，类似现在的"学校考试"。经"童试"取录后，始得为入学生员，其后有经选贡至"国学"的，有由"乡试"举选到礼部的，必先经过"科考"。经"乡试"中式的，皆送礼部"会试"，及第后由"殿试"分定鼎甲，于是考试的历程始毕。考试到明代更趋周密。明代的"科举规程"甚繁，防弊的方法亦至密，用以杜绝舞弊和侥幸。

第四，在注意人才培植方面，明初开国，即注意振兴"学校"。"国子学"实为储才之所，并无毕业的期限，以师儒督其学，以世务练其才，随时选任，不拘资限。如"太学生拨历制"，即深得"仕学相长"之意，对于"铨叙"和"学校"二者之间的联系，实从古以来唯一重用学校人才的时代。其次则为"进士入翰林制"，与考试制度相配合，颇能收培养人才的功效。"学校"培育人才，在应考以前；翰林培养人才，则在应考及第以后。这是值得称道的一种优良制度。同时，科举制度现在虽已经废除，但构成科举制度最重要的一项质素考试制度，不只没有废除，且成为中外各国近代文官制度的基础。

缺点方面

宋太祖篡周为帝，统一中国，鉴于州牧藩镇割据之弊，厉行中央集权；释兵权，任文士，科举考试大行。唯进士考试则以策论经义为主，惜乎士子读书时习为策论或诗赋，及第后，又难得适宜之机，穷研经世之学。故仅能于立志方面，争期远大；于论政或论道方面，争取表现；于文艺方面，争求寄托；而于事练经验，则较少注意。所以对外每陷和战不变，对内则产生朋党之争，而终为辽金元所制。宋代人才之表现，属畸形发展；加以宋代重文轻武，流于科场滥取；进士殿试者，永不落黜。从此取士日增，冗吏日多。宋取士虽多，官俸虽高，唯其效能不大。而宋因及第者即授官，结果往往造成学非所用。每患议论虽多，而经验不足；卓见虽有，而干练缺乏。宋代政治，焉能有成。

元代科举举行时间不久，次数甚少。开科取士，定制在仁宗皇庆二年，始开科在延佑二年，已在宋亡后近四十年。科场三岁一开，至顺帝至元元年科举即罢，前后共二十年。嗣后于至元五年，复有科举共不过二十次。元代科举出身者实际并不多，由进士入官者仅百分之一。科场舞弊失去考试本意。元代以蒙古族入主中原，其举行考试，仅为牢笼人心，且不能忘情于民族间猜忌的观念，取士有蒙古人、色目人、汉人、南人的区别；科目和出身也都有轩轾。这实是不公允的办法。

明代的考试内容，注重"经义"，而又以朱熹集注为标准，这实在是因为"诗赋"只论工拙，比较近于客观；经义要论是非，是非转无标准。于是就不得不择定朱子一家之言，以为是非的准则；但又因为人人能讲，则取录的标准更难确定。遂于"四书义"中，演变出"八股文"来。可是演变所及，其发生的流弊，如顾亭林《日知录》说："时文败坏天下人才，而至士不成士，官不成官，兵不成兵，将不成将、夫然后寇贼奸宄得而乘之，敌国外患得而胜之。"说明了八股文的空疏无用，足以败坏人才。

第六节　明清八股取士的形式与得失

八股文体之起源

八股文体的起源，据《明史·选举志》云："科目沿宋唐之旧，而稍变其试士之法，专取四子书及《易》、《书》、《诗》、《春秋》、《礼记》五经命题试士。盖太祖与刘基所定，其文略仿宋经义，然代古人语气为之。体用排偶，谓之八股，通谓之制义。"据此，则八股文体，似是刘基与太祖所商定。不过刘卒于洪武八年（1375年），那时正是科举停顿时期，直至洪武十七年才正式开科取士，他是赶不上参与文体之创制的。又顾炎武《日知录》试文格式条云："经义之文，流俗谓之八股，盖始于成化以后。股者，对偶之名也。天顺以前，经义之文，不过敷演传注，或对或散，初无定式，其单句之题，固亦甚少。成化二十三年会试《乐天者保天下》文，起讲先提三句，即讲'乐天'四股，中间过接四句，复讲'保天下'四股，复收四句，再作大结。弘治九年会试《责难于君谓之恭》文，起讲先提三句，即讲'责难于君'四股，中间过接二句，复讲谓之恭四股，复收二句，再作大结。每四股之中，一反一正，一虚一实，一浅一深（亦有联属，二句四句为对，排比十数对成篇，而不止于八股）。其两扇立格，则每扇之中各有四股。其次第之法，亦复如之。故今人相谓之八股。"据此，则八股之体，系成化二十三年（1487年）才有的。此说颇有人信之。鲁九皋《制义准绳》论制义起源，即首引顾氏之言。如此说属实，则八股起源，与《选举志所》言，相差一百年之久，似乎很有商榷之处。

　　然谓八股必起于成化，恐亦未必。即如谢迁《责难于君谓之恭》一文，于成化二十三年之前十二年，弘治九年之前二十一年，已具八股的形式，故若谓成化二十三年方有八股亦非定论。大抵明代制艺，确较宋代格式严谨，成化以后束缚得格外厉害罢了。

　　八股文的前身，后人亦多认为出于古文。其与古文的关系本很密切，盖制艺创于王安石，王安石是长于作古文的。明代沈谓论文，说到八股的股法，有轻叙，有重发，有照应，有宾主，有反复，有疑问，有流水，有推说，有锁上，有起下，有转换，有操纵，有一层上一层。这都与作古文的方法相似。古文亦有段节转变，然尚无篇幅长短之限，较为能自由伸缩。制艺则规定字数，段节不得不趋于严谨，遂变为定格的八股。宋代的制艺，都与古文很相似，唯因其题目必出于四书五经，又需演圣人之言，便觉与古文有异。此俱可见八股与古文之关系。

　　八股文虽与古文有关，但不必即出于古文。顾炎武《日知录》谓八股破题，本之唐人赋格。然此甚远，无从明其演变。皮锡瑞云："明用时文，沿元人经疑之式；名为新义，实袭旧文。"此就明代以前八股之形式，从其雏形观之，不能谓无因。刘师培则就八股之格式，论其体导源于元代之曲剧。刘氏云："元人以曲剧为进身之媒，犹之唐人以传奇小说为科举之媒也。明人袭宋元八比之体，用以取士，律以曲剧；虽有有韵无韵之分，然实曲剧之变体也。如破题、小讲，犹曲剧之有引子也；提比、中比、后比，犹曲剧之有套数也；领题、出题、段落，犹曲剧之有宾白也；而描摹口角，以逼肖为能，尤与曲剧相符。……故曲剧者，又八比之先导也。"由皮氏之言，参以刘氏之论，明代八股之影响受于元代曲剧，不无道理。

八股与六段之内容

　　所谓八股，大概一文可分六段：一是破承。二是小讲，用首二比。三段是提比，用三四比。四段是中比，用五六比。五段是后比，用七八比。六段是束比，用二小比以结之。

　　所谓破承，首二句或三四句为破题，大抵对句为多，为宋人相传之格，本之唐之赋格。下申其意，作四五句，谓之承题。承者接也。因破义浑融，不得跳出题目，故将破中紧要字样，捏住一两个，紧紧接下来。或正破则反承，反破则正承；顺破则逆承，逆破则顺承。

　　破题之后，必须提出夫子、曾子、子思、孟子，为何而发此言，谓之起源。接着便是八股正文，计为八比，二比一对。首二比是正文初入讲处，贵虚而不贵实，贵短而不贵长。但虚不可迂远，短不可局促。开口便要说题旨，而不可说尽，须含蓄、蕴藉而又爽快不滞。至三四比，文已渐说开了，或架虚意，或立实柱，须精确切题，敷敷畅畅，固不可扭扭捏捏，放不出手；然亦应稍带含蓄，略留气焰，为后面作地步。到了五六比，如是一句滚作题，亦与三四比大同小异；唯步骤愈迟则气象愈洪，立意不宜与三四比叠架。如果是两半边题，则此二比系后半开口处，宜浑沦比辨，与首二比同。第七八比为一篇文字最应吃紧处，若前面如锦绣而至单弱，便是虎头蛇尾。故善作者宁可韬光敛锐于前，至此却以寄思粹语，层见迭出之，方为作手。此处气宜长而不宜粗，理宜完而不宜杂，词宜富丽而不宜腐冗，味宜委婉而不宜直率。至八比既完，又当总会前文，咏叹数句；附二小比于后，庶觉气度从容，理趣完整，类于人家手笔。

清代试八股之格式

　　清代八股，初重义理，后尚才华。道光、咸丰以后，流而趋重程墨。迨至同治光绪朝，经义取士，已行之数百年；四书义理，前人发挥已尽。故率别出新奇，或遵古解，或创新格专用一经之辞藻；次则不循正义，不守定式，名为偏锋；再下则牛鬼蛇神，五花八门，无奇不有。八股格式，愈趋愈为机械化。临题只要找相当的材料，堆积便成。兹将清代八股之文格，略述如下。

　　破题　二句破说题中字意。有明破、暗破、分破、合破、顺破、倒破、正破、反破……孔子破称圣人，颜、曾、思、孟破称大贤，其余孔子弟子破称贤者，孟子子弟破称门人，尧破唐帝，舜破虞帝……煞脚字用焉、也、矣、已、而已、者也。

承题 三四句或五六句，接破题以言之。正破则反承，反破则顺承，以拆开题字申明破题未明之意为佳。首句用反笔，次句还题面，末句就题收。或吸下或找上。起头用夫、甚矣、盖诸字，转用乃、然诸字，煞脚用乎、哉、耳、耶、也哉、者哉、焉耳、乎哉、者耶诸字。

起讲 为一篇之开讲处，只写题大意；宜虚不宜实，只数句或十数句；要分起承转合。开首有若曰、若谓、尝谓、以为、今夫、尝思、闻之、从来等字。

领题 一二句或四五句领起提比之意，故应与提比相接。有上文者从上文领到本题，无上文者只虚虚叫起本题。

提比 亦曰起比，四五句或八九句，是起讲下初入手处。宜虚而不宜实，贵短而不贵长，纡徐而入，虚虚笼络；若一着实，便占中后地步，下面不免有叠床架屋之弊。

出题 比领题进一步，可将全题点出，或仍不点出，留在中比后才全出者。

中比 长短无定，如人之腹，不可空衍，须着实发挥。然仍应留余蕴，为后二比地步，不可太说尽了。其法亦不外起承转合。两比须立柱，分应到底，以避合掌。有题中本有柱者，如"学兼知行"，前一比可以知为柱，后一比可以行为柱。他如敬兼动静，君与臣对，人与己分，若无可分发，亦不妨浅深发换，圆通翻转，以曲尽其意。

后比 为人之大腿，愈要有力。中比未尽之义，此处可以畅发。如中比分说者，至此则当合说，互勘串写。或推开看起，或进一步说来；或作推原，或作衬势。中比长则后比短，中比短则后比长；两股字句亦相同。

束比 前六比意有未尽，再以收束。两股字句亦相同。亦多不用束比，仅作六比者。

落下 落到题之下文。如无下文，或推阐余波，或加以结束，或无落下亦可。

明清科举八股取士之弊

　　首先，因为重视科举之故，明代晚年，小儿才读下论孟，即走从举业。当时所谓科举，换句话说，就只是一篇八股文。教育的重心，差不多只在教授怎样作八股文。盖科考虽然是三场，头场八股，二场经义，三场策。然积习相沿，总是只重头场。主司阅卷，既荐头场之卷，即不深求二三场未荐的，第三场甚至不看，放在落卷里。所以读书人格外重视头场的八股。至于三场的策，十本有九本是空策，没有好的，只因头二场已中，不得不勉强中了。因为只重八股，所以就有种种投机取巧的方法。例如拟题、只读房稿墨卷及应试作弊等，一言蔽之，是不认真读书做学问的。

　　其次，所谓拟题，是因王安石经义试士以来，至明末已四百余年，四书一经可出之题有限，故读书人可以预拟。其法则请名士至家塾，将本经可出之题，各撰一篇，最多亦不过一二百篇。计篇酬价，令其子弟与僮奴之俊慧者记诵熟习。入场之后，所拟之题，十符八九。只要抄誊一遍，便可侥幸中式。本经全文，反而可以不读。所以顾炎武说："率天下而为欲速成之童子，学问由此而衰，心术由此而坏。"又说："昔人所需十年而成者，以一年毕之。昔人所需一年而习者，以一月毕之。成于抄袭，得于假倩。卒而问其所未读之经，有茫然不知为何书者。故愚以为八股之害，等于焚书。"盖皆由于可以拟题之故。

　　第三，拟题固是一种投机取巧的办法，但若实际尚能读书，也不为大害。乃因重视八股之故，少年从事举业，往往连经史亦不读，所读的只是八股文的刻本。此种刻本，始于十五世纪下半叶，至十七世纪大盛于时。终科举时代，十九世纪之末，都是如此。而余波影响，一直到现代，学校的学生，还往往捧着一本"教科书"，奉为至宝，愚不可及。及今日中等学校之教授国文，仍概以选读文章为圭臬，亦是科举教学法之遗蜕，极应改革的。考自明代万历乙卯（1615 年）以后，八股文的刻本有四种。一是程墨，刻的是三场主司及士子之文。二是房稿，及十八房进士之作。三是行卷，为举人之作。四是社稿，为诸生会课之文。这种东西，明末非常流行，所以读书人都不读正书，只读房稿程墨。顾炎武云："天下之人，唯知此物可以取科名，享富贵；此之谓学问，此之谓士人，而他书一切不观。昔丘文庄当天顺成化之盛，去宋元未远，已谓士子有登名前列，不知史册名目朝代先后，字书偏旁者。举天下而为十八房之读。读之三五年而一幸登第，则无知之童子，俨然与公卿相揖让。而文武之道，弃如弁髦。嗟呼，八股盛而六经微，十八房兴而二十一史废。"良以流毒太深，故顾氏言之痛切。

第四，自坊刻时文盛行，士子多不读书。老师宿儒，反以少年读书为戒。顾炎武云："余少时见有一二好学者，欲旁通经籍而涉古书，则父师交相谯呵，以为必不得颛业于帖括，而将为坎轲不利之人。"故时人购买读书墨卷，晨夕揣摩，以为秘籍，此外不复寓目。徐大椿讥刺重八股的情况道："读书人，最不济，烂时文，烂如泥。国家本为求才计，谁知道，变作了欺人计。三句承题，二句破题，摆尾摇头，便是圣门高第。可知道三通四史是何等文章，汉祖唐宗是那朝皇帝？案头高放讲章，店里买新科利器。读得来，肩背高低，口角嘘嘘。甘蔗渣儿嚼了又嚼，有何滋味？辜负光阴，白白昏迷一世。就教他骗得高官，也是百姓朝廷的晦气！"

科举教育之空疏，已是无疑问。然科举时代，何尝没有人才。黄宗羲于《明夷访录·取士篇》解释此问题道："流俗之人，徒见二百年来之功名气节，一二出于其中，遂以为科法已善，不必以求。不知科第之内，既聚此千百万人，不应功名气节之士独不得入。则是功名气节之士之得科第，非科第之能得功名气节之士也。假使探筹较其长短而取之，行之数百年，则功名气节之士亦自有出于探筹之中者，宁可谓探筹为取士之善法耶？"此种批评，可谓的论。综而言之，就以作文而论，八股或有是处；然若以教育人才论，八股就一无可取了。

第七节　明清科举制度之比较

　　明代初年的用人制度，是"三途"并用。所谓"三途"，照《明史》上说是"进士"、"贡举"和"杂流"，而顾亭林《日知录》则说是"荐举"、"进士"、"监生"和"吏员"。虽两书所说略有不同，亦可见科举在当时只是"三途"之一，而非入仕的唯一途径。到了洪武三年，始正式下诏，特设"科举"，但行之三年罢科举；至洪武十七年，又恢复"科举"。

　　国家政治制度的递嬗，时代愈后，则愈见完备。考试制度，到了有清时代，因积有千余年历史上的沿革，惩前比后，用能多所损益，益臻完密，借以发挥考试制度最大的效用。同时因国家情形较为复杂，故科名也比较明代为多，大别之可分为三类：一、常科，分文科、武科。二、特科。三、翻译科。现分别比论如下。

两代科举制度内容的比较

　　明代科举制度内容如下：

　　一、考试的时间。每三年举行"大比"一次，分为三个阶段。

　　1. 乡试。以诸生试之直省的为"乡试"，中式的为"举人"。每逢子、午、卯、酉年举行，共有三场。

　　2. 会试。次年以举人试之京师的为会试。每逢辰、戌、丑、未年举行，共有三场。

　　3. 殿试。"会试"中式的，由天子亲策于廷，号称"廷试"，亦称"殿试"；分一、二、三甲，以为名次的先后。

　　二、考试的内容科目。洪武三年初设科举时，初场试"经义"二道，"四书义"一道；二场试"论"一道；三场试"策"一道。中式后十日覆试以"骑"、"射"、"书"、"算"、"律"五事。洪武十七年所颁"科举定式"：初场试"四书义"三道，"经义"四道；二场试"论"一道，"判"五道，"诏"、"诰"、"表"内科一道；三场试"经史"、"时务策"五道。而"骑"、"射"

等五事则不试。考试虽分三场，而以第一场最重要。故考试实以经义为主。经义文体模仿古人语气，造句多用排偶，谓之"制义"，又名"八股"，盖一种格律极严之经义文也。

三、应举人的资格。举子为"国子学"生和"府州县学"生员，学有成就的，儒士未仕的，官未入流的，皆由有司申举性资敦厚文行可称的应举。如为学校"训导"，专教学生的，和罢闲官吏，倡优之家，居父母丧等，皆不许入试。

四、考中的待遇。传制唱第，状元授翰林院修撰，榜眼、探花授翰林院编修；二三甲考选庶吉士的，皆为翰林官。其他或授给事、御史、主事、中书、行人、评事、太常、国子博士；或授府推官、知州、知县等官。举人、贡生不第入监而候选的，或授小京官职，或授府佐和州县正官，或授教职。此为明代取士的大概情形。

清代科举制度的内容如下。

一、常科。清代科举最重要而最普遍的，是常科一类。此类又分为文科、武科两种，所以表示文武并重。

1.文科考试程序。清代的科举，原系沿袭明代的制度，其程序可分为三个阶段。第一阶段是考"秀才"，名曰"小考"，是以县为单位；第二阶段是考"举人"，名曰"乡试"，是以省为单位；第三阶段是考"进士"，名曰"会试"（"会试"后仍需经过"殿试"），是全国士子合在一起考试的。

2.小考。由童生考秀才，分为三级：一为"县考"，二为"府考"，三为"院考"——此又分"科考"、"岁考"两种。"县考"生名为"童生"，其需据三种保结才有资格应试。县考最少分为五场，每场放榜一次，被录取者由县官将名册具报本管知府，使参加"府考"。"府考"程序和"县考"大致相同。府考完毕以后，由知府将被录取人员名册，造送学政举行院考。"院考"是由皇上钦派的学政主持，分为"岁考"和"科考"两种。"岁考"的目的在考取童生"进学"，和考察已经进学的生员的勤惰。"科考"方面则以次年大比，先以比试，考核优劣，录取若干，预备参加次年的乡试。

3. 乡试。乡试每逢子、午、卯、酉年份的秋天举办一次，称为"秋闱"，三年一度，但亦有"恩科"之设。乡试是由中央直接派大员主持，一为主考，一为副主考。每届乡试之年，学政将所录取的科考秀才，造册送请主考；其未经科考录取的，学政也可以临时补考一次，名曰"录遗"，与前次科考录取的同下举场。

4. 会试。士子中了举人以后，需在乡试的第二年二月内到达北京。新科举人需先下覆试场，然后参加会试；会试的主持者称为"总裁"。会试放榜十天后，举行"殿试"，是由皇帝临轩亲自考试，在保和殿举行。名义上是由皇帝亲自主持，但实际上主持的却是十二个阅卷大臣。获选者还有一、二、三甲之分。殿试之后，二、三甲还有朝考一场，然后普遍授官。

二、考试的时间。考试制度演变到清代，愈趋严密。乡试是每三年逢子、午、卯、酉年举行一次，在各省省会和顺天府分别举行。每次凡三场，每场三天。第一天点名入场，第二天是整天作文章，第三天缮写完毕缴卷。会试也是每三年逢丑、辰、未、戌年，在乡试的次年举行一次，集中在京师（北京）举行，规制和乡试大致相同，也是三场九天。殿试则在会试放榜后十日举行。

三、考试的内容。小考中的县考，第一场试一文一诗（试帖诗）；第二场仍试一文一诗；第三场试一赋一诗，或试以一策一论；第四场试以小讲三四艺；如考官要考第五场的亦需应考。府考由署主持，系就州县童生而加以再试者；但直隶州厅属的童生，则无此种考试。院考方面有所谓"招覆榜"，招覆试将应行录取的标准确定以后，再拆弥封，书写录取人的姓名，正式放榜。当学台巡回按临各府州考试时，大概分为三场：①书院场，②经古场，③正场。乡试和会试各分为三场，每场三天。乾隆时代，改定第一场考三篇制艺。第二场考《诗》、《书》、《易》、《礼记》、《春秋》五道经题，会试加五言八韵的试帖试诗一首。第三场考对策五道。殿试则在保和殿举行，由皇上亲自策问，令贡士条举以对；对策卷子有一定的格式，字体需非常工整，不许添注涂改。

四、武科考试。武科小考和乡、会试的年月和文科相同，大都是考完文的再考武的，但考试的内容则异，分"术科"和"学科"两大类，尤以"术科"为主。经过武科小考、乡试、会试考取的，也分别叫做"武秀才"、"武举人"、"武状元"、"武进士"等名称。

五、特科。"特科"的名称，如"山林隐逸科"、"博学鸿词科"、"孝廉方正科"、"经学直言科"和"经济特科"等，皆有明诏，而以"博学鸿词科"的恩遇最隆。其举行的目的，大多在网罗明末遗老，借以泯除他们恢复故国的思想和甄拔在野学者名流。这一类的考试，不限于一定的形式，也没有一定的时间，而且举行的次数也很少。

六、翻译科。清代对于八旗满蒙子弟另有一种鼓励的办法，即能将汉文译成满文或蒙古文的，一律给以"秀才"、"举人"和"进士"等科名。每三年之内，考取秀才二次，举人一次，进士一次。考试翻译秀才的内容，满人初试鸟步箭；正式试验，则译四书直解三百字为满文。蒙古人不试术科，只将清字日讲四书限三百字，译成蒙文。

两代科举的优劣点

一、明代科举的优点有如下。

1. 明代自"童试"、"乡试"、"会试"以至"殿试"，形成一贯的体系。"乡试"以下，与"学校"相辅而行；"乡试"以上，则任用考试。经"童试"录取后，始得为入学生员；其后有经选贡至"国学"的，有由"乡试"举选到礼部的，必先经过"科考"；而在学生员均有"岁考"。凡经"乡试"中式的，咨送礼部"会试"；及第后，改由"殿试"分定鼎甲，于是考试的历程始毕。于是学校科举化，科举学校化；"学校"与"科举"二者之间取得密切的联系，相辅而行，或为历史上最完美考试制度。

2. 明代的"科场规程"甚繁，防弊的方法亦至密。从考生所带的考具起，即有定制以防"怀挟"而入场时有"搜检"，进场后有"封锁"、"巡逻"，交卷时有"弥封"、"誊录"。"乡试"，"会试"揭晓以后，更有"磨勘"。

这些严杜舞弊和侥幸的方法，真是无微不至。其或稍有舞弊，一经举发以后，动遭星议，且不惜严刑峻法加以惩治，使人不敢稍存尝试念头。因之考试的信誉，更能赖以发展。

3. 明初开国，即注意振兴"学校"；"国子学"实为储才之所，并无毕业的期限，以师儒督其学，以世务练其才，随时选任，不拘资限。如"太学生拨历制"，即深得"仕学相长"之意；对于"铨叙"和"学校"二者之间之联系，实从古以来唯一重用学校人才的时代。其次则为"进士入翰林制"，可与考试制度相配合，颇能收培养人才的功效。"学校"培育人才，在应考以前；翰林院培育人才，则在应考及第以后。这是很值得称道的一种优良制度。

二、清代科举的优点有如下。

1. 清代考试制度的内容，就人事行政的立场而言，为一种公允客观的测验人才方法。其以八股取士，作用在巩固君权，羁縻多士，作为一种政治方面笼络的工具。

2. 此制是根本消融社会阶级的存在。因考试乃一种公开竞选，公正平允，不容偏私；且其内容单纯，不受经济上的限制，贫苦子弟，皆有应考和上进的机会。又考试内容，全国统一，有助于全国各地义化的融结；按年开科，不断新陈代谢，使政治社会各方面再无固定的特殊阶级的存在。

3. 此制是促进国家政治的大一统组织。因每次有大批应试者远从各地集于中央政府的所在地一次，使全国各地的人才，都有一次的大集合，促进互相接触和融洽的机会。

4. 中国盛行考试，已有千余年；历代相承，时加改革，积千余年之心思才智，到了清代，更为严密。不唯足以冠古今，并足以法中外。

三、明代科举的缺点如下。

1. 明代考试功令，精谨严肃，令人凛然生畏；而于作育人才之学校，反不加以重视。教者尸位素餐，学者徒食廪饩，优游卒岁，故学校形同虚设。一旦临乡试之期，则唯严其防弊之法，是不教而使其就试，焉能不百弊丛生，以身试法，行险侥幸哉。

2. 明代考试制度之破坏多由于官吏。盖官吏若不敷衍了事，徇视情面。有此严刑峻法，士人作弊，固难施其伎俩，明谢铎上《维持风教疏》，其三曰重科举。略谓："科举一途，虽称得人，奈何考试等官，类皆御史方面之所辟召。职分既卑，学亦与称；恩之所加，势亦随之。……又以外帘之官，预定去取；或者多为防闲，而实则关节。内外相应，悉凭指麾，而科举之法日坏矣。岁贡一途，虽近有之，但近来提学等官，类从姑息。试廪之初，不以势听，则以贿行；不以济贫，则以优者。……往往名为陛考，而实则虚文；上下相蒙，迄无可否。而岁贡之法益坏矣。"

四、清代科举的缺点如下。

1. 清代的考试，完全由于其内容——八股文的失败，并非考试本身有问题。盖因八股文规律极严，束缚极多。清廷驱全国士子耗毕生精力于空疏之地，不然的话，我国科学文明，不难与西洋各国齐头并进，竞秀争奇了。其虽能作为政治方面笼络的工具，但不能抵偿整个民族学术文化的损失。

2. 此考试过于重形式而忽略实际，尤以殿试朝考为甚。舍文章而重书写，是皆舍本逐末，虚张声势，以致弊端百出，卒致后来之停废。

3. 清代教育以科举为重，全国知识分子莫不趋向于科举一途。地方儒学不过为科举的敲门砖——取得应科举的资格，对于作育人才的本旨，反置之不问，以致学校为科举所夺，因而成为锢蔽人才、败坏人才的工具。

两代考试制度异同之比较

一、相异点。

1. 清试帖诗，明之考试，第一场四书义三题，五经义一道。第二场论一题，判论五条。第三场试经史、时务策五道。清第一场试四书五经义三题，五言诗即试诗帖一首，此不同一也。

2. 清曾两废八股文：一废于康熙，再废于光绪。但明代自洪武十七年定制；成化后，始终用八股文取士。

3. 明八股文，作者多优，如唐顺之、归震川等人之文。但至清代，格式日严，束缚日甚，舍二方三山外，其他普通人士，类皆千篇一律，剽窃揣摩。

4. 明殿试重对策，清殿试则重书法。其时策论，禁涉时务，唯以书写匀润为准。

5. 明代重科举，对于科举，不减常态，其稍变试期而已。但清代重科举则不一致，如康熙朝重之，雍正朝则抑之。

6. 明代八股文章，人人皆有佳构，取录甚为困难。富裕之子，可买通贿赂，于是穷困之士，仅赖入社，以谋关节。而一些朝臣又结社讲学，名曰复社。一时高才宿学，多出其间；门生故旧，遍布天下；乡试科考，得以操纵。则时人志在操纵科举，结收党羽，互相标榜。无怪乎黄汝成谓："科第莫盛于明，党伐亦莫过于明。"反之，清代士人出身，有保荐、纳捐、劳绩、军功各途，不必一于科举。加以清廷压迫甚大，考试规程极严，其在乾嘉各朝，明兴禁令；又益以严刑峻法，教刑并用。故舍晚清新旧党外，二百余年，表面上未见朋党之祸。

7. 考试之法清严于明。清有三大科场之狱，一为顺治十四年（1657年）丁酉科，二为康熙五十年（1711年）辛卯科，三为咸丰八年（1858年）戊午科。此科举之狱，牵连甚广，处理极严，伏诛亦众。明虽有科场之狱，然其罚责，不若清代严厉。至于磨勘之法，乃清代特规，在明代亦不甚显。再观中国自唐宋以来，只有一人或同保数人殿举之罚，而未停全省之考试权。清代之一特规乃在停止乡试，如以文字之狱，停浙江科举；又以义和团之乱，受外人强迫，停肇事城市之科举。此亦两代不同之处。

8. 清代科场之弊多于明代。除其共有之通弊，如冒名顶籍、暗记密号等之外，康熙之通榜，乾隆、咸丰之条奏，更为清之特弊。

二、相同点。

1. 清代的乡试、会试，其应试的手续，科名的给予，官职的加授等，大致和明代相同。乡试和会试都是各有三场。两代皆有"殿试"之设，亦以一二三甲为名次的先后。

2. 明清两代重科举虽有差变，但两者皆驱天下人于一途，此其相同也。

3. 明清科场之弊有其共通点，要之有下列数点：曰贿赂钻营，曰怀挟倩代，曰割卷传递，曰冒名顶籍，曰誊录殁裂，曰暗记密号，以及考官舞弊等，皆其相同处。

4. 明清考试方法之严密，不但可以冠古今，且足以法中外，此亦其相同点。

5. 两代考试功令，精谨严肃，令人凛然生畏。而于作育人才之学校，反不加以重视。教者尸位素餐，学者徒食廪饩，优游率岁。两代学校，形同虚设，一旦临乡试之期，则唯严防弊之法，是不教而使其就试。故两代于此皆百弊丛生。

第十二章　中西交通与政治经济的发展

第一节　张骞通西域的收获与影响

西域的解释

西域一名，起自前汉，有广狭二义。广义而言，包括今新疆天山南北及葱岭外，中亚、西亚、印度、高加索、黑海以北一带之地方。狭义而言，仅指天山、葱岭、昆仑三山间之塔里木盆地。西域与中国之交通，在夏代以前其详不可闻，因没有史料证据。唯夏时有戎狄盘踞泾水之中流；周初放逐戎夷于泾洛之北；秦虽逐西戎，西界亦不过止于临洮（今甘肃岷县）。故周秦以前，甘肃省大半属野蛮族之西戎所占据，故中国与西域之间，或无正式之交通。但民间商业上之往来，已必有相当的发展。试观《穆天子传》与《山海经》（二书作者为周秦以前人）记载葱岭以东之山川形势颇详。又如《吕氏春秋》云："人不爱昆山之玉……"读此可知秦以前，两地人民已有交通之明证。又如中国特产物的绢丝等，输出希腊、罗马各地，易回其黄金；此必然由西域人为媒介，或至印度，或入波斯，更至西方，波斯及印度输入绢丝，在张骞旅程前，已经为人所承认之事实。及张骞通西域后，中土人士对于西域之情形，更有明确之认识。

张骞通西域的动机

西域诸国，皆小国寡民，势力散漫，多为农业民族，习性安居乐业，而怯于战争。且其地富于五谷畜产，故匈奴久已垂涎西域，以兵威收为属国，置"僮仆都尉"，往来各国，收取粮食马牛等。所以塔里木河流域一带，成为匈奴之附属；此三十多万弱小民族，皆成为匈奴之农奴及牧竖而已。而葱岭以外之民族亦闻风慑服，故遇匈奴使者至其地，举国皆迎，不敢稍有留难。汉人明了西域与匈奴之密切关系，于是动用大军出使西域。现将汉出使西域之原因简述如下。

其一，汉高祖嗣位以后，以其雄才大略能平定海内，而不能击败匈奴；虽曾率三十多万大军与匈奴决战，结果被围白登七天，最后用陈平的计策，才得脱险。此后，汉采取刘娄敬的建议，以和亲政策嫁宗女，赐絮缯酒食，来换取和平。高祖死后，虽然汉时以宗女及金银玉帛相送，但匈奴仍常寇边，而且深入甘泉、长安等地。文、景二帝，虽采防守政策，使边境居民减少损害，但并未能阻止匈奴的南下。武帝时代，经五十多年的休养生息，于是感于祖宗所蒙受的耻辱，及边境百姓所受之痛苦，所以抱有清除匈奴的雄心而沟通西域。

其二，武帝闻得西域诸国兵弱易击，乃欲宣之以威德，利之以货财，胁之以军马。皆欲使其内附，可得数百万里之土地，然后用大包围政策使匈奴就范，以博得边境之安宁，庶可收一劳永逸之功效。所以大宛服属，西域皆震恐。武帝值此时机下诏困胡，希望将匈奴消灭，可见通西域对中国政治关系的重要。

其三，汉室与匈奴势同水火，乃因匈奴为汉之大仇敌；每年严冬，匈奴策马南驰，攻陷郡县，杀掠官员，抢夺畜谷。汉帝虽然赐以货财，妻以宗女，仍然寇掠如故。虽然结为兄弟，许以互市，仍时常入寇。此塞外游牧民族势必欲吞占东南之农业民族。于汉之盛世，若不及早削弱其势力，必招后患。汉虽积数十年之国富，聚全国之精锐，仍须借助于外援，采远交近攻政策，方能奏效。故武帝知悉大月氏与匈奴为仇敌后，便使张骞通往西域，以联络大月氏夹攻匈奴。其后匈奴战败，遁于大漠以北，乌孙及诸国相继将匈奴残部加以驱逐。

其四，熟悉敌情和削弱敌人，是有连带关系的。汉人与匈奴的来往，只限于奉使者和商人。奉使者，只知往来大路的大概情形，而商人则限于边口及其附近的知识，所知有限。对于交通路线与水草分布以及敌人迁徙的季节与方向、酋长的行踪等重要情形，是不得而知的。而张骞通西域的途中，由于需找寻通道，因而对敌人的情势更了解，对于削弱敌人的政策渐见效用。所以张骞通西域也可说是探取敌情的一次出使。

其五，武帝穷追匈奴以来，士卒物故，马匹应用不敷。但匈奴方面的骏马，依然在漠北出现，且时常南下牧马于阴山，故武帝闻大宛有骏马，即开始通西域。汉廷先之以金帛，继之以大军，务求得到马种，一时使者相望，远达中亚、西亚各大国，尤以骏马的需要最为急切。加上中国当时的手工业已相当发达，于是外求市场于西域，尤以绢丝等输出更有价值。所以武帝以张骞出使西域，除军事方面原因外，仍有更重要的经济价值。

张骞三次出使西域的经过

第一次出使西域　张骞是城固人，武帝时任郎官。武帝之所以派张骞出使大月氏，因从匈奴人口中，得悉大月氏抱怨于匈奴，时有复仇心，汉遂欲结盟夹攻匈奴。大月氏本游牧民族，原居今之敦煌、天山一带。为匈奴消灭后，部分逃至西域，占领塞国（今之伊犁一带），成立新国；而留在敦煌、天山为匈奴所役属的，称为小月氏。汉建元二年（前139年），张骞一行人等，出使匈奴所在地，即被俘掳。单于强迫他结婚生子，使他不再想念中国，但张骞并不屈节，其后乘机逃脱。张骞逃到大宛境内，大宛听说中国很富强，有意与中国来往，又知悉张骞要到大月氏，便派向导和驿马送他往康居。康居欲通知大月氏，但前之不久，大月氏曾受乌孙的攻击而西迁，占据大夏肥饶的土地，再不欲结怨于匈奴。没有达到目的，骞欲从南路经羌人所在的青海归国，岂知又为匈奴俘获，扣留年余。幸而单于去世，太子与谷蠡王争位，张骞乘乱逃出，乃于公元前126年回到长安。

汉与大月氏联盟夹攻匈奴的计策虽失败，但张骞毕竟亲身到过大宛、大月氏、大夏、康居。在匈奴更居住了十年以上，对西域诸国有更深的认识，间接对张骞的二次出使西域颇有帮助。

张骞再使西域　张骞往大宛、康居、大月氏、大夏时，得闻其旁之国家，具考其地理形势及其土产，归告天子。天子既闻大宛、安息之属皆大国，多奇珍异宝，颇与中国同俗，而兵则稍弱，贵汉财物。其北则大月氏、康居之属，兵力充足，可以赂遗设以利我朝，诚得以义属之，威德遍于四海。天子遂欣欣以骞言为然，乃决定进行第二次出使西域的计划。公元前122年（元狩元年）五月，命张骞从蜀、犍（今四川宜宾县）发使分数道并出，求通身毒，但却为西南夷所阻，终不能通。然因此役始通滇国（今云南），其后平定西南夷设立七郡，今四川西南部及云南、贵州皆入中国的版图，东南国境越澜沧江之西；唯由此直接达印度之计划终未实现。

张骞三使西域　张骞两次出使均无功而还，然其进取精神持续不懈。公元前121年（元狩二年），汉军击破匈奴右臂，浑邪王来降，夺取祁连、敦煌之地，于是往西域之大道为之畅通无阻。天子乃拜骞为中郎将，领三百人，马各二匹，牛羊以万数，齐金币帛直数千巨万，多持节为副使，分道遣往其他邻国。骞既至乌孙，赐以金帛。时乌孙王年老，国力三分（昆莫与其子太禄、孙岑陬各将万余骑分而之三），不能专制。乌孙贵人，不知汉之大小，又惧匈奴胁迫不愿东徙；因此，昆莫不能与骞约决。骞分遣副使数十人，各持金帛，以乌孙为导，分道赴大宛、康居、大月氏、大夏、安息、身毒、于阗、打迩（或作拘迩）等国。乌孙遣使数十人，贡马数十匹，随骞入汉报谢。因令窥汉，其使归报，知汉广大富庶，乌孙始有内附之心。而骞所遣赴大夏之属使，皆与其国人来献。于是西域诸邦始正式通聘于中国，时为公元前115年（元鼎二年）。此后奉使西域者日众，一岁多至数千人。然因"凿空"者是博望侯，故后之奉使者皆称博望，以取信于外国。

张骞事迹年表

建元二年（前 139 年）出使大月氏，为匈奴所囚。

元光六年（前 129 年）大约以是岁正月抵大月氏。

元朔二年（前 127 年）留大月氏岁余，归国，复为匈奴所俘。

元朔三年（前 126 年）匈奴浑邪单于死，国大乱，亡归，拜大中大夫。

元朔六年（前 123 年）促征匈奴有功，三月封博望侯。

元狩元年（前 122 年）献策通西南夷。

元狩二年（前 121 年）随讨匈奴后，期赎为庶人。

元狩四至五年（前 119–118 年）武帝问大夏等国情形，又奉使乌孙，副使大宛、康居、大月氏、大夏、安息、身毒、于阗等国。

元鼎二年（前 115 年）由乌孙使还。

元鼎三年（前 114 年）卒。

张骞通西域诸国表

国名	今地	距中国路程	张博望所经营者
大宛	乌兹别克斯坦	去长安万二千五百九十里	初使大月氏，道鉴其、详察其土俗，归为伐大宛之基础
康居	同上	去长安万二千三百里	使大月氏时，由大宛经此
月氏	阿富汗	去长安万一千六百里	为汉使欲与联盟攻匈奴未得要领
大夏	阿富汗		时已为大月氏所服属，博望亲至其地后，为通印度之嚆矢

国名	今地	距中国路程	张博望所经营者
乌孙	伊犁河流域	去长安八千九百余里	初建议结乌孙以断匈奴右臂，后卒成功
安息	伊朗	去长安万一千六百里	知其国后遣其部使通之
身毒	印度		闻其地未能通

贡献与影响

张骞出使西域，影响匈奴很大，匈奴之完全臣服于汉，虽不在武帝之世，但匈奴之衰弱败乱，实由于武帝大张挞伐所造成。除匈奴征服之外，尚有很多贡献及影响都是由于遣使西域而来的。

首先，武帝收复河套一带地区，并开辟河西，于是匈奴失去汉南水草丰美之地。武帝又使光禄徐自为出五原塞数百里，远者数千里，筑城障列亭至庐朐，并屯田防守；经此布防之后，匈奴势力不到今之察哈尔、热河、蒙古东部、东北西部各地，匈奴的版图比汉初小了一半。而且又因为通西域，西域各国原属于匈奴的，武帝时因势力介入，成为汉与匈奴相争之地。于是匈奴的势力仅有今蒙古中西部土谢图汗、三音诺颜汗、札萨克图汗、唐努乌梁海、科布多，及西伯利亚南边地区，势力大不如前。至后汉加以征伐，匈奴终被平服。

其次，武帝通西域，志在断匈奴右臂。张骞通西域、降大宛、破楼兰、结乌孙等国家，使匈奴不能再以西域之人力、物力对抗中国，且常有西顾之忧。于东面则有乌桓、鲜卑等国加以牵制，形成三面受敌。匈奴于汉初势力曾东抵辽东，西有西域，北抵大荒，南至长城之广大地区，如今只能局促于一隅，东、西、南三面均有敌人。虽然不时仍有出击，但耗损重大，兵力薄弱；又因兵败发生内讧，造成五单于分立，互相攻伐，分为南北二庭。因此，东汉不需费力，便能臣服匈奴。

第三，中国于汉时，滇黔诸国，皆未内附。汉武帝虽曾开发西南夷，但后来却以用款庞大而终止。及张骞提及蜀布、邛竹杖，于是复再兴作，使王然千、柏始昌、吕越人等，西使身毒国，开滇池，达交趾，于是滇黔从此内属中国，并为屏藩。虽然此事非直接由张骞造成，但亦不可说与张骞通西域无关。

第四，中国古代的马匹，本极优良，河南洛阳金村出土战国时代的铜马，其躯体雄伟，是一种富有纵跃力之马匹，但后来渐渐退化。及至汉代，反而向匈奴方面补充马匹，或向大宛及乌孙等国买马。武帝自从通西域后，得大宛马，虽不及阿拉伯马优良，但持久力颇强；中国之马种，因得以改良，实在是意外的收获。当时与匈奴交战，以我国的步兵对抗匈奴的骑兵，实属不智。及张骞通西域，武帝组织训练强大的骑兵，至此与匈奴方面的战争，日渐得到优势。

第五，张骞以前，中国对于西域的知识是十分贫乏的。虽然《中西文化西方起源论》的作者，主张先秦时东西已有交通，但并不可靠。因为张骞以前，中国对于西域的知识皆不确实。及张骞通西域后，对于大宛、康居、大月氏、大夏等国的实际情况始大白，故古代西域研究的主要材料，皆出于张骞以通西域无疑。

第六，因武帝通西域使诸国之交通频繁，招致西域文化之东渐，给予中国艺术上的影响甚巨。德国学者曾于《在中国艺术上之外国影响》的论文中，有记述此一问题。他主张铜镜乃受西域影响，但反对其他以土器、石刻等不受外来之影响。除此之外，亦有天文学者，认为汉武帝之太初历是由希腊之历法得来。此等对于西域文化之输入，虽不肯定是因张骞通西域直接传入，但亦不可谓不受其间接之影响。

第七，《晋书》卷二十三之《乐志》中曾记："横吹有双角，即胡乐也。汉博望侯张骞入西域，传其法于西京，唯得《摩诃兜勒》一曲。李延年因胡曲更造新声二十八解，乘舆以为武乐，后汉以给边将……"及唐之《大慈恩寺三藏法师传》二卷中，记载玄奘于西突厥之地，设列宴乐筵席，"傺侏兜离之音，铿锵互举，虽番俗之曲，亦甚娱耳目，乐心意也。"可见兜离乃梵语，是一种铙钹的乐器。乃知当时传于中亚细亚之印度音乐，因汉与西域开始交通而由张骞及其他汉使臣传入中国。此种音乐影响中国以后的音乐颇大。

第八，张骞通西域时，正值罗马帝国兴起，而亚利安族文明，将驰骤于地中海之东西岸地区。据近世史家考证，西域人称呼希腊人为伊耶安或耶而宛，所以大宛国乃大希腊国之一部分。此地早已为帕德利亚之希腊人所蔓延。《史记》记载此地之习俗，与西方古代的习俗相似。由此可知，中国、希腊两文明种族的接触，实起于此时。又大月氏曾破走塞王，塞王南越悬度，大月氏居于其地。当时塞种人乃今沁谟种，即古代巴比伦人、犹太人之所属者。所以中国人与亚利安种人及沁谟人的交通实起于张骞之通西域。

第九，借张骞远征而明了西域之事情，自此与西域诸国沟通起来，其地产物输入中国者不少，固不待论。《汉书·西域传赞》中，有"殊方异物，四面而至"之句。唯此为张骞西征以后之事，至其自身于归国时，齐来何种土产乎，在今日已不大了然。在布雷特施奈德之《中国植物志》一书中，记载葡萄、石榴、红花、胡豆、胡瓜、苜蓿、胡荽、胡桃等，均借张骞西征，始由西域移植于汉地，固不待言。布雷特施奈德系根据中国之记录而如实记载者，但细查中国之记录，即胡麻、胡葱等，亦借张骞由西域传于中国本土。

第十，汉代经营西域，最大成就为匈奴受阻，不能东进南下，及中西交通线之开辟，与中国在中亚威信之树立。但此外附带亦产生若干效果。如求仙思想之幻灭，即其一也。或谓武帝之伐大宛，乃为求仙，一若求仙乃其发兵之动机。实则断匈奴之右臂，以防匈奴之入侵，为武帝最早之计划，亦即其派张骞出使之最大目的；方士借此机会以蛊惑之，结果乃造成有效之鼓励，并促成此空前伟业。故求仙非最早最主要之动机与目的。及求仙不成，而良马已得，于是乃得改良马政。是改良马政亦为结果，而非动机。

第十一，张骞之通西域，或谓其目的在推广当时生产过剩之丝，故张骞之一再出使，等于率领经济考察团，实为倒果为因之错误论断。但中国丝大量向西方倾销，要为事实。盖因丝之为物，人工既精，应用尤广，远胜于西来之天马、葡萄、夜光、明珠之类，故东西交通未开之前，必已有辗转潜运至中亚、西南亚，甚或远至欧洲者。故当汉通西域时，中国丝不仅已闻名于西方各国，且生产量已足供行销国外。因丝在汉代实有过剩之势，张骞出使之目的虽在外交，但对于丝之外传，亦颇善利用。

第十二，新疆有所谓渠道，以分布于吐鲁番、托克逊、鄯善及哈密四县为最广。伯希和、斯坦因均主张其法传自波斯。王国维著《西域井渠考》，则以其为本于我国旧法。又《大宛列传》云："宛城中无井，汲城外流水。"又云："宛城新得秦人，知穿井。"是穿井为秦人所教。西域本无此法，及汉通西域，以塞外乏水，沙土善崩，故以井渠法施之塞下。刘郁《西使记》言穆锡地无水，土人隔岭凿井，相沿数十里，下通流以溉田。所言与汉井渠之法无异。盖东来胡贾以此土之法传之彼国者，非由彼土传来也。故汉时我国灌溉技术，已传于中亚，绝无可疑。另一灌溉工程，则见于《水经注》："敦煌索劢，字彦义，有才略。刺史毛奕表行贰师将军将酒泉、敦煌兵千人至楼兰屯田。起白屋，召鄯善、焉耆、龟兹三国兵各千，横断注宾河。河断之日，水奋势激，波凌冒堤……劢躬祷祀，水犹未减。乃列阵被杖，鼓噪欢叫，且刺且射，大战三日，水乃回减，沃衍灌浸，胡人称神。大田三年，积粟百万，威服外国。"）按：注宾河即今卡墙河，源出昆仑山。亦中国水利工程西传之一明证。）

第二节　大月氏与中西文化沟通的关系

大月氏的由来

月氏又作月支，或作月氐，但此恐系月氏之误。此种族不若匈奴之早见于中国史书，在《汤四方献令》的北狄之中，列有月氏一名，但不足为真实之根据。而《逸周书》之《王会》篇中，有"禺氏騊駼"之句。盖在周成王时，朝贡之四夷中，有所谓禺氏一种族贡献騊駼之兽类。何秋涛断定此禺氏即月氏，因禺月之音相近。何秋涛之说，似可凭信。

在秦汉之际，月氏之所在地，据《史记·大宛传》记载："始月氏居敦煌祁连。"南北朝时代之学者，一般俱信月氏之根据地为敦煌，此一事实，当可承认。在《旧唐书·地理志》中，亦明定敦煌为月氏之故地。吾人由上述之事实推测，以月氏之根据地，认为在河西之西部为允当。

月氏在秦汉之际，势力强大，时凌匈奴；至西汉初，终为匈奴之冒顿单于所破。在孝文帝时，蒙受冒顿单于与老上单于之再度痛击，于是除其羸弱者逗留故地外，大多数俱移转于今伊犁之地。惜随后又为乌孙所追，再度西迁，占据中亚撒马儿干一带。臣服于原居当地之大夏，建都于沩水北，国境兼有布哈尔及阿富汗等地。东起阿赖山，西至阿母河，又跨河而南，并葱岭山中诸小部地区。其国计户十万，口四十万，胜兵十万人。随畜移徙，其民与匈奴同俗。此即大月氏国之由来也。

大月氏与张骞通西域之关系

自匈奴占领大月氏原有敦煌、祁连居地后，当时的中国边境遂为强敌匈奴所包围；匈奴之威胁，更趋严重。而旧日对外西北交通要塞，悉为匈奴所遮断。汉经文景休养生息，国势已盛，武帝乃思用兵匈奴。既悉大月氏与匈奴间之宿怨，特募专人为郎，通使大月氏等西域诸国，夹击匈奴，俾能割断匈奴之右臂，使保持西北边界之和平与扩展西北之交通。故武帝经营西域，其目的即为对抗匈奴；而最初动机，则在与大月氏联盟。《汉书·张骞传》载骞至大宛，"问欲何之。骞曰：'为汉使月氏……'"可知张骞西使之最后目的地为大月氏，故至大宛、康居，皆不足以使其满足。且当时汉人亦仅知有月氏，而不知西域尚有三十五国。

大月氏对当时中国之影响

张骞出使西域之目的为与大月氏结盟击匈奴，惜当时大月氏国经多年流徙，国民已趋安定，且臣服大夏，民生益见安乐，其对匈奴已无报复心意，致使张骞谋划尽告落空。幸而于大月氏国逗留期间，得悉邻国乌孙、大宛与康居等国情形，更探知印度有孔道与中国西南夷相通等事。故在回国之后，遂献议汉武帝开辟通达西南夷之孔道，以免通往西北之交通，时为匈奴所阻，并决定再度出使西域。虽然张骞二次出使时，河西走廊通道，已为汉自匈奴手中夺得，置酒泉、武威、张掖、敦煌四郡。张骞所率三百余人自长安西行，经武威、张掖、阳关至柳中，过车师（车师后王国，车师前王国），跨龟兹达乌孙，更西入大宛，折而南行抵大月氏。遣副使与西域诸国建交后，自大月氏朝东经克什米尔及于阗、鄯善，过葱岭回阳关、敦煌，沿旧径归汉，肯定此一西域通道。此外，更促成汉武帝开发西南夷之孔道，以谋经印度，以达大月氏等地。此为日后自永昌西行沿印度东天竺、中天竺、北天竺入罽宾，抵大月氏之另一陆路交通干线，及自合浦徐闻沿海岸，绕马来半岛、印度洋，过黄支、波斯湾入安息（波斯），抵大月氏之海上交通干线之先声。

自中国与西域各国建立邦交，分遣大使往各国通好后，中外关系，日益进展。西域国家，如大月氏、康居、印度等不断遣使来中国报聘，中原和西域文化，遂能互相交流。而其中影响中国至巨者，乃自大月氏传入之印度佛教。佛教自印度王子释迦牟尼创立后，经阿育王极力推广，遂流行各地。及印度为大夏所侵，而大夏又为月氏所克服，于是大月氏国遂受佛教之信仰，广招教徒，注译佛学要籍，成为佛教护法弘法之所在。当西域孔道大通，佛教遂由大月氏传入中国。《三国志·魏志》卷三十引《魏略》云："昔汉哀帝元寿元年（前2年），博士弟子景卢受大月氏王使伊存口授浮屠经。"自此，佛教遂源源不断流入中国，其对中国之思想、文学、绘画、雕刻、音乐、生活之影响不少。

自佛教哲学输入中国后，士大夫头脑焕然一新，中国之学术思想为之大变。胡适说："世界上哲学大概可分为东西两支。东支又分印度、中国两系。西支亦分希腊、犹太两派。初时四系独发展。汉以后，犹太系加入希腊系，成为欧洲中古哲学。印度系加入中国系，成为中国中古哲学。"可见佛说之输入，影响中国哲学之演化何等重大。而佛教之输入中国则确与大月氏有密切关系。

佛教既由大月氏盛传入中国，故犍陀罗佛教艺术亦随佛教而入中国。犍陀罗艺术复南下至印度，与印度艺术融合，演化成所谓希腊印度艺术。其后形势逆转，又逾葱岭而波及于中国。此种希腊印度系艺术，其转入中国之动机，完全随佛教而东流；在东方艺术史上，非常重要。

月氏对东西文化之媒介，实与有力也。月氏故墟出土之货币，不用古印度文，而用希腊文，以及其量少而质高，可见其目的不在国内行使，而志在与东西各国往来贸易。是时，中国与月氏及其他西域各国也有发生贸易，故必有利用月氏国货币之处。而《汉书·大月氏传》有云："所有民俗与安息同。"由此可见一斑。

第三节　东汉班超父子经营西域

出使之动机

汉代与西域之交通往还，以西汉武帝派遣张骞三使西域后至为发达。然而经西汉末年王莽之乱，不仅把中国和匈奴的关系逆转，同时把西域和羌的关系，也都弄坏。因而中国和匈奴的关系，复趋恶劣。故如何挽回中国在西域的地位，便成为东汉的一个重要问题。光武统一中国以后，为着百姓的休养生息，对于边疆的事情，多取消极政策，故曾一度拒绝西域各国的内附，意欲闭关自守；并对直接扰攘边境的匈奴，采取守势和向内移民的政策，把北边的居民迁往常山关、居庸关以东。

西域方面，得知汉兵采守势后，亦起了内乱。先是莎车攻掠龟兹、鄯善、于阗、大宛、妫塞诸国，成为天山南路的霸王；次为于阗击败莎车，杀其王贤，成为继起的霸主。匈奴对于西域，仍以争取车师与鄯善为目的，自十八国为请内属无效后，车师与鄯善即臣属匈奴；匈奴遂联合诸国，侵略龟兹、于阗、莎车诸国。因此，天山南北两路，复大部入于匈奴的势力范围。

匈奴继续不断的寇边，与西域各国之间的纷争，逐渐威胁到中国本身的安宁，中国必然不能长期的固守。若要击败匈奴，仍当以断其右臂为重要战略。明帝看到这一点，原想派兵出征，但自光武厉行偃武修文政策后，朝廷可调遣之军队不多，根本无力向西域大规模进军。耿秉曾建议效武帝故事，先击白山，破车师，接连乌孙诸国。汉明帝对此建议，颇为欣赏，因遣窦固、耿秉等西征车师。其时汉与西域诸国不通者已六十五年。其后班超竟能施其铁腕，用"以夷制夷"之法，把西域各国的宗主权夺回。故班超的出使西域，在这一段期间，也是我国经营西域的最辉煌历史。

班超出使西域之经过

首先，窦固第一次出塞时，先遣假司马班超与从事郭恂使西域。超到鄯善，鄯善王广奉超礼敬甚备，后忽然疏懈。超意度必有匈奴使者来。初夜，超遂将吏士，驰往袭击匈奴使营。会天大风，超令十人持鼓藏虏舍后，约曰见火燃起，即当鸣鼓大呼。余人悉持兵弩，夹门而伏。超乃顺风纵火，前后鼓噪，敌众惊乱。超手格杀三人，吏兵斩其使及从士三十余级，余众百许人悉烧死。超于是召鄯善王广，以虏使首示之，一国震怖。超晓告抚慰，告以大汉威德；自此以后，勿与匈奴通。广叩头，愿属汉无二心，遂以子为人质。

其次，明帝嘉奖超之功绩，升为司马，复令使西域。超仍率三十六人前往，至于阗。时于阗王信巫，巫言："神怒，何故欲向汉，汉使有騧马，急取以祠我！"广德使人向超求马，超佯许之，令巫自来取马。巫至，超斩其首送广德，广德惶恐，乃斩匈奴监护使者来降。超重赐之，于阗复内属，遣子入侍。西域自与汉绝六十五载，至是复通。

第三，超又复立疏勒王。其初龟兹恃匈奴之势，攻杀疏勒王，另立龟兹人兜题为王。超知疏勒人不服，和田虑合计赶走兜题，还立疏勒故王兄之子忠为王，国人大悦。

第四，后汉第二次通西域以班超为首功。其成功之要诀就是将西域之兵、食西域之粮以制服西域，复加以窦宪之大破北匈奴，使西域顽强之叛王失去靠山，不得不稽首臣服于汉廷。超首先平服疏勒、于阗等叛国，既无后顾之忧，乃于章和元年，发于阗诸国兵二万五千人，复击莎车；而龟兹诸国则发兵五万人来援救莎车。超曰："兵少不能敌众，各自散去，乃为上策。于阗从是而东去，长史亦由此而西归，可待今夜鼓响，即分头退兵。"说毕，故意放纵俘虏。俘虏逃归，告之龟兹王，王信以为真，自率万骑伏于东界以击于阗军。超探知二王已出发，密诏诸部队鸡鸣时突攻莎车营。莎车兵大乱，超军等遂斩首五千余级，获马畜财物甚多。莎车王投降，龟兹等国亦各自散去，自是威震西域。

第五，初大月氏助汉击车师有功，遣使贡珍宝、符拔、狮子，因求婚于汉遭拒，由是恣恨。永元二年五月，大月氏遣其副王谢将兵七万攻超。超兵少，众皆大怨。超晓谕军士曰："大月氏兵虽多，然数千里越葱岭而来，非有运输，何足忧耶？但当收谷坚守，待敌饥穷，必自投降，不出数十日即可解决。"于是坚壁清野以待之。超料大月氏若粮食将尽，必求粟于龟兹，遂派兵伏于东界要道，谢军果携金银珠玉赂龟兹，伏兵杀之，持其首以示谢。谢师大惊，即遣使求和，超许之，岁奉贡献。匈奴既败于窦固之手，大月氏亦臣服于班超，龟兹形势孤单，于永元三年，率众降于超。

第六，时诸国皆平，唯焉耆、尉犁、危须怀有异心。超发龟兹、鄯善等八国兵共七万人，及吏士贾客等一千四百人讨焉耆。其国有苇桥之险，广（焉耆王）乃绝桥及不令汉军入国，超便从他道厉渡，七月晦到焉耆，去域廿里，小营大泽中。广出不意，乃欲驱其人民共入山保守。

超约期大会诸国王，于是焉耆王广，尉犁王泛，及北鞬支等卅人相率来会。焉耆国相腹久等十七人惧诛，亡入海中；而危须王亦不至。超叱吏士等收广、泛等于陈睦故城斩之，纵兵平定焉耆等三国，立元孟为焉耆王，危须、尉犁皆更立其王。超留焉耆半岁抚慰之，于是西域五十余国皆纳质内属。

班勇破匈奴及定车师、焉耆之经过

公元123年（延光二年），尚书陈忠上疏主张"敦煌宜置校尉，案旧增四郡屯兵，以西抚诸国"。于是安帝以班勇为西域长史，将弛刑士五百人，出屯柳中。

班勇于明年（124年）正月至鄯善，以鄯善王归附，大加赞赏。而龟兹王亦率姑墨、温宿来降。勇因发其兵万余人到车师前部击匈奴伊蠡王，收得前部五千余人。自是车师前部始复开通，班勇还屯于柳中。

其明年七月，班勇发敦煌、张掖、酒泉三郡兵六千骑，及鄯善、疏勒、车师前王兵共伐车师后部，斩首八千余，捕得后王军及匈奴使者，斩于索班被害处以雪其耻。顺帝永建元年十月，班勇更立后部故王了加特奴为王；又使别校诛东且弥而更立其种人为王，于是车师六国悉平。

勇更发兵击匈奴呼衍王，呼衍王亡，其众二万余人来降，捕得单于从足。勇使加特奴手斩之，使车师结怨匈奴。单于自将万余骑入后部至金且谷。勇使假司马曹俊驰击之，单于引去。于是呼衍王徙居枯梧河上。汉人占据车师后部及伊吾卢，扼守自山北入山南及侵河西之要冲。自是以后，今哈密、镇西、奇台、迪化、吐鲁番诸地，皆无匈奴之踪迹。故山南诸国得以安居乐业，永不患匈奴之侵暴。

是时唯焉耆王元孟未降。明年六月，班勇发诸国兵四万余人，会敦煌太守张朗将郡兵三千，勇从南道，朗从北道，约期俱至焉耆。而朗先有罪，欲徼功自赎，遂先期至焉耆境，破焉耆获首虏二千余人。元孟乞降，遣子入贡。于是龟兹、疏勒、于阗、莎车等十七国皆来内附而乌孙及葱岭以西遂绝。自后仅置长史，不置都护，汉在西域之威远不及前世之显赫矣。

班超父子之贡献及影响

凡异域人类互相往来之后，则各地产物必循以有易无之原则，而互相交换；各民族中流行之文化亦按优胜劣败之公例，而彼此传播。此亦人类进化必然之程序。汉代之经营西域，论时期不为不久；中西人士往来侨寓者，亦不为不多。故当时中西商业颇见发达，中西文化亦彼此行效。兹分述如下。

其一，班超伐焉耆时，发吏士贾客千四百人。以此度之，汉代中国商人懋迁于西域者为数当不少也。因通西域后，行商可倚汉使及西域汉官吏以为保护。反观西域诸国亦乐与中国通有无。如《西域传》所记：至于康居为求商而纳侍子，罽宾为互市而奉贡献，安息之遮道为擅彩缯之利也，身毒、大秦之汛海亦无非欸关求市。故当时由西域输入中国之货物，有宝石、药剂、香料之类。中国货输出西域者，以彩缯为主，其次是漆器最得西域人之欢心。西域各地发现之古遗物，属于此类者为数甚多。丝织品当时在罗马市场，其价格高至与同量重之黄金相等，罗马人欢迎汉货之风气由此可知。近代西方学者在山西掘得罗马古钱，犹足证明当时中西贩往来之繁盛。凡此皆足以证明班超通西域后，中西商务有相当之推进，而且远及于欧洲。

其二，汉人与西域人接触频繁，故中西文化亦随之而互相交流。如葱岭内有汉人屯戍各地，汉人携带各种文物行使其间。近人探险发掘事业之进步，发现汉文化之重要资料甚多。如西域考古学家斯坦因氏在敦煌及于阗间之尼雅（Niya）废墟中，及敦煌北方烽台中，获得汉代木简甚多。除木简之外，又有绢书之信件，及后汉时代写于纸上的《战国策》，其他记录之书亦有之。凡此皆汉文化流行于天山南路之实证。依常理推之，汉人、西域人杂居，彼此模仿之事在所难免；模仿结果，逐渐趋于同化。西郡诸国之侍子，久处文物之邦，熏陶渐染，亦必有相当之汉化。例如莎车王延，元帝时为侍子，长于京师，慕乐中国，亦复参其法典。延卒，谥曰忠武；立谥之法，必学自中国。又都护统治之诸国，国王由汉册封，王之下有各种汉官，此亦见西域人汉化之一端。以上是班超时中国文化传播西域之事实。

其三，音乐艺术方面，据崔豹《古今注》载："横吹胡乐也，张博望入西域，传其法于西京。唯得《摩诃兜勒》一曲。李延年因胡乐更造新声二十八解，乘舆以为武乐，后汉以给边将。和帝时，万人将军得用之。"班超为兵长史曾假用此乐。而后汉时代，大月氏臣服大夏，侵略安息，并有罽宾。其子阎膏珍，复灭天竺。迦腻色迦王继位，国势益振，其东境越葱岭至于阗，称为佛陀罗国。迦腻色迦王皈依佛教，建立庙塔，广派布教师于四方，其时建筑庙塔雕刻佛像，皆使用居于大夏地方之希腊匠师，于是雕塑艺术，大告发达。此即所谓犍陀罗艺术。自有此种艺术之后，始有佛像之雕刻。是时佛教由大月氏盛传入中国，故犍陀罗佛教艺术亦随佛教而入中国。犍陀罗艺术复南下而至印度，与印度艺术融洽，成为所谓希腊印度艺术。其后形势逆转，又逾葱岭而波及中国。此种希腊印度系艺术，其传入中国之动机，完全随佛教而东流，在东方艺术史上，非常重要。班超通西域之后，汉威复振于西域。因之交通便利，于是西土高僧相继来华。如支娄加谶、支曜、支谦从大月氏，安世高、安玄从安息，竺佛朔从天竺，康孟祥从康居，先后东游，从事译经。佛教流行中国，日见兴旺。自佛教哲学输入中国后，士大夫头脑焕然一新，中国学术思想为之大变。

第四节　唐平突厥引致迁徙与影响

唐平东西突厥之经过

唐初诸外族中，最大敌人是突厥。东西突厥在隋末唐初同趋于极盛，然东突厥与中国较接近，因此关系也较密切。唐高祖起兵晋阳，尝借助突厥兵力立国。突厥从此轻唐，屡扰唐边，太宗与突厥颉利约为兄弟。贞观初，国力渐充，始遣李靖往讨，大破之于阴山，颉利被擒，其国瓦解，东突厥亡，时为贞观四年，公元 630 年。而西突厥东起阿尔泰山，西达伏伽河，北自塔尔、巴哈台，南抵信度河，几拥有中亚细亚之全部，于五十年间，统一散乱之各部落，蔚为一大帝国。于高宗时，屡兴兵犯境。高宗显庆二年（657 年）命苏定方击破西突厥，擒其酋沙钵罗可汗，西突厥随之而灭亡。

对中西交通之影响

唐代击败东西突厥后，唯其众甚盛，反而向西迁后，引起中外之影响不少。

首先，唐太宗、高宗先后平定东西突厥，使天山南北路收入版图，河西走廊地带由是畅通无阻；遂使中国与西域商人之彼此贸易，达到历史上之高峰。而唐代西域与中国通商之主要路线有五：一是西域渴槃陀路（今新疆），又分经疏勒、子合、莎车三国道。二是西域通于阗、罽宾路（今新疆）。三是西域天山北路。四是滇缅路。五是吐蕃尼波罗路（今西藏）。此五路皆汇集中国敦煌，再沿酒泉、张掖、武威入长安、洛阳等大都；而五路中，尤以子合、莎车两道最盛。

其次，唐太宗之伐东突厥，使曾为突厥所压迫的诸国，遣使臣到中国长安通好，并尊太宗为天可汗。此种首领制之联合国机构，全以敦煌交通为要点。当时各国使臣的往来，军队的调遣，以至商贩的往还，僧侣的经行，均以敦煌为交通重心。且敦煌的鸣沙石室，适为中外交通的居停要地，因此，敦煌一带成为中外文化交流的总汇。

第三，唐平突厥后，其余众反逐渐向西迁徙，凭其未衰之势，困波斯萨桑王朝，使其衰弱而为大食国所侵灭，并尽取波斯人海上航行与贸易的地位而代之，成为中世纪的海上霸主。中国西北对外交通的敦煌道，既不能再有发展，那就只有继续自昔已发达的交广的对外海上交通，乃至于发展扬州、泉州等地的对外海上交通了。唐宋时，来往于广州和泉州的海船，以至自中国出海的商船，均较前为盛。原因固然很多，然与大食的发展海上贸易，影响中国交通，多少也有关系。而大食的海上航行，沿袭波斯萨桑王朝，所以为大食所灭，又是由于为西突厥余众所困扰而致弱。推寻其源，唐宋交广海线交通之所以特盛，亦可称间接受西突厥西迁之影响。

第四，因东突厥之平定而西徙，唐国威大振，引起日本的景慕，故于贞观四年以设置遣使的办法，派遣学生、僧侣来华求学，使唐代佛教、文字学术、典章制度、风土习俗东披于大和民族。公元 645 年（贞观十九年），日本下诏革新政制，一切仿效唐代的政令，是谓大化革新。日本不断的遣使通好，使中日的交通事业更为发达。考当时中日之交通路线有三：一是由日本肥前出海，经朝鲜南至黄海，由山东半岛登岸（此为隋及唐初遣唐使路线）。二是由日本长崎出海，西行至江苏，入长江（中唐对日遣使路线）。三是由日本长崎出海西南行，至浙江明州（宁波）（晚唐日遣使路线）。总而言之，唐代山东、浙江等地对日本的交通，其基础是建在日本遣唐使上；而遣唐使之设置，是由于景慕唐太宗平定东突厥的声威所致。由此可见突厥迁徙对中国对外交通发展的影响。

第五，唐代对外交通的发展与突厥兴衰的关系，其影响最广远的，还是以唐高宗时平定西突厥引起欧洲的十字军东征。西突厥被平定后，其余众多数逐渐西徙。其中波斯旧地北境的一支，由塞尔柱率领，脱离伽色尼，其后传至阿尔普、阿思兰继立，征服叙利亚一带土地，打败东罗马、巴勒斯坦、犹太的旧地，由阿拉伯人手中转变为塞尔柱王朝的属地。自塞尔柱打败东罗马后，对基督徒加以虐待，遂引起十字军的东征。第一次和第二次的东征虽说对中国本身并没有直接的交通影响，但这时东方海上的交通，以中国和阿拉伯人为骨干，所有中国由泉州、广州等地出口之商品，以至印度及今日南洋各地之特产，多由阿拉伯人或中国人运达波斯湾及红海等口岸，再转运至叙利亚或巴勒斯坦一带。而参加十字军之欧洲人士，及随军之意大利商人，战至西亚，得见中亚及东方文物，乐于享用，再运赴欧洲销售，使中古时代，欧洲人士开始领略东方文物及文化。此等重大影响，究其渊源，全为突厥西徙建立回教国所至。

六、唐代与西域大陆之交通关系，借西突厥之助甚大。因西突厥介于中国、东罗马、波斯与印度四大文化之间，商业来往，赖以沟通，对于国际间贸易，成为主要媒介。因其地理关系，故大陆丝业之运输，成为突厥专利。其与东罗马缔结国交，及与波斯屡次冲突者，亦即为此贸易求一销场之故；且在当时经行突厥境内者，又不仅商队而已。文化思想，亦每借商道而为之转移，西突厥之存在，诚便利通行中西之来往商人，因赖其便利于行人，更有助于火祆、基督、摩尼三大宗教在中国之发展。

第五节　蒙古西征对中西交通文化之影响

蒙古的崛起及二次西征

蒙古大汗国，是从唐代所统治的蒙元部所演进的。由于他们保持有强毅的精神，与兵民合一的组织，所以成吉思汗于宋宁宗开禧二年（1206 年）即位后，即能平定邻近的部落，东略高丽，西入西域，又率其子术赤、察合台、拖雷等，平定花剌子模国；更南定报达，西越里海，攻钦察部，破俄罗斯援军。凡今日中亚及里海黑海北岸，以及乌拉河、窝瓦河流域，都成为蒙古大汗的领地。这是蒙古军西征的前奏。及窝阔台继为大汗，更于宋理宗端平三年（1236 年），发大军五十万人，命拔都为统帅，由成吉思汗向平花剌子模的旧路，分道用兵；再北上，攻莫斯科，南下攻基辅城。得手后，复分为四军：一军入波兰，二军入西利西亚，三军入加利西亚，四军入匈牙利。一二军，接着复合而为一，与欧洲联军于宋理宗淳祐元年（1241 年），于波兰附近利格尼兹的瓦尔斯塔特平原，进行会战，击败了欧洲联军；其他军更进至奥国，直逼意大利的威尼斯；拔都更追匈牙利王。这是蒙古第一次西征的经过。

到了拖雷的儿子蒙哥，继为蒙古大汗，复命旭烈兀为蒙古军统帅，再事西征。旭烈兀于宋理宗淳祐十二年（1252 年），由蒙古和林出发，经里海南部，再陷报达（今巴格达），尽收阿拉伯旧地，又陷巴勒斯坦，取耶路撒冷，更远至埃及，这是蒙古第二次西征的经过。

蒙古大汗得了这些土地，更分封了四个汗国：一为窝阔台汗国，统治阿尔泰山一带，都城在今日新疆的塔城附近；二为察合台汗国，统治天山以西，至中亚一部分的地方，都城在今日新疆的伊犁；三为钦察（金帐）汗国，为术赤和他的儿子拔都一系的领地，自里海、黑海区域，以至欧洲中部；四为伊儿汗国，自旧日回教哈利发帝国的本部，以至叙利亚、巴勒斯坦和埃及等地。

蒙古西征的影响

首先，自蒙古大汗出兵西征并经营横贯欧亚的驿道，使中西交通事业，得迅速发展。东方的文物竞向西方传播，不独钦察、伊儿二汗国的统治人物，重用东方文物和商品；就是欧洲人士，也沿此而接受了东方文物中的利器。如早为中国所发明的罗盘和火药，由于蒙古军的西征，遂将其制造和应用的方法，传入欧洲。

其次，中国汉时所发明的造纸方法，在唐已为阿拉伯人打败高仙芝时所传学，至是复由阿拉伯而传入欧洲。中国人所发明的雕版印书方法，到了宋代，本已精美完备，至是亦由蒙古军的运用，而传入欧洲。又如宋时所发明纸币，初起称为交子；由北宋而传其法于金人，遂称为宝钞；由金人复传于蒙古，由蒙古复传之伊儿、钦察等汗国，因使欧洲人士，也渐渐知道印制纸币。此外如中国人所发明的算盘，也由蒙古军的西征，而传入波兰。又如两宋最负盛名的瓷器，也由此驿道而传入欧洲。这些文明物质，都与欧洲后来的发展，有相当关系和贡献。

第三，阿拉伯和各处信奉回教的地区，以至欧洲各国如日耳曼和意大利等，凡有魄力、有热情的商贩，和游历家、艺术家、科学家、传教士或工匠等，都不断地从驿道东来，而且还不少是在蒙古大汗的朝廷或元朝，挂名仕版，或向往移居的。这使阿拉伯的天文、地理和炮术等，也传入中国。回教在中国的势力，更见大盛。而基督教的聂斯托利派，在唐末本已中断，至是复继续东来。而且在元初所推行的畏吾儿文字，也是由这些教士，仿效叙利亚文所创立的；接着所改用的蒙古文字，又是由国师八思巴根据畏吾儿文字，并参考梵文、藏文而改定的。中古时代的欧洲艺术，也沿此驿道，而逐渐流入中国。这些文物，在元代固是关系很大；而元代以后，也还有相当影响的。

第四，至元世祖忽必烈，更鉴于宋代对外海上通商的获利，所以在攻陷南宋京师临安不久，就招降在泉州任提举市舶使而出自阿拉伯系统的蒲寿庚，使招致海外诸国的商舶，继续通商。又复出兵进攻占城，即越南的中部，并取爪哇，派宣慰使驻守，而使海上的交通事业，更日见发展。虽说元代传至顺帝末年，便以群雄割据，然而海上的对外交通，至元代末年始见衰落。由此可见，元代西征带来贡献影响后世至大，不但促成中西文化的互为交流，更打通了水、陆二道交通，使中西交通更频更密，替以后的中西交通路线打稳了基石。

第六节　元代邮驿对中国与欧亚交通之贡献

元驿制之起源及其重要性

古代邮驿以地域论，推元代最广；横跨欧亚两地，故亦为最盛。考其制度，有汉地驿站与蒙古站赤之分。元初有驿站与站赤，后复建急递铺，二者并行，而任务稍异，盖急递仅负传达之责，而站赤又兼驿使之供应。元崛起于漠北，以蒙古族之一部落并吞四邻，日益强大。既将蒙古各部泰半征服以后，进而降鞑靼，吞金灭宋；东则威服高丽，西则横扫中亚细亚、波斯、俄罗斯、波兰、匈牙利，南则征服西藏、云南、安南诸国而建立横跨欧亚两洲之大帝国。元代版图之广大，经略之宏伟，盖已超秦越汉胜唐，诚中国史上空前纪录。如此广漠帝国，能得以抟结，能得以维系，东西学者颇推崇于元驿制度。柳诒征《中国文化史》云："欲考元代所以能合亚洲全境及欧洲东北部为一大国者，不可不注意于此制。""其统辖诸国全恃驿站之交通，诸书称元之所以强盛，多纪其制。"由此可知元驿之重要性。所谓军行万里，绝塞孤征；所恃以通消息，资接济者，厥唯驿站。

元驿之内容及其推行情形

元人深知其行国之习俗与居国不尽相同，于是其科举即分进士为两榜。因此元代驿政，亦有蒙古站赤与汉地驿站之分；站赤隶通政院，驿站属兵部，然亦时分时合，无关宏旨。所谓汉地驿站，当然即指吞金灭宋所得之华夏旧坏各地之驿站。而"站赤"乃蒙古语之译名，"站赤"与"驿站"乃二而一者。所以汉地驿站与蒙古站赤意义相同。

元驿之异于各代，即在其一方仍留存汉地驿站，一方更置有蒙古站赤，而主管机关分为兵部及通政院。地方管理则有达鲁花赤与各州、县管民官迭遭更易。其官有驿令，有提领。北方诸站则置驿令，南方诸站则设提领。所云驿令、提领即系各路之在城驿官及各州县之各驿头目。元驿对于视察制度，亦极讲求元史所称之脱脱禾孙，即系掌管视察站赤之官。推究元代驿站所以设立此视察制度之由来，人概彼时往来使臣，为数既众；而骚扰驿站，更属寻常之事。设立此制，既防奸伪，亦所以整治免消乏之意。

站赤，有陆站、水站之分。陆站用马、牛、驴，或用车、轿，或徒步，而辽东尚有用狗者；水站用舟。准予发给驿传的玺书，叫做铺马圣旨；遇军务急时，以金字圆符为信，银字者次之。《元史·兵志·站赤》云："于是，四方往来之使，止则有馆舍，顿则有供帐，饥渴则有饮食。"由此而知元代站赤，除供驿传外，还供给膳宿。

元代站赤可考者有：

1. 中书省所辖腹里各路（包含山东西、河北之地）站赤，总计一百九十八处。

2. 河南、江北等处行中书省所辖，总计有一百九十六处。

3. 辽阳等处行中书省所辖，总计有一百二十处。

4. 江浙等处行中书省所辖，总计有二百六十二处。

5. 江西等处行中书省所辖，总计有一百五十四处。

6. 湖广等处行中书省所辖，总计有一百七十三处。

7. 陕西行中书省所辖，总计有八十一处。

8. 四川行中书省所辖，总计有一百三十二处。

9. 云南诸路行中书省所辖，总计有七十八处。

10. 甘肃行中书省所辖，计有六处。

以上并见于《元史·兵志》。其他见于《元史·地理志》者，高丽本国置站凡四十。故在东北方面，除辽阳省不计外，在朝鲜半岛上均设陆站及水站。南方驿站直达安南。至于西北方面，驿站之建设已由新疆，到达西伯利亚的南境。在中亚细亚方面，元代盛时，经营甚勤，恐怕也不能无站赤之设置。

依上所述，可以推测元时站赤的情形：

1. 站赤之设，视当地情形的需要而定多寡。所以，甘肃省仅有马站六处，而江浙省有各种站赤二百六十二处。

2. 船马之设，也视实际的需要，各站所置不等。如陕西省陆站可有马九十五匹，河南、江北省仅能有三十三匹。云南省水站仅有船六只，江浙省水站可有船十九只以至廿只。

3. 就各省面积和各省站赤及船马车牛数相比，则江浙省交通最盛，有驿站二百六十二。中书省以较多的面积，且为"大都"所在，却只有一百九十八站。又江浙省水路交通，盛于全国，故每站可有十九或二十只船。中书省之运输，似较他省为繁，所以牛驴之属特别多。

4. 至于急递铺，较站赤设立为晚。站赤在元太宗时已有之；急递铺则在元世祖时，始自燕京至开平府，继自开平府至京兆，验地理远近，人数多寡设立；各铺之间，距离十里、十五里或二十五里不等。中统元年（1260年），诏随处官司设急递铺，递铺才大广。

元驿与欧亚之交通情况

元行封建制度，所得西域之地，以封有功，成立汗国；各汗国与中央之间，借驿传以交通之。当时术赤分封之地，即钦察汗国，为汗国中极西之一。拔都西征后，疆域东自吉利吉思荒原，西至匈牙利，举欧洲东北之地尽有之。由元之大都至钦察汗都萨来（窝瓦河下流），邮驿急行二百余日，殊可见其驿制之雄伟。

蒙古侵略欧洲，曾使中国与欧洲相接触。十三世纪时，东西交通之陆地大道有二，而站赤亦设于此两大要道之上。至于元驿欧亚陆路交通两大要道是：

1. 钦察道。行敦煌、萨来而抵于 Grimee 半岛之塔那等港。

2. 波斯道。经行敦煌、天山南路、大不里士而抵于威尼斯或抵于 Ayas。东亚货物由此两道迳达欧洲，亦为有名之丝路。

除陆路外，蒙古人之侵略且将海道或香料道重行开辟。故此，中欧往还可由中国之泉州经过瓮蛮海及波斯湾，再由忽里模子运输至大不里士而转至拉甲佐。由是中国、土耳其、波斯诸国皆统治于共奉同一法令的元代大帝国之下。而诸大汗皆能保障商队之安全，一任种种宗教之传布，遂将古代以来阻遏不通之世界海陆通道重新开辟。就实际言，历史上，中国伊兰与西方相接触者，盖为第一次。

元驿对中西交通之影响及贡献

元代建国，版图幅员之广古今未有。驿站遍于全国，交通尤为便捷，促使文化交流。东西两大文明的中华系与希腊罗马系有所接触，其影响皆可洞彻。现特引中西学者之意见，并分点以述明元驿对中西交通之影响及贡献。

其一，《经世大典·站赤》说："我国家疆之大，东渐西被，暨于朔北。凡在属国，皆置驿传，星罗棋布，脉络贯通；朝令夕至，声闻毕达。此又总纲挈维之大机也。"

其二，法国史学家莱撤说："蒙古人西征，将从前闭塞之路途，完全洞开。其最大结果，即将全体民族，使之互换迁徙。不独皇使往来如织，其不知名商贾、教士以及随从军队者，尚不知凡几也。"

其三，元驿影响所及，对中西文化之沟通，蔚为壮观。史家霍渥尔斯谓："我认为绘画的艺术、指南针、火药以及社会生活中之许多必需品，皆非欧洲人所发明。乃由蒙古自东方所输入者，自属毫无疑问。"

其四海思、穆恩、威兰合著《世界通史》之"震旦之诱惑"："他（马可勃罗）的书，是一篇最有价值的叙述，后代欧洲人（其中包括哥伦布）阅读的兴趣，历久不衰。……希望为他们的宗教，获得信徒；为自己的商业，获得丰富的远东市场。假若陆地旅行不安全，他们必须找新的水道，以到大震旦。"（按：震旦实契丹一名之变体，以契丹为中国名。）

以上各点皆为蒙古西征、拓展疆土所做成之重大贡献。其后元代驿政奠定了中西之交通路线，促使中西之文化交流更密更盛。

第七节　郑和下西洋的原因与影响

郑和的先世及其生平

李至刚替郑和父亲撰写的墓志铭说："公字哈只，姓马氏，世为云南昆阳州人。祖拜颜妣马氏。父哈只，母温氏。"据此，可知其先代的姓名。但是从哪一代迁居云南，仍无从考究。据郑和十二世孙妇的墓碑所记："和为咸阳王六世孙。"又依彭嘉霖《马哈只郑和族系里居考》所论，郑和出于咸阳王的说法并非不可能。考咸阳王就是赛典赤胆思丁，又叫乌马儿，回回人，是回回教主的后裔。但郑和的祖父和父亲据《细说明朝》第一册所记，似乎均曾到过天方（阿拉伯的麦加）朝圣，因此而得哈只为头衔；远祖可能是阿拉伯人或新疆畏吾儿国（维吾尔）的回教徒，随忽必烈征服大理，因而定居云南。郑和自小为明所虏，送进宫中做宦官，为成祖赐姓郑，屡升官位，至"内官监太监"，宫人称为"三保"，于是世人称之为"三保"太监。

郑和的体貌，相传身长七尺，腰大十围，四岳峻而鼻子小，眉目分明，行如虎步，声音强壮，亦俱有外交家的风度。同时他本出身军旅，对于军事知识，甚为丰富而熟稔。《明外交史》说他："有智略，知兵习战。"（《明外交史·郑和传》）所以郑和的出使，可说是以辩说为主，以武力做后盾；故能所至有功，诸国畏服。

明代西洋的范围

今日南海以西之地，称为印度洋或南洋，昔日则概称为南海或西南海，只是暹罗湾南之海特名为涨海而已。至于明初则名之为西洋。故《明史》卷三二三《婆罗传》云："婆罗又名文莱，东洋尽处，西洋所自起也。"耶稣会士东来，又名欧罗巴洲或葡萄牙国为大西洋，印度或卧亚（今译果阿）为小西洋。白古至今，其名凡三变。至于当日郑和下西洋，所历西洋诸国凡三十六。述之如下：

一、交趾支那半岛：占城（今越南中南部）、真腊（今柬埔寨）、暹罗（今泰国）。

二、马来半岛：满剌加（今马六甲）、彭亨、急兰丹。

三、印度尼西亚一带：苏门答腊、旧港、阿鲁、南巫里、黎代、那孤儿（以上六国均在苏门答腊岛上）、爪哇、孙喇（巽他）、渤泥（婆罗洲）。

四、印度沿岸：古里（今印度西岸）、大小葛兰、柯枝、西洋琐里、加异勒、阿拨把丹、甘巴里、溜山、榜葛喇（孟加拉）、锡兰山（锡兰）。

五、阿拉伯波斯沿岸：忽鲁漠斯（波斯湾一岛名）、祖法儿、剌撒，阿丹、天方（麦加）。

六、非洲东岸：木骨都束、麻林、沙里湾尼、比剌、竹步（以上二国即今索马里国）。

郑和出使的动机

郑和于成祖年间，先后七次出使南洋，自有其原因。第一是经济的，其次是政治的原因居多。

自太祖建国，连年战争频繁，北方征服了蒙古，东南沿海击退了倭寇，迫使蒙古不敢来犯，倭寇退回远隔重洋的本土而不敢骚扰。西南的番蛮虽然屡次叛乱，最后仍为明师所敉平。加以宫室城庙的兴建，诸王就封洛王府的营造等，都需要从国库支付庞大的款项，因之国帑空虚，民生凋瘁。至惠帝建文（1399–1402）继位以后，靖难兴师，赤地千里，转战四载，民不聊生。成祖继位，不忍百姓受难，同时希望复兴国家之经济，遂向南洋发展，采取积极之政策，以本国所生产的锦绮瓷漆，易取南洋的香药宝货（详见马欢所著《瀛涯胜览》"古里条"）。如此则非但可以阻止钱宝货的外流，而且足以充裕府库。虽然多是奢侈品，如黄省曾所说："太宗皇帝入缵丕绪，将长驱远驾，通道于乖蛮革夷，乃大赏西洋……由是明月之珠，鸦鹘之石……皆充舶而归。（《西洋朝贡典录序》）而贫民博买，因而致富，国家府库也因而羡裕。何况所输入的百货，皆中国不可缺少，他们必须卖出，中国必须得之。反过来说，国产之瓷器亦是南洋不可或缺，沿海居民赖以为生；一旦禁绝，无可资生，转而为盗。故为解决沿海平民生活，清除海盗，及国库的收益起见，不能不开海通商，使公私各得其利。

据传统所说，成祖遣使下西洋，是访探惠帝之下落，并耀兵异域，以示富强，压以中国的威德。此论自明中叶起已传说纷纷，但就当时情形而论，成祖本人亦私心肯定建文帝已死才即位，决不会留下难以处理之问题，自招烦恼。至于耀兵异域以示中国富强，告诉他们新君即位，但观太祖时取消极之保境安民政策，又以国防关系限制各国商舶东来；及成祖即位，好大喜功，改采积极政策，但亦不必派遣如此庞大之舰队一而再再而三的遣使下西洋，不独耗费不轻，且多与中国传统之柔远怀服政策相违。即使在靖难变后，欲以招展海外，宣扬盛德，亦不必如此铺张，何况北方敌人迫切。就当时一般之情况，其出使多是以经济考量居多，招徕蕃舶，通贡立市。加以帖木儿帝国崛起于西北，亦有南侵之势，其势力日益坐大，亦使明廷与西北诸国之陆路交通及贸易，受其所阻。郑和此行亦与联合南洋诸国，以牵制帖木儿有关。此外，明初之海禁政策，使滨海居民走私下海者无数，聚众而为乱。及成祖即位，一则以调剂沿海居民生计，二则可以根据抽会，增加财政收入。郑和本身的"知兵习战"及熟识航海知识，也与历朝传统政策有关。因自汉唐以来，凡与海外贸易有关者，无不有太监之身份参与。由此可见，明代以宦官身份出使，实有其历史之渊源，殊非偶然之事。

郑和下西洋的经过

郑和曾经七次出使西洋（当时的西洋是指婆罗洲以西，一直到非洲东部的地区）。其出使的年月，史书记载颇多，错误的地方也不少。自从刘家港天妃宫石刻《通番事迹记》，长乐三峰寺石刻《天妃灵应记》等新资料发见后，对郑和出使的年月才有较正确的考定。郑和奉使之年代，自第二次以下，《明史·成祖本纪》等与《南山寺碑所记》不同，兹列表于下：

碑记回次	旧说回次	奉诏日期	出发日期	离中国海港日期	回京日期	旧说根据
1	1	永乐三年六月十五日		十月－十二月	五年九月二日	《明史》
2		永乐五年九月十三日		本年冬末或次年春初	七年夏	
3	2	永乐六年九月二十八日	七年九月	七年十二月	九年六月十六日	《明实录》
4	3	永乐十年十一月十五日		十一年	十三年七月八日	《明实录》
5	4	永乐十四年十二月十日		十五年秋至冬	十七年七月十七日	《明史》

续表

碑记回次	旧说回次	奉诏日期	出发日期	离中国海港日期	回京日期	旧说根据
6	5	永乐十九年正月三十日	同年秋		二十年八月十八日	《明史》
	6	永乐二十二年正月十六日			二十二年八月初前	《明史》
7	7	宣德五年九月六日	同年闰十二月六日	六年十二月九日	八年七月六日	《明实录》

以上年表有需略加说明者：

第二次奉使回京之所以定于永乐七年夏，因是二月初一日郑和尚在锡兰之迳里（Galle）修佛事，并立一碑。

第三次出征，据《星槎胜览》，奉命在永乐七年（1409年）秋，乃误与出发日期相混。

第五次回京日期见陈鹤《明纪》卷十。

第七次出海及回京日期，并见前闻记。

第一次 永乐三年（1405年），由苏州刘家港出发，曾到过今天的越南、马来半岛、爪哇、苏门答腊、印度的孟买省、马拉巴尔城及锡兰等地。在此时期中，除了例行的封赏外，还做了下列诸事：

1. 古里国的敕封，使小国亦望风臣服。

2. 古里碑庭的敕建，以示万世。

3. 旧港酋长陈祖义等的擒斩，为地方除害。

4. 旧港宣慰使司设立，开直接统治的先例。

5. 爪哇的交涉，令杀我国旅行海外的凶手请罪偿金。

郑和于永乐五年回国，同行者是王景弘。

第二次 永乐五年（1407年），统领舟师往古里、满剌加、苏门答腊、阿鲁、加异勒、爪哇、暹罗、占城、柯枝、阿拨把丹、小柯兰、南巫里、甘巴里等国。除了例行的封赏外，还做了下列诸事：

1. 受渤泥国王的朝贡。

2. 在锡兰寺布施财宝，并建石碑，以崇皇图之治。

郑和于永乐七年回国，同行者未详。

第三次 永乐七年（1409 年）出发，亦即《郑和传》的第二次奉使。《明实录》谓此次所到为古里等地，与第二次行经地相同。除了例行封赏外，还做了下列诸事：

1. 受占城国王的欢迎，因明廷助他收回失地。

2. 对满剌加国王的敕封。

3. 于九洲山（满剌加境内）采香。

4. 锡兰山王的臣服。

郑和于永乐九年（1411 年）回国，同行者有王景弘和费信。

第四次 永乐十年（1412 年）出发，亦即官书所记的第三次。《明实录》记所到之国为满剌加、爪哇、占城、苏门答腊、柯枝、南巫里、彭亨、急兰丹、加异勒、忽鲁漠斯、比剌溜山、孙剌诸国。除了例行的封赏外，还做了下列诸事：

1. 苏门答腊伪王苏干的擒获，其王子感荷圣思，常入贡方物。

2. 南京《弘仁普济天妃宫碑》的刊勒，相传此能化险为夷。

郑和于永乐十三年回国，同行者有马欢和哈三。

第五次 永乐十四年（1416 年）出发，《明实录》记此次所到之国为古里、爪哇、满剌加、占城、锡兰山、木骨都束、溜山、南巫里、卜剌哇、阿丹、苏门答腊、麻林、剌撒、忽鲁漠斯、柯枝、沙里湾尼、彭亨及旧港。除了例行的封赏外，还做了下列诸事：

1. 泉州的行香，拜祭回教先贤，以保佑无恙完成任务。

2. 柯枝的封铭。

3. 西南诸国的入贡方物；所进之物，皆古所未闻者。

郑和于永乐十七年（1419 年）回国，同行者是胜慧。

第六次 永乐十九年（1421 年）出发，此次亦到非洲东岸及阿拉伯沿岸之祖法儿、阿丹。随来有苏禄等国的使臣。除了例行赏赐外，还做了下列等事：

1. 阿丹国珍宝的采办。

2. 杨庆、洪保等的分头出发。因是次出使，乃由多人负责遣送十六国使节归国，故起航的日子不一致，而还朝的年月自不相同。这次的同行者有杨敏、洪保和李恺。

第七次　宣德五年（1430 年）出发，此次所经国为占城、爪哇、旧港、满刺加、苏门答腊、锡兰山、古里、忽鲁漠斯、柯枝、卜刺哇、木骨都束、南巫里、刺撒、溜山、阿鲁、甘巴里、阿丹、祖法儿、竹步、加异勒等二十国。除了例行的封赏外，还做了下列诸事：

1. 太仓刘家港天妃宫《通番事迹碑》的刊立。

2. 长乐南山寺《天妃神灵应碑》的刊立，以记郑和多次出海的遭遇及航线。

3. 对暹罗国王的敕谕。

4. 翠蓝屿的停泊。

5. 天方国珍异的采办。

郑和于宣德八年（1433 年）回京，同行者有王景弘、李兴、朱良、洪保、杨真、张达、吴忠、朱直、王衡，周福、费信、马欢、郭崇礼等。

郑和出使对后世的影响

明代成、宣年间（1402–1435），经郑和等先后七次往西洋的出使，使中国与南洋诸国的往来，日趋频繁。不管在政治、经济和文化上，都有极显著的表现，对后世的影响也很大。兹就史实分论如下。

一、郑和下西洋由 1405 年开始至 1433 年结束，比意大利人哥伦布发现新大陆（1492 年）早六十年，比葡人达·伽马绕过好望角（1498 年）早六十五年。达·伽马是绕过非洲赤道以南东海岸之第一人，亦是世界航海家中之领导者，被誉为航海界之伟人。郑和促进了通南洋、印度、波斯、非洲等之航线，对中西文化有一定交流作用，对航海业亦有一定的贡献。

二、南洋诸国，经过郑和数次的卓越战功，和外交手腕的发挥；加上成祖及宣宗的六征蒙古，三定安南，国威远播，南洋诸国莫不相率朝贡。除循常例派遣使臣贡献方物外，诸国王多有亲身或携带妻子陪臣等，航海晋京，朝拜天子，表示臣属。诸国王除躬身入朝，受中国的封册赏赐外，并请求封其国中的大山，以镇其国。诸国间偶尔不幸发生纠纷，或国内起了变故，本身不能解决，于是来明廷陈诉，评其公断是非。明帝的宽大为怀，济弱扶倾，视异族如同胞的仁政，使诸番国倍加信服，咸来朝贡，中国声威远播海外。

三、郑和下西洋虽以通贡形式的沿岸贸易，但由于南洋、印度洋沿岸海外市场之开拓，促使中国海外贸易之急剧发展。当时中国输出过剩的磁、瓷器、丝织品、茶、铜器等，到南洋换取香料、染料等物，以其所有，易其所无。海外贸易大增，自然刺激国内，尤以沿海地区之手工业，商品之生产有进一步之增长，促进社会经济之发展，如景德镇之瓷器，苏州之丝织品等。

明政府对番货的处理用"抽分"之法。番货又分"贡番"和"私商"。"贡番"是朝贡的番使，除带彼物进贡外，尚带其私人货物与中国贸易。官方抽六分，给价偿之，但免其他之税，作外交之礼貌。"私商"是指番商私自运来的货物，与中国贸易。等舟到水边则全封籍起来，官家抽其十二，然后听其贸易。永宣时，除市舶抽分外，直接由政府派遣远征舰队，去海外贸易，输出国货，买进番货，政府的利益更多。与西洋诸国贸易大盛，人民政府均得益。明初政府国库充足，人民饶富，实有赖郑和之下西洋所赐。

四、南洋各国国王，有名的山川，都受中国皇帝的册封，经济方面更是贸迁有无，息息相关。两地的交通经几百年的演进，再加上永宣时的积极经营，使南洋的社会、风俗、习惯及文物的华化，更是日甚一日。如婆罗洲的杜森族（Dasuns），是土著、狄亚克族与中国人的混合种，自称是中国的苗裔，其耕织、习俗，都与中国相同。爪哇、旧港、南巫里诸国，也多使用中国的铜钱，甚至地名也多中国化，如北婆罗洲的中国河、中国寡妇峰等。建筑方面也充分表现出华化，如爪哇的三保公庙，是纪念郑和而建的。《明史》记："其国有王宝庙，祀中官郑和。"（《明史》卷三二四《外国传》"暹罗条"）

五、在风俗方面，爪哇的禁食。《南洋旅行记》载南洋土人甚服和，如神拜之。有次和告诉他们新年前一月不可吃饭，一定要饿，否则死后到阴间没有饭吃，土人果照办，像和一样。但和在夜间偷吃，为土人所见，和谎谓白天不可吃，晚间吃则可。自那时起，土人们在过年前的一个月，实行白天禁食，晚上饱吃的风俗，叫"挂纱"（Koeasa）。暹罗之沐浴也在此时传入。

在饮食、服装方面，亦倍加效法华人，从诸国王及使者的朝贡中可见。在教育方面，华化的程度也很显著，并派遣王子王孙及朝臣的子弟来中国留学。同时诸番国中也有采用中国度量衡的。诸番国的华化，非是表面而为内在，非强迫而是自动；在自发自动下，他们华化之深可见。

六、郑和下西洋前，中国商人已不断的远涉南洋，尤以元代为多。因不堪元之高压，很多东南沿岸之居民，纷纷浮海至南洋，成为南洋群岛之主要开发者。据《明史·外国传》，有关南洋一带国家记载有六十余国，但郑和所到者只有三十余国，可见南洋有些地方，明廷势力仍未达到。国人随郑和下西洋回国后，多次制航行地图路线，因此我国对海外各地人民生活情形及地理环境有进一步之认识。和下西洋后，国人至南洋者大增。他们带去了高度之生产技术及文化，而商人亦带去了大量各种制造品，促进南洋人民之物质生活及精神生活，对南洋之开发有巨大作用。故郑和之功不可没。

七、我国华侨向南洋的移民，自唐已有，但不甚盛。和下西洋后，其势益盛。据《明史·婆罗洲传》说："万历（神宗）时为王者，闽人也，或云郑和使婆罗，有闽人从之，因留居其地，后来竟有其国而王之。"郑和部下，留居南洋确有史料可考。《明英宗实录》记随郑和下番的太监洪保所属一船，由西洋起航时，船中凡三百人。遇大风漂泊，经十八年返国仅三人。其余未回国者固有人因病死亡，亦有大部分居留各地，从事于蛮荒的开发工作。又如商人下番的，也往往留居下来，如苏禄的留人作质，要约商舶再来。华侨既久居南洋，人数日众，形成一集团，占有相当势力，更有成为当地的官吏或执政者。当时去南洋的人，大体来说，有商人、官军、罪犯及海盗四种；前者多是自愿的，后者则多是因在本国内犯罪不能立足，以至避居南洋。同时诸番国来朝贡时带的翻译员或使臣，多由华侨充任，如万安人萧明举为满剌加的翻译员。据史载，明末时，只爪哇一地，华侨数目就达到二三十万人之多。由上述可见，侨居南洋诸国的华人，不仅在经济上占有绝对的势力，同时在政治上也渐渐有取而代之的趋势。故从永宣时代，积极经营南洋后，南洋已成为中国的一部分，无论在政治、经济、文化等各方面，都是中国的附庸。南洋的开发及开化，完全属于我国人努力的成绩。

宣宗以后停止下西洋的原因

明成祖、宣宗朝，郑和七下西洋，遍访海外三十余国，诚明初一大盛事；更使明室声威远播，促进中西文化、贸易交通的拓展。故郑和之下西洋是具有相当意义和价值的。然自宣宗五年（1430 年），郑和作第七次出使后，大规模的船队访问行动，便告终止。此实有经济、政治上等多种原因使然，现将分别叙述于下。

其一，每次郑和所统率的船队，论其规模，可谓空前，其规模既如此庞大，则开支费用之巨，可以想见。在明初，经太祖多年的积蓄，修军屯、兴水利，到了成祖朝，明室府库，已极之丰足，故足可供成祖无限制的挥霍；而西洋宝船之行，仍可支持有余。但在开支愈来愈大的情形下，对于支持这些旅行，未免感到吃力；早在成祖末年，已见其弊。据《成祖实录》所载（卷二三六），永乐十九年（1421 年）因新修成的奉天、华盖、谨身三殿突遭火灾，于是颁下禁令停止下番及一切有关事务，以免劳民伤财。

及至宣宗以后，国用益见浩繁，对外有瓦剌、倭寇等之为患，对内又有运河漕运之维修，故在仁宗、宣宗初年，曾听三杨、夏原吉等议，认下番为虚耗国币之举，乃废之（见《明史·夏原吉传》）。虽宣宗五年，以番贡久绝，再派郑和出使，然已是最后一次了。以后明室经济、财力更见匮乏，大规模的出使行动，很少见到。

其二，明初，虽云有太祖历数十年的积蓄、经营，使国势强大，财力充实，然若没有成祖的雄才大略，好大喜功，不厌挥霍，意欲扬威海外，使四夷宾服，或将没有一番大业，如郑和之下西洋者。故郑和之出使，与成祖之志向颇有关系。然此种航行未免是耗费太多，非一般君主所乐于付出者。如继成祖之仁宗，便与成祖之好恶有异，甫一即位，便释放因谏成祖征不遂而被罪下狱的夏原吉，并采其议，罢废西洋宝船。诏曰："下西洋诸番国宝船，悉皆停止，如已在福建、太仓等处安泊者，俱回南京……各处修造下番海船，悉皆停止。"而宣宗以后之英宗，幼冲即位，大臣务休息，不欲过疲于番务，对于交通事业，已没有热心。嗣后各朝君主，已鲜有大志宏图者，如武宗、世宗之辈，皆疏于政事，只求逸乐，权力多委于宦官之手，政治日坏，对于大规模的交通事业，予以冷落。

其三，郑和的七下西洋，在经济方面，是促进了中外的通商贸易。其时，除明室派出的使臣外，往返于中国及西洋间者，尚有各国的贡使及中国商人。此两种人物皆具有经济的动机，足可反映当时贸易通商的情况。然在中外贸易繁荣之世，明室在这方面的利益，并不很巨，实不足以补偿每次出海的巨额支出，从上文中已可见之。明初，海外诸番国入贡，政府每许附载方物与中国贸易，故其入贡，每享有经济利益，而成祖朝，对之并未征取税项。此盖因中国历代采取重农抑商政策，故对从此图利之道，并不重视；且成祖为招徕诸番国归顺，乃放免商税以诱之。故通商之利于明室，并不重要。首要得其利者，只诸番及商人而已。且诸番所贡，论其值，仍不能补偿明室事诸番的开支。永乐二十二年（1424 年），成祖晏驾后，刘大夏奏曰："三保太监下西洋，费钱数千万，军民死且万计。纵得奇宝而回，于国家何益？”故贸易互市之利益，并未及于明室，不足偿支出，自然引不起明室的兴趣；且宣宗以后，国用日繁，财力益蹙，西洋宝船，乃未见复行。

其四，明初帖木儿帝国崛兴，其王意欲重振成吉思汗声威，于永乐二年（1404 年），乘成祖得位未久，发兵十二万攻明。且其帝国之兴起，无形把中国的西向交运截断，形成孤立情势。为着牵制帖木儿后方，及打通西向的交通线，乃有成祖朝郑和下番之事出。然其王帖木儿于永乐三年（1405 年）卒，国内诸王子争立，发生内乱，国势转衰，对于明室的威胁，大大消除。而明初以后，中国外患，多来自东洋；而到了明季，又多来自东北。出使西洋，已再无军事作用的存在。

明代郑和先后七次出使，遍及中印度半岛、马来半岛、苏门答腊、爪哇、婆罗洲、印度、阿拉伯半岛、波斯湾，迄于非洲东岸，十九为明代朝贡国，在政治、经济上，均有极大之成就。在政治言，第一、二、三次仅到古里；第三次生擒锡兰王，已威震南洋、印度；第四次以后则行踪更远，永乐五年（1407 年）之擒旧港头目陈祖义，八年生擒锡兰王尧烈、苦奈儿，十一年生擒苏门答腊伪王苏干剌，实为郑和最大武功。而协助满剌加之独立，脱离暹罗羁绊及为苏门答腊平内乱，尤有扶助弱小民族之功。

明代在这方面花费固然颇巨，但诸番来贡，外商频至贸易，沿海居民赖以为生；关税所得，亦复不少；而我国的威声，遍及南洋一带。南洋一带相传六月三十日郑和在三宝珑登陆，今三宝珑有三宝洞，洞内有三宝公庙供奉郑和，每年是日必往爪哇进香，尤以华侨为甚。苏门答腊及暹罗亦有三宝庙，据《明史·暹罗传》所载，又有三宝寺塔、三宝井等。可见郑和对南洋一带影响之大。

第十三章　中西交通与商业之路

第一节　丝绸之路与中西交通

丝绸在汉代以前的发展

我国蚕丝发明，当为极早之事。李济先生在山西夏县西阴村的夏代遗址中掘获半个蚕茧，发现曾有人工破蚕的工作，其时代必在殷商之前。而商代甲骨文中亦有"丝"字及丝旁之字甚多。到了周代，文献记载丝织的种类更为丰富。可知当时有了提花技术，挑织及平纹素织提花。公元前三世纪，我国即以盛产丝织物而闻名于世，被称为"丝国"，这反映了我国丝织物很早就成为向外输出的重要商品。此时中国名称有二：一为海路系统，称中国曰支那。一为陆路系统，曰赛来斯，指中国人，又曰赛里古姆（Sericum）。学者皆以为是丝国的别称，意思含有丝、蚕、帛、绢的意义，而这些意义都是西域诸国定称的。它们如蒙古的先族、古波斯、土耳其、古代之俄罗斯帝国等。

其实在殷商以前，早自黄帝之妃螺祖，便教民育蚕，如《尚书》亦有记载。育蚕的地区是很广大的，其中包括兖州、青州、徐州、扬州等。迄春秋以还，吴、楚两国村女，且为争桑而发生战争。故丝绸实为我国古代文明产物之一；其人工之精与应用之广，远胜于同时代西方各地之任何产物。

丝绸在汉代的发展概况

中国丝在汉武帝以前必已输出，例如在克里米半岛克特齐附近古希腊人殖民地遗迹中，曾有丝发现，可以为铁证。斯文赫定于光绪二十六年（1900 年）在楼兰发现丝之残片；此后，法国考古学家在波斯、北蒙古、额齐纳河均有发现残绢。故在公元前五世纪时，中国之缯或已越帕米尔，而至印度、波斯。及亚力山大帝东征以后，乃又经叙利亚人手输入欧洲。丝传入欧洲后，欧洲人甚为爱好；罗马人爱浮华，尤喜丝绸，著名诗人如维奇里乌斯、亚里斯多德等均提及丝。从《后汉书》卷一一八《西域传》中，更可知罗马帝国极欲与中国直接发生关系，作丝绸贸易，但惜为波斯人所阻。原文曰："其王（大秦）常欲通使于汉，而安息欲以汉缯彩与之交市，欲遮阂不得自达。"然汉通西域后，中国之丝即大量向西方倾销，此为事实。盖因丝之为物，人工既精，应用尤广，远胜于西来之天马明珠、葡萄之类，故东西交通未开通之前，必已有辗转潜运至中亚、西南亚甚至欧洲者，如下列各国。

一、印度。公元前 320 年至 315 年旃陀罗笈多王在位时，大臣高底里雅所撰书中不仅有支那之名，且谓公元前四世纪时，丝已贩运至印度。又如《马努法典》（LawsofMary）中，有"支那斯"之名。而"支那斯"最著名之产物为丝。故知有"支那斯"，即不能不知"支那斯"有丝。

二、罗马。亚里斯多德及公元前 350 年之自然科学家不里尼乌斯谓丝乃毛虫所出者。罗马诗人维奇里乌斯谓丝乃树内膜流出之物，实属荒谬之论说。

至于丝之闻名于国外，应在汉以前。而《史记·货殖列传》曰："乌氏倮畜牧，及众，斥卖，求奇绘物，闲献遗戎王。戎王什倍其偿，与之畜。畜至用谷量马牛。始皇帝令倮比封君，以时与列臣朝请。"

三、为何汉代的丝绸贸易，会如此兴盛呢？其主要原因在于"贸易"。"贸易"一词，应以双方发展为准，才能互通有无。而此时之汉代，国内均有国营、民营之产丝机构，剩余很大，农民、妇女均以产丝为美事。"一夫不耕，或受之饥；一女不织，或受之寒"。"六日成一匹，匹值万钱"。此外又有东织西织，专为承办郊庙之服。此乃西汉时的情形。东汉一代更有"今富者耗绣罗纨，中者素绨冰锦，常民而被后妃之服，褒人而居婚姻之饰"。更可见"上有好者，下必甚焉"的情况了。

四、中国之丝，在汉代实有过剩之势，张骞出使之主要目的虽在外交，商业亦颇善利用。如在大夏见有邛竹枝及蜀布，立即探询其来源。此临时之调查也。又曾对大宛王曰："王使人送导我……汉之赂遗王财物，不可胜言。"所谓汉之财物，岂有不包括丝在内之理？此又临时之绝好宣传也。所谓汉使，实皆商人，可知彼等赴西方，即以丝为旅资也（及至，汉使非出币帛不得食，不市畜不得骑用）。

丝绸外传之路线

"丝路"一词，乃里希霍芬所首倡。在中国境内，必沿斯坦因发现之西域大道，由敦煌出发，经沙漠而至罗布诺尔湖，湖之北岸即古城楼兰所在，为军事要塞及贸易重要市场；自此而经于阗，更西乃往印度、波斯、欧洲。当时我国与西方之陆路交通，据文献记载，主要有南北两路。南北路的划分，是因为在我国新疆维吾尔自治区内有塔克拉玛干大沙漠的横隔，只能沿昆仑山北侧或天山南侧西行的缘故。

一、南路。从敦煌出发，经楼兰（即鄯善，今若羌东北）、于阗（今和田）、莎车等地，越葱岭（今帕米尔）到大月氏（今阿姆河流域中部，大月氏的主要地区在今阿富汗境内）、安息（今伊朗），再往西可达条支（今伊拉克或阿拉伯）、大秦（即罗马帝国，今地中海东部一带）等国。

二、北路。从敦煌经车师往王庭（即高昌，今吐鲁番）、龟兹（今库车）、疏勒（今喀什）等地，越葱岭，到大宛（今乌兹别克之费尔干纳）、康居（即康国，今乌兹别克之撒马尔罕），再往西经安息，而西达大秦。汉唐期间，这两条路都曾是运销丝织物的主要通道，后世中外历史学家称为"丝绸之路"。

三、新路。丝绸之路的北路有一条从龟兹到弓月城及其以西的支线，这是一条过去未曾为人注意到的"丝绸之路"。

上述丝路实可称旧世界中最长的交通大动脉，为大陆国家文化交通之空前最大联络线。在这条通道上，在葱岭以西，安息地居要冲，东来的中国丝织物，运往地中海东岸和罗马各地，主要经由安息商人输送。位于安息北面的康居，至少在六世纪前，也是向西输运中国丝织物的重要经营地。安息、康居在古代中西贸易和文化交流方面都起了很大的作用。

丝路对东西文化交流的作用

我国丝织物很早就向外输出，成为一种重要的商品。汉武帝以前，丝的外输攻势已达到了克里米半岛克特齐附近。在古希腊人殖民地遗迹里，也有丝的发现。故在公元前五世纪时，中国丝或已越过帕米尔，而至印度、波斯。亚力山大帝东征后，更经叙利亚人之手，输入欧洲。中国的丝织品从丝绸之路运往地中海东岸和罗马各地，主要经由安息商人输送。由于丝织物受到大秦及西域诸国的喜爱，因此，中西商业日益繁盛，同时更促进了中西文化之交流。现分析如下。

一、在东南交通未开通以前，已有丝辗转运至中亚、西南亚，甚或远至欧洲者。印度方面，早在公元前四世纪时，便有丝绸之贩卖。至张骞通西域以后，中国丝遂大量向西倾销，成为中国对外贸易之主要商品。此外，远至地中海之希腊与罗马之贵族，皆以穿中国丝绢为荣，由此可窥见丝织精美之一斑。安息、条支等商人，更以操纵丝绢之贸易为一种重要业务。故在汉唐期间的西亚、欧洲，对我国丝织物十分喜爱。到了公元十世纪，我国养蚕取丝技术亦早已西传，他们还能用自己生产的蚕丝织造成品。

二、汉人与西域人接触频繁，故中西文化，亦随之而互相交换。如葱岭内有汉人屯戍各地，汉人有携带各种文化使用于其间者。如斯坦因曾于敦煌附近之碉堡中，发现木简缣帛等物，其中有书札九通，皆用纸书写，年份为公元21年至137年之间。由此可推知造纸术必由大月氏西传。至五世纪末，西域各国无一不弃竹简而用纸者。此对世界文化之发展影响甚大。此外，除了木简的发现外，还有我国古人之书、药物、兵法、诗歌、算学、文章等，均能在天山南路上逐一发现。

三、在丝路的频繁交通与贸易中，西域文化输入中国。如音乐方面的横吹胡曲及琵琶乐器，以至印度的箜篌，使我国的音乐平添丰彩。如艺术方面，有古代波斯与希腊所遗留之雕刻作品及美术，以及罗马的幻人等。

四、西域的产品如宝汗血马、宝石、香料、明珠、通犀都经丝路传入中国；而最重要者，是西域植物移植汉土，其数类尤多，如葡萄来自大宛，胡椒来自天竺，石榴来自安息等，成为我国日常需用之果品。

五、由于汉人在西域杂居，结果使西域人民习染汉风及文化。如龟兹王与妻子数度入朝，皆因仰慕中国文化所致；归国后，有习汉文化及穿华服者甚众，且治宫室皆采汉式，甚见醉心汉化。又如汉人教大宛人穿井之法，而助其灌溉及饮用；又授以铸造铁器之法，以助其武事及农业的发展。西域诸国人亦因而受惠不少，生活水平亦因而提高。

第二节　唐代广州对海外的交通

唐代广州与海外之商业交通情况

中国与西南诸国之海道交通，自汉以来，即已有之，然当时操中外海运之权者，多叙利亚人或波斯人，鲜有中国人者。自三国中叶，中国商舶始出海运输，由是历两晋南北朝、杨隋，至李唐、武后当国四百年间，继续航行，常与波斯同操海权。八世纪时，波斯湾阿拉伯海，华人帆樯如织。武韦以后，大食商舶，始代之而兴；然而中国西行商舶，固未尝全绝也。

其时大食人自海道来华者，多由波斯湾经印度洋，绕马来半岛，以抵今之广州。而广州之外，越南之交州，福建之泉州，江南之扬州，同为自唐中叶以来，与大食人通商之所；而诸国商舶咸集中于广州。

广州是唐时南海贸易最盛的口岸，外国商人在广州留居者，大概此扬州还要多。唐末黄巢乱时，广州外国人被杀者达十二万人，真是个可惊的数目；并且由于变乱，南洋交通断绝，波斯湾上的商人因而破产者很多。可见广州在国际贸易上之价值，及其在对外交通上的地位。

元和《唐大和上东征传》记广州对外贸易发达情形曰："江中有婆罗门、波斯、昆仑等船，不知其数。并载香药珍宝，积载如山。其舶深六七丈，狮子国、大石国、骨唐国、白蛮、赤蛮国往来居住，种类极多。"日人高楠顺次郎著《佛领印度支那》一书，尝根据各种旧籍，悬拟当时亚洲各国定期航舶之路线，略表如下。

1. 中国商船。中国西航之航线有二：一由广州出发，南下绕过马来半岛，直达锡兰，经阿拉伯海而入波斯湾。另一线则从广州开出，南下马来半岛，抵达锡兰入阿拉伯海，再过红海而直航美索不达米亚。

2. 波斯商船。从波斯湾出发，经锡兰，越马来半岛，直达广州。

3. 阿拉伯商船。自阿拉伯海出发经锡兰，绕马来半岛抵广州。

4. 锡兰婆罗门商船。自锡兰至阁婆（爪哇）、林邑（安南海岸）至广州。

5. 唐使船。广州南海间。

此外，来往于广州的诸国商船有：南海船、番船、西南夷船、波斯船、昆仑船、昆仑乘船、西域船、蛮船、婆罗门船、狮子国船、外国船。

其中以狮子国舶最大，梯长数丈，皆积宝货，至则本道奏报，都邑为之喧闹。有蕃长为主领，市舶使籍其名物，纳舶脚，禁珍异，蕃商有以欺诈入牢狱者。李昉《太平御览》谓此等船舶："大者长二十余丈，高去水二三丈，望之如阁道，载六七百人，物出万斛。"钱易课《南部新书》云："其艟艨巨舳，具有四帆，使邪移相聚，以取风吹，驶行甚疾。"船上无现代通讯设备，而沟通消息乃利用白鸽。故波斯船多养白鸽，鸽飞千里，辄放一只至家，以为平安信。

唐宋时对外交通贸易之影响

从上述可见广州已为当时中外海上交通要枢，而其重要影响可见如下。

首先，广州的金融势力冠于他市。

其二，由于海上交通发展的结果，广州的殷富简直成了贪污的地方官吏所最不能放过的剥削对象。

第三，唐中宗末叶，始大举开凿大庾岭，修治道路。盖因广州骤兴，故辟此道，使与中原得交通之便也。

第四，唐宣宗大中四年，以为伊斯兰教侨民别设一法司于广州。

第五，唐对中国重要海口，皆设有市舶司，其制度有如今日之海关，目的为促进对外贸易，增加政府税收。《全唐文》卷七十五载："唐室以海道日盛，开元初，在广州、泉州、杭州置提举市舶司，购买外国商品，征收关税，对蕃舶往来贸易每采鼓励政策。"市舶司最初设立于广州时，以知州为市舶使，而以通判即副知州为副使，与管理财赋之转运使共司其事。

第六，广州为当时中国最大通商地，当时之出口货物，以金、银、绢、陶瓷器、茶叶为大宗；入口者多属香料、珍珠、宝石、象牙、吉具、布匹、琉璃、犀角等。贸易极盛。李翱《岭南节度使徐公行状》云："蕃国岁来互市，奇珠玳瑁，异香文犀，皆浮舶以来。"可见当时中外文物交流繁多。加上其后意大利商人喜享用或贩卖东方文物，使东西文化加速交流。

第七，南北宋时，外国富商大贾之以广州为家者，也大有人在。据日人桑原骘藏所考，南宋在国际贸易的收入最盛时，税收达国库总收入二十分之一，其中以广州之收入为多。这可见广州在海外交通上的地位，和南宋建国，有很重要的关系。

第八，当时来广州贸易之蕃商及波斯胡，均成巨富。据苏辙《龙川略志》卷五："蕃商辛押陀罗居广州数十年矣，家财数百万缗。"当黄巢陷广州时，蕃人被杀者竟至二十万人，可见当时在广州外商之众多。总言之，唐代东方海上交通，全以中国人及阿拉伯人为骨干，而广州在中外海上交通的重要地位及其影响尤大。

唐代广州屯门的交通地位

广州在历史上为西南诸国贸易之地，至唐代时，为国际商业重要港口，乃必然的事实。开元时设有市舶使，购买外国商品，收抽船脚。李勉拜岭南节度使，廉洁不暴征，西南夷舶召至四十柁，公私以济。李肇《国史补》谓："南海舶，外国船也，每至安南、广州，狮子国舶最大，梯上下数丈，皆积宝货。至则本道奏报，郡邑为之喧阗。有番长为主领，市舶使籍其名物，纳舶脚，禁珍异，蕃商有以欺诈入牢狱者。"盖其时贸易之集中点也。《唐大和上东征传》广州条云："西江中有波斯、婆罗门、昆仑等舶，不计其数。"尤可见其时贸易之盛。

盖当日与西方贸易之海道乃自广州出发，沿珠江出海，南行至屯门，再西行至海南岛外之九州石，然后沿越南西行，经三佛齐，沿印度海岸至锡兰岛南端，入波斯湾而至阿拉伯。此为通西方之航海路线，又外来商舶亦以此二地为停泊处，自此可见广州与屯门在当时之重要。

唐玄宗时，南海太守刘巨鳞尝以屯门镇兵沿海北上，讨平寇扰永嘉之海贼吴令光。则屯门为当时沿海重要军港可知。因其地形甚佳，海滨聚落，攻守俱宜，为广州防障，故称屯门其相连之青山，曰屯门山。盖即以其扼广东珠江口外交通要冲，而又适坐北向南，以九迳山与青山为东西两翼，以大屿山为前屏之钳形避风港。昔日海上交通工具，纯以帆船为主，其行驶全受季候风支配，每当夏季西南风发，凡波斯、阿拉伯以至印度、中南半岛及南洋群岛等，其海舶欲至中国者，每乘风向东北驶。抵中国海后，则先集屯门，然后转棹入广州等地。而自广州出海之中国商舶或回航诸蕃舶，亦必候至冬季东北风发，然后经屯门出海，扬帆南驶，至中南半岛、南洋半岛或南洋群岛，以达印度与波斯湾等地。屯门之成为广州外港，殆即以其适有交通之便利条件。故《新唐书》述广州通海夷道条云："广州东南海行二百里，至屯门山。乃帆风西行三日，至九州石。又南行二日，至象石。又西南三日行，至占不劳山。一至海峡（马来海峡），蕃人谓之质，南北百里；北岸则罗越国，南岸则佛逝国。"此佛逝国，宋时亦称三佛齐国，地在今苏门答腊岛。唐宋时代，佛逝殆为南洋群岛上重要大国，各国商舶欲至中国者，每多先至其地，然后北驶屯门等地。自中国回航各国之商舶，亦多经其地而后往各处。故宋周去非《岭外代答》卷三"航海外夷条"云："三佛齐者，诸国海道往来之要冲也。三佛齐之来也，正北行，历上下竺与交洋（交趾湾），乃至中国之境。其欲入广州者，入至屯门；欲至泉州者，入来至甲子门。"故屯门为唐末时代中外商舶所集碇可证。

元明吏治不修，粤东沿海，骤形衰落，屯门似未继为立寨。明兴，于沿海要地，建立卫所。其东莞守御所，设于今之宝安县，沿屯门仅设墩台，未见重视。盖此时广州对外之滨海下舶处，已移至今日宝安之南头，西土如波斯、阿拉伯等地商人之航海事业，又因土耳其国的勃兴，而连受中阻，其东向航行者，亦不若唐宋期之盛。屯门地位，已非昔比，唯自欧州人发现非洲南端好望角以达印度洋之航路后，葡萄牙、西班牙、荷兰以至英法诸国商人，乃相继东向航行，竞争贸易。更因屯门而与葡萄牙人发生争端。而此等葡人，明人称之曰佛郎机（Franks）。盖自正德九年至十六年（1514–1521）葡人强占屯门达七年，始为广东巡海道汪鋐率军大败之。葡人不遑于屯门，稍后进而悉力经营澳门，其影响之巨，对屯门有决定性作用。

明自世宗嘉靖以还（1522–1566），江浙闽粤等省海域悉受倭寇侵扰，赖愈大猷、戚继光等相继攻剿，凡二十年，虽倭患渐平，而沿海之交通与经济，亦因是不振。屯门为珠江口外滨海聚落，其曾受倭寇祸害，自不待言。王崇熙纂《新安县志》卷十二"海防略"，历记明代自今宝安南头以至屯门一带之形势及变乱，得知明代珠江口外已不以屯门为交通要冲。而自南头至屯门一带又历为倭寇与海盗等所扰害，渐变衰落，自不待言。

第三节 香药之路与中西交通

香药的产地

香药多是热带的花木或动物油所提炼而成，其产地则以热带区域为主，大抵分布于：

一、国内方面，以西部及西南部山地产麝香为主。东南沿海产甲香。南岭以南则以植物草木所提炼的香料为多。

二、国外方面，以阿拉伯海沿岸，包括阿拉伯、伊朗（波斯）、印度等地区之动物油所提炼的龙涎香，及植物油所抽解提炼的安息香最名贵。其他香料种类与质量亦占全亚之冠。次为中南半岛、印尼及婆罗洲一带，亦是一个香料的重要产地；不过在质量方面，稍逊于前者。

香药的运销

宋代的香料，多从阿拉伯运来，所以宋代对阿拉伯的贸易路线，亦即宋代的香药输入路线。

一、国外输入的路线，其中又分陆路与海道。陆路是中国与阿拉伯的贸易路线；在唐以前，多是由陆路运送，即沿所谓"丝路"。张骞、班超通西域，甘英使大秦，以及西域各国来华都是沿此路线。当时陆路贸易之通道，主要有二路：

1. 由广州至安南，安南至印度。

2. 由陕西西安经甘肃兰州沿新疆塔里木河以达西部亚细亚，经南北天山路至印度与阿拉伯。

二、至于海路，自唐以后，海运发达，由我国沿海往阿拉伯的路线，向以唐贾耽的《皇华四达记》较详。至宋时，从周去非的《岭外代答》，赵汝适的《诸蕃志》及《宋史·外国传》等看来，大概仍是沿贾耽的旧路。亦即是由阿拉伯起，经东大食帝国之首都缚达城，沿底格里斯河至巴士拉

（未罗国），出波斯湾，并于尸罗围港停泊，与中国商船交汇，再南人于海，经乌剌国、提罗卢和国（罗和异国），越厄立特利亚海至提飓国、拔飓国，达天竺（印度）南端之没来国，东行四日至狮子国（锡兰），绕印度洋之伽蓝洲（孟加拉湾之尼古巴群岛），达苏门答腊西北之婆罗国，经胜邓洲（得里）、葛葛僧祇国，出马六甲海峡后，先至室利佛逝（三佛齐），然后始至爪哇，再折向北行，经马来半岛，及中南半岛之军突弄山、奔陀浪洲、古笪国、门毒国、陵山、占不劳山（林邑），经象石、九州石诸岛，再沿中国海岸北上，至屯门山（今香港青山），再沿内河珠江而行，北入当时对外贸易的中心——广州。总括由巴格达至广州的航程，共需百日左右，而以巴格达、尸罗围、锡兰、佛逝、屯门及广州等为主要的站头。

大抵中唐以后，吐蕃、大食兴起。安史之乱影响北部交通受阻，是以自广州来往阿拉伯的海道，遂成东西交通之主要路线。宋代的香药大部分产于南洋各国，所以香药的输入，便以海道为主，而往来海道者多为阿拉伯商人。换言之，即经济因素较政治因素为大。

三、国内运输分销方面。自阿拉伯及南洋各国的香药到中国后，即集中在广州，继而分运往各地销售。其运输路线可约而为三：

1. 北宋时，由广州运往汴梁。

2. 南宋时，由广州运往泉州、临安。

3. 宋代香药，由国家专卖（禁权），集中于首都，再分销各地；远至契丹与西夏，也有香药贸易，可见其贸易之盛。

香药贸易的影响

宋自海外输入之蕃货中，以香料为主，中国香料之需量极大，输入者可得巨利。《宋史》卷一百八十五云："宋之经费，茶、盐、矾之外，唯香之为利博，故以官为市。"故香药贸易对各方面来说，均有一定之影响。现分述如下。

其一，国计方面。

一、宋代政府由外国贸易所得之收入，据《宋史》卷二六八《张逊传》所载，自太平兴国元年设権易处以来，第一年政府即收得三十万缗之利益，未几更增至五十万缗。南宋王应麟《玉海》卷一八六云："海舶岁入，象犀、珠宝、香药之类，皇佑中五十三万有余，治平中增十万，（南宋）中兴岁入二百余万缗。"足见政府由外国贸易所收利益，已渐次增加。然观明朱健《古今治平略》卷三云："渡江之初，东南岁入犹不满千万。……绍兴末，合茶、盐、酒、坑冶、権货和置买之钱，凡六千余万缗。"

二、神宗用王安石变法，以理财为主，所以收入略为增多。当时香药年入四十万贯左右，换言之，即占全国总收入百分之一至百分之二左右。大抵渡江以后，宋国家版图日蹙，收入减少，香药价突涨，于是香药每年收入在全国总收入中比率增高了。建炎、绍兴之间，香药年入百万贯，占全国总收入十分一。高宗末至孝宗初，香药收入虽增至二百万贯，但国家岁入亦增多；若以岁入六千万计，则占总岁入二十分之一。据《天下郡国利病书》卷一二〇载："宋南渡后，经费困乏，一切倚办海舶，岁入固不少……"所以高宗曾谕："市舶之利最厚，若措置合宜，所得动以百万计，岂不胜取于民？"

三、大抵北宋时，香药朝贡最盛，香药供过于求，所得的金钱并不多。经过了一百六十余年，香药用途增广，至南宋时，香药价格升增；加以幅员日蹙，于是造成香药的收入竟占岁入二十分之一至十分之一，在国家财源上，实占重要位置。凭着庞大的香药税收，南宋国用赖以维持，国祚亦得以延长，可知其对宋代财政及国运影响之大。

其二，政治方面。

一、香料之需求日多而价格昂贵，出仕南海者，往往于在任中，收买多量香料，以遗赠要路权贵，作为进身之资。如广东转运使燕瑛，因进赠沉香水而得应天府及香燕大尹等衔。其他如张苑、方滋德等皆因献奉香药而得进升。

二、宋代因对外贸易发达，所以负责管理对外贸易的市舶司制度，在财政上的贡献甚大。《建炎以来系年要录》记："绍兴十年四月丁卯上谕：广南市舶，利入甚厚，提举官宜得其人而久任，庶蕃商肯来，动辄得百十万缗，皆宽民力也。"正因如此，市舶使人选便要特别留心。若不得其人，政府收入减少，蕃商人民均蒙损失，其中尤以香药为甚。市舶使及其官吏之免职，又有因处理蕃货（香药）不当而不宜任市舶使者，如吕邈、赵峤等是。相反地，对蕃货处理得当，因而升迁或被歌颂的也有，如向敏中、马亮等是。可见香药贸易对宋代职官之黜降升迁有莫大之影响。

三、宋代的香药，因价格高，销量大，利润厚，致使阿拉伯的香药商人顿成巨富，并可在我国指定的地方居住，即所谓"蕃坊"；立有"蕃长"，设有"蕃学"，禁止蕃汉通婚，订立蕃人犯罪及遗产的处置方法。由此可知因香药贸易而引起政府的种种措施者不少。

四、更有入仕宋廷的，如蒲寿庚便曾任福建、广东招抚使，且兼管其他一切海舶事务。他弃宋降元之事，更直接影响宋元国运之消长。盖蒙古军之海上军力薄弱，假使无蒲氏之海上势力为前驱，则元之平定江南，恐非易事。

五、蒙古灭宋后，阿拉伯商人因熟悉我国情形，故成为我国外商中最有势力的一群。但元代财政最为紊乱，国内商业不景，于是一般回回人遂转仕于元政府，影响及有元一代之政治。

其三，民生方面。

香药有二大用途，在实际之应用上，多作医药用；在装饰上，多用作焚烧，以供祭祀或薰衣之用。原因是：

一、一般香药多含一种杀菌成分，可以防腐。

二、在一般饮食中加点香药，可作为刺激食欲之调味品。

三、各种名贵的墨、砚等文房用具，常用香药掺制，以去墨臭。

四、香药对神经有一种刺激作用，制成线香，可用于祭祀，所以宗教上的用途甚广。宋徽宗崇尚道教，香药更形重要。

此外香药亦有用于日常生活中，当时权贵多有在室中焚香及薰衣沐浴的习惯；亦可作饰物用途，一些民间妇女的香囊、香球，甚至玩具，均以香药制成。

其四，文化方面。

据傅统先的《中国回教史》称，阿拉伯商人来华后，影响于宋代的文化有三点。

一、海上交通繁盛，使各国日常用品，偶有互相交易的机会。丝绸瓷器，此时赖回教商人运至西方；西方的犀象、珊瑚、香药等物，渐次输入中国；航海之罗盘指针，亦借阿拉伯人之媒介传至西洋。

二、宋代有蕃学之设。南宋初，蔡绦《铁围山丛谈》卷二云："大观、政和之间，天下大治，四夷向风，广州、泉州请建蕃学，高丽亦遣士就上庠。"故宋代外侨子弟，多有受中国教育者，甚至应试授官。又如北宋龚明之《吴中纪闻》云："程师孟于熙宁间亦大修学校，日引诸生讲解。负笈而来者相踵，诸蕃子弟皆愿入。"

三、宋代华籍阿拉伯人中，因久居中国，吸取中华文化。而在文学上有所成就者，有宋末之蒲寿庚，居中国有年，其举止谈吐均已深受中国文化熏染，咸淳年间知梅州，为政清廉，为当代著名诗人，著有《心泉诗稿》。此外蒲宗孟、程师孟等亦颇负盛名。

第四节　白银之路与中西交通

宋明货币的演变

中国在唐及北宋时代，由于全国统一，商业发展，钱币的使用非常发达。当钱币使用盛况达到最高潮的时候，中国的货币制度又复进一步，即采用银而及纸币作为交换的媒介。纸币始于宋真宗时四川交子的发行。白银在唐、宋之际已开始具有货币的用途，民间买卖也以银作为交换的媒介，但在宋至明的几百年中，白银作为货币来使用，并非完全畅通无阻。当纸币因发行过多而价值低跌的时候，政府为着要稳定纸币的价值，往往禁止白银当作货币来流通，以便强制人民使用纸币。可是，中国社会经济长期演进的结果，由于客观形势的需要，白银自然的成为中国各地流通的主要货币，而且银的购买力有日见增长的趋势。

明太祖得位后，采取锁国政策，不许寸板下海，其后郑和的几次下西洋，也没有多大增进中外的关系。在币制上，明代想回复钱钞的办法，禁用金银，甚至禁开银矿，然自五代以来，白银的使用，一方面由于中国自己的需要，同时受了中亚币制的影响，已酝酿了几百年，到明代已根深蒂固。除了"大明宝钞"的不断贬值，铜钱亦感不足；铸钱原料的铜，渐感缺乏，铸钱成本提高。且当局为了推行纸币，把钱财存国库，不发行出来。宣德以后，五十年间完全没有铸钱，因此民间的铜钱，更不够用。所以白银的通行，原是补充货币数量的不足额。后虽恢复鼓铸，但由于私铸猖獗，钱分等级，不合适当价值的尺度，这更促进了白银的使用。面对着这种货币经济发展的大潮流，明代政府原以征收实物为主的税收，也改为"折银"，更助长对银需要的增大。

中菲贸易发达之原因

中国银矿的蕴藏有限，成色亦低，经过长期的开采，渐形耗竭。相反，明代的白银，在需要方面却特别增大，颇有供不应求的趋势。当中国白银因供求失调而价值高昂时，美洲的银矿，却由于西班牙人的大规模采炼而产量大增。菲岛的西班牙人，因有银产丰富的西属美洲作后盾，当与把白银视为至宝的中国商人贸易的时候，购买力显得非常之大，从而引起中国商人扩展中菲贸易的兴趣，以便把西班牙人自美洲运来的白银，赚回中国使用。

随着海洋交通的发展，明代中国沿海常有海寇为患。明初政府既要忙于维护北方边境的安全，对骚扰东南沿海的倭寇只好采取一种消极的海禁政策。海禁的施行，对于外商，当然感到不便。至明中叶，中国工业生产突飞猛进，产量增加，有开辟国外市场的必要。同时在东南沿海区域繁殖起来的大量人口，因耕地有限，单靠农业不能养活，不得不就近利用海洋交通的方便，从事海外贸易以解决生计问题。明中叶以后，国内外商人对于政府严格管制国际贸易的反抗，更趋积极，有些甚至从事走私。而欧人东来以后，挟有强大组织和雄厚的资本，当然不像过去南洋诸国那样肯屈居臣属的地位，往往用武力强迫中国互市，或勾引内应叛乱。在时势的迫切需要下，明政府乃于隆庆元年（1567年）正式开放海禁，准人民前往东洋、西洋贸易，而由海防同知征收引税（向商船征收）及关税。

西班牙认为菲律宾是西属美洲的屏障，自1565年占领菲律宾后，一方面必须经常防御外来敌人的侵袭，他方面又须镇压各岛土人的叛乱，因此，对于各种军需及补给品的需要非常大。可是菲岛和他们在美洲的基地距离甚远，接济不易，故有赖于中国商品的输入，以维护菲岛的安全。此外，菲岛资源有限，且尚未开发，并无可资运往美洲的产品出售获利。因此，地大物博的中国，便成为大帆船贸易货物的主要来源，而菲岛乃成为贸易的转口站。另一方面，西班牙在美洲大量开采银矿的结果，除把银运往本国外，有不少由大帆船运往菲岛，正好作为支付中国货物的代价。这样，在十六七世纪间发展起来的中菲贸易，便成为墨西哥与菲律宾间大帆船贸易发展的必需条件，同时也成为中国与西属美洲贸易的重要一环。

新航路之发现与白银之输入

由于西班牙政府的资助，哥伦布于1492年（明弘治五年）发现美洲新大陆。自此以后，西班牙政府在那里积极经营，先后征服墨西哥、秘鲁以及其他地方。

十五世纪中叶，葡萄牙国王派遣达·伽马，从里斯本出发，绕过南非好望角到达东方之印度。自是，葡萄牙的基督徒，就能亲自在东方的市场直接进行贸易，不再为回教徒所垄断。

在太平洋方面，麦哲伦于 1519 年自西班牙出发，由大西洋经美洲南端入太平洋，于 1521 年抵菲律宾。

自东方新航路发现以后，东西交通发达。明隆庆五年（1571 年）以后，首先由西班牙陆续输入大量墨西哥白银，后来葡萄牙、荷兰、法国也相继有少量白银输入；而输入最多的，有一时期却是英国。美国则从 1784 年（乾隆四十九年）开始对华贸易以后，也不断输入相当数量的白银。东方的日本在明末清初一段时间内也输入了巨额白银。大抵明末以来至道光以前为外国银的流入时期，而道光以后一变为中国银流出时期。据科米因的估计，自公元 1571 年马尼拉开埠时起至 1821 年止，前后二百五十年间，由墨西哥输入马尼拉的白银，总额约四亿元，其中四分一以上流入中国。其次是在十七世纪中，日本有大量白银由长崎流出，大部分输入中国，或由来长崎贸易的中国商人直接带回中国，或是由荷兰商人由长崎带往澳门，购买中国生丝。据估计自 1601 年至 1708 年这一百零七年间，输入中国的白银，约达一亿元。而整个十八世纪至十九世纪初，欧洲方面输入中国的大量白银，差不多都是自英国输出的，因为不但东印度公司及英国散商是由英国输出白银购入丝茶，即当时在广东贸易的瑞典、丹麦、德意志的商船，也用银购入中国茶叶转售给英国。据摩尔斯的东印度公司对华贸易编年史统计，直接间接由英输入中国的白银，约合五千六百余万元，实际数字当比这个要大得多，他估计加上不知道的数字应不下数亿元。此外还有美国自对华通商以来，到道光以前（1787–1820）输入中国的白银约达五十万元以上。综上所述，在道光以前自外国流入的白银，仅就可知的数字合计，也有三亿六百余万元以上。至于输入之航路大抵有四：

1. 自欧洲经南非好望角至东方来的航线。

2. 自墨西哥阿卡普鲁可，横渡太平洋，西航至菲律宾，借着贸易的关系而流入中国。

3. 自日本长崎直接输入中国，或间接由澳门方面辗转输入中国。

4. 自美国对华通商以来，间接经日本输入中国，或直接横渡太平洋与中国贸易。

但在十六世纪中叶以后，菲律宾与中国间运输白银的航线，并非完全畅通无阻，理由是：

1. 西班牙与荷兰参与"三十年战争"（1618–1648），影响所及，达于东方。荷兰于 1624 年入侵台湾岛，在台南建立基地。再二年，西班牙也占领台湾北部，两国互相对峙。因台湾位于中菲之间，荷人遂以台湾为基地来骚扰中、菲贸易，至 1648 年"三十年战争"结束时才告终止。

2. 明末清初，郑成功在东南沿海与清军对抗，故清政府于顺治十三年（1656 年）实施禁海令，至康熙二十二年（1683 年），清军平定台湾，翌年限制才告废除。在此期间，中、菲贸易及白银的输入当然也不免要受影响。

清白银外流的原因

其一，道光时代因有些国家如日本早已禁止白银输出，有的国家如西班牙则限制对华贸易，所以白银的来源顿然削减。

其二，乾隆末，英人以印度盛产鸦片，遂尽量输入中国，以谋暴利。清初，鸦片的输入每年不过二百箱左右，道光以后，英、美及其他欧洲国家相继来华进行大规模的鸦片非法贸易，输入竟增至二万八千余箱。如此，中国白银之出口，也日益增加。宣宗道光初，广东海口每年漏出银数百万两；至道光后，增至三千余万两，因而中国银荒日甚。

其三，自鸦片战争后，中国在对外战争中屡次失败，以致要向外国缴纳大量赔款。"甲午之战"后，因要偿付对日赔款，屡次向外举债，中国每年应付本息日增。及庚子事变，随着赔款的增加，中国每年对外偿付的赔款更要加重。在当时金贵银贱的趋势下，以白银作为货币单位的中国，其白银外流的情形，自当更形严重。

白银贸易之影响

其一，正因中国获得大量白银以供国内流通，才使银两货币的供求维持平衡，币值能得到相对的稳定。此亦可见得白银贸易对中国明代经济影响的重要。

其二，美洲白银对于物价的影响是具有世界性的。它的大量输出，不独在大西洋对岸的欧洲要引起物价革命，就是中国，其物价也因而受到影响，发生激烈的变动。随着货币流通量的激增，根据费休的货币数量学说，物价水准自然要较前高涨。如英国副使史当登便曾说："在过去一世纪（指1793年以前的一百年）内，自欧洲流入中国的白银，曾使各项消费品价格激烈上涨，而且改变了政府（清廷）中一些官吏的固定薪金收入和他们的经常开支的比例。"

其三，自明至清，太湖区域经济特别繁荣，人口增多而富有，故有"上有天堂，下有苏杭"的美誉。其原因固有种种的不同，但海外白银贸易的美洲市场，对中国丝货需求的增大，从而刺激这地区的蚕丝生产事业，使人民就业机会增加，当是其中一个重要因素。

其四，另一方面，当十八世纪中国物价长期波动的时候，人口又特别增加，以致有许多人因为货币收入远落在物价之后，而生活水准降低。当时许多百姓因物价高涨而生活艰苦的情况，与清中叶以后各地大规模的暴乱有无关系，着实值得我们研究。

其五，约自十九世纪的七十年代开始，国际间普遍的自金复银本位制或银本位制改为金本位制，白银退居不足重要地位。但中国仍旧实行银本位制，在货币方面对银的需要较大。而在银价较高时大量输入，及二十世纪三十年代银价剧跌后又被迫大量流出，自然要大吃其亏。据海关估计，在1934年，中国约输出白银二五九、九四一、四一四元。白银的外流，遂使清政府国用不足。

其六，当日中国既要自国际收入中扣除不少款项来以金偿付赔款及外债本息，所剩下的国际收入自然非常有限，故除必须消费的输入之外，并没有多少款项购买外国与工业化有关的机器及其他物资。当中国输入的机器因金贵银贱而为数有限时，工业发展自要大受影响。

其七，中国的丝织品，在西属美洲市场上大量廉价出售，连原来在那里独霸市场的西班牙丝织品也大受威胁。因此，中国与西属美洲的白银丝织贸易，竟引起西班牙国内丝织业者与海外殖民者间的严重冲突。

其八，根据 1637 年菲律宾检察总长孟法尔坤的报告，在墨西哥以中国生丝做原料来加工织造，有一万四千余人因此而获得就业的机会。

其九，中国丝货输入美洲，不独使少数富有人士的物质欲望得到满足，而且由于供应增加，价格下降，又可刺激大多数人民的消费。如秘鲁的印第安人、黑人及其他穷人，因中国丝织品大量输入，售价较廉，自然有能力购买了。

其十，英国商人从事茶的贸易，始于十七世纪下半叶，但茶被运到英国以后，喝茶竟普遍成为一种风气。结果，中国茶的输出量大增，此亦受白银贸易间接之影响。

第十四章　历代重要都邑沿革

第一节　长安与洛阳的地理沿革

长安的重要性及其影响

西安，古称长安，在明洪武二年（1369年）才改为现在的名称。它是中国六大名都中，历史最悠久的都城；中国古代的周、秦、汉、前赵、大夏、前秦、后秦、西魏、北周、隋、唐等十一个朝代，全在长安或它的附近建都。唐太宗《帝京》云："秦川雄帝宅，函谷壮皇居。绮殿千寻起，离宫百雉余。连甍遥接汉，飞观回凌虚。云日隐层阙，风烟出绮疏。"可见古代长安一带，是中华文化发祥地之一。但中国古代帝王建都长安，并非偶然，因为那时的关中（西安在渭水盆地中央，古称关中），颇具地形之胜。春秋战国时代的"合纵"论者苏秦谓长安："西有巴蜀汉中之利，北有胡貉代马之用，南有巫山黔中之限，东有崤函之固……沃野千里，地势形便。"可见长安之所以成为帝都的地理条件。早在周、秦时候，已选都于镐京及咸阳，此皆属今日西安的地区范围。

汉都长安，据《后汉书·郡国志》"京兆尹"注，能了解其城池之一二："长安城方六十三里，经纬各长十五里，十三城门，九百七十三顷。"

汉代长安现在虽然荡然无存，但考古学者近年已准确地研究出它的位置和大小轮廓。以后的隋唐两代，亦都长安，而以唐代的发展及开拓尤盛。唐都长安，是为西京；帝王偶居洛阳，是为东都。唐代之长安即隋之大兴城，据《两京城坊考》说："外廓东西十八里余，南北十五里余，周六十七里。宫城在北，宫城之南为皇城。就政治社会各方面情形估计，全城人口至少四五十万以上。加以留居长安之胡人不下万人，对外贸易发达，故两市商业极盛。"李肇云："三五百人之礼席，不须预定，常可立办。"其盛况可见。而西市多胡商，贸易尤盛。

自安史乱后，北方残破，长安昔日之繁荣，已无复当年之盛。加以藩镇割据，漕运常被切断，关东漕米不能经常供应；加以黄巢乱后，破坏至大，故长安城不能长保。唐天祐元年（904 年）朱全忠以助唐灭黄巢有功，乘唐势衰弱，控制全国，迫唐昭宗迁都洛阳，又强令长安城居民按户籍迁居；经此浩劫，长安萧条。其后，节度使韩建改建长安，除去原长安城外部和宫城，仅留皇城加以修补，名为"奉元城"。公元 907 年（天佑四年），朱温废唐昭宣帝，建立后梁，唐王朝就此覆灭。自朱温在开封建立国都后，中国历代王朝的国都，从此转移到东部平原交通方便的地方，偏居关中的长安自此衰落、沉寂。

洛阳的重要性及其影响

周公平定三监之乱后，最显著的善后工作便是收拾残局，实行第二次封建，并且建立东都洛邑，即洛阳。这样，洛阳便在历史上成为都邑。但洛阳本身只是个小小的平原，它的价值只是一个东西的要冲，也就是所谓"天下之中"。洛阳的地位实际上联络了中国传统上的关东与关西，所以洛阳地位的意义，不是取得军事与经济资源的地区，而是需要利用别处已得的军事与经济的资源来控制这个地区。洛阳附近的资源是贫乏的，绝不能维持一个中型都市的需要，因之，洛阳的经济位置和洛阳对岸的彰卫怀（彰德、卫辉、怀庆）三属，有不可分的关系。故洛阳地区比关中地区更缺乏独立性。东汉建都洛阳，要依靠三河中的河内与河东，因而河内的邺下便日渐重要起来，成为三国以后的政治重心。

洛阳成为首都，显然是由周公"定鼎于郏鄏"的关系。东周迁洛阳还是根据这个基础。这点绝不是周公的错误，而是周公在当时确有其必要。周室本起于西北的落后民族，其与殷商的关系和辽、金、元、清对于汉族的关系颇为类似。周人绝不敢放弃了原来的根据地，一举而定居中原，所以周人除去保留"上都式"的丰镐以外，还要建立"大都式"的洛阳。

洛阳这个地区，被周人号称为天下之中，实际的意义就是它是东方与西方之间，被西方的征服者利用来控制东方的一个据点。后来周人的文化进步很快，于是洛阳成为文化中枢，以至成为中国文化的代表。班固的《东都赋》，固是如此说及洛阳表面上有关河为限，实际上，关河全不可守三帝君建都洛阳的目的，只是为着观瞻所系的目的而已。到了秦和西汉时代，洛阳已是一个商业都市。《史记》谓："洛阳东贾齐鲁、南贾梁楚。"足可为证。及光武即位，以长安残破，建都洛阳，洛阳又再成为首都，地位超越长安之上。在面积而论，洛阳自然比长安狭小，但繁华程度在这时候并不下于长安，而且工商业均相当发达，从事于工商业的人并不少。

洛阳在南北朝时，从北魏孝文帝太和十八年（494年）自平城迁都以后，直至534年魏分东西，洛阳凡为北魏国都者四十年，历时虽不算长，却是北朝文物最盛的时代。北魏在洛阳所存的遗迹，最有艺术价值的，要算是龙门山（即伊阙山）的石刻佛像。隋炀帝时曾营建洛阳，及有每月役丁二百万人之甚。唐时洛阳为东都，宋时为西京，《元和郡县志》与《太平寰宇记》，记各州间里数，必及东都或西京，可见其在唐末仍占有重要地位。自此以后，洛阳之繁华亦走向衰势，其地位只系于一历史文化中心而已。

第二节　邺下与晋阳的地理沿革

邺下的重要性及其影响

三河地区本来是中国旧都所在，据相传的说法，夏都河东，商都河内，周都河南。夏是否建都河东，因为考古发掘证据还不够，这一点还未证实。商都河内是从安阳的发掘工作上，已取得证据。就河内地区而言，商代都城的安阳，和五胡及北朝都城的邺，实际上是在一个区域。殷墟在今安阳城北五里，距古邺城约四十华里。在平原上，四十里的范围，算是一个区域，所以古邺和商代之殷及安阳同是一区域。就物产、运输以及军事上的形势来比较，殷墟和故邺城，并无多大的区别。盘庚迁殷，殷就成为商代最重要的城邑。现在从发掘的规模来看，殷在二千四百年以前确实算得是一个规模庞大的都市。

自从魏文侯受封于邺，这一个区域的重要性又重新加强起来。因为交通和灌溉的原因，两汉时代，这一个魏郡的治所非常重要。尤其是在袁绍和曹操时，把邺城作为指挥的中心以后，接着成为后赵、前燕、东魏、北齐的首都。所以在南北朝时期，这个关东区域的政治中心，一直受人重视。邺既是关东的政治中心，因此当时的朝代要以邺为大本营；控制了关东，再利用洛阳来联络关西；或者以长安为根据，控制关西，再以洛阳来联络关东。倘若长安和邺两无所得，仅仅只据洛阳的话，那就成为东周的局面，只能空守不能发挥任何作用。可见长安与邺二者之重要及军事关键。

中国文化的发展，渊源于农业进步。中国农业虽然始于西方，不过最适宜发展农业的地区却在黄河下游的三角洲。这一大块平原，只要排水问题处理好，立刻便成为最大的农业生产地区。邺城附近（安阳一带）就处于广阔平原之上，而且北沿太行山麓，比较其他地方要高一些；加上太行山挡着冬日西北的寒风，因而气候比较和暖。所以就其本身的地理条件而言，是相当优越的。商人建都于此，选择亦确明智。到了周代，安阳、邺城一带为殷商旧都，周人为着不愿蹈袭殷人陈迹，不再都此。不过安阳、邺的地位仍然重要。春秋晚期，晋国为着控制中原，便一直掌握着安阳附近的东阳和范。到了三家分晋，安阳及邺一带属于魏国都邑。叔孙豹及吴起都是以治邺见称，故邺在北魏以前一直是东方的重镇。

魏孝文帝建都洛阳，却未预料洛阳也是"国富主奢，暴成易败"之地，于是到了高欢当政时期，又改都到邺城。在东魏和北齐（534-577）的四十三年中，邺又成为东部中国的都城。及周师灭齐，恐怕东方的人再据为都邑，于是把邺撤毁。从此这个繁荣的都市，就这样毁掉了。但是毁坏还未彻底。到了周静帝大象二年（580年），尉迟回讨杨坚失败，杨坚为避免此城再被人利用，于是再毁邺城。从此以后，邺的繁荣移到安阳城，邺的地位再不能恢复。此时改安阳县为邺县（在邺以南四十五里）。宋熙宁时并归临漳县，仍治旧邺。到洪武十八年，县为漳水冲陷，又移临漳到邺城十八里之处。所以现在的邺城只是个废址，而继承邺的政治及经济地位的城市是安阳城。至于临漳和邺不过仅是名义上的关系而已。

晋阳、太原的重要性及其影响

晋阳位于山西省境内，在历史上是有名的据点。唐发迹于太原，跟着遂得天下，而唐的太原亦即晋阳，位于山西省境，故山西之利由此可见。就整个山西省来说，是一个高原地势。高原的优点，是便于据守，而且便于到四方邻境去用兵；而高原地形的缺点，是经济和文化的发展，要比附近的平原地区落后。这就是山西省境（即晋阳等地）容易变成军事据点，而不易成为一统的都城的主要原因。

在山西省境内可分几个地区，其中以晋阳为最重要，因为晋阳的优点是：

1. 处于全山西高原的中心地带。

2. 在山西高原中成为一个高原中的盆地。

3. 在整个山西高原中，西南的河东是一个低平的农业地带，而雁门关以北又是一个适宜于游牧的地区；晋阳正位于农业和游牧的临界地段，可供两种类型民族居住，可见晋阳之适应性极大。顾祖禹《读史方舆纪要》云："（晋阳）府控带山河，踞天下之肩背，为河东之根本，诚古今必争之地也。周封叔虞于此，其国日以盛强，狎主齐盟，藩屏周室者，几二百年。迨后赵有晋阳，犹足以距塞秦人，为七国雄。"此乃历史上之例证。

　　三、历史上还有两件重要的史实可以证明晋阳在军事上的重要性。其一为东汉末年董卓之乱，是由于董卓据有河东而起。二为明代北京的失陷，是李自成先攻入了山西。此亦为一代兴亡的关键所在。但太原、晋阳区域因为交通不便，农产不丰，从北魏太武帝到孝文帝都未被认为最重要的区域。宣武以后，帝室只重洛阳一隅，把控制洛阳生命线的山西省晋阳忘掉了。这就注定了尔朱荣和高欢对于北魏政权的夺取。高欢据邺，再北入晋阳，以晋阳为大丞相府，于是东魏时代，晋阳成为发号施令之所在。而北齐时代，晋阳仍然是非常重要的地方。北齐都城，虽然名义上在邺，君主居住的地方，实际上仍是晋阳，他们居于晋阳的时间比在邺的时间还多。至于从晋阳到邺的距离，直线是二百公里，山路大致为八九日，较长安至洛阳要近三分之一，所以当时皇帝来往晋阳及邺城之间，并不太困难。而晋阳的重要性，一直维持到隋唐，降及宋代以后，才把晋阳当作一个普通的城市。此后的中国政治重点，也就渐次移到北平了。

第三节　开封与苏杭的地理沿革

开封（汴京）的重要性及其影响

　　自唐末以至宋初，市制变化最大。唐代之商业经营，非但在都市中有其一定之地区，即在乡村亦有其一定之范围。至宋已无此限制，完全开放，任何一处皆可开设商店。城市内各重要街巷，大为改观，与以前各代截然不同，到处皆商店林立。乡村亦有如同今日集市之设置，各种商业皆可自由经营，自由发展。宋代都市，在北宋时期，北方都市比较发达。汴梁为当时较大之都市，即今之开封，为北宋的首都。开封乃一水陆都会，北据燕赵，南通江淮，自唐时业已繁盛。而汴京有三城：中为宫城，周五里；次为旧城，周二十里，百五十五步；外为新城，周五十里，一百六十步。《东京梦华录》卷一"东都外城条"说："城门皆瓮城三重，屈曲开门，唯南薰门、新郑门、新宋门、封丘门，皆直门两重。盖此系正四门，皆留御路故也。"又说："城濠曰护龙河，阔十余丈，濠之内外皆植杨柳，粉墙朱户，禁人往来。"南宋楼钥《北行日录》卷上"乾道五年（1169 年）十二月九日条"曰："……入东京城，改曰南京。新宋门旧曰朝阳，今曰弘仁，城楼雄伟，壕堑壮且整。……先入瓮城，上设敌楼；次一瓮城，有数三间；次乃入大城，下列三门，冠以大楼。"汴州城门之瓮城三重，城壕之阔十余丈等建设，得窥当时汴州规模可谓相当雄伟。除此以外，汴州亦为北宋年间之水陆要津，现略述其在当时的海陆贸易商业概况于后。

一、唐时汴州即已繁荣，盖因由运河赴长安必经之地。至北宋因居首都之位，地位日加重要。宋人著述记汴京最详者为孟元老之《东京梦华录》，其记当日汴州水陆交通之发达曰："于是自淮而南，邦国之所仰，百姓之所输，金谷财帛，岁时常调；舳舻相衔，千里不绝。越舲吴艚，官艘贾舶，闽讴楚语，风帆雨楫，联翩方载，钲鼓镗鞳。人安以舒，国赋应节。"

二、《东京梦华录》记汴京货物之荟萃曰："顾中国之阛阓，丛货币而为市；议轻重以奠贾，正行列而平肆；竭五都之环富，备九州之货贿。……其中则有安邑之枣，江陵之橘，陈夏之漆，齐鲁之麻，姜桂薑谷，丝帛布缕，鲐鲞鳜鲍，酿盐醯豉。或居肆以鼓炉橐，或鼓刀以屠狗彘。又有医无闾之珣玗，会稽之竹箭，华山之金石，梁山之犀象，霍山之珠玉，幽都之筋角，山之文皮，与夫沈沙栖陆，异域所至，殊形妙状，目不给视。无所不有，不可殚记。"

三、北宋时，汴州商店林立，各种商业自由经营、自由发展之风甚帜。从《梦华录》"潘楼东街巷条"，可以见其市肆之情形："潘楼东去十字街，谓之土市子，又谓竹竿市。又东十字大街，曰从行裹角。茶坊每五更点灯，博易买卖衣服、图画、花环、领袜之类，至晓即散，谓之鬼市子。……又投东则旧曹门街北山子茶坊，内有仙洞、仙桥，仕女往往夜游吃茶于彼。又李生菜小儿药铺，仇防御药铺。出旧曹门朱家桥瓦子，下桥南斜街、北斜街，内有泰山庙，两街有妓馆。桥头人烟市井，不下州南。以东牛行街，下马刘家药铺，看牛楼酒店，亦有妓馆，一直抵新城。自土市子南去，铁屑楼酒店，皇建院街。得胜桥郑家油饼店，动二十余炉。直至南抵太庙街，高阳正店，夜市尤盛。"由此可知当时之汴梁，各街巷已有各种店铺之开设。宋代之游艺场所称为"瓦子"，亦与其他商店相同，任意设置。且其夜市之发达，尤属罕见。此皆前代所未有之现象。

四、《燕翼诒谋录》，王栐著，自序于宝庆丁亥三年（1227 年），其卷二"东京相国寺条"说："东京相国寺乃瓦市也。僧房散处，而中庭两房可容万人。凡商旅交易，皆萃其中，四方趋京师以货物求售转售他他者，必由于此。"

五、开封多酒楼，《梦华录》卷二"东角楼街巷条"曰："东去潘楼街……街北潘楼酒店。"又"潘楼东街巷条"曾记城内之繁华情形说："土市北去，乃马行街也，人烟浩闹。先至十字街，曰鹩儿市，向东曰东鸡儿巷，向西曰西鸡儿巷，皆妓馆所居。近北街曰杨楼街，东曰庄楼，今改作和乐楼……近北日任店，今改作欣乐楼，对门马铛家羹店。北去杨楼以北，穿马行街，东西两巷，谓之大小货行，皆工作伎巧所居。小货行通鸡儿巷妓馆，大货行通牒纸店白矾楼，后改为丰乐楼，宣和间，更修三层相高。五楼相向，各有飞桥栏槛，明暗相通；珠帘绣额，灯烛晃耀。"其城内之繁华程度，于此可见其概况。

杭州（临安）的重要性及其影响

今之杭城，始建于钱武肃王，号新夹城，后又筑罗城，周凡七十里。南宋因钱氏故址，建行宫于凤凰山。绍兴二十八年（1158 年），内城亦曰禁城，周九里，外城有门十三。北宋时，杭州已为一大都会；南宋定都于此，改名临安，其繁盛之程度可媲美开封。当时士子林洪有诗曰："山外青山楼外楼，西湖歌舞几时休。暖风薰得游人醉，直把杭州当汴州。"现就临安在其时的繁盛情况略述于后。

一、梅挚出守杭州（临安），时在嘉祐二年，仁宗赐诗宠行，有"地有湖山美，东南第一州"之句。欧阳修亦作有《美堂记》说："若乃四方之所聚，百货之所交，物盛人众，为一都会，而又能兼有山水之美，以资富贵之娱者，唯金陵、钱塘然。……今其民幸富足安乐，又其俗习工巧，邑屋华丽，盖十余万家；环以湖山，左右映带。而闽商海贾，风帆海舶，出入于波涛浩渺、烟云杳霭之间，可谓盛矣！"此皆当时描绘杭州为一大都会之言。

二、临安既为其时的大都会，人口自自然然的便会增多。据吴自牧《梦粱录》卷十九"塌房条"曰："自高庙车驾由建康幸杭，驻跸几近二百余年；户口蕃息，近百万余家。"同卷同条又说："杭城之外城，南西东北各数十里，人烟生聚，民物阜蕃，市井坊陌，铺席骈盛，数日经行不尽，各可比外路一州郡，足见杭城繁盛矣！"故在当时而言，一个城市能有百余万户的人口，可谓不简单，而人口的集中与众多，亦直接带来城市的繁荣与社会的增长。故在南宋时期，临安的繁盛倍增于前。

三、南宋时，临安因贸易的集中，人口增多，其繁荣之程度，已超过汴京甚多。《都城记胜自序》对当时临安的社会有如下的描绘："自高宗皇帝驻驿于杭，而杭山明水秀，民物康阜，视京师其过十倍矣。……况中兴行都东南之盛，为今日四方之标准。"

四、人口的集中与增加，会导致居住地方的殷切需求，乃自古不易的常例。南宋时临安亦有同一遭遇。因人口的急剧增长、社会繁荣等客观条件，令致建筑物的林立和挤迫。《梦粱录》卷十"坊隅巡警条"对其时的城内建筑有如下的记述："临安城郭广阔，户口繁多。民居屋宇高森，接栋连檐，寸尺无空；巷陌壅塞，街道狭小，不堪其行，多为风烛之患。官府坊巷近二百余步，置一巡军铺，以兵卒三五人为一铺。"

五、绍兴中，杭州亦仿开封，于城内外各置二厢。后城内增宫城厢、左一南厢、左一北厢、左二厢、左三厢、右一厢、右二厢、右三厢、右四厢；城外增城北左厢、城北右厢、城西厢、城东厢，共十三厢。咸淳《临安志》卷十九"瓦子条"，记临安罗城内外有瓦子十七座。周密《武林旧事》卷六"瓦子勾栏条"，除十七座外，别举六座。《梦粱录》卷十九说："城内外设立瓦舍，招集伎乐，以为军卒暇日娱戏之城。今贵家子弟郎君因此荡游破坏，尤甚于汴都也。"

六、周密"追想昔游"之事有云："贵珰要地，大贾豪民，买笑千金，呼卢百万。以至痴儿呆子，密约幽期，无不在焉。日糜金钱，靡有纪极。故杭谚有'销金锅儿'之号。"其实临安之发达，得于西湖之美者甚大。西湖之开凿，始于唐穆宗长庆二年，宋初渐淤塞，苏轼如杭，取湖中积泥而为苏堤。南渡之后，不时疏浚。湖中大小船只不下数百，大者长二十余文，可容百人；小者长数丈，可容二三十人。皆奇巧打造，雕栏画栋；行运平稳，如坐平地。而所谓"上有天堂，下有苏杭"之谚，盖起于宋。

苏州的重要性及其影响

范成大《吴郡志》卷三谓："平江府……大城'罗城'周围四十七里，小城'子城'周围十里。"《吴郡志》称平江府，即今苏州。苏州在宋时虽不是国都，但其在商业上仍居有相当的地位。

一、在北宋时期，苏州已相当发达，宋长文作《吴郡图经续记》卷上"坊市条"说："自朝家承平，总一海内，闽粤之贾乘风航海不以为险，故珍货远物，毕集于吴之市。"可见其繁盛也。

二、南宋时，苏州罗城内外均设商店，店名亦见于街巷名中。其原有之"绣绵坊"，已曰"大市"，"馆娃坊"曰"果子行"，"和丰坊"曰"米行"，"干将坊"曰"东市门"，"富仁坊"曰"鱼行桥"。可见宋时苏州城内已遍设商店，但于时间、空间之限制，皆不复存在。

三、南宋时，苏州更见繁华，《吴郡志》卷五"市楼"举当时私营之酒楼说："清风楼在乐楼南，黄鹤楼在西楼之西，跨街楼在西楼之西，花月楼在饮鸟楼东北，丽景楼在乐楼东北。花月、丽景皆淳熙十二年（1185 年）郡守邱密建，雄盛甲于诸楼。"可见一斑。

第四节　泉州与广州的地理沿革

泉州的重要性及其影响

泉州在唐时已为出国门户，明陈懋仁《泉南杂志》卷上曰："唐设泉州……参军事四人，掌出使导赞。"可见泉州是在唐时才正式开设为对外通商港口。外商之到福建沿海贸易，在唐代已为数不少。故《全唐文》卷七五记文宗太和八年（834 年）上谕云："福建蕃客，宜委节度使常加存问。"《文苑英华》卷四五七亦云："乾宁三年（896 年），闽越之间，岛夷斯杂。"但就福建沿海而言，泉州当为外商最多之地。

咸淳十年（1274 年）吴自牧撰《梦粱录》曰："若欲船泛外国买卖，则自泉州便可出洋。"又曰："若有出洋，即从自泉州港口。"可知泉州在当时对外交通上之重要。但对宋末泉州与东西各国之交通情形记载最详者为《诸蕃志》，撰人赵汝适即在嘉定间任福建路提举市舶使，书撰于宝庆元年（1225 年），仍署官衔，知未致仕。虽所记多袭《岭外代答》，再观宋代在泉州设市舶司，可见宋时泉州对外通商之盛，实仅次于广州。《宋史·杜纯传》谓"泉有蕃舶之饶，杂货山积"，足为例证。

明代亦在沿海重要的通商都会设市舶司，泉州为其一；因此泉州为与海外通商的地方可知，泉州也成为明代经济上之都会。自清道光中，厦门开埠，商务为厦门所夺，极盛数百年之泉州，乃趋于荒凉。

广州的重要性及其影响

广州是广东的一个著名商港，位于珠江三角洲口，古名番禺，又名五羊城。广州对外通商，实始于秦；魏晋以后，尤为外国商货之所聚，而与交州齐名。唐时，为对外最繁盛的通商口岸；唐末黄巢之乱，广州外侨之被害者竟至十二万人以上。故此，广州与外商之贸易关系可见一斑。广州市在唐时更成为海上交通枢纽，多宝货。唐中叶以后，安西通西域之陆上交通为吐蕃切断，而当时的航海术又比前进步，故广州对外海上交通益形发达，盛况空前。史家形容其盛者多矣，而鉴真《东征传》云："江中有婆罗门、波斯、昆仑等舶，不知其数，并载香药珍宝，积载如山。舶六七丈。狮子国、大石国、骨唐国、白蛮、赤蛮等，往来居住，种类极多。"这里最能具体地表现出广州之盛况。

当时的交通路线与汉代已开的交广道无大分别，其船舶来往的路线大致可分三条。

1. 中国海舶，向西行驶之航线有二：一由广州出发，南下绕过马来半岛，直达锡兰，经阿拉伯海而入波斯湾。另一线则从广州开出，南下马来半岛，抵达锡兰，入阿拉伯海，再过红海而直航美索不达米亚。

2. 波斯商船，从波斯湾出发，经锡兰，越马来半岛，直达广州。

3. 阿拉伯商舶，经锡兰，绕马来半岛抵广州。

可见广州之地位，及其在金融之势力，皆冠于他市。韩愈《送郑尚书叙》云："外国之货日至，珠、香、象、犀、玳瑁奇物，溢于中国。"此亦为叙述广州繁荣之一例证。唐末黄巢陷广州，阿拉伯人阿布－赛特哈·桑记其事云："杀回教徒、犹太人、基督教徒、火教徒达十二万至二十万。"数目容或有夸张，然胡人留住者富有数万；此足证广州为当时世界第一国际贸易大港，盖不为过。

唐以后，广州仍然垄断全国对外贸易。外人至中国，亦多先至广州。清道光二十二年（1842年）开为商埠，其市更繁富。其时香山之澳门，久租于葡萄牙；宝安之香港亦续割让与英国。英割香港后，定为自由口岸，货物概不课税，而广州则因港口狭隘，河道淤塞，大洋汽船不能进口，遂使商业集于香港。加以北方上海急骤起兴，中外贸易，大多萃于上海，广州在中国经济上之地位，乃不若以前之重要。

但广州背山濒海，扼珠江三角洲之顶点，粤汉、广三、广九诸铁路均以此为起点，形势既险，交通亦便；加以早与西洋接触，思想新进，于是蔚为国民革命之策源地，黄花岗之役，尤为历史上光荣之一页。领导革命，推翻满清，广府人亦占多数。

第五节　金陵与北京的地理沿革

金陵的重要性及其影响

在春秋时代，南京是属于吴国的领域。到了战国时代，诸侯互相并吞的结果，南京便属于楚国。那时它的名字不叫做南京，而叫金陵。到了秦始皇并吞六国，金陵便又改称秣陵。相沿到东汉末年，魏蜀吴三分天下，秣陵属于吴国的领域，孙权便将那里定为吴国的都城，并且正式改名为"建业"。西晋建立以后，改称"建邺"，后更改名为"建康"。东晋便建都于此，以后的宋、齐、梁、陈同样建都于此地，整个六朝时代亦没有变更。

到了唐代，南京曾三易其名，先由建康改为上元，又由上元改称江宁，再由江宁改称升州。但当时全国的精华，都集中在古长安城，南京不过是江左的一个荒堡而已。经过宋元两代四百余年间，南京先后属于江宁及建康府治，直到公元 1368 年，朱元璋扫平了吴越间的群雄，才又把南京定为都城，改名为应天府，改元为洪武元年。后明成祖由于因应军事政治的需要，把帝都迁到了北京；把应天府仍旧改称南京，北平改称顺天府。这样，一切军政的发号施令，又营集到了北京。

南京素以形势雄伟见称于全中国。自来谈论南京形势的人总是说南京有"龙盘虎踞之势"，乃"巍巍石头城"，这是确然的。长江一湾带水，围绕在南京的西北面，折成一个直角形，在那里打湾处，便是江心八卦州的一片芦塘，西面的永定州，也浮在江中，活像两艘硕大的军舰，护卫着京城。沿北面的江岸上，幕府山好像一列屏风似的，隔断了长江和东部南京城的视线；沿幕府山是许多畸形的港湾和山岩。从这里向西数十里，当着长江折角的地方，有重重的高楼和稠密的房屋对立着，这便是下关和长江北的浦口镇。

下关城的北角上，一座奇形的山头，巍巍的踞视着，这便是南京唯一要塞狮子山。这种居高临下的形势，使得南京城能十分安全，不致受到江面上的威胁。京城周围的山，除了北面的幕府山与狮子山以外，在东面还有比幕府、狮子山更高大的紫金山；那重重的山岭起伏其间，像一条游龙似的，围抱着南京的东城。从紫金山顶，可以眺望长江，可以俯视全城；扼守着京沪铁路及东北沿江的险要。所以紫金山是一个重要的屏垒，也是南京城的生命线。

延着紫金山脉向南，在南京的正南面，还有一座聚宝山，就是被一般人称作雨花台的，但比较要低小一点。它的作用也和紫金山一般，成为南京南部的守卫者，同样担负着南京安危的责任。

南京城外不但有许多山，游龙似的围抱着；在城内也是如此，好像伏虎似地对踞着，和城外周围的游龙互相呼应。这样便使南京城内外都有险可守，成为龙蟠虎踞的形势了。城内的山，在城突出至下关江岸的地方，便是狮子山；沿着正北的城墙一带，便是鸡笼山；在东城里面，有富贵山和少华山；至于西城一带，便是著名的清凉山和枇杷山。清政府被推翻后，以孙中山先生为首的国民政府，又再度建都于南京。南京虽在六朝以来由于经济文化的开发，不断成为多个政权的帝都，不过在这里建都的国家，命运并不久长，先后成为历史陈迹或骚人墨客的回忆而已。如萨都剌的《金陵怀古》词云：

六代豪华，春去也、更无消息。空怅望，山川形胜，已非畴昔。王谢堂前双燕子，乌衣巷口曾相识。听夜深、寂寞打空城，春潮急。

思往事，愁如织。怀故国，空陈迹。但荒烟衰草，乱鸦斜日。玉树歌残秋露冷，胭脂井坏寒螀泣。到如今、只有蒋山青，秦淮碧。

从这阕《满江红》看来，不是已道尽了这个名都的盛衰吗？

南京城非但有许多山，并且还有许多河流，广阔的湖泊，及无数的水塘，使南京除了有山势的雄伟外，更点缀着山势的清秀。在南京，最著名的河流，莫如秦淮河。六朝金粉，秦淮烟月，仍为世人所怀念。秦淮河有两个发源地，西源出于溧水县的东庐山，东源出于句容县的茅山；相传是秦始皇信方士之言，欲破坏南京的龙气而开凿的。秦淮河经过方山，一直流到南京通济门外，又分成二支流。一条循着城南向西去，经过聚宝门，再折向北，流过水西门，到觅渡桥以南，仍旧和秦淮河汇合。另外一条，从通济门的东水关西流入城，入城后又南北分成二支。向北去的由大中桥经过复成桥、天津桥、逸仙桥、竺桥，然后折向西去，和珍珠河相会。向南去的一支，又从淮清桥分成两支流：一支流经过四象桥、内桥向西去；一支流仍向南经过利涉桥、文德桥、武定桥，到镇淮河，适当中华门的里面，又折向西北去，经新桥、上浮桥而到笪桥，再向西北流，经下浮桥出西水关，才和城外的秦淮河汇合。这两支水流汇合后，便滚滚地沿着城墙，穿过一片平旷的原野，到中途的三汊河口，一面向西直流入长江；另一面则从三汊河折向北，经过下关的中山桥、惠民桥，冲向老江口而流入长江。这样曲曲折折、支流分歧的秦淮河，可以说是南京城的一条大静脉，把南京城里一切的污浊，统统带到长江里去。明清以来，这里成为烟花之地，秦楼楚馆夜夜笙歌，美目不胜。孔尚任的《桃花扇》，即以秦淮河名妓李香君的事迹为主题。明末亡国，许多士大夫或恪守孔孟之道的"大儒"，多投降异族做官去了，但出身秦淮河里，如李香君、卞玉京、顾媚、柳如是等，却能轰轰烈烈地表现出她们的民族气节，能不令人兴叹吗？

北京的重要性及其影响

我们如果把北京在历史上的沿革，作一简单的探述，那么北京开始建置，是远在四千余年以前，在古代禹贡冀州的地方。在颛顼时代名幽陵，帝尧时代名幽都，帝舜时代名幽州，夏商时名冀州，周代也名幽州。春秋、战国时代为燕国，秦为上谷、渔阳二郡。汉初为燕国，又分置涿郡，到了元凤初年，改燕国为广阳郡。三国魏改为燕郡，晋名燕国。至唐末为刘仁恭据有，后唐也名幽州。石晋初年，归于契丹，改名南京幽都府，又改为燕京析津府。

北京开始作为都城，是在辽金时代。元灭金以后，北京仍沿金称大兴。到元世祖灭宋以后，便把城区迁到了中都旧址以北，改为大都，称为大都路总管府，属于中书省治。到明成祖即位后，他认为幅员辽阔的中国，如把都城建在南京，对于北方异族的势力，无法制服，认为京都有建立在北部的必要，因此他把京城从太祖时代的应天府迁到了北京。迁都后，改称北京。这可说是汉族在北京建都之始。以后的清代、民国都曾建都于此地。

自来谈论北京形势的人，总是说"北倚长城，南望鲁豫，左凭渤海，右跨太行"。这是不错的。我们试展开地图来作一观察，北京的地位，正处于河北省北部的中央。在它的东、西、北三面，都有山脉环绕着，而南部却是一片平坏，向东与渤海相接，南与山东、河南两省相连。而在东北西三面的崇山峻岭上面，还有一道坚固的长城围绕着。天然的形势，好像替北京做成了一张安乐椅，北京安安稳稳地南向端坐着。因为东、北、西三面都是山岭，所以北京的形势，称得上险要；又因南部全是平坏，所以北京的物产，也称得上丰富。而拥卫在北京三面的山，都属于阴山山系；这三支山脉离北京最近的，便是西山。西山所属的山岭，不下二十余处，在形势上，这西山的重峦叠嶂，仿佛成为北京西部的屏卫。

北京有险峻的山关，有流通的川泽，形势雄伟，号为天府。周代的召公初封于此，享受国祚八百年，开辟千里的国境。汉代以后，幽燕都是国家的重镇；东汉光武借幽燕的兵力，恢复汉业。后来慕容隽窃得此地，兼并河北。唐代中叶，渔阳鼙鼓，藩镇叛乱，一直和唐代相终始。石晋以燕云十六州奉与契丹，跟着便有出帝之祸。宋代虽然有意恢复燕云，但是力量不够；靖康的耻辱，又和石晋相像。自从契丹、女真及蒙古先后建都燕京，中原受制异族数百年之久。元代木华黎说："幽燕之地，形势雄伟，南控江淮，北连朔漠，驻跸之所，非燕不可。"所以从明成祖在燕都建藩，就凭借这一地理形势而统一全国。

其次北京北部形势上最雄险的，要算南口和北口。这南北二口可说是北京北部最坚固的一重门户。南口附近的小山，有天寿山和蟒山；北口的主峰，便是八达岭，有"北门锁钥"之称。自古以来，南北两口是兵家必争之地，成为军事上的险要地带。但有人说，北京形势虽好，但是北面一定要有蒙古和东三省做屏蔽，防御始能巩固；如果蒙古和东三省失守，北京便不易守得住。我们若以历史事实来证明，自古以来，汉族建都在北京的很少，明代定都北京，终被满清所灭。而金、元、清三代，都是北方民族入主中国；金和满清的根据地是东三省，元的根据地在蒙古，他们都没有北顾之忧，因此能凭借北京来控制中国本部，在统治上是很易成功的。这是因为北京的南部，是莽莽的一片平野，没有天险可守；而北方的地势，却是山岭连绵，可以居高临下，利于攻，不宜于守的缘故。

就中国地势而论，北京的重要，是不能忽视的。它是控制东北数省，以及热河、察哈尔、绥远、外蒙，和对内对外军事交通的枢纽，是国防上的重镇。同时，河北省境内，储有相当富厚的铁和煤矿，四邻各省，无论矿产和农业，都以北京为集散地。所以在经济方面，也是适宜于建设轻重工业的区域。

再就文化方面而论，全国的新式学校，以北京为最早。总理各国事务衙门，即外交部之前身，为储备训练翻译人才；同治二年（1863年），特创立同文馆，其中有法、英、德、俄、日五国文字，教习必须各该国人。以后广州也有同文馆，上海又有广方言馆，这两馆之优秀学生，都可保送到北京同文馆深造。到了中华人民共和国成立后，北京的各种文化教育机关更是陆续大量增设，使北京一直成为全国文化、政治的中心。